Songs of the Frontier Warriors

Këngë Kreshnikësh

Albanian epic verse in a
bilingual English-Albanian edition

Edited, introduced and translated
from the Albanian
by
Robert Elsie and Janice Mathie-Heck

Bolchazy-Carducci Publishers, Inc.
Wauconda, Illinois USA

Contributing Editor:
Virginia M. Parobek

Production Editor:
Jody L. Cull

Cover design:
Adam Philip Velez

Cover Photograph:
Robert Elsie

Songs of the Frontier Warriors
Këngë Kreshnikësh

Albanian epic verse in a bilingual English-Albanian edition
Edited, introduced and translated from the Albanian
by Robert Elsie and Janice Mathie-Heck

© copyright 2004 Bolchazy-Carducci Publishers, Inc.
All rights reserved

Published by
Bolchazy-Carducci Publishers, Inc.
1000 Brown Street
Wauconda, IL 60084 USA
www.bolchazy.com

ISBN 0-86516-412-6

Printed in the United States of America
2004
by United Graphics

Library of Congress Cataloging-in-Publication Data

Kenge kreshnikesh. English & Albanian.
Songs of the frontier warriors = Këngë kreshnikësh: Albanian epic verse in a bilingual
English-Albanian edition / edited, introduced and translated from the Albanian by Robert
Elsie and Janice Mathie-Heck.
p. cm.
Commentary and introd. in English, text in Albanian with parallel English translation.
Includes bibliographical references.
ISBN 0-86516-412-6
  1. Epic poetry, Albanian. 2. Epic poetry, Albanian--Tranlations into English. I. Elsie,
Robert, 1950- II. Mathie-Heck, Janice, 1950- III. Title.

PG9665.E54 K46 2003
891'.9911--dc21
2002043648

TABLE OF CONTENTS

Foreword

Here is a book of exotic, traditional, heroic songs. Dr. Elsie's English translations are different from the Albanian texts standing on the facing pages. Those Albanian texts are different from their earlier editings. Some collector probably had heard each of these songs sung on separate live occasions, and those oral performances were different still. Each of those folk singers had sung his songs before, and heard his songs sung by other singers before him. For us, the songs disappear into the unimagined past, yet here they are, more or less the same as they have been for centuries. Such a past, handing songs on from person to person through infinite periods of time, is called a 'tradition.'

Dr. Elsie suggests that these *Songs of the Frontier Warriors* crystallized about four hundred years ago, but traditions actually exist only as immediate events, right now. Though the names of the Albanian warriors of the frontier may date from those distant days, the matrix of these songs was probably infinitely older, just as Dr. Elsie's translations are brand-new.

In a metaphor at least as old as Herakleitos, the problematic face of permanence in change has appeared as a river whose water at any moment, in any place, is always new, but whose existence seems eternal, and whose flow is powerful beyond belief. This metaphor has taken forms as varied as the river god Simois, with whom Achilles wrestled during the Great Athenaia at ancient Athens, or the Syrian river, Chalys, whose sacred fish became the immortal sign of the Christian God who brings Good News of eternal salvation to all people.

In forms as varied as Ovid's *Metamorphoses* or the swirling, tessellated pavements below the Opera House in the heart of South America, where black and white waters meet to form the mighty Amazon, stunning metaphors have repeatedly asserted the presence of ongoing permanence in change. Some of these metaphors exist as song.

A contemporary of Erasmus Darwin, the Swedish taxonomist, Carl Linnaeus, who was portrayed in 1731 holding a shaman's drum, began the systematic collection of the world's plants. By the time he died in 1778 he had abandoned the concept of fixed species. In 1786 Sir William Jones, who learned Sanskrit as a judge in Calcutta, pointed out Sanskrit's similarity to many other languages. In 1822, following his lead, Jakob Grimm marked systematic shifts in speech that established familial relationships among many Indo-European languages. In the decades that followed, the diverging streams of language were seen as branches of a tree, until, on the roots of Panini's ancient Sanskrit grammar, the Cartesian-minded Swiss linguist,

Ferdinand de Saussure, reduced these differentiating metaphors into the clarity of 20th-century, phonologically based linguistics.

After Saussure died in 1913, linguistics split into two main streams, one analytic and the other descriptive. The analytic stream came to America primarily with Roman Jakobson, where it has been popularized by his pupil, Noam Chomsky. With new input from phenomenology, psychology, and the neurosciences, this stream is being revitalized by work done on human behavior and the brain.

The recent course of descriptive linguistics spread more diffusely. One impetus for the careful collection and description of the world's languages has been the desire of Christians to translate the Good News of the Gospels for the salvation of all people. Another pressure has been the technical needs of the electronic, telecommunication, and cybernetic industries. A third less-defined or familiar stream has been meandering serendipitously through the academic fields of folklore and cultural anthropology.

Shortly after WWI, Saussure's pupil, Antoine Meillet, had a student at the Sorbonne from California, Milman Parry. Meillet introduced Parry to things surprising for a conventional classicist whose interests were in Homer. The ethnologist, Arnold van Gennep, had suggested in *La question d'Homère* (Paris 1909) that illiterate Balkan singers of heroic songs used a language consisting of a limited set of specialized formulas or 'words,' shuffling those formulas around to make their songs, as one would play with cards. Putting this suggestion together with Saussure's analytic methods, Parry published a thesis on Homer in 1929 that transformed later studies of epic poetry.

Between 1933 and 1935 Parry recorded what happened then in a "Foreword" to his experiences that has been recently edited and published by David E. Bynum as *Ĉor Huso* (Colombo, 1998.) "It was largely due to the remarks of my teacher M. Antoine Meillet that I came to see, dimly at first, that a true understanding of the Homeric poems could only come with a full understanding of the nature of oral poetry. It happened that a week or so before I defended my thesis for the doctorate at the Sorbonne, Professor Mathias Murko of the University of Prague delivered in Paris the series of conférences which later appeared as his book *La poésie populaire épique en Yougoslavie au début du XXe siècle.* I had seen the poster for these lectures, but at the time I saw in them no great meaning for myself. However, Professor Murko, doubtless due to some remark of M. Meillet, was present at my soutenance and at that time M. Meillet as a member of my jury pointed out with his usual ease and clarity this failing in my two books. It was the writings of Professor Murko more than those of any other which in the following years led me to the study of oral poetry in itself and to the heroic poems of the South Slavs."

In the fall of 1933 Parry came to Harvard from his first explorations in Yugoslavia. He brought with him transcribed, dictated, and three recorded traditional oral texts. From June 1934 through the following year, Parry returned to Yugoslavia, and began systematically recording traditional oral singers. Albert Lord, then a senior at Harvard, accompanied him, and learned in the field with Parry how to make carefully documented machine records of singers' performances. Then Parry died, and Lord was left alone.

Parry's interests were primarily analytic. As he said in the "Foreword" to *Cor Huso,* his field collecting was done with the thought "of obtaining evidence on the basis of which could be drawn a series of generalities applicable to all oral poetries; which would allow me, in the case of a poetry for which there was not enough evidence outside the poems themselves of the way in which they were made, to say whether that poetry was oral or was not, and how it should be understood if it was oral."

In analytic work done before he died, Parry cracked the nut of formula (the forms of the traditional singer's 'words') as well as the syntax of the traditional singer's adding style. Lord, trained in the field, became primarily a collector and descriptivist, distrustful of analytic theories. In 1937 Lord collected songs in the Balkans on his own. Albanian performances he recorded then are now in the Parry Collection at Harvard. In 1949, as a graduate student at Harvard, Lord defended his own thesis before a committee consisting of Roman Jakobson, John Finley, Francis Magoun, and Sir Maurice Bowra. This thesis ultimately became *The Singer of Tales* (Cambridge, 1961).

I first heard Lord lecture, probably in the winter of 1937–1938, at Brown University, and later studied under him from 1950 until 1961, while he was writing The Singer of Tales. Ladislaus Bolchazy, who subsequently read Homer under me, is now the publisher of Dr. Elsie's translations of these Albanian *Songs of the Frontier Warriors.* Such is the stream of continuity and change.

Dr. Elsie notes in his introduction that traditional oral singing in the Balkans has all but died except in Albania. I remember Lord telling me how Marshal Tito, with good intentions, instituted festival competitions to reward the best traditional singers. The judges sat with texts before them evaluating performances like the judges in Die Meistersinger. Singers quickly learned that to win the prize they needed to memorize an authorized text and perform it in grand style. Those who did so came out best. Few singers kept to their traditional ways.

Immediate conditions are vital to what happens. Today, many natives in the Brazilian jungle own little more than their generators, refrigerators, satellite dishes, and TV sets. Indians paddling dugout canoes in the San Blas Islands hand out business cards with their web addresses on them. The mechanics of the technological world, which for me include the older devices of reading, writing, and arithmetic, have now penetrated most corners of the world; yet deep behavioral ways, transformed but vital, still endure.

The length of a traditional song, for example, is due usually, neither to extraordinary knowledge or to lack of skill, but to the conditions and exigencies of one particular occasion. Rivers, like trees, spread and grow larger with lots of water; but traditions not only grow and spread, but feed back upon themselves and consolidate, thereby maintaining their impetus and power. The manifestations of a tradition vary with immediate situations. Traditions actually exist only now.

These Albanian texts have passed through two or three literate editings and publications. Although the specific conditions of their original performances or collection have been largely lost, one can detect fascinating signs of change and continuity present in what is here. Two of these songs were first published, separately from one another, five years before Parry wrote his thesis. A third was published only two years afterwards.

By the time of their 1937 Albanian edition, twenty other songs had been gathered together with those three songs which were published earlier to form a nascent saga of the hero Mujo, his family, and his Agas. In this same way, by linking short traditional songs together to form a longer song, Elias Lönnröt in 1835 assembled the Finnish epic, the *Kalevala,* of about 12,000 lines, which grew to 23,000 lines by 1849; nor has the influence of foreign collectors on the Albanian tradition been absent. Qemal Haxhihasani, who edited the 1966 publication of these Albanian texts, met directly with Albert Lord.

Just as Dr. Elsie notes that Father Fishta was inspired by traditional Albanian songs to write his literary epic, *Lahuta e Malcis* (1937), similar urges led the American poet, Henry Wadsworth Longfellow, to phrase his first epic, *Evangeline* (1847), in Homeric verse; but he phrased his next epic, *Hiawatha* (1855), in the meter and style of the Kalevala. Just as Plutarch long ago noted that in his day the Delphic Oracle no longer spoke in Homeric verse, I suspect that the Great American Novel and its many prose emulators were the result of pressures and conditions not unlike those affecting oral traditions—pressures now transforming ancient habits of song and story into new metaphors of movies and TV.

The disparate dates of these parallels are relatively unimportant. The primary factors that effected change in heroic oral songs have been technological and environmental. Alphabetic writing, which spread from the Near East throughout the world, at different times, in different places, over 25 centuries, has gradually displaced oral performance. The world today is largely literate, at least in the pragmatic sense; and formal oral traditional composition can be heard now only rarely as in Albania. As once practiced in ancient Greece, its ways have not died, but have become transformed into fixed texts and the visual experiences of movies and TV.

The flexibility admitted by minimal degrees of freedom enable cultural traditions to transcend both the immediate shocks of war and millennia of less drastic change. In this way traditions maintain the instant presence of their power. Contrary to van Gennep's and Saussure's rigid understanding, I regard Lord's most important theoretical contribution— influenced perhaps by such scholars as Bakhtin and Jakobson, but certainly based on his own scrupulous observations of actual practice—to be his recognition of the plastic, living character of traditional oral singing. For Lord the oral style was not a frozen Boolean game played by singers shuffling limited sets of fixed formulas, but what he called 'formulaic' —a habit of highly stylized but living utterance.

More important than Lord's analytic contributions was his awareness of the power of traditional song to evoke reality, its magic ability to generate epiphany. As Lord said in *Epic Singers and Oral Tradition,* p. 6 (Ithaca and London, 1991): "I came to believe that much of oral-traditional poetry was of mythic origin. I touched on this briefly in *The Singer of Tales.* It was under that spell that both *Beowulf and Odysseus* and *Interlocking Mythic Patterns in Beowulf* were conceived. They were part of my ongoing endeavor to answer the question of what such poems as *Beowulf* are about, or, to put the question as Milman Parry did, how they should be understood if they are oral-traditional poems."

Dr. Elsie's bibliographies provide abundant references to guide one towards more precise investigations of a largely bypassed tradition of oral heroic song. It is a tradition that has been mentioned in English rarely, and only in obscure academic publications by a few scholars like Skendi (1951), Kolsti (1967), Traerup (1971), Pipa (1978), Kadare (1979), Lord (1984), and Elsie (1995); but Dr. Elsie's English translations now make a considerable body of Albanian *Songs of the Frontier Warriors* popularly accessible to a wide international public. Readers of these new metaphors of an obscure tradition can look forward to a startling and unexpected meeting with Mujo, Halili, and their heroic world, immediate and suddenly present, real, and face to face.

– Berkley Peabody

Introduction

The present volume offers the reader a selection from the best-known cycle of Albanian epic verse, the Songs of the Frontier Warriors (*Këngë Kreshnikësh*). As the product of a little-known culture and a difficult, rarely studied language, the Albanian epic has tended to remain in the shadow of the Serbo-Croatian, or more properly, Bosnian epic, with which it has undeniable affinities. This translation may thus be regarded as an initial attempt to rectify the imbalance and to give scholars and the reading public in general an opportunity to delve into the exotic world of the northern Albanian tribes.

The Songs of the Frontier Warriors were first recorded in the early decades of the twentieth century by Franciscan priests and scholars serving in the northern Albanian mountains. Preeminent among them was Shtjefën Gjeçovi (1874–1929), who is now regarded as the father of Albanian folklore studies. Gjeçovi was born in Janjeva, south of Prishtina in Kosova, and was educated by the Franciscans in Bosnia. He returned to Albania in 1896, having been ordained as a priest, and spent his most productive years (ca. 1905–1920) among the highland tribes in various rugged mountain settlements where he collected and compiled material on oral literature, tribal law, archaeology and folklore in general. Though he is remembered primarily for his codification of the Kanun of Lekë Dukagjini, the best known code of Albanian customary law, his achievements in the field of oral literature are actually no less impressive.

From 1919 onwards, Gjeçovi's work in the collection of oral verse was continued by another Albanian Franciscan, Bernardin Palaj (1894–1947). Born in the Shllak region of the northern highlands and trained in Austria, Palaj was ordained in 1918. Like Gjeçovi, he collected folk songs on his travels on foot through the mountains and wrote articles on Gheg (northern Albanian) lore and tribal customs. He was particularly taken by the Songs of the Frontier Warriors, to which he devoted much of his energy. Together with Donat Kurti (1903–1983), he published the most important collection of Albanian epic verse to date, the *Këngë kreshnikësh dhe legjenda* (Songs of the Frontier Warriors and Legends), which appeared in the *Visaret e Kombit* (The Treasures of the Nation) series in 1937 to mark the twenty-fifth anniversary of Albanian independence.

The work of the Franciscans and Jesuits in Shkodra gave direction to the study of Albanian culture from the late nineteenth century up until the Second World War. It was their research that inspired Father Gjergj Fishta (1871–1940), another Franciscan scholar and poet, to write his masterful 15,613-line literary epic *Lahuta e Malcis* (The Highland Lute), which was published in a definitive edition in the same year as the aforementioned collection of Palaj and Kurti.

This golden age of Scutarine culture and scholarship was brought to an abrupt end by the communist takeover of Albania in 1944. All the cultural and educational institutions of the Catholic Church were shut down and most of Albania's best scholars and writers, among whom Bernardin Palaj, Ndoc Nikaj (1864–1951), Vinçenc Prennushi (1885–1949), Anton Harapi (1888–1946) and Gjon Shllaku (1907–1946), were physically liquidated or died in prison. The immediate post-war period had become an apocalypse for Albanian writers and intellectuals. The father of Albanian folklore, Shtjefën Gjeçovi, for his part, had been murdered by Serb extremists two decades earlier near Zym in Kosova.

Parallel to the interest shown by Albanian scholars in the epic of the northern highlands were the publications of Yugoslav writers on Bosnian and Serbo-Croatian epic and heroic verse. Significant in the appreciation of the Balkan epic was also the work of foreign writers in this period.

It was the Homeric scholar Milman Parry and his assistant Albert Lord from Harvard University who captured the imagination of a whole generation of scholars with their discovery of illiterate bards in Bosnia and the Sanjak who, in true Homeric fashion, were able to recite epic verse for hours on end. After an initial visit to Yugoslavia in 1933, Parry returned to the Balkans for a longer stay from June 1934 to September 1935, this time with his assistant Albert Lord. During their stay in Bosnia, Hercegovina, Montenegro and the Sanjak, they recorded 12,500 texts, many of which were preserved as sound recordings on aluminium disks. This material formed the basis for their two-volume seminal publication *Serbocroatian heroic songs* (Cambridge MA & Belgrade 1954, 1953).

Interestingly enough, four out of the five singers whose songs appear in this volume were Albanians: Salih Ugljanin, Djemal Zogić, Sulejman Makić and Alija Fjuljanin. These singers from Novi Pazar in the Sanjak were willing and able to reproduce the same epic songs in Bosnian (Serbo-Croatian) and Albanian. In 1937, after the untimely death of Parry, Albert Lord returned to the Balkans by himself, began learning Albanian and travelled through the Albanian highlands, where he collected a substantial corpus of Albanian heroic verse, now preserved in the Milman Parry Collection at Harvard University. Of this undertaking, he wrote:

> "While in Novi Pazar, Parry had recorded several Albanian songs from one of the singers who sang in both languages. The musical instrument used to accompany these songs is the *gusle* (Albanian *lahuta*) but the line is shorter than the Serbian decasyllabic and a primitive type of rhyming is regular. It was apparent that a study of

the exchange of formulas and traditional passages between these two poetries would be rewarding because it would show what happens when oral poetry passes from one language group to another which is adjacent to it. However, there was not sufficient time in 1935 to collect much material or to learn the Albanian language. While in Dubrovnik in the summer of 1937, I had an opportunity to study Albanian and in September and October of that year I travelled through the mountains of northern Albania from Shkodra to Kukësi by way of Boga, Thethi, Abat and Tropoja, returning by a more southerly route. I collected about one hundred narrative songs, many of them short, but a few between five hundred and a thousand lines in length. We found out that there are some songs common to both Serbo-Croatian and Albanian tradition and that a number of the Moslem heroes of the Yugoslav poetry, such as Mujo and Halil Hrnjica and Ðerđelez Alija, are found also in Albanian. Much work remains to be done in this field before we can tell exactly what the relationship is between the two traditions.[1]"

Research in the field of Albanian oral literature resumed in Albania in the 1950s with the founding of the Albanian Institute of Sciences in Tirana, forerunner of the Academy of Sciences. A new generation of experts was trained, expeditions to the north were carried out, and a series of monographs and anthologies was published, which documented the results of research activities. In 1961, a special Folklore Institute (*Instituti i Kulturës Popullore*) was set up in Tirana which, despite the continued political isolation of the country, managed to carry on research and publishing activities at a satisfactory scholarly level. Here, the Albanian epic has been the focus of research in particular by Zihni Sako (1912–1981), Qemal Haxhihasani (1916–1991), Alfred Uçi (b. 1930), Jorgo Panajoti, Gjergj Zheji (b. 1926) and Shaban Sinani (b. 1959).

---

[1] 'Homer, Parry and Huso.' in: *American journal of archeology* 52.1 (1948), p. 43. Reprinted in: *The making of Homeric verse, The collected papers of Milman Parry*. Ed. Adam Parry (Oxford 1981), p. 477.

Equally or perhaps more significant for Albanian oral literature was the foundation in 1967 of the Albanological Institute (*Instituti Albanologjik*) in Prishtina. The Folklore Section of this institute has published a good number of works on the Albanian epic. Despite the forceful eviction of the Institute from its premises, the savage beating of scholars and staff members by Serb paramilitaries on 8 March 1994, and the wilful destruction of much Albanian folklore material and recordings during the final grim months of the Serb occupation of Kosova, the Albanological Institute has survived and is continuing its work. Mention may be made in particular of the publications of Anton Çetta (1920–1995), Demush Shala (1929–1988), Rrustem Berisha (b. 1938), Anton Berisha (b. 1946), Zymer Neziri (b. 1946) and Enver Mehmeti (b. 1948).

Despite the wealth of material which has now been published in Albanian in Prishtina, Tirana and elsewhere, the language barrier has prevented the Albanian epic from becoming known to the international public. A few good introductory monographs on the subject have, nonetheless, appeared in English, among them: *Albanian and south Slavic oral epic poetry* (Philadelphia 1954, New York 1969) by Stavro Skendi (1905–1989), *Albanian folk verse, structure and genre* (Munich 1978) by Arshi Pipa (1920–1997), and most recently *The bilingual singer, a study of Albanian and Serbo-Croatian oral epic traditions* (New York 1990) by John Kolsti of the University of Texas in Austin. Still of use is the German-language *Die Volksepik der Albaner* (Halle 1958) by Maximilian Lambertz (1882–1963).

The Serbo-Croatian epic, as a living tradition, seems to have died out since the days of Parry and Lord. There are no more illiterate singers to be found in the coffee houses of Novi Pazar or Bijelo Polje and there is no one able to carry on the tradition of southern Slavic oral epic verse. The Albanian epic, however, to many people's surprise, is still alive and kicking. Even as the twenty-first century dawns, one can still find a good number of *lahutars* in Kosova, in particular in the Rugova highlands west of Peja, and in northern Albania, as well as some rare souls in Montenegro, who are able to sing and recite the heroic deeds of Mujo and Halili and their thirty Agas. These are singers who have inherited their repertoires as part of an unbroken oral tradition passed down from generation to generation. One can safely assume that these elderly men constitute the very last traditional native singers of epic verse in Europe!

Unfortunately, the 1997–1999 war in Kosova left deep scars, in particular in the present homeland of epic verse, the Rugova highlands. Many Albanian villages there were destroyed by their Slav neighbours who had come over the mountains from nearby Montenegro to raid and plunder. Most other settlements were systematically razed to the ground by Serb troops and paramilitaries. The whole population was put to flight, with many villagers having to escape on foot in the deep snows of winter. Countless Albanians were robbed, raped and murdered as they fled their smouldering villages, and it is easy to imagine that the toll was heaviest among the elderly people. It is still too early to assess the impact of this wanton destruction upon the traditional tribal culture of the Rugova highlands. The Albanians of Kosova are, however, extremely attached to their country and their national traditions, much more so than are the people of the Republic of Albania. In Albania itself, the native culture of the northern mountains was given the last blow, so to speak, by the 1997 uprising which resulted in a final wave of mass emigration of the highland population to the shantytowns of Tirana, Durrës and other coastal towns.

In order to preserve the heritage of these last native singers of epic verse in Europe, the Albanological Institute of Prishtina embarked in 1979–1988 on an ambitious publishing project entitled *Epika Legjendare e Rugovës* (The legendary epic of Rugova), based on over 100,000 lines of material collected. Each volume in the series is devoted to one singer and his works, and is thus designed to provide a comprehensive overview of the state of Albanian epic and heroic verse before its inevitable extinction. Because of the deteriorating political situation in Kosova and Yugoslavia through the eighties and nineties, leading to the 1997–1999 war, only one volume has appeared as yet. This was devoted to the *lahutar* Haxhi Meta-Nilaj (1912–1994) of Shtupeq i Vogël. Among other leading *lahutars* of the region are Ramë Çaushi-Elesaliaj (1908–2000) of Shtupeq i Madh, Misin Nimani-Sejdaj (b. 1912) of Kuqishta, Rrustem Tahiri-Metujkaj (1919–2000) of Rieka e Allagës, Isuf Veseli-Dreshaj (1926–2000) of Bogët, Rrustem Bajrami-Imeraliaj (b. 1932) of Shtupeq i Madh, and Isë Elezi-Lekëgjekaj (b. 1947) of Koshutan. Mustafë Isufi-Broçaj (1939–1998) of Shtupeq i Vogël, student of the noted *lahutar* Shaban Groshi-Husaj (1923–1997) of Shkreli, was shot together with his sister by the Serbs. Although much of the recorded field material at the Albanological Institute was stolen by Serb forces who occupied the building in the spring of 1999, it is to be hoped that a substantial part of the project can still be completed.

The present edition of Albanian epic verse in English translation comprises twenty-three songs based on the above-mentioned *Visaret e Kombit* edition of 1937. They range in length from 80 to 674 lines. Whether the term 'epic' is appropriate to oral verse of this length is a question which has been dealt with by various authors. In his 1958 edition, Lambertz used the term *Kurzepen* 'short epics.' Albanian scholars have used a variety of terms to describe the genre: epic verse, heroic verse, heroic legendary verse, epic legendary verse, etc. Albert Lord expressed himself as follows:

"The word 'epic' itself, indeed, has come in time to have many meanings. Epic sometimes is taken to mean simply a long poem in 'high style.' Yet a very great number of the poems which interest us in this book are comparatively short; length, in fact, is not a criterion of epic poetry. Other definitions of epic equate it with heroic poetry. Indeed the term 'heroic poetry' is sometimes used to avoid the very ambiguity in the word epic which troubles us. Yet purists might very well point out that many of the songs which we include in oral narrative poetry are romantic or historical and not heroic, no matter what definition of the hero one may choose.[2]"

If length is not a criterion of epic poetry, as Lord suggests, there is no reason not to define the Songs of the Frontier Warriors as epic verse. It should be noted at any rate that songs much longer than the ones included in this volume do exist.

Much has been written about the antiquity and origins of Albanian epic verse and about its relationship to the Bosnian epic. From the narrative and for other reasons, there is general consensus nowadays that the Songs of the Frontier Warriors crystallized in the 17th and 18th centuries in a border region of the Balkans which separated Christendom from the Islamic world, though many much older strata are present in the songs. We are dealing, as such, primarily with a literary reflection of the *Türkenkriege* between the Ottoman Empire and the Habsburgs. Our heroes are Muslim rebels living in the *krahina* who delight in crossing the mountains to go raiding in the *krajli,* the Kingdom of the Christians, and in outwitting the 'king' and his Slavic warriors. The place names referred to in the songs, Jutbina and New Kotor etc., have been identified as being in the region of the Lika and Krbava valleys to the east of Zadar in Croatia, not far from the present Bosnian border. Reference is also made to the River Danube and to Hungarian guards and clothing, all of which are remote from areas of traditional Albanian settlement. From this and from conspicuous Slavic terms in some of the songs, it would seem evident that we are dealing with a body of oral material which, probably after centuries of evolution, crystallized in a southern Slavic milieu and which was then transmitted by bilingual singers to (some would say back to) an Albanian milieu. It is understandable therefore that there are many parallels between Albanian and Bosnian epic verse. They have a common origin and, in essence, reflect a common culture. After transmission, however, the Albanian epic evolved in a solely

---

[2] *The Singer of Tales* (Cambridge MA 2000), p. 6.

Albanian milieu and took on many purely Albanian characteristics, values and extra-linguistic forms of expression, and it is this that makes it particularly fascinating. Though the toponyms remained, the background conflict in the narrative shifted from warfare between the Muslims and the Christians to warfare between the Albanians and the *shkjas*, i.e. the Slavs.

Albanian scholars, ever ready to assert the antecedence of their culture over that of the Slav, point to old elements of Albanian heroic culture which may have influenced the development of this verse long before the period of crystallization. They stress that epic verse of this type evolved only among the Slavic tribes that lived in close geographical proximity to the indigenous, pre-Slavic population of the Balkans, i.e. the ancestors of the Albanians, and some observers have supposed a pre-Slavic stratum. Unfortunately, however, discussion on the origins of Balkan epic verse has evolved in a typically Balkan way, along the lines of 'I got there first!' After centuries of parallel development and contacts, it is unlikely that we will ever obtain a clear and unequivocal picture of the stratification of the epics.

Despite transmission from a Bosnian Slav milieu, the Songs of the Frontier Warriors are by no means simply translations of Serbo-Croatian epic verse. They have undergone continuous and independent evolution since the period of crystallization and are thus neither Bosnian, Montenegrin, Hercegovine, Serb, nor southern Albanian for that matter, but a product of the creative genius of the northern Albanian highlands.

In closing, I would like to add a few personal remarks about the origins of this book. In May 1988, during the final years of the Stalinist dictatorship in Albania, I managed to get a rare personal visa to visit the country for several weeks for research purposes. The difficulties in acquiring the visa were more than compensated for by the hospitality of my Albanian hosts when I finally got into the country. The Academy of Sciences did its best to fulfil my every wish while I was in Albania, and even put a car and driver at my disposal every day to drive me the two hundred metres from my hotel to the national library. It was during this visit that I met Professor Qemal Haxhihasani (1916–1991), the leading Albanian expert on epic and heroic verse. Our meetings took place in the coffee shop of the venerable Hotel Dajti. In the climate of oppression and anti-Western hysteria which reigned in Albania at the time, it was more than courageous of Professor Haxhihasani to have agreed to see me in the first place. Any meeting with a foreigner could, as I later learned, result in days or nights of interrogation by the omnipotent and ubiquitous secret police force, the *Sigurimi*. Haxhihasani was delighted at my interest in the Albanian epic and spoke proudly, though in a hush, of his meeting with Albert Lord many years earlier. It was his unbound enthusiasm for the Songs of the Frontier Warriors which actually gave birth to this project, conceived if you will, under the watchful eye of the *Sigurimi*. At a second meeting, he made concrete proposals for a translation and provided me with the books and material necessary for the project. Haxhihasani died three years later, shortly after the fall of the dictatorship, and many years have since passed. Other projects of mine took priority and the early pages of the translation were left to gather dust on a shelf before I was finally able to finish it. This delay, I must admit, was due more than anything to my inability at the time to cope with the Gheg dialect and exalted style in which the Songs of the Frontier Warriors were composed. Finding an adequate form for a translation for heroic verse from such an exotic culture has not been an easy matter.

As opposed to most other Albanian verse, which is in an octosyllabic (eight-syllable) form, the Songs of the Frontier Warriors are composed for the most part in a loose decasyllabic (ten-syllable) form, Alb. *dhjetërrokësh*, often with a break after the fourth syllable. This corresponds to the decasyllabic form of the Bosnian verse, the so-called *deseterac*. A trochaic metre is standard and the verse occurs in both rhymed and unrhymed forms, depending, it would seem, on the whims and abilities of the singer involved. As decasyllabic verse is rather difficult to reproduce in English, I chose more standard verse patterns and more common metres for the translation, mainly trochaic and dactylic feet. While endeavouring to maintain a certain metre, and at least rhythm in the translation, I have tried at the same time to be as faithful as possible to the narrative contents of the original. As such, priority has been given to fidelity of translation over metric concerns, and no attempt has been made to rhyme where the original verse does so.

The Albanian texts are taken from the above-mentioned *Visaret e Kombit* edition by Bernardin Palaj and Donat Kurti, but in a modernized orthography, such as that found in the 1966 edition, *Epika legjendare (Cikli i kreshnikëve)* published by Qemal Haxhihasani.

Much remains to be done in the field of Albanian epic verse and the present volume can only be one small step forward. If it succeeds in arousing interest in this field before the heroic culture of the Albanian highlands has disappeared forever, its purpose will have been fulfilled.

Robert Elsie
The Hague, Holland
June 2002

Songs of the Frontier Warriors
Këngë Kreshnikësh

Fuqija e Mujit

Lum e lum për t'lumin zot,
Nu' jem' kanë e zoti na ka dhanë!
Kur ish kanë Muja djalë i ri,
Ma kish çue baba n'rrogë tu nji zotni.
5   Çoban lopësh zotnija e ka ba.
Për gjithë ditë bjeshkët Muja tu i kërkue,
Për gjithë ditë ndër gurra tu u freskue.
Për gjithë ditë ndër mriza tuj pushue:
Rrugë as shtek pa njoftë nuk ka lanë,
10   M'i çon lopët gjithherë ku s'in kanë.
'I natë lopët çobanit i paskan hupë
E tu shpija nu' ka mujtë me dredhë.
Buzë nji shkambit m'u ndalë asht ngushtue,
Asht ulë djali aty për me fjetë,
15   Paj dy djepa aty kin qillue,
E kanë marrë brimën e tuj kajtë.
M'asht avitë Muja me i shikjue,
M'asht avitë Muja me i pajtue.
Po i pajton tuj i përkundë
20   E t'dy djepat i ka vu në gjumë.
Bardhë si drita dy zana atherë kanë ardhë.
- Ty, qysh të thonë, Mujon e kanë pvetë.
Zo', ç'të ka pru n'ket vend e shka t'ka tretë!
Kqyre Muja atherë shka u ka thanë:

2

Mujo's strength

Young Mujo is sent to work as a cowherd in the high mountain pastures. There in the night, he comes across two infants in cradles. He rocks the cradles to comfort the children. Two *zanas* appear before him and grant him a wish for having cared for the infants. Mujo wishes for strength to overcome the other cowherds who tease him. The *zanas* give Mujo milk from their breasts until he is strong enough to raise a heavy boulder to his shoulders. Mujo then returns home to teach the other cowherds a lesson.

Blessed we are, thanks to the Almighty!
For nothing we were until God did create us.
When Mujo was little, when he was a youngster,
His father dispatched him to work for a rich man.
5   The rich man did give him a job as a cowherd.
Day after day Mujo roamed the high pastures,
Day after day he would drink at the fountains,
Day after day in the shade took his leisure,
Not a trail or a pathway did he leave untrodden
10   To lead his herd onwards to new mountain meadows.
But one night the cowherd lost sight of his cattle.
As he was unable to go home without them,
At the foot of a cliff he was forced to take refuge.
Here the young lad fell asleep for the nighttime.
15   Not far from the lad there were two cradles lying,
From both of the cradles emitted a whining.
Mujo approached to see what was inside them,
Mujo approached now to comfort the infants,
To comfort the infants by rocking their cradles
20   And lulling the little ones back into slumber.
Shining like lights stood before him two *zanas*.
"What are you doing?" they said, asking Mujo,
"Whatever compelled you to take this direction?"
Mujo then turned and to them gave his answer:

25   - Rrogtar lopësh un kam qillue,
       Për gjithë ditë kto bjeshkë i kam kërkue;
       Mue rreziku sot ka ardhë me më ndeshë,
       M'kanë hupë lopët e askund s'kam mujtë me i gjetë;
30   Ktu m'xu nata e u ugja për me fjet,
       S'mbylla sy prej vajit qi kam ndie,
       Ishin kanë tuj kajtë këta dy fmij,
       Kurrkund çajre fmija nu' m'kanë lanë.
       M'u kanë dhimtë e jam hudhë me i pajtue,
       I pajtova e sa grima n'gjumë i kam vdue.
35   Po zo', shka jeni me gjithë ket dritë?
       - Zana jemi, Mujo, tuj shetitë,
       Tuj u sjellë na njerzvet me u ndimue.
       Ti çfarë ndere, Mujo, po na lypë,
       Qi dy djepat na i ke vu në gjumë?
40   A don forcë, Mujo, me qindrue?
       A don luftë, Mujo, me luftue?
       A don gja, Mujo, a don mall?
       A don dije, Mujo, a don gjuhë?
       Lyp shka t'duesh, Mujos te i kanë thanë.
45   Kqyr Muji atherë ç'ka qitë e ka thanë:
       - Shpesh po m'ngucin çobanija,
       Shum inad çobajt si më kanë,
       Paj me forcë me jau kalue un due.
       Njana shoqes zanat atherë i kanë thanë:
50   - Tamël gjiut Mujit për me i dhanë.
       Tamël gjiut i kanë dhanë me pi,
       Me tri pika djalin ma kanë ngi
       E i ka falë zoti kaq fuqi
       Sa me e luejtë shkambin ma t'madhin.
55   - Kape gurin, zanat i kanë thanë.
       Nji mi okësh e ma guri ish' kanë.
       E ka kapë gurin nji mi okësh,
       Badihava peshue me duer e ka,
       Der n'nye t'kamës veç e nu' mujt ma.
60   Njana shoqes zanat atherë i kanë thanë:
       - Edhe do tamël Mujos me ja dhanë.
       E ka marrë tamlin Muji e e ka pi.

4

25 "I make my living up here as a cowherd,
  Roaming for days on the high mountain pastures,
  But this very day there occurred a misfortune,
  My cattle have vanished and I cannot find them.
  When darkness descended, I lay down to sleep here
30 But my eyes never closed because of the whining,
  It was the whining I heard of two infants,
  No peace of mind did their whimpering leave me,
  Touched as I was, I got up to console them,
  And giving them comfort, I got them to sleep.
35 But who are you beings in all of your splendour?"
  "We are the *zanas*, Mujo, on our journey,
  Giving to mankind our help and assistance.
  And what favour do you ask of us, oh Mujo,
  For rocking our infants to sleep in their cradles?
40 Do you want strength, Mujo, to put up resistance?
  Do you want might, Mujo, to fight in pitched battle?
  Or do you, Mujo, desire goods and possessions?
  Or do you want wisdom, to speak foreign tongues?
  Tell us your wish and to you we will grant it."
45 Listen how Mujo then turned and responded:
  "The shepherds on many occasions have teased me,
  For me they have only shown ire and derision,
  Just give me strength so that I can outdo them."
  The *zanas* took counsel at this and decided:
50 "Some milk from our breasts will we give unto Mujo."
  And milk of their breasts they did give him to drink of,
  Three drops were sufficient to nourish the young lad.
  Such was the strength that the Lord did accord him
  That he had the force to make lofty cliffs tremble.
55 "Take hold of that boulder," commanded the *zanas*,
  A boulder that weighed more than one thousand *okas*.
  Taking hold of the boulder of one thousand *okas*,
  With his hands did he seize it and lift it a little,
  Up to his ankles, no more could he raise it.
60 The *zanas* took counsel at this and decided:
  "More of our milk we will offer to Mujo."
  Mujo was given more milk and did drink it,

E ka kapë gurin me e peshue,
Deri në gju ai gurin e ka çue;
65 *E ka ugjë prap n'tokë e ka pushue.*
Kqyre zana sa mirë ka thanë:
- Edhe pak gji Mujos me ja dhanë.
I ka dhanë prap gji për me pi,
Sa don zoti t'i ka dhanë fuqi
70 *E e ka marrë gurin me e peshue*
Deri në shogë gurin e ka çue.
E kanë pa zanat, e kanë kqyrë,
Njana tjetrës prap te i ka thanë:
- Opet Muji gji lypet me i dhanë.
75 *E ka marrë Muji gji me pi,*
O se ç'po i ep edhe zoti fuqi,
Kenka ba si me kanë drangue.
Ka marrë gurin me e peshue,
N'cep të krahit Muji e ka vdue.
80 *Nji mi okësh gurit i ka qindrue.*
Njena shoqes zana çka i ka thanë?
- Tjetër gji Mujit mos me i dhane.
Pse, tjetër gji Mujit për me i dhanë,
E batisë dyrnjanë anëmanë,
85 *Atherë zanat Mujin po e zhgjertojnë,*
Se sa t'vogël qi po flasin,
Përmbi krye hana tuj i shikjue,
Për mbas shkambit hija tu u zgjatue,
Sa miqsisht me te kanë kuvendue.
90 *Kqyre zanat Mujit shka i kanë thanë!*
- Probatin na, Mujo, duem me të xanë.
Fol ti, Mujo, tash qysh po thue?
- Tu t'jem ngusht, zana, me m'ndimue!
E ka falë zoti sabahin,
95 *Ferk e ferk Muji kanka çue,*
I ka gjetë lopët e në shpi ka shkue.
N'Fushë t'Jutbinës Muji kur â ra,
Bytym shokët e mbledhun i ka pa,
Se me Mujin aty in kenë msue,
100 *Me ja mujtë Mujit tuj ladrue.*
Kqyre seri Muji shka ka ba!

Again with his arms did he tackle the boulder,
And up to his knees this time managed to raise it,
65   And then to the ground for a rest let it plummet.
Listen how nobly the *zanas* then offered:
"Let us again give our breasts unto Mujo."
Again from their breasts did they give milk to Mujo.
Such was the strength that the Lord did accord him
70   That the boulder once more with his arms he did grapple
And up to his waist did he manage to raise it.
The *zanas* were studying him and observing,
Again they took counsel at this and decided:
"Once more must we offer our breasts unto Mujo."
75   Mujo was offered their breasts and took milk there.
And such was the strength that the Lord gave him this time
That he seemed to acquire the strength of a *dragua*.
Mujo again with his arms seized the boulder,
And up to his shoulders did manage to raise it,
80   Holding suspended the one thousand *okas*.
And what did the *zanas* then say to each other?
"No more shall we give of our breasts unto Mujo.
For if we once more should accord them to Mujo
He'd likely take hold of the planet and squash it."
85   The *zanas* began to converse then with Mujo,
Speaking to him in their voices so gentle,
While over their heads shone the moon who observed them,
And shadows were lengthening under the rock cliffs.
In cordial tones did the *zanas* address him,
90   Hear what the *zanas* did say unto Mujo:
"We wish you, oh Mujo, to be our blood brother,
Speak up now, oh Mujo, and give us your answer."
"Whenever I need you, oh *zanas,* assist me!"
The Lord brought about the return of the daylight,
95   And Mujo awakened from out of his slumber,
And, finding his cattle, he drove the beasts homewards.
When Mujo got back to the Plain of Jutbina,
He noticed the shepherds had gathered together,
Preparing as always, as they were accustomed,
100   To make sport of Mujo by using their muscles.
Listen this time to how Mujo reacted.

Ja ka nisë me çobaj me ladrue.
Send ma t'fortin me dorë e ka kapë,
Pesë konopë përpjetë i ka dhanë.
105 Askurrkush me folë nuk po flet,
Se, me thue kur po i bjen,
Dekun n'tokë gjinden po i qet.
Prej zotnisë, tha, Muji asht largue.
Prej zotnisë, tha, burri kur asht da.
110 Ka dredhë n'shpi, tha, nanën për me e pa.
Tha, ja ka nisë Muji tuj punue,
Tha, ja ka nisë Muji tuj luftue
E n'sa lufta Muji si po bjen,
Ai gjithëherë me nderë si po del.

Himself he began to make sport of the shepherds,
The mightiest one by the hand did he tackle
And into the air five good lengths did he hurl him.
105   None of them ventured to utter a protest,
For had he but touched them with his little finger,
They'd have been smashed to the ground and have perished.
Mujo abandoned the charge of his master
And, leaving his master, he turned and departed.
110   To his home he then travelled to visit his mother.
There, so they say, did Mujo start working,
There, so they say, did Mujo start fighting,
And from every battle that Mujo was part of,
He always emerged as a hero victorious.

Gjeto Basho Muji - Martesa

Të lumt na për t'madhin zot,
qi s'jem' kenë e zoti na ka falë!
Dritë ka dalë e dielli ka ra.
Ça ka ba Gjeto Basho Muji?
5   Se n'Krajli Muji paska dalë
Edhe 'i nuse e paska zanë,
Zanë e paska t'binë e krajlit.
Kur â dredhë Muji n'Jutbinë,
I ka mbledhë treqind darsmorë,
10   Veshë me ar, shpatat flori,
Shgjetë e mzdrakë krejt n'ari ngri,
Të tanë gjogat pullali,
Të tanë ishin agë të ri,
Posë nji plakut qi u ka pri,
15   Aj asht Dizdar Osman Aga.
- Po ndigjoni, o krushq darsmorë,
Ka qitë Muji e u ka thanë,
Kur të delni n'maje t'bjeshkës,
Aty janë tri mrize t'mdha,
20   Njaty rueni se lodroni,
Njaty kangën mos e e kndoni,

The marriage of Gjeto Basho Mujo

Mujo sends wedding attendants to the Realm of the Christians to pick up his bride, warning them not to stop and make merry on the high mountain pastures, these being the home of the *zanas*. On their return journey, the attendants do stop and make merry, and are turned to stone by the *zanas*, who kidnap and enslave the bride. Mujo manages to find the bride at a fountain and tells her to ask the *zanas* about the source of their power. The *zanas* reveal to the bride that their power lies in three wild he-goats in the Green Valleys. Mujo and his hunters capture the animals. When the *zanas* arrive in Jutbina to beg for the return of their goats, they not only give back the wedding attendants, but also promise to serve Mujo in the future whenever he should be in need.

Blessed we are, thanks to the Almighty!
For nothing we were until God did create us.
Daylight arrived and the sun began shining.
What was Gjeto Basho Mujo now doing?
5   Mujo had been to the Realm of the Christians
And there for himself a bride he'd selected,
It was the king's daughter whom Mujo had chosen.
When Mujo thereafter returned to Jutbina,
Three hundred wedding attendants he gathered,
10   With swords all glowing and with gilded garments,
With arrows and lances, in gold they were glinting,
Dapple-grey gleaming were all of their horses,
The attendants themselves were all youthful Agas,
With one exception, the old man who led them,
15   Called by the name of Dizdar Osman Aga.
"Hear what I say now, oh wedding attendants,"
Mujo arose and did speak to them, saying:
"When you get up to the high mountain pastures,
There you will find three broad shady meadows,
20   You must take care on them not to make merry,
You must take care not to strike up a carol,

Kini mêt e mos pushoni,
Se aty janë tri zana t'idhta,
Tu mrizue ndoshta qillojnë,
25 Tu u flladitë ndoshta qillojnë,
Me kalue shndosh nuk u lshojnë!
Paska dalë e bardha dritë,
Atllarët krushqit i shilojnë,
Kanë nisë kangën po e këndojnë,
30 Kanë nisë kualt e po i lodrojnë.
Tuj këndue e tuj lodrue,
Kanë marrë rrugën për Krajli.
Kur kanë dalë n'at maje bjeshket,
Aty kangën e kanë ndalë,
35 Kualt për doret i kanë marrë,
Askërkund vend nuk kanë xanë.
As ndër gurra uj me pi,
As ndër mrize me pushue,
Por te miku fill po shkojnë.
40 Sa mirë krajli qi i ka pritë!
Gjithsa mujn me ngranë me pi,
Valle e kangë deri n'mjesnatë.
Kur ka kthy prap drita e bardhë,
Mirë janë mbathë, mirë janë shtërngue,
45 Me gjithë nuse janë fillue,
Janë fillue me kthye n'Jutbinë.
Kërkund kangën nuk p'e ndalin,
Kërkund vallen nuk p'e ndajnë,
Dersa kapën tu Mrizet e mdha,
50 Aty plaku u paska folë:
- Pa ndigjoni, krushq darsmorë!
Un shumherë krushk qi jam kanë,
Me gji' nuse ksajt kem' ra,
Ktyne mrizeve kem' pushue,
55 Gjithmonë gjogat i kem' lodrue,
Nën kto hije kem' këndue,
Ndër kto gurra jem' freskue,
E kurrgja nu' na ka gjetë!
T'gjithë priherë kanë zdrypë prej gjogash,
60 Kurrnji gjurmë përtej s'e bajnë,

You must take care not to lie down upon them,
For this is the home of the three fearsome *zanas*
Who surely have come to repose in the shade there,
25   To lie at their leisure amongst the cool breezes.
Well and alive they will let no one pass them!"
The light of the sun did come out the next morning,
The wedding attendants did saddle their stallions,
And getting up onto them, struck up a carol,
30   And they did make merry, while riding their horses,
There on their journey did sing and did revel,
Taking the road to the Realm of the Christians.
And when they got up to the high mountain pastures,
There they fell silent and held back their singing,
35   Gripped the reins firmly and guided their horses,
Nowhere did they stop but continued their journey,
None of them ventured to drink the spring water,
Nor did they rest in the shade of the meadows.
On to their host did they hasten their journey.
40   How warmly and heartily did the king greet them,
Food and drink did he bring forth so to feed them.
They struck up a carol and revelled till midnight.
When, once again, as the dawn came upon them,
They put on their boots and they put on their buckles,
45   The bride with them now, they set off on their journey,
Departing once more on the road to Jutbina.
Nowhere on their way did they silence their singing,
Nowhere on their way did they pause in their prancing,
Until they got up to the broad shady meadows,
50   There the old man to them spoke out, addressing:
"Hear what I say now, oh wedding attendants.
For many a bride have I been an attendant,
And with all the brides have we always come hither
And taken our rest on these broad shady meadows,
55   The steeds every time we have put out to pasture,
And here in the shade have we struck up a carol,
And in these cool springs have we sought our refreshment,
Not once has a man of ours suffered misfortune!"
Then they all together dismounted their horses,
60   No longer sallying forth on their journey.

Janë shkepë mrizeve e pushojnë,
Kanë nisë kangën e po këndojnë,
Kanë nisë lodrën e po lodrojnë,
Kanë nisë gurrat e po i turbullojnë,
65   M'mezdrak shejet mirë po i rrxojnë.
Të lumt na për t'madhin zot!
Kanë krisë majet gjithkun për rreth,
Ka fishkllue fryma ndër aha,
Pak ka ngiatë, fort shum s'ka ngiatë,
70   Qe kanë dalë tri zana t'idhuna,
T'i kanë ndeshun dhambët për dhambë,
T'tria qesin zjarm për gojet,
Fill kah mrizet janë drejtue,
I bajnë krushqt si gurët e bjeshkës,
75   I bajnë gjogat si cûjt e rrahit,
Vetëm nusja qi ka pshtue.
E kin kapë zanat për doret,
Fill te shpella e paskan çue,
N'kamë me ndejë, kurr me pushue;
80   Po u gatue e u merr uj.
Njatherë ndi Gjeto Bashe Muji.
Sa keq Mujit i ka ra!
E i ka hypë gjogut në shpinë,
E ka marrë bjeshkën përpjetë,
85   Ndër livadhe, kur ka dalë,
Tridhetë krushq t'ngritë i ka gjetë.
Tridhetë agët ishin ba gur
Me gjithë gjoga shpërda ashtit.
Sa fort Muja asht ngushtue!
90   Gati mêç Muja ka dalë!
Aspak gjogun s'e ka ndalë,
Jeremitë e bjeshkës i ka marrë,
Jau lyp kronin zanave,
Jau lyp mrizet zanavet;
95   Kurkund m'to nu' mujt m'u ndeshë.
Kur ka hi fell m'ashtë të bjeshkës,
Kurku drita mos me u pa,
Kurku dielli mos me ra,
Aty gje nji gurrë me uj,

There did they stretch themselves out on the meadows,
There they made ready and struck up a carol,
There they began to make merry and revel,
There did they churn up and muddy the waters,
65 And all of their lances did launch at the targets.
Blessed we are, thanks to the Almighty!
While round about them the mountain peaks thundered,
The wind now did wail, through the beech trees it whistled,
And all of a sudden, in less than a second
70 Appeared there before them the three fearsome *zanas,*
Showing their teeth, they were snapping and snarling,
And out of their mouths there spewed fire and brimstone.
Then catching sight of the scene on the meadows,
At once did they turn to stone all of the revellers,
75 And all of their horses were turned into tree trunks,
All were transformed, just the bride was uninjured.
Grasping her arm did the *zanas* abduct her,
And seizing her, off to their cavern did steal her.
Nevermore was she able to sit or to rest there,
80 She cooked all their meals and fetched them their water.
Then of her plight heard Gjeto Basho Mujo,
Great was the fury that took hold of Mujo,
Onto the back of his courser jumped Mujo
And set off at once for the high mountain pastures.
85 When he arrived and was up on the meadows,
Thirty men frozen were what he discovered,
Turned there to stone were all thirty Agas
And all of the steeds had been turned into tree trunks.
What pain and affliction now overcame Mujo!
90 Wasting no time, he then turned and departed,
Giving his courser no rest on the journey.
All by himself on the high mountain pastures,
Up at the springs did he search for the *zanas,*
Seeking and searching all over the meadows,
95 But nowhere was Mujo there able to find them.
Finally he looked in a forest of beech trees,
Where darkness holds sway and the light never enters,
Where no beam of sunlight is ever encountered,
There he discovered a fountain of water,

100   *Ujë t'kulluet si lodja e synit.*
        A nalë Muji me pushue
        Edhe gjogut m'i ka zdrypë.
        Po e kundron ashtën për rreth.
        Kurkund rrugë pertej nuk ka,
105   *Përmbi ashtë ish shkam i gjallë,*
        Për nan ashta të tanë rrëgallë.
        Mërthye ahat degë me degë,
        Rrezes s'diellit shtek s'i lanë.
        Ka qitë Muji e ka thanë:
110   *- Logu i zanave ktu do t'jetë!*
        Gjogut ashtën ja ka dhanë,
        Për buzë kronit po rri pshtetë,
        Zanat pret kur t'vinë për uj.
        Tri dit plot kur kanë kalue,
115   *Me 'i bulirë nji grue po vjen.*
        Â bindë Muji me vetvedi:
        - Zot, kjo grue ç'asht në jeremi?
        - Mirëset' gjejë, Mujit i thotë.
        - Mirësevjen, Muji i përgjegjë.
120   *- Ç'do me ba, nuse, kta uj,*
        Muji nusen p'e pevetë.
        - As vetë, djalë, nuk dij ka e çoj.
        Kanë ardhë krushqit veç me m'marrë,
        M'nji lamth t'bukur kur kem' dalë,
125   *Tri zana t'idhta aty kin ndollë.*
        A se ndeshem m'trevezë t'tyne,
        A se gjumin agët ja xueren,
        Zoti e di, un gja nuk dij,
        Veç kanë krisë majet e bjeshkve,
130   *Ka fishkllue frima npër ashtë*
        E janë dalë tri zana t'idhta,
        Agët ndër hije i kanë hukatë.
        Gjogat ashtit i kanë hukatë,
        Të tanë gur priherë janë ba,
135   *Mue te bani i vet m'kanë çue,*
        Me gatue e me u mushë uj!
        - Ç'burrë ke dashtë, bi-o, me marrë?
        N'emen burrit si i kanë thanë?

100	Sparkling and clear it was just like a teardrop,
	Stopping there so he could find some refreshment,
	Mujo jumped off of the back of his courser,
	Casting his eyes at the grove all around him,
	Nowhere was there a pathway to advance on,
105	Over the forest rose only the bare cliffs,
	Below it were strewn naught but boulders and rubble,
	So thick were the beech trees with all of their branches,
	That no ray of sunlight had ever intruded.
	Mujo then turned and did speak out, proclaiming:
110	"This surely must be the home of the *zanas*."
	Putting his steed in the grove out to pasture,
	He sat himself down by the fountain and tarried,
	Waiting to see when the *zanas* fetched water.
	Later, when three days had passed and were over,
115	There journeyed a woman, a jug she did carry.
	Mujo then pondered: Why, who is this woman,
	And what is she doing in this lonely place here?
	"Good day to you," did she then say to Mujo,
	"Good day to you, too," did Mujo give answer.
120	"What are you doing with the water?"
	Inquired Mujo of the maiden.
	"I don't know how to tell you, young man.
	The wedding attendants came to fetch me,
	And at a pleasant site we rested,
125	When there appeared three fearsome *zanas*.
	For we'd been sitting at their tables,
	Or from their sleep the Agas woke them.
	God knows what happened. I know only
	The mountain peaks began to thunder,
130	The wind howled through the beechwood forest,
	And three fearsome *zanas* stood before us.
	In the shade they breathed upon the Agas,
	And made the horses into tree trunks,
	All were turned to stone abruptly.
135	Seizing me, they took me with them
	To make their meals and fetch their water!"
	"To whom, oh maiden, were you promised?
	What's the name they use to call him?"

- *Jam da babet, jam da nanet,*
140   *Jam da motret, jam da vllaut,*
Për me marrë nji burrë kreshnik,
N'emën i thonë Gjeto Bashe Muji!
Aspak Muji nuk po qeshë!
- *Po me e pa, a thue e njef,*
145   *Nusen prap Muji p'e pvetë*
- *Un nuk kam e mjera si me e njoftë,*
Se me sy kurr s'e kam pa,
Por si ç'kam ndie tuj kuvendë,
Krejt po m'duke Gjeto Bashe Muji!
150   *Sa t'madhe Muji paska qeshë!*
- *Paj njaj vetë, moj nuse jam,*
Se mjaft mirë besa m'ke njoftë.
Por, për n'kjosh ti grue fisit,
Për nji fjalë a po m'ndigjon?
155   - *Pasha zotin qi rri mbi hanë e diell,*
Pasha t'lumin qi sundon tokë e qiell
E herë vranë e herë kthillë,
Gjithë si t'm'thuesh, Mujë, t'kam ndigjue,
Bash me e dijtë se kryet m'shkurtohet!
160   *Atherë Muji e paska msue:*
- *Kur t'shkojsh mbrama në konak,*
Ke me qitë e me i pvetë zanat:
- *Pashi mrizet ku mrizoni,*
At forcé ju kah ma kini?
165   - *Forcenë mue a ma kallxojnë,*
Mujin nusja p'e pëvetë.
Sa mirë Muja po i përgjegjë:
- *Ke me ba ti si t' soj vetë.*
Tash po merr dielli mbas majesh,
170   *Tash po bje hana ndër aha,*
Tash po mblidhen si për natë
N'dritë të hanës me ngranë te gurra.
Kur t' aviten zanat n'tryezë,
Ti n'at bukë mos me u avitë,
175   *Atherë zanvet ke m'ju dhimët,*
Kurr pa ty buk s'kanë me ngranë.
Qatherë, n'dijsh për me u kuvendë,

"I left my father, I left my mother,
140 I left my sisters, I left my brothers
To take as husband a great hero,
His name is Gjeto Basho Mujo!"
Straight-faced, Mujo then responded:
"If you saw him, would you know him?"
145 The maid replied again to Mujo:
"Wretched me, I would not know him,
For with my eyes I've never seen him,
From what I've heard, though, of the gossip,
You look like Gjeto Basho Mujo!"
150 How loudly Mujo burst out laughing:
"It's me, oh bride, who's here before you,
How easily you recognized me.
But, if you are a noble woman,
You'll listen now to what I tell you."
155 "By God, o'er sun and moon presiding,
I swear by the Lord of earth and heaven,
By him who brings us clouds and sunshine,
I will obey your words, oh Mujo,
Though well I know they'd chop my head off!"
160 Mujo then began instructing:
"When you go back home this evening,
Approach, inquire of the *zanas*:
'By the meadows where you linger,
Where is it you get your power?'"
165 "Of their power will they tell me?"
Said the bride to Mujo, asking.
Mujo turned to her, responding:
"Do exactly as I've told you.
Behind the peaks the sun is setting,
170 The moon is shining through the beech trees,
In the moonlight will the *zanas*
Gather by the spring for dinner.
At the table they'll assemble,
But you must refrain from dinner.
175 The *zanas* will take pity on you.
Without you how could they eat dinner?
Use your wiles now and address them

T'kanë kallxue ku e kanë forcenë!
Pash ket bukë, zanve ke m'u thanë,
180   Pashi majet, ku veroni,
Pashi mrizet, ku pushoni,
Pashi gurrat ku flladiti,
Tash sa dit qi jam me ju,
Forcenë tuej pse s'ma kallzoni?
185   N'mujsh me pshtue pa t'ngafisë zanat,
Kurrkah beve s'kanë si u pshtojnë
E tu kroni Mujin nesër e gje!
Nusja merr ashtën e fellë,
Muji duel ndër Lugje t'verdha.
190   Fill te zanat nusja â vojtë.
- Ku u vonove kshtu, po e pvesin.
- Gjeta gurrat turbullue,
Nusja zanave po u përgjegj.
Kin shtrue buken e po hanë,
195   Kin shtrue pijen e po pinë,
Nusja aspak n'trevesë s'po ulet
Po u sillë uj e po u then bukë.
Zana e vogël p'e pëvetë:
- Kunë, ça ke qi s'po ha bukë?
200   A mos je e ligë e s'don?
- S'kam si ha, mori e mira e vogël,
Se ata bukë nuk asht për mue,
Forcenë tuej pa ma kallxue!
Por nji be jam tue jau lshue,
205   Un robinë, ju zana malit,
Sa herë t'dueni gurë me m'ba:
Pashi majet, ku valloni,
Pashi mrizet ku pushoni,
Pashi gurrat, ku uj pini,
210   Me m'kallxue forcenë ku e kini?
Fluturim janë çue në kamë,
Nusezezën me e ngrafisun.
Ish kenë çue zana ma e vogla,
Shpejt ndërmjet u paska hi.
215   Zoti të vraftë, moj zana e madhe,
Se na nuses po i kallxojmë!

And of their power they will tell you!
'By this meal,' you tell the *zanas,*
180   'By the peaks where you spend summer,
By the meadows where you linger,
By the fountains in your languor,
So much time I've spent now with you,
Won't you tell me of your power?'
185   If you survive, if they don't freeze you,
By your oaths, they're bound to answer.
You'll find me at the spring tomorrow."
The bride returned home through the forest,
Mujo left for the Green Valleys,
190   The maiden went back to the *zanas,*
"Where've you been so long?" they asked her.
"The waters at the spring were muddled,"
Murmured the maiden to the *zanas.*
They set the table, started eating,
195   The drinks were brought, they set to drinking.
She sliced them bread and brought them water,
But the bride refused to join them.
The little *zana* asked: "Oh sister,
Why are you not supping with us?
200   Are you ill and thus not hungry?"
"I shan't join you, little *zana,*
Nor will I share dinner with you
Unless you tell me of your power.
For an oath I now swear to you,
205   Though I'm a slave and you're the *zanas,*
And you can freeze me if you wish to:
By the peaks where you spend summer,
By the meadows where you linger,
By the fountains in your languor,
210   Tell me where you get your power."
Springing to their feet, the *zanas*
Pointed to the bride to freeze her.
Swiftly rose the little *zana*
And between them did she venture:
215   "May God damn you, oh great *zana,*
Let us rather tell the maiden.

Po kjo ne shka mund t'na bajnë?
Pa ndigjo, moj e bija e njerit,
I â sjellë nuses e po i thotë,
220   Se na i kemi tri dhi t'egra,
I kanë brinat prej dukatit,
Ata rrinë ndër Lugje t'verdha;
Kurkush n'dorë, nu' mund i shtje;
Se me dalë kush me na i xanë,
225   Grimë forcejet ne s'na jet!
Njatherë nusja buk ka ngranë,
Ka nisë drita me da terrin,
Nusja niset me ra n'krue
E tu kroni Mujin e ka gjetë.
230   T'madhe Muja e paska qeshë:
- A thue pshtove pa t'ngrafisë?
- Pshtue kam, pse pshtoj s'kam pasë,
Kot me to veç m'ke përplasë,
Se nuk ke kurrshka me u ba,
235   Se ata m'thanë:"Kem' tri dhi t'egra,
I kanë brinat prej dukatit,
Madhojnë bashkë ndër Lugje t'verdha,
Askush n'dorë s'mundet me i shti."
Se me dalë kush qi me i xanë gjallë,
240   T'tanë forceja u maron!
Â sjellë Muja e po i thotë:
- Prap te zanat ke me shkue
Edhe hiq vesht mos me u ba,
Shndosh e mirë Muji t'ka xjerrë,
245   Me gjithë agë qi m'kane shtangue!
Po i hypë Muja gjogut m'shpinë,
Fill n'Jutbinë Muji ka shkue,
N'treg t'Jutbinës kur ka ra,
Ja ka dhanë zanin Krahinës:
250   - Kushdo t'jeshë gjahtar në treg,
Merr langoj e mbledh zagarë,
Të tanë mrama n'shpi me m'ardhë,
Do t'u nap me hârë, me pi,
Për gjah neser duem me hi!
255   Shpejt janë mbledhë treqind gjahtarë,

How could she do any damage?
Listen to me, human maiden,"
To the bride she turned, revealing:
220   "We rule over three wild he-goats,
On their heads are horns of ducats,
They inhabit the Green Valleys.
No one's ever caught the he-goats,
If they were to, would the power
225   We dispose of swiftly vanish!"
Down to dinner sat the maiden.
Sunlight did disperse the darkness,
The maiden set off for the fountain,
At the fountain she found Mujo.
230   Mujo gave a hearty chuckle:
"I see that you survived unfrozen."
"I survived, but all for nothing,
'Twas in vain you sent me to them,
From our dispute you've no profit,
235   They thus stated: 'We've three he-goats,
On their heads are horns of ducats,
They inhabit the Green Valleys,
No one's ever caught the he-goats.
If they were to, would the powers
240   We dispose of swiftly vanish!'"
Mujo turned to her, responding:
"You must go back to the *zanas,*
And pretend that nothing's happened.
Safe and sound will Mujo take you
245   Home with all the frozen Agas!"
Up onto his steed he clambered,
Turning, set off for Jutbina,
Coming to Jutbina market,
He proclaimed to the *krahina*:
250   "All men here who count as hunters,
Take your hounds and get them ready,
Hasten to my house this evening,
Food and drink I'll furnish for you
And tomorrow we'll go hunting."
255   Three hundred hunters soon assembled,

Me shtatëqind e ma zagarë,
Me treqind e ma langoj,
Derën Mujit ja kanë msy.
T'mirë konakun jau ka ba.
260 Ka nisë drita për me da,
Ka qitë Muji e u ka thanë:
- Pa ndigjoni, ju gjahtarë!
Gjallë me dorë dhitë do t'i xamë!
Mos gabo kush m'to me gjue,
265 Se po batë e m'i varruet,
Kurrnja shndosh nuk kthen n'Jutbinë!
Muji para na u ka pri,
N'Lugje t'verdha paskan dalë.
Rrethojnë lugjet gjithë për rreth,
270 Muji vetë mbrendë paska hi
Me treqind e ma zagarë,
Me langoj e me gjahtarë,
Shokët për rreth pritat kanë xanë.
I kanë bue tri dit e net,
275 Mas tri ditsh e mas tri netsh,
Gjallë me dorë i paskan xanë
E n'Jutbinë me to ka ra,
N'burgje t'veta i ka ndrye,
T'gjithve Muji dhanti u ka dhanë.
280 Forca zanat i ka lanë.
Ndiellin dhitë e nuk i gjejnë,
Fort po i lypin lugjeve,
Fort po u thrrasin qetave,
Kurkund zanin s'po jau ndiejnë.
285 Ka qitë njana e paska thanë:
- Dhitë dikush ne na i ka xanë!
- Pa ndigjo, moj zana e shkamit,
Po i thotë nusja zanës ma t'madhe,
Falëmeshndet Muji t'ka çue
290 Per qat nuse qi m'ke marrë,
Prata krushq qi m'keni ndalë,
Dhitë e egra mos me i kërkue,
Jau ka ndalë Muji për peng!
Kur kanë ndi zanat kto fjalë,

24

With seven hundred hounds and further,
Three hundred hunting dogs were with them,
They all arrived at Mujo's doorway.
Mujo welcomed them and fed them.
260   When the light of dawn rejoined them,
Mujo turned to them, proclaiming:
"Listen to my words, oh hunters,
We must take alive the he-goats.
There must be no mistake about it,
265   For if they're hunted down and slaughtered,
Will no one ever see Jutbina!"
With Mujo leading, they departed,
Journeyed up to the Green Valleys,
Round the valleys did they circle.
270   So Mujo was the first to enter
Three hundred hunting dogs were with him
As were the hounds, as were the hunters,
The other men arrayed in ambush.
Three full days and nights they hunted.
275   And when three days and nights were over,
The animals alive they'd captured.
Returning with them to Jutbina,
In a pen did Mujo keep them,
And he gave the hunters presents.
280   Thus vanished was the *zanas'* power,
They'd sought the goats but could not find them,
To the valleys they lamented,
To rocky cliffs loudly they cried out,
But nowhere could they hear their bleating.
285   Thereupon surmised a *zana:*
"Someone's robbed us of our he-goats!"
"Listen to me, mountain *zana*,"
Spoke the maid to the great *zana*:
"Mujo sends his greetings, saying:
290   For the bride you've stolen from me,
For the wedding guests you've frozen,
Search no more for your wild he-goats,
Mujo's holding them as hostage!"
When the *zanas* heard this message,

295 Kanë marrë rrugen për Jutbinë,
Fill n'derë t'Mujit paskan shkue.
- Pa a ti, Mujë, ne dhitë na i xune?
- Po un vetë dhitë jau ko' xanë,
Mbrenda burgut lidhë jau kam!
300 Ça i ka thanë Muj it zana e shkamit?
- Ndore teje, Gjeto Bashe Muji,
Do na preve n'votër tande,
Do kto gja ne na i ke lshue,
Se pa to s'kem' ku me u mbytë!
305 Po t'i bajmë krushqt si i ke pasë,
Po jua napim gjogat n'dorë,
Po ta bijmë nusen n'koçi!...
Jau kputë Muji fjalën n'gojë:
- Pr ata krushq, qi ju po thoni,
310 Kërku ngusht vedin s'e dij,
As jam ngusht për nji baxhi,
Se gjaj nuse për gji' vend,
Por ket gja nu' muj me e lshue,
Se kso gjaje kurr s'ko' xanë!
315 Kanë nisë vajin e po vajtojnë,
Kanë nisë gjamën e po gjamojnë
Me ju dhimët gurit e drunit.
Aspak Muji s'po ngushtohet!
A shkepë shoqesh zana e vogël,
320 Tuj i shi lott me flokë të ballit,
Dorën Mujit t'ja ka marrë,
Besn e zotit ja ka dhanë:
- Gjithku t'kesh nuse me marrë,
Gjithku t'kesh baloz me pre,
325 Gjithsaherë t' delsh me çetue,
Gjithsa t'doni n'at log me lodrue,
Gjithsa t'doni n'at log me këndue,
Gjithsa t'doni shejin me e gjue,
Ndalnju gurrave me u freskue,
330 Ndalnju mrizave me pushue,
Besn e zotit jem' tuj t'dhanë,
Kurrkuj gja nuk kem' me i thanë!
Mujin fort e ka ngushtue.

295   They departed for Jutbina,
        Right to Mujo's door they journeyed.
        "Have you taken our goats, Mujo?"
        "I'm indeed the one who took them,
        And in my pen have I confined them!"
300   The mountain *zana* now addressed him:
        "We give up, Gjeto Basho Mujo,
        Either in your home now slay us,
        Or return to us the he-goats,
        For we cannot live without them.
305   We'll unfreeze all the attendants,
        We'll remit to you the horses,
        Your bride we'll send to you by carriage."
        Mujo cut them short, responding:
        "The attendants that you mention
310   Do not really matter to me,
        Nor do I long for the maiden,
        In no time I'll find another,
        But the goats I cannot give you
        For such beasts I've never captured!"
315   At this they set about lamenting,
        Gnashed their teeth and started weeping,
        The very trees and rocks took pity.
        But Mujo did remain undaunted.
        To them turned the little *zana*
320   And with the hair upon her forehead
        Wiped her tears and then touched Mujo.
        A solemn oath she made him, swearing:
        "Whenever you should go bride-hunting,
        Whenever you should fight a *baloz,*
325   When you set off with your fighters,
        When you revel on our pastures,
        When you wish to sing a song there,
        When you shoot there at a target,
        And use our springs for your refreshment,
330   Reposing in our shady meadows,
        A solemn pledge do we now give you,
        We'll say nothing to oppose you."
        Such a promise melted Mujo.

Asht mendue, fort s'â mendue,
335 Fjaln e mbrame e paska folë:
- Zana jini e zana kjoshi!
Besa besë, e fjala fjalë,
Dhitë e egra u kjoshin falë!
"Xirjau dhitë, Halil, prej burgut."
340 Muji djalit i ka thanë.
Dhitë prej burgut kur janë dalë,
Sa shpejt zanat ftyrë kanë ndrrue!
I kanë pa e s'i kanë pa,
Janë ba hije e dalë në bjeshkë.
345 Kur kanë dalë ndër Lugje t'verdha,
Njerzt prej gurit po i kërkojnë,
Kualt prej cungut po i kërkojnë,
I bajnë krushqit si janë kenë,
Jau kthejnë gjogat si i kin pasë,
350 Jau vndojnë nusen m'nji koçi,
Vetë u prijnë e i çojnë n'Jutbinë.
Kur kanë mrrijtë në Fushë t'Jutbinës,
Kanë nisë vashat kangën-o,
Kanë nisë krushqit vallen-o,
355 Kanë kërsitun majet-o,
Kah kndojnë zanat shkam e m'shkam:
- Zana jemi, zana kjoshim!
Besa besë e fjala fjalë,
Agë e nuse t'kjoshin falë!
360 Zana e madhe kndon në mal,
Zana e vogël kndon në shkam
Dorë për dorë me zann e dytë:
- Zana jemi e zana kjoshim!
Besa besë e fjala fjalë,
365 Grueja grue e zana zanë,
Zana diell e grueja hanë,
Mjerë kush besë grues i ka xanë!

Wasting no more time to ponder,
335   Mujo gave them formal answer:
"You are *zanas,* you'll be *zanas,*
Words are words and pledges, pledges.
I'll return you your wild he-goats.
Pluck them from the pen, Halili,"
340   Ordered Mujo of the youngster.
How the *zanas* changed expression
When they saw him free their he-goats!
In a twinkling they had vanished
Back up to the mountain pastures,
345   Finding there in the Green Valleys
All the petrified attendants,
And the horses turned to tree trunks.
Then they turned back the attendants,
Brought to life again the horses.
350   The maiden they put in a carriage,
And returned her to Jutbina.
When they reached the Plain, Jutbina,
All the maidens started singing,
The attendants started dancing,
355   All the mountain peaks resounded.
From cliff to cliff proclaimed the *zanas:*
"We are *zanas,* we'll be *zanas,*
Words are words and pledges, pledges,
We've brought back your bride and Agas."
360   From one cliff sang the great *zana,*
Little *zana* from another,
Hand in hand proclaimed the *zanas:*
"We are *zanas,* we'll be *zanas,*
Words are words and pledges, pledges,
365   A woman's a woman and a *zana*'s a *zana,*
A *zana*'s the sun and a woman's the moon.
Woe to the one who puts faith in a woman!"

Orët e Mujit

Të lumët na për t'lumin zot,
Qi s'jem' kanë e zoti na ka dhanë!
Terri i natës ashtën e ka mlue,
Drita e hanës veç tue ndritë npër aha,
5   Tue prarue abat e ashtit,
Mirë po i lbardhë fushat e bjeshkve,
N'terr po i len ballet ndër gropa,
Mnera t'merr syni me i pa,
Mo' zo' rruga asajt me t'qitun natën!
10   Njiket natë ka zgjedhun Paji i Harambashit
Bjeshkve Mujin kund me e ndeshë,
N'mejdan t'natës kryet me ja pre.
A veshë shkjau me çelik e pancir,
I ka hypë curanit në shpinë,
15   N'maje t'bjeshkve edhe ka dalë,
Kurrkund Mujin nuk e paska hasë.
Idhnim t'fortë shkjau na ka marrë.
N'tri orë t'bardha kenka neshë,

Mujo's oras

The Slavic warrior Paji Harambashi sets out to do battle with Mujo. Searching for him in the mountains, he comes across three white *oras* who present themselves as Mujo's protectors. In his fury, Paji mishandles the *oras*, who later go and ask Mujo to avenge the deed. Mujo sets off, refusing the request of his young brother Halili to accompany him. Halili is insulted and departs on his courser to see his blood brother in the Realm of the Christians. An *ora* appears and tells Halili how to overcome Paji. Using magic herbs, he gets into Paji's mansion, where he captures the warrior's father and the fair maid Januka. Paji returns home with Mujo and the thirty Agas as his prisoners. Halili lays in waiting and slays him. When he leaves the mansion, Halili sees his brother and the thirty Agas in chains, and triumphs in the knowledge that he has saved them. All return victoriously to Jutbina.

Blessed we are, thanks to the Almighty!
For nothing we were until God did create us.
The darkness of night had now bathed the beech forest,
Only the moonlight did shine through the beech trees,
5   Giving them colour with their golden shimmer,
Turning to silver the high mountain pastures,
Leaving the chasm walls veiled in darkness,
An awesome sight such it was to be witnessed.
Never by night may your road bring you hither.
10   For on such a night did Paji Harambashi
Seek to meet Mujo on the high mountain pastures,
To chop off his head in a duel at nighttime.
The *shkja* in his helmet and steel-plated armour,
Mounted the back of Curani, his courser,
15   And turning, set off for the high mountain meadows,
But nowhere upon them was he to find Mujo.
Anger and rage of the *shkja* took possession.
There in the moonlight at the edge of a fountain

N'buzë t'nji kronit n'dritë të hanës.
20 N'dritë të hanës kah po lodroshin.
Ka qitë orët e po i pëvetë:
- Ç'jeni ju qi ksajt lodroni?
- Jemi vetë t'lumet e natës!
- He ju zoti shtoftu vargun!
25 Kuj, ju orë-o, po i ndimoni?
Ka qitë njana e i paska thanë:
- Na jem' orët e trimit t'dheut,
Na i ndihmojmë Gjeto Basho Mujit!
Sa inat Mujit shkjau i kish pasë!
30 Njanën orë për krahit e ka kapë,
Copë e grimë krahin po ja thermon.
Vetë me veti orët fort janë çuditë:
- Shka asht ky njeri, qi orve kshtu jau ban?
Idhshëm orët, si gjarpni, shkjaut po i thonë:
35 - Kurr ksi njeri der më sot s'kem' pa!
Me dashtë na ktu gur të gjallë po t'bajmë,
Por n'Jutbinë qetash kem' da me ra,
Hallet tona Mujit me ja kja:
"A don gjakun, Mujë, ne me na e marrë?"
40 Pshtetë për ah, pshtetë për pancir,
'I gaz t'madh shkjau paska ba:
- Mujin me ba vetë qi me e xanë,
Kurkund kutrudhë nuk mundet Muji me m'dalë!
Njatherë rrugën orët për t'poshtë kanë marrë.
45 Ka zbardhë dritë e â errë natë,
Kurrkund hapin nuk p'e ndalin,
Veç po pinë uj nëpër kroje.
N'Fushë t'Jutbinës nata i ka xanë,
N'midis t'fushës natën p'e bajnë,
50 N'hije t'blinit n'dritë të hanës,
N'dritë të hanës mirë po pushojnë,
Dy pushojnë e nji po rri tu kroni.
Ka nisë drita me ague,
Muji heret kenka çue,
55 Kenka mbathë, kenka shtërngue,
Ma ka ndezë zjarmin ne votër,
Ma ka vu xhezen në zjarm,

Did he encounter the three snow-white *oras.*
20 In the light of the moon did they seem to be playing.
He then approached and inquired of the *oras:*
"Who are you creatures who revel and frolic?"
"We are the ones called the Blithe of the Nighttime."
"May the Lord give to your frolic his blessing!
25 Oh *oras*, to whom do you render assistance?"
One then strolled near him and spoke to him, saying:
"The *oras* we are of the great earthly hero,
We give our aid to Gjeto Basho Mujo!"
Great was the rage that the *shkja* felt for Mujo!
30 Seizing the arm of one of the *oras,*
He clenched it and squeezed it and crushed it to pieces.
All of the *oras* at this were dumbfounded.
"What man is this who thus handles the *oras*?"
Enraged at the *shkja,* hissed the *oras* like vipers:
35 "To this very day we've not seen such a person!
We'd turn you to stone on the spot if we wished to,
But instead, to Jutbina we'll now make our journey
And tell of our woes to dear Mujo, and ask him:
'Are you, oh Mujo, prepared to avenge us?'"
40 On a beech tree reclining, weighed down by his armour,
In obvious pleasure the *shkja* then responded:
"You may have Mujo for you to do battle,
But from nowhere on earth will he ever escape me."
The *oras* departed, set off down the mountain,
45 Another day dawned and the night had descended,
Nowhere did they stop on the course of their journey
Except at the fountains to drink of the water.
On the Plain of Jutbina did night overtake them,
In the midst of the plain did they spend the dark hours,
50 In the shade of a linden, in rays of the moonlight,
In the shafts of the moonlight they laid down to slumber,
Two of them slept, one kept guard by the water
Till morning approached with the first sign of sunlight.
Mujo was early to get up that morning,
55 He put on his boots and his belt and his buckle,
And then in the fireplace a fire did he kindle.
Placing his coffee pot over the flames and

E ka kallë kamishin me duhan,
Ma ka çilë dritoren e sarajit.
60 Synin rrokull fushës m'ja ka lshue.
Tri orë t'bardha midis fushës ka pa,
Dy kin' nisun lojën e po luejnë,
Nja, e liga, rrin e po shikjon.
Vetë me veti Muji â çuditë.
65 Aspak kafen nuk e pin,
Aspak gjog as shpatë s'ka marrë,
Po për deret jashtë Muji ka dalë,
E ka marrë fushën për të gjatë.
Tu orët Muja kur â shkue,
70 "Mirë me logë" orvet u ka thanë,
"Mirë se vjen" Mujit i kin përgjegjë
Dy të shndoshtat.
Ajo e liga Mujit ça po i thotë?
- Si â ma zi për mue, more Mujë, â ba!
75 N'bjeshkë të nalta parmbramit shkjau ka dalë,
N'ne ka hasë, e ne edhe na ka sha.
Ka qitë ne e na ka pvetë:
"Ju kuj, orë, tha, po i ndimoni?"
Vetëm un jam qi i kam folë:
80 Na i ndihmojmë veç Gjeto Basho Mujit!"
Sa inat, Mujo, ta kish pasë!
Mue për krahit me dorë të merllanët m'ka kapë,
Sa fort dorën ma shtërngoi,
Copë e grimë mue ma thermoi.
85 Kem' qitë shkjaut edhe i kem' thanë:
"Gur të gjallë na ktu me dashtë po t'bajmë,
Por na mbrapa ty s'po duem me t'ra,
Por Mujit hallin duem me ja kja."
A don, Mujë, mbrapa me na ra?
90 A don gjakun, Mujë, ne me na e marrë,
Se ty ndorja kurr ma keq nuk t'pritet!
Muji mirë po fshan!
Ka qitë burri orvet u ka thanë:
- Kur ta lâ vetë gjakun tuej pa e marrë,
95 T'gjallët nuk kam ç'e bâj!
Muji në saraje kenka shkue,

Lighting his pipe with the help of a firebrand,
He turned to one side and he opened the window,
60   Casting his eyes to the plain down below him.
There in its midst he espied three white *oras.*
Two had now started a game and were playing,
The other one, sick, lay beside them observing.
Mujo was startled at what his eyes showed him,
65   Taking no time now to savour his coffee,
Leaving behind him his steed and his sabre,
Mujo then turned and set out through the doorway,
Crossing the length of the plain he proceeded,
Marching along till he came to the *oras,*
70   "To you I bid welcome," he greeted the *oras.*
"Welcome and greetings we bid to you also,"
Responded to Mujo the two healthy *oras.*
But what did the sick one reply then to Mujo?
"Never could worse have befallen me, Mujo,
75   When last night on our pastures the *shkja* did approach us,
There did he find us and there did affront us,
And, having approached, he then of us inquired:
'Oh *oras,* to whom do you render assistance?'
I alone ventured to give him an answer:
80   'We only give aid to Gjeto Basho Mujo!'
Great was the rage he displayed for you, Mujo!
With the grasp of a brute, my arm he then grappled,
Unyielding, with what brutal force did he hold it,
And as he was clenching it, crushed it to pieces.
85   Confronting the *shkja,* spoke to him, saying:
'We could turn you to stone on the spot if we wished to,
But for the moment we won't try to touch you,
Instead, our complaint we'll deliver to Mujo,'
Will you, oh Mujo, thus take up the challenge?
90   Will you, oh Mujo, now take for us vengeance?
Your honour has never been damaged so badly."
Mujo did moan and in great lamentation
He turned to the *oras* and gave them his answer:
"Were I to let this deed pass without vengeance,
95   I'd forfeit my right to exist any longer!"
Mujo then turned and moved back to his mansion,

Ka zgjidhë gjogun, e ka shilue,
"Ndimo ora e bjeshkve!" e n'shpinë i ka kcye.
- Hajr-e, Mujë, po kshtu kah je fillue,
100   E pëvetë Sokol Halili.
Njatherë Muji i ka kallxue:
- Kenka çue Paji Harambash
Edhe natën n'bjeshkë të nalta â dalë,
N't'lume t'natës â ndeshë edhe i ka rrahë,
105   Kanë ardhë orët e bardha e m'kanë kallxue.
Tash po dal e i mbledh tridhetë agët e mij,
N'bjeshkë të nalta 'i herë m'at shkja m'u ndeshë,
Gjakun orve t'bardha për me jau marrë.
Shka ka qitë Halili Mujit e i ka thanë?
110   - Edhe vetë, Mujë, n'çetë due me dalë!
Kah dredhë gjogun Muji me u fillue,
Kshtu i përgjegjë Halilit:
- N'çetë me veti ty s'po due me t'lanë,
Se t'çoj me dhi e po m'i len n'mal.
115   Se t'çoj në çetë me dalë
E se ç'â çeta ti gja nuk po din!
Luftë e madhe ka me u ba,
Notojnë trupat nëpër gjak,
Deri n'bark atllarve gjaku u bjen,
120   Aty burrat kapen fyt me fyt,
Shoqi i yt veç mêç me dalë!
Njatherë â nisë Muja e ka shkue.
Fort Halili kenka idhnue,
Me duer n'i shkallve po u ngjitet,
125   Në saraje mbrendë ka hi,
N'at oxhak sa idhun qi po rrin.
Ka qitë nana e po e pvetë:
- Ç'ke, Halil, idhun qi po m'je?
Paska qitë Halili e ka thanë:
130   - Muji me agaj në çetë ka dalë,
Mua me veti se kje dita s'm'muer
Dhe 'i fjalë t'randë Muji ma ka thanë:
"T'çoj me dhi, m'i len në mal"
E do me u pre me Pajin Harambash;
135   Qi tridhetë agaj qi i ka marrë,

He saddled and mounted his steed, hence proclaiming:
"Abide with me now, will you, high mountain *oras*!"
"Hail to you, Mujo, and where are you off to?"
100   Sokol Halili inquired of him saying.
Mujo began to recount what had happened:
"Paji Harambashi has set out a-wandering,
Appearing at night on the high mountain pastures,
And, meeting the Blithe of the Night, he assailed them.
105   Themselves, the white *oras,* arrived to inform me.
My thirty great Agas I'm off to assemble,
To meet with the *shkja* on the high mountain meadows.
And there to take vengeance for all the white *oras*."
How did Halili respond then to Mujo?
110   "Mujo, I too will set off with your *çeta*!"
Rallying his steed round, thus Mujo responded,
And this was the answer he gave to Halili:
"I don't want to take you with me on the *çeta*,
If I sent you with goats, in the hills you would lose them.
115   You'd have no idea, if sent with the *çeta*,
What a band of brave fighters for you'd be implying.
Much gruesome fighting will likely take place there,
In pools full of blood will there be bodies floating,
In blood will the horses be drenched to their bellies.
120   The fighters will grapple and choke one another,
A man young as you are is bound to go crazy!"
With no further ado Mujo whirled and departed,
Leaving Halili embittered behind him.
With his hands on his hips, he mounted the staircase,
125   Back up in the shade of the mansion to linger.
There at the hearth he hunched down in a fury.
To him turned his mother and asked him a question:
"Why such a rage? What is wrong, my Halili?"
Halili then gave his reply to her, saying:
130   "Mujo has left with his *çeta* of fighters,
Refusing my quest to let me go with him,
Mujo offended me when he addressed me:
'If I sent you with goats, in the hills you would lose them.
And with Paji Harambashi you want to do battle?'
135   Mujo's thirty Agas, the ones he took with him,

T'tanë ma të zez, moj nanë, se un po janë!
Ka qitë nana djalit e i ka thanë:
- Hiç idhnim, t'pasët lokja, mos me marrë,
Pse ty baba gjogun ta ka lanë,
140 *Se edhe shpatën të prefët fort ta ka lanë,*
Por ndigjoje loken kah po t'mson!
Ti hiç mbas Mujit mirë nuk ban me shkue,
Por në shpinë të gjogut ke me i hypë,
Merre dromin, qi t'çon fill n'Krajli.
145 *Kur t'lesh bjeshkën edhe t'hish n'Krajli,*
Gjogut kryet, biro, ke me ja lshue,
E din gjogu vetë se ku me t'çue,
Se baba i yt e ka pa' msue.
Se 'i probatin baba ta ka lanë,
150 *Raja e krajlit qi po m'asht,*
N'emën i thonë Begu Ymer Beg,
Aj të mson shkjanë si me e pre.
Gati gjogun nana ja ka ba,
Shpatën n'dorë Halili e ka marrë,
155 *N'shpinë të gjogut Halili i ka hypë.*
- Udha e mbarë, nana i ka thanë.
Vrapin gjogut ja ka dhanë,
Kurrkund vrapin der n'Krajli s'ja ndalë.
Kur ka dalë në Zogaj të Krajlisë,
160 *Veç q'atherë kryet gjogut po ja lshon,*
Pa shmangë rrugë, në derë t'probit fill e çon.
N'derë të probit trimi kur ka vojtë,
Â dalë miku e gjogun ja ka marrë,
Npër oborr ja ka shetitë
165 *Edhe n'burg ja paska lidhë*
E n'saraj Halilin e ka njitë.
Kanë çilë kuvendin e po kuvendojnë:
- A je kanë, Halil, ndoiherë n'kto ana?
- Ç'se jam le n'Krajli kurr nu' jo' kanë,
170 *Kshtu po i gjegjë Halili probatinit,*
Nevojë e madhe ktu, probo, m'ka pru,
Për nji msim sot ta kam msy,
Kërkund vetëm mos me m'lanë,
Se un me pre due Pajin Harambash

I'm certain, oh mother, are weaker than I am."
The mother then turned to her son and addressed him:
"Check your anger, my son, for I don't want to lose you,
Your father, you know, has bequeathed you his courser,
140   And with it, his sharp-bladed sabre has left you.
But listen now first to the words of your mother,
You must not depart thus to ride after Mujo,
Mount rather your courser and take to the highway
That carries you off to the Realm of the Christians.
145   Once over the mountains, the Realm you will enter,
Release, when you get there, the reins of your courser,
For the courser itself will now know the direction,
Your father's the one who had taught it the way there,
For your father selected for you a blood brother,
150   A *rayah* who lives in the Realm of the Christians,
Begu Ymer Beg is the name that they call him,
And this man will teach you to deal with the *shkja* men."
His mother stood by and the steed did make ready.
Halili received and took hold of the sabre,
155   Halili climbed onto the back of the courser.
"A safe journey to you," did wish him his mother.
With his steed at a gallop he spun and departed,
And took to the road of the Realm of the Christians.
Only at Zogaj in the Realm when arriving
160   Did he let slacken the speed of his courser,
Which led him straight forth to the house of this brother.
When the hero got near to his blood brother's doorstep,
His host hurried out and took charge of the courser.
He led it away, 'cross the length of the courtyard,
165   And down at the stable he tied up the courser.
He welcomed Halili into his stone mansion.
There did they speak and begin to palaver:
"Have you ever been here in this land, oh Halili?"
"Not to the Realm have I been since the cradle."
170   Halili continued then to his blood brother:
"Great is the need that has brought me here, brother,
I have come hither, with you to take counsel,
Do not leave me alone, whatever should happen,
For I am resolved to slay Paji Harambashi.

175   *Edhe kullat do t'm'kallxojsh ku i ka,*
      Rrash me tokë due me i a ba!
      Be mbi zotin probi i ka ba:
      - Se me ty, Halil, njaty nuk muj me ardhë.
      Tash nandë vjet mue Paji n'haps m'ka mujtë,
180   *Sall tre janë hapsit qi i kanë pshtue.*
      Me ba Paji e me m'hetue,
      Kurr prej burgut s'ka me m'lshue!
      Pak hikatshim Halili e ka marrë,
      Be mbi zotin i ka ba.
185   *- Çajre zoti ba nuk t'ka,*
      Por njetash me mue me ardhë,
      Ndo njetash n'mejdan me m'dalë!
      Sa ngusht probi paska ra!
      Me shkue me te, shkjan fort po e dron,
190   *N'mejdan ktij s'po mund i dalë.*
      - Në mejdan, Halil, s'mundem me t'dalë,
      Por me ty tek jam tue ardhë;
      Veç ta dijsh, se rob shkjau na ka xanë,
      Dritn e diellit kurr ma s'kem' me e pa!
195   *- Mos kij gajle, Halili i ka thanë.*
      Janë çue n'kambë, atllarve edhe u kanë hypë,
      Kanë marrë rrugën e janë nisë me shkue.
      Ora para Halilit i ka dalë,
      Paska qitë e i paska thanë:
200   *- Njet bar n'orë dua me ta dhanë,*
      Si t'tham un ti ke me ba.
      Kur t'vesh tu saraji i shkjaut,
      Nandë bojësh kullat i ka.
      Vetë ka dalë shkjau me çetue,
205   *Vetëm babën mbrendë n'saraj ka lanë,*
      N'emën i thonë Trashi i Marjanit,
      Burrë i vjetër nandëqindvjeç.
      Qe ket bar e derës ti ke m'ja qitë,
      Dera ty ka me t'u çilë,
210   *Atherë mbrenda ke me hi!*
      Kurkend mbrenda mos me lanë!
      Dern përmbrenda ke me e ndry,
      Vetë mbas deret ke me ndejë!

175   You must please tell me where he has his *kullas*,
      That I, not delaying, can burn and destroy them!"
      Swearing by God, did the blood brother answer:
      "I cannot go with you, oh brother Halili,
      For nine years ago did Paji take me prisoner,
180   And only three years ago did he release me!
      If ever were Paji to find out about me,
      He would never release me again from his prison!"
      Halili was hurt and irate at this answer,
      A solemn oath did he take by God, swearing:
185   "I can permit you no other salvation,
      For either you promise that you will come with me,
      Or we must do battle and fight on the war grounds!"
      What fear and what anguish then seized the blood brother!
      Because of the *shkja* he could not depart with him,
190   But nor could he set out to duel with Halili.
      "We may never, Halili, do battle as brothers,
      And so you're compelling me now to go with you,
      But may you well know, if the *shkja* ever takes us,
      We will not survive it or see again sunlight!"
195   "Do not be afraid," did Halili then answer.
      They flew to their feet and they mounted their coursers
      And, taking their leave, cantered off down the highway.
      In front of Halili appeared then an *ora*,
      And when she approached him, she turned to him, saying:
200   "Take on your journey these herbs that I give you
      And, on your route, you must do as I tell you.
      When you arrive at the *shkja*'s stone-clad mansion,
      Towers of nine hues and colours he has there,
      The *shkja*, you will find, has set off to go raiding,
205   Leaving the mansion alone to his father,
      A man they call Trashi, the son of Marjani,
      A most aged man, living long years, nine hundred!
      Take there these herbs and leave them at the doorway.
      Before you know it, the door will fly open.
210   Then you advance and proceed through the doorway,
      But you must take care to let no one else enter!
      Once inside the room, lock the door well behind you,
      And take up position yourself by the doorway.

Kur të vijë Paji Harambash,
215 Ka me qitë babës, ka me i thirrë:
"M'u çue derën me ma çilë!"
Kush me te nuk ka me folë.
Idhnim fort shkjau ka me marrë,
Ka me zdeshë çelik e pancir,
220 Me 'i shtjelm derës ka me i ra,
Copash derën ka me e ba,
Atherë mbrenda ka me hi,
Me topuz gadi me i ndejë,
Sa ku t'mundesh shkjaut me i ra,
225 Qatherë dekun e ke ba!
A shdukë ora e djali rrugën prap ka marrë,
N'derë t'sarajit shkjaut shpejt i ka vojtë!
At bar derës ja ka qitë,
Me t'shpejtë dera i kenka çilë,
230 Aty gjetka plakun nandëqindvjeç.
- Mirë se t'gjetëm, plakut i ka thanë.
Sa çudë plakut i ka ardhë.
- Po ju mbrendë si keni hi?
Mbrendë me mue ktu mos me ndejë!
235 Me bë djali ktu m'u gjetë,
Copë e grimë ju ka m'u ba!
Kqyr Halili shka i ka thanë:
- Çou shpejt, plak, odat me i shdry!
Be mbi zotin plaku qi po i ban:
240 - Kurkund menden nuk e kam
Odat ty sot me t'i shdry!
Njanën ndër kundra Halili e ka hjekë,
Ka nisë kresë plakut po i bjen.
- Shpejt ti odat me m'i çilë!
245 Sa shpejt plaku kenka çue,
Ka nisë odat me la çilë,
Aty gjetkan tri copë makine,
Qi po qitshin ar flori.
- Edhe tjetrën, plak, me ma çilë!
250 Mo' zot, mbrendë ti sod me hi!
Njate s'mundem me ta çilë,
Se aty asht Januka e bardhë,

When Paji Harambashi thereafter comes homewards,
215   He will approach and cry out to his father:
'Rise to your feet, come and open the door now!'
But no one will venture to give him an answer.
Then will the *shkja* break into a great fury,
He'll take off his helmet and steel-plated armour,
220   With a blow from his foot he will kick in the doorway.
In one thousand pieces the door will be shattered,
And then at that moment he'll come forth and enter.
You must be seated and armed with your cudgel,
Besetting the *shkja* just as soon as you're able,
225   You must deal death to him without hesitation!"
The lad went his way when the *ora* had vanished.
Before the *shkja*'s mansion he soon reached the doorway.
And there did deposit the herbs at the entrance.
All of a sudden the doorway flung open.
230   The father, nine hundred years old, he discovered,
"How do you do?" he then greeted the old man.
Amazed at his presence, the old man inquired:
"How did you manage to get yourselves in here?
You must not remain with me here in the mansion,
235   For if ever my son should discover you with me,
Finely chopped mincemeat he'll then fashion of you."
Hear what Halili then said to the old man:
"Stand up, old man, now and open the chambers."
Swearing by God now, the old man responded:
240   "I have for myself not the slightest intention
Of opening up for you all of the chambers!"
Halili, then taking off one of his sandals,
Hit the elder man's head and gave him a thrashing,
"Open the chambers now quickly, I tell you!"
245   How nimbly the old man then rose to obey him.
And started to open up all of the chambers.
There they encountered three tools used for minting,
Used for the stamping of much golden coinage.
"Now, old man, open the last of the chambers!"
250   "Oh, God forbid you should ever go in there!
I cannot unlock this one chamber door for you,
For in it's residing the fair maid Januka

Qi tri vjeç djali e ka marrë
E kurr odet nuk ka dalë,
255   "Kush me sy kurr s'e ka pa!
Nji shtjelm kresë Halili ra edhe 'i herë i ka.
- Ja i ke çelë dyert shpejt e shpejt,
Jase drita e syve qetash t'u ka errë!
A çue plaku e rrshanas kanka çue.
260   Kur po hin Halili mbrendë,
Aty e marrka Jankën e bardhë
E i ka marrë tri copë makinë
Edhe n'shpinë plakut ja ven.
"Me hecë para" u ka thanë.
265   Edhe jashtë me ta ka dalë.
Grueja kjaj e plaku fshaj.
N'zemër t'ashtës te i ka çue,
N'nji shpellë t'ashtës vend kanë xanë,
Aty mbrendë Halili te i ka lanë
270   Probatinin e Jankën e bardhë.
Vet â dredhë me plakun nandqindvjeç,
Vetë â dredhë e n'saraje ka shkue.
Si s'i meni plaku kurkund fjalët!
N'pope t'kullës Halili te' e ka hypë,
275   Plakut t'shtymen ja ka dhanë,
N'kalldram copash e ka ba.
Atherë derën e paska ndry,
Për mbas deret gadi mirë po rrin.
Kur po vjen Paji Harambash,
280   Mujin me tridhete agë rob i kish xanë,
T'gjithë me gur si kual i kish ngarkue,
Ka nisë babës fort t'madhe qi i ka thirrë:
- Çilma derën, bre Trashi i Mirjanit!
Askërkush s'i ka përgjegjë.
285   - Çilma derën, Januka e bardhë,
Se me zdeshë çelik e pancir,
Copë e grimë cok kam me t'ba!
Askërkush me te s'ki' folë.
M'i ka zdeshë çelik e pancir,
290   Me nji shtjelm derës i ka ra,
Me qemerë mbrendë e ka qitë.

Whom, when she was three, my son had abducted.
Never, ever has she been outside of her chamber,
255 Nor all of this time has a man ever seen her!"
Halili again beat the man with his sandal:
"Either you straightaway get that door open
Or the light in your eyes will grow dim and grow sombre!"
Sorely pressed now, the old man acceded.
260 The moment Halili walked into the chamber,
Possession he took of the fair maid Januka,
Possession he took of the three tools for minting,
And placed them all onto the back of the old man.
"Keep ahead of me now," did he say to the old man,
265 And moving them, did he withdraw from the mansion,
The maiden wept tears and the old man lamented,
Far into the heart of a beech grove he took them,
Leaving them there in a cave in the forest.
Thereupon turning, Halili departed,
270 Leaving Januka there with his blood brother.
Taking the nine-hundred-year-old man with him,
Halili set off and returned to the mansion.
Ranting and raving, the old man protested,
Up to the parapet dragged him Halili,
275 A slight, gentle push did he give to the old man,
Who plunged down the wall and crashed onto the pavement.
Halili descended and blocked up the doorway.
Behind the doorway he waited in ambush.
When Paji Harambashi arrived at his home there,
280 With Mujo and all thirty Agas his prisoners,
All covered and loaded in chains, like the horses,
He called in a loud voice, addressing his father:
"Open up at once, Trashi, son of Marjani!"
But no one from inside would give him an answer.
285 "Come and open the door, oh you fair maid Januka,
Or I'll take off my helmet and steel-plated armour,
In one thousand pieces I vow I will chop you!"
But no one from inside would give him an answer.
He took off his helmet and steel-plated armour,
290 He then gave a powerful kick to the doorway,
Hurling it, broken in two, through the chamber.

Gati rrite mbrendë Sokole Halili.
Me 'i topuz shkjan e ka gjue,
Dekun n'tokë shkjan e ka hjedhë.
295 *Njatherë jashtë Halili â dalë.*
Tridhetë agë ngarkue kur i ka pa,
Be mbi zotin Halili ka ba:
"Për mejdan mos kjosha ma!
Qeraxhi sot due me u ba,
300 *Se ksi kualsh kush nuk i ka!"*
Ka nisë agët e po i shgarkon,
Mujin hiç nuk po ndigjon.
Ka marrë rrugën edhe â nisë me shkue
E m'ka vojtë tu probja e Januka e bardhë.
305 *Muji mikut tu kambët i ka ra,*
Qi Halili mue gurt me m'i shkarkue!
Kryet ka luejtun Sokole Halili
E n'sherri Mujit i ka thanë:
- Kurr mos t'lashtë zoti pa vlla!
310 *Atherë gurt ja ka shgarkue.*
Për Jutbinë rrugën kanë marrë.
Kur kanë dalë ndër bjeshkë të nalta,
Orët e bardha para u kanë dalë.
Ora e madhe duert jau ka përpjekë:
315 *- Pa ndigjoni, Muji e Halili:*
Vllazën jeni e vllazën kjoshi,
Pa shoshojnë kurr ma n'çetë mos me dalë,
Se mjer zemra e tij qi vlla nuk ka!
Kur kanë shkue në Jutbinë,
320 *Për tri javë darsma s'ka pra.*
Njishtu thonë se na atje kurr s'jem' kanë.
Njishtu thonë se ka kanë motit,
Ndimën paçim na prej zotit!

Inside, there lay Sokol Halili awaiting.
Upon the *shkja* he came down with his cudgel,
Smashing him lifeless onto the bare floorboards.
295 Halili then left, walking out of the mansion.
Taking a glance at the Agas thus loaded,
Halili by God took an vow then, proclaiming:
"Never again will I go out a-duelling,
I think driving wagons for work would be better,
300 For who else could ever possess such fine palfreys?"
He turned to the Agas and then he released them,
But took no great notice of Mujo, his brother.
He turned to the road now to make his departure
For the fair maid Januka and for his blood brother.
305 Mujo then fell at the feet of his brother,
Begging:"Halili, come back and release me."
Shaking his head, turned back Sokol Halili
And offered this answer, so knavish, to Mujo:
"May God never leave you bereft of your brother!"
310 And then only from his chains did he release him.
Thus for Jutbina they made their departure,
Crossing back as they did o'er the high mountain pastures.
There the white *oras* descended to greet them,
The most aged *ora* did shake their hands kindly:
315 "Listen to me now, Mujo and Halili,
Brothers you are and will be so forever.
May neither alone ever set out for battle.
Forlorn will the one be, bereft of a brother."
When in the end they arrived in Jutbina,
320 For three long weeks did they feast at the wedding.
So we are told, for we could not be present,
So we are told, for much time has gone by now.
And so may the grace of our God be upon us.

Muji te mbreti

Djelm të mirë Muja me Halilin,
Trima zollumqarë!
As s'kanë lanë drum për pa thye,
As s'kanë lanë baloz n'mejdan,
5   As s'kanë lanë çikë me u martue,
As s'kanë lanë djalë t'ri m'u rritë.
Davë kanë ba raja e Stambolli
E përpara mbretit te i kanë ra:
- Qi je mbret e baba i gjithë dynjas,
10   Sundon dynjan anemanë,
Ja sundo edhe Mujin e Halilin,
Ja kso toke neve po na hjekin!
E ka shkrue mbreti 'i letër t'hollë,
Ja ka dhanë tartarit n'dorë
15   E po ja çon Mujit e Halilit
E merr Muja letrën e p'e këndon,
Toje-toje vetllat n'ballë i janë dredhë,
Gjithë me lot letrën p'e loton.
- Baca Mujë, Halili i ka thanë,
20   Shume letrat i ke këndue,
Lott për faqe kurr nu' t'i ko' pa!
Mos t'ka dekun kund ndoj mik a vlla?
Mo t'ka dalë kund ndoj baloz n'mejdan?
- Ah, Halil, ty zoti të vraftë,

Mujo visits the Sultan

Mujo and Halili receive a letter from the Sultan, summoning them to the court in Istanbul. They fear they are to be executed, but their mother persuades them to obey. When Mujo arrives in Istanbul, the staircase and the doorway of the palace are too small for him and must be rebuilt to let him pass through. Mujo has an audience with the Sultan, who is simply curious to meet the hero in person. When Mujo takes his leave, a hook on his trousers snags on the imperial throne and he drags the Sultan himself across the hall to the doorway.

Such brave young men were Mujo and Halili,
So rough-and-tumble, so brave and so young!
Never did they leave a highway unambushed,
Nor did they shrink from a *baloz* in duel,
5   Nor did they leave maids in peace to get married,
Nor did they give other lads time to grow up.
Complaints by the *rayah* were lodged in Istanbul,
Who, prostrate in front of the Sultan protested:
"You are the Sultan, of the whole world the father,
10   Your reign you've extended in every direction,
We beg you, reign over Mujo and Halili,
Or they will expel us from off of the planet."
The Sultan then drafted a subtle epistle,
Which he gave to the trust of his Tartary bondsman,
15   For him to transmit to Mujo and Halili.
The letter received, Mujo opened and read it,
Into a frown sagged the brows on his forehead,
And tears from his eyes dripped all over the letter,
"Mujo, my brother," Halili addressed him,
20   "Many a letter have I seen you reading,
But never such tears on your cheeks have I witnessed,
What? Has a friend, has a brother now perished?
Or have you been called to duel with a *baloz*?"
"No, hold your tongue now, Halili, God damn you!

25   *Se s'm'ka dekun kund as mik as probatin,*
As s'm'ka dalë baloz me u pre n'mejdan,
Se, ti mirë e di, balozit nu' i pritoj!
Davë kanë ba mbi ne raja e Stambolli,
Ka çue letrën mbreti me na thirrë
30   *E un s'p'e dij, Halil, kurr ç'do t'na bajë!*
A p'e marrim malin për me tretë?
A po bijmë ma mirë në lum me u mbytë?
A po hypim n'curr teposhtë me u rrxue?
A po himë n'at kullë për me u ngujue?
35   *Zot, Halili Mujit shka i ka thanë?*
- Na po shkojmë e nanën po e pvetim,
Si t'na thonë nana po bajmë!
E janë shkue te nana edhe e kin pvetë.
Nana djelmve mirë u ka përgjegjë:
40   *- As mos merrni malin për me tretë,*
As mos bijni n'uj, o djelm, me u mbytë,
As mos hypni n'curr teposhtë m'u rrxue,
As mos hini n'kullë për me u ngujue,
Mirë shtërngohi e gjogat mirë me i shlue,
45   *Hajni, loke, tu mbreti t'u presin!*
Kur ka nisun drita e bardhë me dalë,
Po i shtërngojnë djelmt gjogat mirë e mirë
E i kanë vndue gujat në krye
E u kanë dhanë mustakve për teposhtë,
50   *Me senxhir lidhë gjogat, po u shkjepojnë,*
Përmjet rajes rruga u paska ra.
- Kta gabel ku duen me shkue?
- Baca Mujë, Halili i paska thanë,
Qysh m'korite sot me ditë të dekës!
55   *Por po i zanë gujat nën shtat*
E u kanë dhanë mustakve fill përpjetë,
Tym e njegull gjogat i kanë ba,
Flakë të verdhë përzi me shkumë po qesin,
Dushku i malit marrë flakë, qi po derdhet,
60   *Kurrku' bjeshkët prej timit nu' po shifen.*
Djelmt e mbretit kqyr se shka kanë thanë:
- Ç'janë këto bumurimë, qi po bumrojnë?
A mos janë topa n'Krajli?

25 None of our friends and no brother has perished,
Nor've I been called to a duel with a *baloz,*
You know me well, I shrink not from a challenge,
The *rayah* have lodged a complaint in Istanbul,
And the Sultan has summoned us in his epistle,
30 I know not, Halili, what fate now awaits us!
Should we head for the hills leaving no trace behind us?
Or hurl ourselves into the river and perish?
Should we climb up a cliff and then throw ourselves off it?
Or take to our *kulla* and hole up inside it?"
35 How did Halili respond then to Mujo?
"Let us go to our mother and ask for her counsel,
There will we follow whatever she tells us!"
So they met with their mother and asked for her counsel,
And sagely the mother did answer them, saying:
40 "You'll not take to the hills leaving no trace behind you,
Nor hurl yourselves into the river and perish,
Nor climb up a cliff and then throw yourselves off it,
Nor take to your *kulla* and hole up inside it.
Gird rather the saddles upon your fine horses,
45 And set off, my lads, for the Sultan awaits you!"
And when the first rays of the sun began streaming,
The lads set the saddles upon their fine horses,
Their heads they did cover and hide in their raincoats,
And secretly twirled down the tips of their whiskers.
50 With their horses now girded, they turned and departed.
During their trip they met up with the *rayah.*
"Where are they off to, those gypsy-like *rayah*?"
Halili inquired of Mujo, his brother.
"Why should we hide on the day we're to perish?"
55 Removing the raincoats which covered their bodies,
They openly twirled up the tips of their whiskers.
In the dust and the smoke their horses stampeded,
With froth at their mouths, at their feet were sparks flying,
Setting on fire the oaks in the mountains,
60 And veiling in smoke all the high mountain pastures.
Hear what the men of the Sultan now uttered:
"What is that thunder and what is that quaking?
Cannon balls shot from the Realm of the Christians?"

Bet në zotin mbreti tuk ka ba:
65   - Nu' janë, jo, kto bumurimë për qiell,
As nuk janë gjamë luftash në Krajli,
Por janë kahë vijnë Muja e Halili!
E n'derë të mbretit Muja kanka ra.
Kur â kapë për shkallë përpjetë me hipë,
70   Shkallët e mbretit Mujon s'mu' e kanë bajtë.
Shpejt e shpejt mjeshtrit m'ta i ka pru,
Qaq ma shpejt shkallën e ka ndreqë.
Kur janë votë në derë kesh-e me hi,
Dera e mbretit Mujin s'e ka xanë;
75   Qaq ma shpejt derën e ka goditë
E m'skaj vedit mbreti e paska ulë.
- Baba mbret, Muji i paska thanë,
Shpejt e shpejt harapët ktu me m'i pru,
Qaq ma shpejt kryet mue me ma kputë!
80   Edhe mbreti fort na kenka tutë:
Mos o zot, tha Muja e Halili,
Qafën jue vetë me jau kputë.
Nam të math për ju, djelm, qi ko' ndie,
M'ka marrë malli qi me ardhë m'u pa!
85   Se sa pak Muji ka ndejë.
- Izën, mbret, se due m'u çue!
Kamcën n'post Muji e paska mbërthye;
Kur ka ba trimi m'u çue në kambë,
Zhag te dera mbretin e paska qitë!

The Sultan himself swore by God and responded:
65 "That is no thunder from out of the heavens,
No war cry from out of the Realm of the Christians,
But instead the approach of Mujo and Halili!"
Mujo arrived at the gates of the Sultan,
He proceeded within and he mounted the staircase,
70 But the stairs of the Sultan they could not support him.
At once did the Sultan then call for his builder,
Who shored up the staircase with no hesitation.
When they got to the doorway and wanted to enter,
The door proved too small to let Mujo pass through it,
75 The builder thus altered it straightaway for him.
The Sultan gave Mujo a seat right beside him.
"Oh Sultan, oh father," said Mujo, inquiring,
"Your Moors, are they coming to take me to prison?
Are they going to chop my head off in an instant?"
80 The Sultan himself, quite astounded, gave answer:
"By God I swear to you, Mujo and Halili,
To chop off your heads, this is not my intention.
I simply was told of your great reputation,
And was seized by a longing to meet you in person!"
85 Mujo reflected a while and responded:
"Allow me to take my leave of you, oh Sultan."
But then on the throne snagged the hook of his trousers,
And the moment our hero stood up for departure,
He dragged to the doorway the Sultan himself!

Martesa e Halilit

Lum për ty, o i lumi zot!
Fort po shndritë njaj diell e pak po xe'!
Ç'p'e merr frima rrapin e Jutbinës!
Borë e madhe qi ka ra,
5   *Randojnë ahat për me u thye,*
Kin çetinat vetëm kreshtat,
Ushtojnë lugjet prej ortiqesh,
Prej ortiqesh, kah po bijnë ndër gropa.
Janë ra vashat me gja n'lumë,
10   *Kanë gjetë lumën tanë ngri akull;*
Kanë nisë vashat me lypë krojet,
Kanë gjetë krojet tanë ngri hej.
Ça kanë qitun e kanë thanë?
- Kur t'bajë zoti me e lirue,
15   *Gjaja e gjallë, druem, ka mbarue!*
Po, zot, ç'janë njata shtegtarë,
Veshë e mbathë porsi zotnij?
Mos janë nisë trimat për me çetue,

The marriage of Halili

The Agas ask Mujo why his brother Halili is not married. Halili protests that he will have no one but Tanusha, the daughter of the king of the Christians, whom he met during a truce. When the snows melt, Halili sets off for the Realm of the Christians. On his journey, a mountain *ora* shows him some tents at a riverbank. Halili steals into one of the tents and encounters Tanusha. In order to escape with him, Tanusha dresses Halili up as a maiden. The king and his cortege then set out for New Kotor, taking Tanusha and the disguised Halili with them. In the meantime, the queen has had a nightmare of a black wolf among the sheep and insists on going to visit her daughter, now in a fortress by the seaside. Halili is discovered and captured and Tanusha is thrown out onto the streets. With the help of Jovan, however, she manages to send Mujo a message. Mujo and the Agas arrive in New Kotor and save young Halili from the stake.

     May you be blessed, oh our God Almighty!
     The sun it shone forth but wan warmth did it offer,
     The wind it whistled through Jutbina's plane trees
     Heavily weighed the deep snow on the beech trees,
5   Bending them down as if breaking their branches.
     Only the tips could be seen of the spruces,
     To the echo of snowslides resounded the valleys,
     Snowslides which plummeted into the chasms.
     Down to the river the maids drove the cattle,
10   But the river was frozen, with ice it was covered,
     On to the springs did the maids drive the cattle,
     But the springs they were frozen, in hoarfrost were covered.
     To one another they turned and lamented:
     "By the time God has melted the ice and has freed them,
15   Our cattle, I fear, will have perished and left us.
     But look over there, there are travellers coming,
     As gentlemen dressed in fine footwear and garments!
     Are they perchance fighters now out on an exploit,

Qi ata qafat kurr s'mund i kalojnë!
20   *Ka qitë Jera edhe u ka thanë:*
- O nuk janë, jo, krushq darsmorë,
Se ata paresh ranë n'lumë;
Ka dalë Muji me kreshnikë,
A thue ndeshet m'ndoi gja malit!
25   *T'kjoshim falë, o i madhi zot,*
Sa shpejt diellin ma xu reja!
Shpejt ma endi 'i pëlhurë t'gjanë e t'gjatë!
E i ka veshun majet rreth e rrokull,
Qi, kur janë kapë trimat tu lumi,
30   *Kaq përzi i ka frima plajm e re,*
Askurrnja shoshojnë trimat s'p'e njofin.
In ngri trimat me sharrue,
Por n'breg t'lumit - kulla e Mujit,
T'tanë për darkë Muji i ka ndalë.
35   *Kqyr shka bani Gjeto Basho Muji!*
E ka vu nji barrë dru t'vogël n'zjarm,
Treqind vetë priherë m'u xe,
Atherë trimi u ka avit bucelat,
Atherë trimi u ka avitë fuçijat.
40   *In bucelat plot raki,*
In fuçijat plot me venë.
Sa shpejt frima burrave u ka ardhë!
Sa shpejt gjaku trimave po u xehet!
Kanë marrë llafin e po llafiten,
45   *Kanë marrë gazin e po gazmojnë,*
Kanë nisë trimat Mujin p'e pëvetin:
- N'votër tande kem' qillue,
Mos na ki randë për nji fjalë!
Pash nji zot, Mujë, qi t'ka dhanë,
50   *Qysh Halilin s'e martove?*
Janë martue krejt moca e tij,
Djelm e çika zotynë u ka falë,
Djelt e tyne n'lojë t'tanë janë dalë.
A t'u dhimtën paret për me i dhanë?
55   *A t'u dhimten darsmat për me i ba?*
Tutna djalin dikush po na rre.
Shpesh e shpesh po bje' n'Kotorre t'reja,

Returning back down from the snow-covered passes?"
20 Jera then turned and did speak to them, saying:
"They've surely not come as our wedding attendants,
For the nymphs have departed, plunged into the river.
Mujo has set out with all of his *kreshniks*,
Off to the mountains, for game he is looking."
25 But what, in the name of the Lord, has now happened?
How swiftly the clouds have now hidden the sunshine!
How swiftly they've spread, like a shroud have extended!
Veiling and blocking the peaks all around them.
Just as the warriors got to the river,
30 A gale wind blew over the powdery snowdrifts,
The warriors in them lost sight of their fellows,
The heroes were frozen, their bodies were rigid,
But down at the river they saw Mujo's *kulla*,
Mujo invited them in to have dinner,
35 Warmly Gjeto Basho Mujo received them:
He threw on the fire a huge armful of kindling,
Enough there to warm up the three hundred heroes.
Then did the warrior bring out the barrels,
Then did the warrior bring out the wine kegs,
40 Barrels he served them replete with strong raki,
Kegs, too, he opened, with wine they were brimming.
How soon did the men all recover their breathing,
How soon did it warm up the blood of the fighters.
At once they all started to talk and to chatter,
45 With joking and laughter the fighters made merry.
The warriors then turned to Mujo and asked him:
"We've come here to visit as guests in your household,
Do not be offended by what we now ask you,
We beg of you, Mujo, in God's name to tell us,
50 Why've you not found a fine bride for Halili?
All of the rest of his peers have now married.
On them the Lord has bestowed sons and daughters,
Out and about are their sons, making merry.
Is it the cost of the wedding you shy from?
55 Are you afraid of the work of a wedding?
We fear for the lad, for they'll lead him astray,
He's often been seen on his way to New Kotor

Rob të gjallë djalin p'e xanë.
Le' konakun, Mujë, qi s'po ta fikin,
60 Ma zi fisin, Mujë, po na koritin.
As be m'zotin trimi nuk ka ba.
- Faqebardhë, more shokë, ju kjoshi,
Se mirë hallin po ma diki, burra!
Mana paret s'm'u kanë dhimët me i dhanun!
65 Mana, darsmat s'm'u kanë dhimët me i bamun!
Ju t'pavllazën, shokë, s'kini qillue,
Kuj po i dhimen darsmat për vlla t'vet?
Ky edhe s'asht, or burra, cub flligshtish,
Mirë e njihni, se â daji trimnish.
70 Qi për n'dashtë me m'pru marren te shpija,
He, ktij zoti i shkimët hisen e diellit!
E n'pastë menden me na koritë fisin,
Gjujma, re, qetash me kokërr rrfeje!
Zirma tokë, përjashta n'natë të vorrit!
75 At be m'zotin djali por ka ba:
- Kah kam vlla e kah kam motër,
Deksha para, n'u martosha!
Se gjithë grat e Krahinës, ku janë,
Se gjithë vashat e Jutbinës, ku janë,
80 Bash si motra qi po m'duken.
Dheu m'ka mlue e fat s'i qita vedit,
Po s'e mora Tanushën e krajlit.
E un Tanushën vetë e ko' pa,
Kur kem' pasë besë me Krajli.
85 Gja ma t'mirë s'shef njeri nën ket diell!
Vetulla e saj ndrejt si fiskaja,
Shteku i ballit si shteku i malit,
Kur merr hana me pranue,
Syni i saj si kokrra e qershisë,
90 E ka qerpikun si krahi dallndyshës,
Ftyra e saj si kuqet molla n'degë,
Hunda ndrejt si kalemi i Tushës,
Goja e vogël si lula qi shpërthen,
Dhamët e bardhë si gurzit e lumit,
95 Fill mbas shiut kur po i shndritë dielli,
Qafa e saj si qafa e pllumbit,

And sooner or later they'll take him still living,
Your household will certainly still have descendants,
60 But, Mujo, our tribe, it will suffer dishonour."
Retaining his calm then, the hero responded:
"Be of good cheer now, my fellow companions,
It's a problem indeed that I have well considered,
The cost of a banquet is of no concern to me,
65 Nor do I fear all the work of a wedding.
Who, oh my good friends, would shrink from the burden?
Who would refuse his own brother a wedding?
He's no petty thief after all, my companions,
He is, and you know him, full well a fine hero.
70 But should he perchance bring on us dishonour,
Then let the Lord snuff out his portion of sunlight.
And should he cause shame, distress to our tribesmen,
May storm clouds gather and strike him with lightning
And the earth where he lies, out of his grave then spew him."
75 Swearing by God, the young man protested:
"All of you here are my brothers and sisters,
I'd rather perish than have to get married
For all of the women here in the *krahina*,
All of the girls to be found in Jutbina,
80 All of these women to me are like sisters.
May the earth cover me over unmarried
Unless I can wed the king's daughter, Tanusha.
For I by myself caught a glimpse of Tanusha
During our truce with the Realm of the Christians,
85 No man has ever beheld such a vision,
The brows of her eyes are as straight as tree branches,
The line in her forehead's a path up the mountain
Lit by the bright golden beams of the moonlight,
Both of her eyes are like ripening cherries,
90 Her eyelids resemble the wings of a swallow,
Her face, when she blushes, is like a red apple,
Her nose is as straight as a rifle by Tusha,
Her mouth which is small is a blossoming flower,
Her teeth are as white as the rocks in the river
95 Just after rainfall when sun begins shining,
The nape of her neck, oh, a dove's does resemble,

Shtati i saj si 'i shtat çetinet,
Misht e dorës porsi rremi i shemshirit.
Atherë djali ma s'â pritë pa folë.
100   Dorën gojës Muji ja ka vndue,
Aq ma tepër djali â pezmatue.
- Prapou, Mujë, se m'ka ardhë dita e dekës!
- Rend me rend, Mujo, po flasim,
Ka britë t'madhe plaku Basho Jona.
105   - S'e kam lanë, or shokë, për mik, pse s'gjeta,
S'e kam lanë për pare, pse nuk pata,
S'e kam lanë për vashë, pse nu' mund hasa,
Veç s'kam dashtë vetë m'u martue!
- Pa ndigjo, more ti djalë,
110   Ka folë plaku Osman Aga,
Ditë e madhe nesër ka qillue,
Tridhetë agë kanë me u bashkue,
Tridhetë vasha t'i kanë pru,
Njat ma t'mirën ke me e zgjedhë,
115   Tridhetë agë për hajr ta bajmë!
S'p'e len djali plakun ma me folë.
- Zoti u vraftë, more agët e Jutbinës!
Po ku â ndie n'mjet tokës e t'qiellës,
Se muer vllau motrën e vet?
120   Qi tanë bijat e Krahinës ku janë,
Tanë si motra qi po m'duken.
Nji be t'madhe qi kam ba,
Nji be t'madhe n'emën t'zotit,
Njatij t'lumit qi vran e kthiell,
125   Rendon tokë e rendon qiell,
Qi, ja martohem me gur e dhe,
Ja e kam marrë Tanushën e Krajlit.
E a ndigjuet, ju agët e Jutbinës?
Ndeja kuk si natën e vorrit
130   E n'Krahinë cok s'u martova!
Por n'qafë m'paçi, mori bjeshkët e nalta,
Kurrku' 'i shtek qi nuk ma lat,
Për me dalun deri n'at Krajli!
Kjeçë tuj e ba nji hjeksi t'vogël,
135   T'mujshe detit me i pri der' ndër qafa,

Her figure is slender as that of a spruce tree,
The skin of her hand is as sleek as is boxwood,"
Carried away with himself, he continues.
100   With a hand on his mouth, Mujo puts him to silence.
All the more now is the young man indignant:
"Leave me alone, for I speak now or never."
"We'll have our word, Mujo, one after the other,"
Cried out Basho Jona, the grand aged hero,
105   "I don't have a bride for not being able,
I don't have a bride for not having money,
I don't have a bride for not having found one,
It's simply that I did not want to get married!"
"Listen, oh young man, to what I advise you,"
110   Responded the hero, the old Osman Aga,
"Tomorrow we're holding a great celebration,
Tomorrow the thirty Agas will take counsel,
And thirty maidens for you they will gather,
You will select there the fairest among them,
115   And the thirty Agas will wish you good fortune."
The young man protests, interrupts Osman Aga,
"May God strike you down, oh Agas of Jutbina!
Where between heaven and earth has it happened
That a man should e'er take for his bride his own sister?
120   For all of the girls to be found in Jutbina,
All of these women to me are like sisters.
I swear to you now as I stand here before you,
I swear to you now in the name of the great Lord,
To the Blessed One who makes the rain and clear skies,
125   To the one who holds sway over earth and the heavens,
That I'll only marry the earth and a tombstone
If I cannot have from the Realm my Tanusha,
Mark you my words, oh Agas of Jutbina!
Wait may I until the night of my funeral,
130   But in the *krahina* I never shall marry!
A curse be upon you, oh high mountain pastures,
For making impassable all of the pathways
For me to cross into the Realm of the Christians,
A trick I would use, if I had but the power,
135   And cause the high seas to flood over the passes,

Me ma dejë krejt ata borë,
Sall sa t'dal me qitë kunorë,
Qaq fort gazin shokët qi po ma vndojnë,
Ma kanë ngjitë "taraku i Kotorrit"
140   E frima e gjallë s'u lanka peng për log!
Sa mirë nama bjeshkët m'i paska gjue!
Sa shpejt deti djalin ka ndigjue!
E e ka çue nji frimë të fortë,
E e ka çue nji frimë të xetë,
145   E e ka lëshue krejt ren e zezë.
Binë ortiqet nëpër gropa,
Ushtojnë malet si prej motit.
Por tri dit e ma s'ka ngjatë,
Â shkri bora e ka ra n'lume.
150   Por tri javë e ma s'ka ngjatë,
Shka e ka ba luma ata t'bardhë?
T'bardhët e bjeshkëve krejt e ka mbytë n'det!
Lum për ty, o i madhi zot,
Ç'po këndojnë bylbylat n'mal!
155   Ç'po lodrojnë fmija npër fushë!
- Shpejt me dalë te tbani,
Se ka shpërthye ahi!
Atherë djali Mujit i ka thanë:
- Qetash gjogun, Mujë, ti me ma dhanë!
160   Aspak gjogun Muji s'ja ka dhanë.
Gjogut t'vet në shpinë i ka ra
Edhe â nisë Tanushën për me marrë.
Kur ka ba Muji m'u dredhë,
Mirë po i flet nana e motnueme:
165   - Po ti ç'bane, more bir,
Gjogun djalit qi s'ja dhae?
Rrezik djali me ba me e pasë
E n'Krajli gja me ta gjetë,
Sa t'jesh gjallë djalit ja kujton!
170   Sa shpejt Muji kenka dredhë!
- Ndal, Halil, djalit i ka thanë.
Gjogun e vet Muji ja ka dhanë
E 'i msim t'mirë qi ja ka dhanë:
- Udha e mbarë të kjoftë tash, more vlla!

And with it would dissipate all of the snowdrifts,
So I could cross over and wed my beloved."
His friends and companions all burst into laughter,
And called him the 'steer of Kotor' in their teasing,
140 A young boy who'd never shown proof of his valour.
But how well the high mountain pastures did hearken,
How swiftly the ocean did heed the boy's curses,
And sent forth a windstorm up into the mountains,
Up to the high pastures it sent a sirocco,
145 Covering everything in sombre rain clouds,
Snowslides did plummet down into the chasms,
And once more, as always, the mountains resounded,
For three full days, and it lasted no longer,
The snow was now gone, melted into the river,
150 For three full weeks, and it lasted no longer,
And what did the river now do with the snowfall?
The snow from the mountains it drowned in the ocean.
May you be blessed, oh our God Almighty!
The nightingales warble now up in the mountains,
155 Children are playing in all of the valleys,
Quick, let us go to the high mountain pastures,
For the beech forests have burst into blossom,
Now the young man turned to Mujo, requesting:
"Mujo, my brother, do lend me your courser!"
160 But Mujo refused to accede to his brother,
So Halili mounted his own horse and, turning,
Set off by himself to recover Tanusha.
Mujo then harked to the words of their mother,
With what words of wisdom did she now address him:
165 "Oh dear son of mine, what have you accomplished
By refusing to give to your brother the courser?
Should the boy ever meet with misfortune or danger,
Should something occur in the Realm of the Christians,
For the rest of your life you will always regret it."
170 Mujo looked back on the spur of the moment,
"Stop, oh Halili," he cried to his brother,
Mujo approached and then gave him his courser,
And with it he proffered a piece of good counsel,
"I wish you, to start with, good journey, my brother,

175   *N'megje t'krajlive kur t'bajsh për me dalë,*
Kurrkund kryet gjogut mos ja ndalë,
Gjogu t'çon te Vuke Harambashi.
Probatin Vukën vetë e kam pas,
"Falëmeshndet Muji, thuej, t'ka çue;
180   *Për nji punë, ti vllath, sot me m'ndimue,*
Me m'ndimue me grosh e me shpatë,
Me m'ndimue Tanushën për me e marrë!"
Atherë djali i ka kcye gjogut n'shpinë.
- T'mirë u pashim, Muji i ka thanë.
185   *Ka marrë dromin për Krajli,*
Dy herë djalin kurrkush s'e ka pa.
Kalojnë male e kalojnë lugje,
Kalojnë breshtë e kalojnë ashtë,
Kalojnë dit e kalojnë net,
190   *N'rob t'zotit kurrkund s'hasin.*
Po thotë dielli:"Â ndorja e eme!"
Ka thanë hana:"Â ndorja e eme!"
Kanë thanë orët:"Â ndorja e jonë!"
Zot, a flet dhija në mal?
195   *Paska folë dhija në mal!*
Ça ka qitun e ka thanë?
- Sa t'bajë dritë ka ndoren dielli,
T'errmen natë, ka ndoren hana,
Armët e brezit ja rue zana!
200   *Fort Halili m'asht frigue.*
- Ç'asht ky za, - zot, nëpër çeta?
P'a thue flasin dhitë e malit?
- Mos gabo, se s'jem' dhi malit,
Se na jem' tri dhi prej shkamit,
205   *Qi rrijmë bashkë me zana!*
Sa mirë djali u ka përgjegjë:
- Mirë p'e di se â logu i zanave
E fjalës suej un nuk i luej!
Syni i jem me ndore t'diellit,
210   *Kamba e eme ndorja e hanës,*
Erzi i armve ndorja e zanës,
Deka e eme me orë çue!
Kur ka dalë n'bjeshkën ma t'naltën,

175 When you cross into the Realm of the Christians,
Let the steed choose on its own the direction,
The courser will take you to Vukë Harambashi,
The Vukë Harambashi who is my blood brother,
Give him my thanks, tell him Mujo has sent you,
180 Tell him, 'Oh brother, I need your assistance,
I need your assistance with money and weapons,
I need you to help me win over Tanusha.'"
The young man then mounted the back of the courser,
"May you be well," and took leave of him Mujo,
185 Set off on the road of the Realm of the Christians,
Nobody saw him for more than an instant,
On through the mountains and valleys he journeyed,
Though desolate places and through the beech forests,
He journeyed by daytime, he journeyed by nighttime,
190 And nowhere did he come across other people,
The sun now proclaimed:"He is under my aegis,"
The moon now proclaimed:"He is under my aegis,"
The *oras* proclaimed:"He is under our aegis,"
Even a goat cried, oh Lord, in the mountains,
195 Yes, 'twas a goat that spoke out in the mountains,
And what did the goat in the mountains then utter?
"As long as it's daytime, the sun will protect him,
And during the nighttime the moon will protect him,
The arms in his belt will be watched by the *zanas*!"
200 But then something moved, caused Halili to tremble,
"What is that voice I can hear in the bushes?
Are goats in the mountains now able to speak out?"
"We are much more than mere goats in the mountains,
We're a trio of wild goats, the cliffs we inhabit,
205 And on them together we live with the *zanas*."
So how was it then that the young man responded?
"It's good that I've come to the home of the *zanas*,
For confidence do I have in your assertion,
As to my two eyes, the sun will protect them,
210 As to my two legs, the moon will protect them,
And my weapons' honour belongs to the *zanas*,
And, when I die, will the *oras* be with me."
Onwards he climbed to the high mountain pastures

Na e ka pa 'i lum t'gjanë e t'gjatë,
215 I gjatë ishte det e n'det,
Andej lumet veç e lpe.
Ka ba gjogut me i dhanë uj,
Tre pash gjogu â dredhë përmbrapa.
Paka 'i njeri për buzë shkami.
220 Sa mirë ora p'e pëvetë:
- Kah je nisë, djalo, me shkue?
Ndejshëm djali fort qi po i përgjegjë:
- Për Krajli 'i herë jam drejtue,
Der tu Vuku i Harambashit!
225 Fort ka qeshë ajo ora e malit!
Kërkund djali s'po kujtohet,
Ç'asht aj njeri, qi po i flet.
Sa mirë ora e paska msue!
- Pa mba vesh, or djalë i ri,
230 P'e di mirë, pse kah je dalë,
Se t'kam pa ndër Lugje t'verdha,
Se t'kam dashtë si sytë e ballit,
T'kam ruejtë natën, t'kam ruejtë ditën,
M'ke pas hije për mbas trupit.
235 Aty Vukën ti s'e gje',
Aj kah mat â dyndë Krajlijet;
Por avitu 'i herë prej mejet!
A p'e shef qat lumë të gjanë?
Atje i thonë"Te lumi i Tunës"
240 Ndale synin n'at breg lumit,
Merr teposhtën der' tu hijet!
A po i shef do çadra t'bardha?
N'mejdis t'tyne 'i shatorr t'kuq?
Frenin gjogut mos m'ja ndalë,
245 Fill t'ka çue te e bija e krajlit!
Ora â shdukë e hupë në mal,
Djali â shdukë e ra në fushë.
A varë dielli me pranue.
Qatherë dita m'konka errë.
250 Lum për ty, o i lumi zot,
Ke falë ditën me punue,
Ka falë natën me pushue!

And there he espied such a broad flowing river,
215 From ocean to ocean it stretched, the long river,
Out on the river there lay a thick fog bank,
He led forth his courser to drink of the water,
But the animal quivered and moved three steps backwards,
For there at the foot of the cliff was a being.
220 An *ora* looked at him and asked him a question:
"Where are you going, lad, where are you off to?"
The young man then turned to the *ora* and answered:
"I'm on my way to the Realm of the Christians,
There to encounter one Vukë Harambashi."
225 The mountain *ora* then burst into laughter,
The young man himself was perplexed and did wonder
What kind of being was standing before him.
The *ora* turned now and began to inform him,
"Listen to what I am saying, oh young man,
230 I know very well the direction you've come from,
I've been observing you in the Green Valleys
And cherishing you as I would my own eyesight,
Day and night was I there so to protect you,
Just like your shadow, I stood right behind you,
235 Vukë Harambashi you'll never encounter
For the Realm of the Christians he's long since departed,
But come over here, young man, in my direction,
Can you distinguish the broad flowing river?
The Danube's the name that they give to the river,
240 On yonder bank have a look, fix your eyesight,
Cast your eyes over there into the shadows,
The white encampment, can you perceive it?
And in its midst see the scarlet pavilion?
Set out now, and give free rein to your courser
245 And right to the princess the courser will take you."
The *ora* was gone, vanished into the mountains,
The young man continued his ride to the flat land,
The golden rays of the sun were now setting.
The day was now spent, there was everywhere darkness.
250 May you be blessed, oh our God Almighty!
You who have granted us daylight to work in,
You who have granted us nighttime to rest in,

- Ça ka hana, qi s'po del?
Kanë pëvetë bylbylat malit.
255 - Pritni pak, more zojt e malit,
Ju me kndue, tjetër punë s'keni,
Hana sande ka ndollë xanë,
Ka nji ndore me përcjellë!
Ka përgjegjë dhija në shkam.
260 Qatherë djali sa kish ra n'breg t'lumit.
Ka lidhë gjogun mbrendë n'nji imshtë,
Imshta ishte tanë ahishtë,
Vetë shatorret npër muzg t'natës po i lypë.
Kur ka mrrijtë te çadra e kuqe,
265 Qatherë djali por ka ngulë,
Ka xanë vend përmbas nji lisit;
Rrajët e lisit shpërda n'lumë.
Sa fort djali po mërzitet!
Ça ka qitun e ka thanë?
270 - Po si s'erdh kurr kjo mesnatë?
Kur ka falë zotyn mesnatën,
Sa urtisht djali qi p'e mësyn!
Ma ka xjerrë thikën ma t'preftën,
Kambadoras asht avitë
275 Edhe e pritka nji copë shatorr.
Ka ba dorë mbrendë me shti,
Aty djali ka gabue,
Se aty dora ndeshë n'ball t'njerit,
Njeri ishte e bija e krajlit.
280 Ka lshue vasha nji brimë t'keqe
Edhe ndejë a çue prej tremet.
Treqind çika pr 'i fjalë janë mbledhë.
Ç'kje kjo britmë Tanushës po i thonë,
Qi kso vigme kurr s'ke ba?
285 Sa butë vasha u ka përgjegjun çikavet!
Shkoni e bini, mori shoqe,
Si lugat dishka m'u shti
E prej tremet gjumi m'duel!
Meiherë çikat kenkan shkepë,
290 Meiherë vasha â ulë me ra
E 'i unazë n'tokë rrotullohet.

"But where is the moon, and why's it not out yet?"
The nightingales up in the mountains did wonder.
255   "Listen, oh birds of the mountains, be patient,
You have but one duty, and that is to warble,
The moon for its part is tonight very busy,
For it has the duty, the task to protect him,"
Responded the goats on the cliffs in the mountains.
260   The young man arrived at the bank of the river
And tied up his steed in the midst of a thicket,
In the midst of a thicket, a grove of young beech trees,
He then went in search of the tents in the twilight,
And when he discovered the scarlet pavilion,
265   The young man stood back and did ponder a moment
And behind an oak tree he took up position,
The roots of the oak tree spread down to the river,
After some time he grew weary of waiting,
What were his thoughts then and what did he utter?
270   "Oh hour of midnight, you take your time coming!"
When God finally put forth the hour to midnight,
The young man advanced both with skill and with cunning,
He drew his sharp dagger from out of its holder,
Towards the pavilion he crawled now on all fours,
275   There he cut into a piece of the canvas
And through it his hand stretched to feel what was inside,
Here the young man made a most serious error,
For groping about, touched his hand on a forehead,
And the forehead he touched was of the king's daughter.
280   Dazed, a vociferous cry she did utter,
And startled, sat up in her bed, now awakened.
Three hundred handmaids, on hearing her, gathered,
And asked of Tanusha whate'er was the matter,
A scream of such strength they had never heard from her.
285   Gently she turned to her handmaidens, saying:
"You may go back to your beds, my companions,
I had a dream of a vampire approaching
And woke from my sleep, I was trembling and shaking."
The maidens sashayed on the spot to their chambers,
290   The girl went to bed to resume her sweet slumber
When beside her a ring did roll over the floorboards.

Shpejt e çon Tanusha toket.
Kur ka pa ftyrën e djalit:
- Po ket ftyrë, zot, ku e kam pa,
295   Qi po m'giet me t'Halilit?!
Tjetër djali s'asht durue:
- Zoti t'vraftë, Tanushës po i thotë,
Po a je nieri qi ke besë?
- T'thashin krahët, more djalë i ri,
300   Sa fort fell qi paske hi
Treqind shpirtna n'trup me i pasë,
Kurrnja drita s'ta ka xanë.
Hajde mbrendë, kopil, po i thotë,
Se ja desim t'dy përnjiherë,
305   Ja kem' pshtue t'dy përnjiherë.
Sa mirë djali nuk po ngutet!
- Ndal nji herë, çikës i ka thanë.
E t'm'ka nxjerrë shpatën prej millit.
Ka xënë priten n'shtek t'shatorrit,
310   Ka lshue synin rreth oborrit,
Rob i gjallë asajt nuk shifet.
Atherë djali mbrendë ka hi.
E ka marrë vasha për doret,
Shpejt e shpejt te 'i odë i prin.
315   Oda ishte mbushë me pajë.
Tu 'i kanë zgiedhë 'i parë petka ma t'mirat.
T'gjithë ngri n'ari si kokan kanë
E Halilit para ja ka shtrue.
- Çou, Halil, shpejto m'u veshë,
320   Se me t'xanë drita qysh je,
T'dyvet krajli veç na pret!
Krejt si çikë djali po dan.
Ka nisë drita me lbardhë terrin,
Marrtas dielli kenka çue.
325   Zot, ç'po bajnë çikat e krajlit,
Qi kaq heret kenkan çue?
Po ngarkojnë lesh sa ku munden,
Për me ra deri n'at lumë;
Po shpërndahen gurve t'lumit,
330   Gurve t'lumit, kah po lajnë,

Tanusha rose swiftly and stood there bedazzled,
The face of the young man now seeing before her,
"This face, oh my God, where on earth have I seen it?
295 It reminds me alone of the face of Halili."
The boy couldn't hold back his tongue any longer,
"Oh God Almighty," he said to Tanusha,
"Are you a person who will not betray me?"
"How could you say such a thing to me, young man?
300 But how did you trespass into my pavilion?
Even with three hundred souls in your body,
You will not survive, you'll see no more daylight,
Come into the tent, boy," insisted the maiden,
"For either this moment we'll perish together,
305 Or otherwise will we both find our salvation."
But the young man was not to be pressed and did tarry.
"Wait but a moment," he said to the maiden,
And then from its sheath did he draw forth his scabbard
And, lying in wait at the path by the entrance,
310 He looked all around him and studied the courtyard,
But no sign of life, no one there could he make out,
Then did the young man return to the chamber,
The maid grasped his hand and she led forth Halili,
Without hesitation a room they did enter,
315 There the trousseau of the maiden was spread out,
There she selected the best of her costumes,
All of them shimmering, the gold-threaded garments,
She laid them out, showed them off to Halili,
"Be quick now, Halili, and put on the garments,
320 Because if they find you as such in the morning,
The king will command that the two of us perish."
The boy was transformed and looked now like a maiden,
Then came forth the daylight which scattered the darkness
And faintly appeared now the first rays of sunshine.
325 What are the maids of the king, oh Lord, up to,
Why have they risen from slumber so early?
Wool they are piling as much as they're able,
And, burdened, they carry it down to the river,
Spreading it there on the rocks and the boulders,
330 On the rocks and the boulders the maids do their washing,

Herë po lajnë, herë po këndojnë.
Del Tanusha n'at breg lumit,
Vetë e dyta gisht për gisht,
Vend po xanë te gurt e lumit.
335 Kanë qitë çikat e e kanë pvetë:
- Amanet, mori e bukra e dheut,
Po kjo vashë n'dorë qysh t'ka ra,
Qi ne pahin krejt na paska marrë?!
Syni i saj si syni i zanës,
340 Balli i saj si balli i hanës,
Shtati i saj porsi hala n'bjeshkë,
Kurrkund shoqen nën ket diell s'e paska!
- Zoti u vraftë, mori treqind çika,
Gja e pashoqe s'asht n'ket jetë.
345 Fukare, e mjera ka qillue,
E ka xanë Pasha i Dumlikës,
Por kjo pajë s'ka ku me marrë,
Baba dekë e kalbë nën dhe,
Nana mbetë rrugash mbi dhe,
350 Ja ka msy kullën tatës krajl,
A s'â send ndoi pare me ja falë.
Por ju lani, u pastë Tanusha,
Lani lesh e mos u tallni!
Askurrnja ma s'po e pëvetë,
355 Por po lajnë lesh gurve t'lumit,
Kush po lan e kush po kjan prej dhimet.
Lum për ty, o i lumi zot,
Se ç'do t'bajë krajlica n'at Kotorr!
'I andërr t'vshtirë e paska pa,
360 Paka n'andërr nji tufë berresh,
Tufa ishte treqind delesh,
N'mjedis t'tufës nji uk të zi,
Uk i zi si 'i dash galan.
Tremshem grueja konka çue,
365 Fill tu krajli konka shkue:
- Çou, bre krajl, ty zoti të vraftë,
Se nji çikë zoti t'ka falë,
Tjetër djalë n'votër nuk ke
E qe 'i motmot me sy nuk e ke pa.

Sometimes they're scrubbing and sometimes they're singing,
Tanusha appears at the bank of the river,
Hand in hand with her another girl follows,
They take up their place at the rocks by the river,
335 The other maids turn and of her do inquire:
"May we inquire of you, oh Earthly Beauty,
Who is the maiden whose hand you are holding,
Whose outward appearance is fairer that ours is?
Her eyes do resemble the eyes of a *zana,*
340 Her brow is like that of the man in the moon,
Her figure is that of a pine in the mountains,
None of us under the sun do look like her."
"How can you say that, oh three hundred maidens,
There is nothing on earth which is lacking an equal.
345 This maiden, it turns out, is poor and unlucky,
Promised she's been to the Pasha of Dumlika
But it's her trousseau, her dowry, that's missing,
Her father is dead and lies under his gravestone,
Her mother, who wanders the streets, is a pauper,
350 For this she has come to my father's royal palace
To see if there's anything he could accord her,
Now go back to your washing," responded Tanusha,
"Wash all of your woollens in silence, no gossip."
None of the maidens asked any more questions,
355 But washed all the wool at the rocks by the river,
Some of them scrubbed, while the others lamented.
May you be blessed, oh our God Almighty!
What is the queen getting up to in Kotor?
For she has suffered a terrible nightmare.
360 She dreamt of a great herd of livestock before her,
A herd full of sheep, oh, three hundred in number,
And right in their midst, there loitered a black wolf,
And a big black ram the wolf did resemble,
The queen now she stood up, in fear she was shaking,
365 And forthwith off to the king did she hasten,
"Rise, oh my king, do stand up or God damn you,
For God has graced you with only one daughter,
Children no more can there be in your family,
And in this last year you've not even seen her,

370   *Hypi gjogut, ku t'jet ma i shpejti,*
        Se 'i andër t'vshtirë sonte kam pa.
        - Hajre kjoftë, i britka krajli.
        - Se ishte çue nji uk Jutbinet
        E treqind çikat i kish përda.
375   *Meiherë krajli asht mërthye,*
        Mirë e shtërngon dorinë e mejdanit,
        Mirë shtërngohet me hekurat e shtatit.
        Ka marrë rrugën, qi çon te bregu i Tunës.
        Treqind çika qi po i njehë,
380   *Nji ma tepër qi po i del,*
        Ajo ma e bukura qi m'ishte ndër shoqe.
        - Oj Tanushë, lum baba, i ka thanë,
        Po kjo çikë n'dorë kah t'ka ra,
        Qi n'dynje shoqen s'e paska?
385   *- Fukare e ngrata ka qillue,*
        Tata dekë e nana mbetë rrugash,
        E ka xanë Pasha i Dumlikës
        E pa pajë, qyqja ka ndodhë,
        Fill ka ardhë e ka msy ty,
390   *A s'â send ndoi pare me ja falë!*
        Sa mirë krajli asht pshtjellue!
        Tash po nisna për Kotorre t'reja,
        Ti me vedi çikën ke me e marrë!
        Ka dhanë emër krajli me bujri:
395   *- Treqind çikat me u shtërngue!*
        Shpejt meqaret i kanë ngarkue,
        Për Kotorr tek janë fillue.
        Asht Tanusha n't'mramin rresht
        Me Halilin gisht për gisht,
400   *Djali m'gjog, vasha n'dori,*
        Mirë ushtrija qi po i rue.
        Kërkund giasë s'po i shofin për me hikun.
        Mbas tri ditsh e mbas tri netsh,
        Â kapë çeta te Kotorret e reja,
405   *Treqind çika janë shkepë ndër koniqe,*
        E ka zgjedhë Tanusha 'i kullë ma t'mirën,
        N'breg të detit, përmbi 'i shkam,
        Dymdhetë ketesh kulla e naltë,

370   Quickly now, ready the best of your coursers,
        For I have suffered a terrible nightmare."
        "So let it be," did the king reply to her.
        "I saw a wolf on his way from Jutbina,
        Who's spirited off all the three hundred maidens."
375   Without delay the king took action,
        And his war horse he made ready,
        Donning his fine coat of armour,
        He set off for the Danube river,
        There he counted all the maidens,
380   And discovered one too many,
        The one left over was the fairest.
        "Oh Tanusha," asked the father,
        "Who's the maid whose hand you're holding
        Who on earth is without equal?"
385   "Poor, unlucky is this maiden,
        Dear her father, mother homeless,
        The Pasha of Dumlika wants her,
        But with no dowry, he'll not take her,
        She has come for your assistance,
390   For anything you could accord her."
        With ease was the king outwitted.
        "Now we'll set off for New Kotor,
        You will take the maiden with you."
        The king gave orders with his trumpets
395   Three hundred maidens to make ready,
        The grooms soon got them on the horses,
        And the cortege left for Kotor,
        In the last row rode Tanusha
        Hand in hand still with Halili
400   She on bay horse, he on courser,
        Closely guarded by the army
        They'd no chance for an evasion.
        In three days and nights of travel
        Did the cortege reach New Kotor.
405   All maids were put up in manors,
        Tanusha chose the finest *kulla*,
        On the cliffs above the ocean,
        Twelve floors high arose her *kulla*,

Kërkund shoqen nuk e kishte.
410 Treqind hapash kulla e gjanë,
Të tana ballet guri s'lmue,
Anash krejt guri s'latue,
Latue shkami prej mermerit.
Aty gurrat me u flladitë,
415 Aty kopshti me u mahitë,
Aty velat me velzue,
Me velzue për shpinë të detit.
Kur po hin njeri n'at kullë,
Me kujtue se ka ndrrue jetë.
420 Me Halilin mrendë kanë hi,
Paskan ndejë tri dit e net,
As kanë hangër, as kanë pi.
- Qysh ja bajmë me kthye n'Jutbinë?
Sa mirë vasha asht kujtue!
425 - Me i dhanë gjogut shpinë e detit.
Na po himë m'nji barkë me rrema,
Na po himë m'nji barkë me vela;
Ti vozit, un drejto velat!
Na çon zoti 'i freski t'hollë,
430 Na i shtyn velat për Krahinë,
Aty n'breg gjogu na pret,
Se un drue nanës me i kallxue!
I kanë dhanë gjogut shpinën e detit.
Por ç'ka ba shkina e Kotorrit?
435 Kish pa gjogun mjedis valës detit,
Fill te krajli kenka shkue.
- Zoti t'vraftë, krajlit i ka thanë,
Tash tri dit çika n'Kotorr â ardhë
E as un as ti me sy s'e kemi pa!
440 - Hajt sa t'duesh, për n'daç me e pa,
Se mue ngaeja kurkund sot s'ma qet!
Sa fort shpejt krajlica gadi â ba!
E ka marrë rrugën e bregut t'detit
Për me shkue te kulla e bukur,
445 Aty m'gjeka kullën xanë.
Sa mirë zanin, shkina, e ka t'hollue!
- Oj Tanushë, lum nana, m'i ka thirrë,

In the world no other like it,
410 Wide it was, three hundred paces,
Its outer walls were made of stonework,
The sides were covered in smooth tilings,
The cliffs themselves were made of marble.
For refreshment, flowing water,
415 For diversion, there were gardens
And for sailing, there were sailboats,
Sailboats there to cross the ocean.
Whosoever saw the fortress
Would believe he was in heaven.
420 There she settled with Halili,
Days and nights three they remained there
Without eating, without drinking.
"How can we get to Jutbina?"
Wondered to herself the maiden,
425 "O'er the waves we'll send our courser,
We ourselves will row a rowboat,
We ourselves will sail a sailboat,
The sail I'll trim, you try the rowing,
And should a fresh breeze we be granted,
430 Our boat will cross to the *krahina*
And on the bank will bide our courser,
But I'm afraid to tell my mother!"
O'er the waves they sent the courser,
The Slavic queen of Kotor saw it,
435 And wondered what the steed was doing.
To the king did she now hasten,
"Damn you," to the king she cursed. "Our
Daughter's been three days in Kotor
And neither of us e'en has seen her."
440 "If you want, pay her a visit,
I've no time, it doesn't suit me."
Without delay, the queen made ready,
And departed on her journey
To the coast to see the *kulla*,
445 There she found locked up the *kulla*,
The Slavic queen now feigning kindness,
Cried out, "Mummy's here, Tanusha,

Çilma derën 'i herë synin ta shof,
Se malli i yt â kah m'çon n'tjetër jetë!
450   Â dridhë çika për mbas deret.
- Po si m'thue, Halil, me ba?
- Çilja derën, n'bafti t'zotit!
Kurkund zemra s'i ban me shdry derën.
Sa shpejt n'mend i ra çikës edhe 'i fjalë!
455   Pa ndigjo, lum nana, i thotë,
Po qysh t'dal, e mjera, derën me ta çilë,
Me ket dergjë, qi shtatin ma ka kputë!
- Hajt, moj bi, lum nana, i thotë,
Vetë, t'pastë lokja, e re qi kam kanë
460   E qaso dergje shumherë qi m'ka ra;
Por po t'ap besën e zotit,
Se ty dergjen nana ta ka shndoshë.
Por çilm derën e mos m'len me pritë,
Se ti nanën nanë ke për ta pasë!
465   Â rrejtë bija e zemra hiç s'po i rre,
N'bahti t'zotit, tek ka ra për shkallësh,
Aspak penin doret s'e ka hjekun,
Aspak velin m'anesh s'e ka tretun
Edhe derën nanës ja paska çilun.
470   Po, por nana s'ish kenë nanë,
Ish kenë bishë qi hate drangujt.
Kur ka pa shkina Sokol Halilin,
Â dredhë mrapësht si dredhet gjarpni.
- Zoti t'vraftë, moj bi, si t'paska vra!
475   P'a me cuba kullen e ke mbushë?
Edhe derën e ka shkrepë,
Fill tu krajli tek â shkue.
- Ke mbame, Krajl Kapedane!
T'kanë ardhë cubat e Jutbinës
480   E ty kullat t'i kanë zaptue,
Erzin marrë, çikat shnjerzue!
- T'u thaftë goja! Ç'je kah thue?
Ka britë t'madhe Shkjau i Kotorrit
Edhe ftyra zjarm i paska marrun.
485   Shpejt konka shterngue
E e rrethueka krejt bregun e detit

Open up so I can see you,
Or I'll simply die of longing."
450   Behind the door the maiden quivered,
"What am I to do, Halili?"
"Open up the door for God's sake,"
But to do it she was frightened,
Thinking hard, she found a pretext,
455   "Listen to me, dearest mother,
I can't come out, I cannot open,
I'm indisposed, my body's weakened,"
"Listen to me," said the mother,
"Dearest, I myself when little,
460   Often suffered from such illness,
I give you now my word of honour,
I can heal you of your illness,
Open up, don't keep me waiting,
I will be a mother to you."
465   Thus deceived, her heart still pounding,
Down the staircase to the doorway
Came, with ropes she still was holding
And the sails she should have hidden,
Let her mother through the doorway.
470   But the mother was no mother,
She was a *dragua*-slaying monster.
The Slavic queen espied Halili,
And hissed, recoiling like a serpent:
"Daughter mine no more, I curse you!
475   What, you've filled the house with brigands?"
Slamming then the door behind her,
Off back to the king she hastened,
"Oh, Captain King, we are defeated,
The brigands now've come from Jutbina,
480   Have taken over all your *kullas*,
Your honour's blemished, maids are ravished."
"Silence, woman, what is all this?"
Cried the Slavic king of Kotor,
And his face was flushed in fury,
485   Swiftly did the king make ready
And by force took all the coastline,

E e ka msye kullën e shkamit.
- Hiç s'po i nepet djalit me qindrue.
T'dy për krahit krajli i ka kapun.
490 - Si m'shnjerzove kshtu, Tanushë, mjerë baba!
Qysh me ndejë me cuba të Jutbinës?
N'burgje t'fella Haliln e ka ndry,
Rrugën e madhe Tanushës ja ka dhanë.
Qetash udha e marë t'kjoftë, mori bi,
495 Se kto janë rrugat, qi ke dashtë me marrë!
E ruej se e msy tjetër derën e shpisë,
Se babës e vedit ja ke mbyllë me ferrë!
Qatherë vajin ka marrë çika e rrugën,
Ka matrë gjamën e fort po gjamon,
500 Krejt e mjeron rrugën, kah po shkon.
Kanë dalë gjindja me veshtrue ata vaj,
As me iu avitë kurrkush nuk po guxon,
Kaq rojë t'madhe krajli i kishte vu.
Kur ka mrrijtë te kryet e Kotorrit,
505 Mirë p'e ndalë Jovani e p'e pvetë.
- Ç'â kta vaj, Tanushë, lum motra, i thotë,
Se kso britmet kurr nuk kemi ndi!
Ktheu njiherë e t'himë mbrendë në shpi,
Ty dishka po deshtka sot me t'gjetë!
510 - S'ke pse mton, Jovan, për me dredhue,
Rob kanë xanë Halilin e Mujit
E mue rrugat tata m'i ka dhanë,
Ma për t'gjallë te shpija mos me kthye!
- Po ty, bi, hjeksinë kush ta ka ba?
515 - At mos pritsha, Jovan, me kanë!
Nana qi m'paditi.
Por amanet, Jovan, ta paça lanë,
Nji fjalë Mujit tu dera me ja çue,
Qi me i ra mbrapa Halilit sa ma parë,
520 Ndryshej djali n'burgje t'u ka kalbë!
Mirë Jovani e ka drejtue:
- Unë Mujit shtek as gjurmë s'i di,
Por e ka ksajt nji bij Krahinet,
E ka kullën shi në krye t'Kotorrit,
525 Derën e re, t'ndreqme sivjet.

Invading on the cliff the fortress,
No way could the boy resist him,
By the arm the king did seize them,
490   "How you've shamed your dad, Tanusha,
Shacked up here with all Jutbina."
In a jail he plunged Halili,
Threw into the streets Tanusha,
"The streets shall be your home, my daughter,
495   That's the road that you have chosen,
In other homes may you find comfort,
Your own with thorns is blocked forever."
The maid sat weeping by the roadside,
With tears and cries of lamentation,
500   All took pity when they saw her.
Family members watched her wailing,
But none dared approach to aid her,
For the king had set up watchmen.
When she reached the end of Kotor,
505   Jovan stopped and kindly asked her:
"Why the weeping, my Tanusha,
We have never heard such crying,
Stop a while and come on in now,
For something must have happened to you."
510   "Never can I go back, Jovan,
Halili has been taken prisoner,
Into the streets my father's thrown me,
Saying to return home never!"
"Who has done this to you, maiden?
515   "Would that I'd ne'er been born, Jovan!
My mother brought forth the accusal,
With one last wish do I now leave you,
To Mujo's doorway bear this message,
He must save Halili, tell him,
520   For otherwise he'll rot in prison."
To her Jovan answered wisely:
"I know not the way to Mujo's,
But there's a girl from the *krahina*
Whose *kulla*'s at the end of Kotor,
525   A new one built and this year finished."

Fill tu dera Jovani e ka përcjellë
E tu dera gruen e paskan hasë,
Kah po kthete me bulirë prej kronit.
- Shka t'ka gjetë, Tanushë-motra?
530 *- Mue m'ka gjetë shka mos t'gjetët kushi:*
Tata rrugat m'i ka dhanë,
Derën e shpisë ma mos me e msye,
Rob m'kanë xanë at Halilin e Mujit;
Tutem, djali ka sharrue,
535 *Po s'erdh Muji për me e pshtue.*
Grue prej fisit qi kish kanë.
Sa meiherë ja shndoshka zemrën:
- Qi n'kjoftë Muji i gjallë e për të gjallë,
Sot tri dit t'ka pri me qitë kunorë.
540 *E ka gjetë nji njeri beset,*
Meiherë Mujit natën ja ka nisun.
N'nesret nadje djali â kapë tu kulla,
Nji kah nji krejt punët ja kallxon Mujit.
T'madhe burri paska nisë me qeshë:
545 *- A t'kam thanë, taraku i Kotorrit,*
Se Kotorret kanë me ta hangër kryet!
Mos me m'ardhë marrja e Jutbinës,
Tybe n'zotin kambën nuk e luejta!
Â dalë trimi në beden t'kullës,
550 *Me 'i kushtrim ka thirrë Jutbinë e Krahinë:*
- Për nji punë, qi sot ka ndodhë,
"Kushtrim, djalë, për me çetue!"
Meiherë trimat kenkan mbledhë.
- Hajre, Mujë, kanë qitë agët e kanë thanë.
555 *- S'kam shka u thom, more agët e mij,*
Veç m'koriti Sokole Halili!
E kanë xanë mbrendë në Kotorre t'reja,
Qi tybe n'zotin mbrapa n'i bie,
Mos me m'ardhë marrja e Jutbinës!
560 *Me u shtërngue, burra, si t'mundi,*
Se dita e dekës ma e vshtirë ndryshej nuk vjen!
Treqind agët mirë janë shtërngue,
Kanë ba ashtat trimat me ushtue,
Kanë ba lumet trimat m'u turbllue,

Jovan took her to the tower,
And at the doorway met the woman
Who from the fountain was returning.
"What's the matter, my Tanusha?"
530 "Let no one suffer what I've suffered!
Into the streets my father's thrown me,
No more may I knock and enter
Home, and they have jailed Halili,
I fear that he'll not survive it
535 If Mujo does not come and free him."
The woman was of noble bearing
And forthwith she consoled Tanusha:
"In three days, if Mujo's living,
He'll unite you to get married."
540 She hired a messenger so trusty
And sent him overnight to Mujo,
The lad arrived there in the morning,
And all events explained to Mujo,
Then the hero burst out laughing:
545 "Oh, steer of Kotor, did I not warn you,
The men of Kotor are going to get you.
Were there not Jutbina's honour,
I'd not move a finger for you."
From the parapet let out the hero
550 A battle cry for all Jutbina,
"For the shame that we have suffered,
I summon you to arms, my fighters."
At once the heroes did assemble,
"We greet you, Mujo," cried the Agas.
555 "How to tell you of it, Agas,
I've been shamed, Sokol Halili
Has been captured in New Kotor,
I'd not move a finger for him
Were there not Jutbina's honour,
560 Arm yourselves as best as you can, men,
A worse day's ne'er stood before us."
        Three hundred Agas then took to their weapons,
When they departed, the beech trees resounded,
When they departed, the rivers boiled over,

565   *Kanë ba gjogat trimat me flurue*
       E t'janë kapë te Kotorret e reja.
       N'shevarinë t'detit kur kanë ra,
       Npër ranë t'detit Muji i ka shpërda:
       - Ver me gojë mos guxo kush me ba!
570   *Sa mirë agët janë mshehë e t'gjith pa za po rrijnë.*
       Të lumët na për zotin t'lumin,
       Se shum njeri kenka mbledhë
       Ndër ato Kotorre t'reja!
       Me kushtrim krajli i ka thirrë,
575   *Tanë Kotorri tu kisha janë ra.*
       Ditë e dielle si m'kish qillue,
       N'mjedis t'logut nji djalë i ri,
       Hekrat duersh, bugagitë kambësh,
       Aj asht Halil Aga i zi,
580   *Mbarë Kotorret me ta qi po qeshen.*
       Mbet e i foli Krajle Kapedani:
       - A p'e shef, Halil, dekën me sy?
       Kurr ma ngusht, Halil, a thue, je kanë?
       Sa kuvend burrash djali paska shtrue:
585   *- Pa nigjo, more Krajle Kapedane!*
       S'â ngusht njeri deri n'ditë të dekës,
       Deka vjen mbas mikut t'pre,
       Deka vjen mbas besës s'thyeme,
       A 'i kue bukë mos t'kesh për mik.
590   *Sa ma ngusht, krajli, qi ka kanë,*
       Qaq ma lirë zoti ma ka ba!
       - Fjaln e mbrame, n'e paç, për me folë,
       Se ty jeta m'njat hu t'u ka sosë!
       - Zoti t'vraftë, bre Krajle Kapedani,
595   *Se zoti e di, per kâ e ke ngulë at hu!*
       Pesë dekika liri për me m'dhanë!
       Tjetër t'mirë ne t'parët nu' na kanë lanë,
       Kurrnja nesh veç mos me dekë në t'shtrueme,
       Por me shpata m'u pre tuj këndue.
600   *Sa burrnisht krajli e ka çue!*
       - Gjithë sa t'duesh, Halil, me kndue!
       Edhe duert mirë ja shpengojnë,
       Ja kanë dhanë lahutën n'dorë.

565   When they departed, their coursers then took flight,
       And like a shot in New Kotor they landed.
       When they arrived in the reeds on the coastline,
       Mujo positioned his men by the water,
       "Let me not hear, men, a single sound from you,"
570   How well the men hid there, silently waiting.
       Blessed we are, thanks to the Almighty,
       That so many men have collected together
       And here in New Kotor seen fit to assemble.
       The king with a battle cry called to his people.
575   The whole population of Kotor did gather
       In front of the church for the day was a Sunday,
       In the midst of the square a young man was now standing,
       His hands were in irons, his feet were in fetters,
       Indeed, 'twas none other than wretched Halili,
580   All of the people of Kotor did mock him,
       The Captain King then did come forth and inquired:
       "Can you see death in your eyes, oh Halili?
       Have you e'er encountered a worse situation?"
       In the words of a true man, the young lad addressed him:
585   "Hark, Captain King, to what I will tell you,
       A man's never lost until he has perished,
       But far worse than death is betrayal of friendship,
       Far worse than death would be breaking a promise,
       Worse is no food for your guests when they visit.
590   Whenever, oh King, in dire straits I have fallen,
       The Lord has bestowed on me strength to be free."
       "If you have last words, it's time now to speak them,
       For your life at this stake will be snuffed out forever."
       "May the Lord curse and revile you, King Captain,
595   Only God knows who this stake is designed for,
       Give me, I beg you, five minutes of freedom,
       Bequeathed from our fathers, we have a tradition,
       To perish in bed we must not while we're sleeping
       But rather while brandishing swords, loudly singing."
600   The king acceded to him nobly:
       "Take your time to sing, Halili."
       From the shackles did they free him,
       Gave Halili his *lahuta.*

605   *Kurkush djalin vesht s'und e ka marrë,*
    Krejt p'e kndon kangën n'gjuhë të parve:
    "E kshtu drita e mbrame m'paska ardhun - o!
    Dielli xanë e majet xanë!
    Ku e latë ndoren, more diell?
    Ku e ke ndoren, mori zanë?
610   *P'a kjo â besa, qi m'patët dhanë?*
    A po m'gjegjesh, more diell?
    Pash njat dritë, qi t'flakron n'ballë,
    Amanet ta paça lanë,
    Amanet për t'mramen herë!
615   *Kërkoe bjeshkën krep e m'krep,*
    Kërkoi mrizet gjithku janë,
    Ndezi ashtat anemanë,
    Zirjau gjumin orve n'mal,
    Zanës s'madhe falëmeshndet,
620   *Thuej:"Halili qetash mbet!"*
    Ka flurue nji zog prej malit,
    U ndal Zogu n'degë të nji ahit.
    - Amanet, more zogu i malit,
    A ke flatra me flutrue?
625   *Pash njat degë, ku rri pushue,*
    Falëmeshndet Gjeto Basho Mujit!
    E ate gjumi n'e pastë xanë,
    Kurr kryet shndosh-o mos e çoftë!
    Për n'kjoftë bjeshkve kah çeton,
630   *Kurr te shpija shndosh mos voftë!*
    E për n'kjoftë kund ksajt tuj ndi,
    Kurr ma ngusht vedin s'e di!
    Qaty Muji për fushë â dalë
    E e ka ha nji piskamë t'madhe,
635   *Janë shemë kullat der' n'themele!*
    E t'â trandun deti me hi mbrendë,
    Kanë gjimue malet, si për mot t'lig,
    Kurrnja trimat nuk p'e lanë me hikë.
    Luftë e rrebtë aty qi po bahet,
640   *Me dhambë trimat duen shoshojnë me shkye,*
    Me dhambë gjogat duen shoshojnë me marrë.
    Notojnë kurmat fellë në det,

No one understood him, singing
605   In the tongue of his forefathers.
"My final hour's now upon me,
The sun has set, the peaks in darkness,
Where, oh sun, is your protection?
Where, oh *zana,* did you leave it?
610   What of promises you made me?
Send me now, oh sun, an answer
By the light upon your forehead,
One last wish do I now give you,
One last time I ask you, help me,
615   Return to cliffs and mountain pastures,
Return to all the shady meadows,
Set aflame the beechwood forests,
Wake from sleep the mountain *oras,*
To the great *zana* speed my greetings,
620   Tell her Halili has perished."
A bird flew down from the high mountains
And on a beech tree branch it landed,
"Oh, bird of the mountains, tell me,
Do you still have wings to fly with?
625   By the branch you take your rest on,
Send word to Gjeto Basho Mujo.
Should he at this time be sleeping,
May alive he never waken,
Should he hunt there in the mountains,
630   May he never find his way home,
Should he be near, should he hear me,
Tell him it's my worst dilemma."
Mujo had now reached the flat land,
And a strident shriek he uttered,
635   The *kullas* crashed to their foundations,
The ocean overflowed the dry land,
The mountains roared as in a tempest,
No one could hide from the heroes,
Such the horror of their onslaught,
640   With their teeth they ripped into them,
With their teeth did chomp the coursers,
Corpses flowed out to the ocean,

Notojnë trupat nëpër gjak,
Hiç s'po lodhet Gjeto Basho Muji.
645 *Sa fellë trimi m'paska hi!*
- Ruej, bre Mujë, se krajlin po ma çartë,
Fort ka britun Sokole Halili,
Zgidhmi kush prangat prej dore,
Se kam ba be n't'lumin zot,
650 *Qe ky hu shpirtin me ja marrë!*
Muji djalin e ka shpengue.
Â turrë djali si i tërbue,
Gjallë me dorë krajlin ka xanë,
Me shpinë n'hu ditt i mbaroi.
655 *Qatherë burrat kanë rrokë unat,*
Shpejt qyteti ka marrë zjarr,
Ka marrë zjarr krejt n'fund e n'maje.
Sa fort Muji m'asht tërbue!
Aspak dhimbë trimi s'po ka,
660 *As për kulla qi rrenohen,*
As për t'dekun qi shkrumbohen,
As për fmij mbrendë kah po digjen.
Tri herë dielli ka pranue,
Tri herë hana ka ague,
665 *Kurkund zjarmi me pushue.*
Kur ka ba trimi me dredhë,
Kenka sjellë prej Kotorresh t'reja:
- A po ndieni, mori troje të rrenueme?
Drumi i juej për tokë ë det.
670 *Kushdo t'pvesë për tokë e det:*
"Po pse krajli u ka lanë shkret?"
Trathtoi binë, thoni, nana e vet!
Ka nxjerrë Mujin vllan e vet!
Muer Halili 'i vashë mbetë shkret!

Warriors waded through the bloodshed,
Naught wearied Gjeto Basho Mujo.
645 Ever closer came the hero,
"Touch not the king, he's mine, oh Mujo,"
Cried aloud Sokol Halili,
"Free my limbs from these iron shackles,
For I've sworn by God Almighty
650 At this stake the king shall perish."
Mujo freed him of his shackles,
The boy assaulted with a fury,
He alive the king did capture,
And caused him at the stake to perish.
655 The warriors were fuelled by frenzy
And very soon the town was burning,
Torched till it was turned to ashes.
Such was Mujo in his anger,
Enraged, the hero showed no pity,
660 Neither for the burning towers,
Nor for all the blackened bodies,
Nor for all the dying children.
Three times did the sun go under,
Three times did the moon rise shining,
665 Before the flames could be extinguished.
When the hero's time to leave came,
He turned, looked back upon New Kotor,
"Listen now, oh ravaged landscape,
Which from land and sea one reaches,
670 By land and sea they'll come and ask you,
Why the Realm has been so ruined,
'A mother,' say, 'betrayed her daughter.'"
Mujo well did save his brother,
Halili wed the orphan maiden.

Gjergj Elez Alia

Trim mbi trima ay Gjergj Elez Alija!
Qe nand' vjet nand' varra në shtat m'i ka!
Veç nji motër nat' e ditë te kryet,
Ja lan varrat me ujt e gurrës nandvjeçe,
5   *Ja lan varrat me ata lott e syve,*
Ja terë gjakun me ata flokët e ballit,
Shtatin vllaut ja shtërngon m'ruba të nanës,
N'petka t'babës trupin ja hijeshon,
Armët e brezit ja rendon mbi krye!
10   *Sa herë trupin motra p'e tërnueke,*
Dhimbn e varrëve vllau krejt e harrueke,
Dhimba e motrës dekun n'tokë e lëshueke!
Â dalë zani e paska marrun dhenë,
Se 'i baloz i zi â dalë prej detit.
15   *Trim i prapët e belagji qi ish' kanë,*
Ja ki' qitun dheut nji rreng të randë:
"Tim për tim kah nji dash të pjekun,
Tim për tim kah nji vashë me ja djergun,
Ditë me ditë kah nji kreshnik me premun,
20   *Javë për javë kah nji krahinë me djegun!"*
Edhe Gjergjit rendi te i ka ardhë,
Me lot faqet trimit m'iu kanë mbushë.
Erzi i shpisë qysh lshohet n'dorë t'balozit?!
Ja ka nisë e motra e po bërtet,

Gjergj Elez Alia

The hero Gjergj Elez Alia has been on his deathbed for nine years, tended by his faithful sister. A *baloz* emerges from the ocean, demanding tribute, including Gjergj's sister. Gjergj awakes from his slumber, sends his sister to have the warhorse shod and challenges the *baloz* to a duel. Gjergj slays the *baloz* with his cudgel and saves the country. Brother and sister then die in each other's arms and are buried in a common grave under a linden.

Gjergj Elez Alia, the greatest of heroes,
For nine years now on his bed has he languished,
Night and day one sister stays at his bedside,
Cleansing his wounds for nine years with spring water,
5   Cleansing his wounds all the time with her teardrops,
And wiping the blood with the locks of her long hair,
She bound his wounds in the shawl of their mother,
Their father's old garments protected his body,
Down at the foot of the bed hung his weapons.
10   Each night when tucked into his bed by his sister,
He weaned his thoughts off of his body's discomfort,
But writhed with the pain he had caused to his sister.
Rumour was spreading and it became known that
A swarthy *baloz* had emerged from the ocean.
15   The monster was evil and bent on destruction,
From all of the regions he claimed heavy tribute:
"Each household shall give me a whole roast of mutton,
Each household shall render to me a fine maiden,
Day after day a *kreshnik* must be slaughtered,
20   And week after week must be ravaged a region."
Soon it was Gjergj who received the injunction,
The cheeks of her brother were covered in teardrops,
How could he cede to the *baloz* his honour?
Now did the sister start keening and wailing,

<pre>
25   Krejt me lot Gjergjin p'e loton:
     - Po qysh mordja, o vlla, me na harrue?
     Nanë e tatë kah kalben për nan bli,
     Trupi i vllaut vorrue qe nandë vjet në shpi,
     Trupi i motrës n'dorë t'balozit t'zi?!
30   Qysh s'u shemka kulla me na xanë,
     Qysh s'u kthyeka shpija n'nji muranë,
     Me t'pshtue erzin, mori e zeza nanë!
     Dy copësh zemra djalit iu ka da,
     Dy sytë në ballë motrës ja ka lshue,
35   Dy rigë lot për faqe te i kanë shkue.
     Dy fjalë kullës djali ja ka fjakrue:
     - He, ju u nxisha, mori sarajet e mija,
     Me lymashk u mbloshi n'fund e n'krye,
     Brevë e gjarpën paçi motër e vlla,
40   Pikët ndër shtroje kaq shpejt qysh m'i lshuet?!
     - Jo, more vlla, lum motra, i ka përgjegjë,
     T'ka lodhë jermi e s'po di ç'je kah folë;
     Se përjashta shi nuk asht tuj ra,
     Sytë e motrës po t'pikojnë, more vlla!
45   Qatherë Gjergji dorën ja ka shtërngue,
     Mirë po e limon me ato duert e shtatit,
     Mirë po e kqyrë me ata dy sytë e mallit!
     Kurr ma thekshim djali s'i ka folë:
     - Amanet, mori motër, pse po kan?
50   Zemrën dysh, mori motër, pse ma dan?
     Qe nandë vjet, qi trupi â tu m'u kalbë,
     Gjergji i yt tjetër pushim nuk ka,
     Veç si gjethi i ahit n'log t'shullanit.
     A thue s'pate me ngranë e me pi?
55   A t'la keq ty vllau për veshë e mbathë?
     A mos t'u randue, ndoiherë, me fjalë,
     Motërzezës vllau me iu mërzitë,
     Huj për burrë ndoshta qi me t'ra?
     Sa mirë motra vllaut po m'i përgjegjë,
60   Dorën e vllaut tu balli e paska vndue:
     - Amanet ku je, mori njomzëja e ahit,
     Po a kaq fort, thue, jermi t'ka ngushtue?
     Hisha gjallë në dhe, n't'u martue motra!
</pre>

25 With tears in her eyes, then to Gjergj she lamented:
  "Death, my dear brother's forgotten to take us
  With mother and father lying far 'neath a linden,
  And you for nine years have been chained to your bedstead?
  Your sister, must she to the *baloz* be ceded?
30 Why doesn't the *kulla* collapse and destroy us,
  Why doesn't our tower turn into a tombstone,
  Protecting and keeping your honour untarnished?"
  Gjergj was heartbroken at hearing her grieving,
  And opened his eyes, contemplating his sister.
35 The cheeks of the hero were streaming with teardrops,
  And speaking out now, did he rage at the *kulla*:
  "Oh, fortress of mine, may you blacken, grow dismal,
  And may you be rotten from top down to bottom,
  May you for tenants have serpents and vipers.
40 How have you let the floors dampen with raindrops?"
  "No, my dear brother," responded the sister,
  "You don't understand, the fever's confused you,
  It hasn't been raining at all, my dear brother,
  It's simply the tears of your sister you're seeing!"
45 Gjergj took the hand of his sister and squeezed it,
  Stroking her arm with his firm solid fingers,
  He looked at his sister, her eyes full of sorrow,
  With words clear and lucid did he now address her:
    "My good sister, why the weeping?
50 Why do you tear my heart asunder?
  For nine full years now have I quivered
  Like the beech trees in the sunlight,
  No respite have I been given,
  But tell me, has your brother ever
55 Of clothes, food, water e'er deprived you?
  Has your brother ever cursed you,
  Or let his anger out upon you
  That you'd rather leave and marry?"
  How well answered now the sister,
60 While his hand was on her forehead:
    "Why do you speak so, my burgeoning beech tree?
  Perchance has the fever got hold of your senses?
  I'd rather be buried alive than be married,

Mjaft kam pasë, o vlla, me ngranë, me pi,
65   *Mjaft kam pasë me veshë edhe me mbathë,*
Kurr ma randë se sot ti folë nu' m'ke!
Tjetër babë nuk kam, as tjetër nanë,
Amanet, more vlla, mos me m'pasë randë,
Për nji dert qi sot po due me t'kajtë!
70   *Qysh s'u njom ky shtat qe nandë prendvera!*
Si s'u mkamb ky trup me dalë tu dera!
Si s'u tha kjo motër, thafta-e vera.
Po un balozit qysh i shkoj tu dera?
Braf në kambë por djali konka çue.
75   *- T'e marrsh gjogun, motër, të mejdanit,*
Fill n'gjytet me te, motër, të m'bijsh
E t'më shkojsh tu nallbanprobatini!
"Falëmeshndet, thuj Gjergji të ka çue,
Me ma mbathë me patkoj prej tumakut,
80   *Me m'ja shti thumbat prej çelikut,*
Se n'mejdan balozit due me i dalë!"
S'u gjegj gjogun vllathi me ta mbathë,
Hypi atit, bjeri n'derë jaranit.
E në sheher çika konka ra
85   *Edhe â shkue tu nallbanprobatini.*
- Puna e mbarë të kjoftë, more kumbar!
- Të mbarë paç, ti mori vasha e largë!
- Falëmeshndet ty Gjergji të ka çue,
Me ma mbathun gjogun mirë e mirë,
90   *Me ma vndue patkojto prej tumakut,*
Me m'ja shti thumbat prej çelikut,
Se n'mejdan balozit due me i dalë!
Mbrapshtë po folë aj nallbanprobatini:
- Për n'm'i falsh, moj vashë, dy sytë e ballit,
95   *Ta kam pshtue vlla-Gjergjin prej mejdanit,*
E baj gjokun me fjurue si era!
Se me idhnim çika e kite marrë!
- Ç'je kah thue, bre burrë, goja t'u thaftë!
Jam kanë nisë tu dera e probatinit,
100   *Qe nandë vjet, qi gjogu ksajt s'â ra,*
M'fal se ndeshkam derën e magjupit!
Se kta syj nji herë un ua kam falë

You've never deprived me of food or of water,
65 And never begrudged me fine garments and footwear,
And never more harshly than now have you spoken,
Other than you I've no father or mother,
I beg you, my brother, do not be offended
By all of the worries I'm to you confessing.
70 Nine springtimes have passed and your body remains here,
You've never got up and gone out of the doorway?
And not a complaint have you heard from your sister,
But should I thus give myself now to the *baloz*?"
The hero then rose to his feet and gave orders:
75   "Go and fetch my warhorse, woman,
And make your way straight to the city,
Find the farrier, my blood brother,
Tell him Gjergj does send him greetings,
Let him ready brassy horseshoes,
80 And with nails of steel do fit them,
For the *baloz* shall I challenge!
And should the farrier not be willing,
Take it to my friend, the blacksmith."
The maid then set out for the city,
85 To find the farrier, his blood brother:
"Success and greetings to you, brother!"
"And to you greetings, distant sister!"
"To you does Gjergj convey his greetings,
And begs you fit and shoe the courser,
90 Do make ready brassy horseshoes,
And with nails of steel do fit them,
For the *baloz* he will challenge."
Slyly spoke the farrier brother:
"If you give me, maid, your favours,
95 I'll ensure your brother's triumph
And wings to fly I'll give his courser!"
Oh, what fury seized the maiden:
"How dare you, man, may your tongue wither,
I thought I'd come to our blood brother,
100 The steed's not been here for nine years now,
And you behave like some lewd gypsy,
For I'm devoted to my parents

Tatës e nanës, qi kalben për nan dhe,
Gjergjit tem, qi kalbet varrësh mbi dhe!
105 A shkue motra tu nallbanjarani.
- Falëmeshndet, thotë, Gjergji të ka çue,
Kam orokun e mejdanit.
Sa ma mirë ket gjog ti me ma mbathë!
Thanë m'ka për patkoj prej tumakut,
110 Me m'ja shti thumbat prej çelikut,
Se do t'dal m'u pre me baloz t'detit!
Si per vedi gjogun e ka mbathë
Edhe n'pramje çika â dredhë në shpi;
Ka gjetë vllan tu e pritë nën hije t'blinit.
115 Ça kish ba ay trimi Gjergj Alija?
"Falëmeshndet" balozit m'i ka çue:
- Me dalë heret n'at fushën e mejdanit!
Çikë për ty, baloz, nu' m'ka qillue,
Desht e vathit për ty nu' m'janë majë,
120 Sall nji motër, nu' po muj me lshue.
Varrët e shtatit s'â kush qi m'i lidhë!
Sa ka nisun drita me zbardhë majet,
N'fushë të mejdanit trimat konkan dalë.
Keq me fjalë trimat shoshojnë po rrekin:
125 - P'a prej vorrit, Gjergj, ti konke çue...?
Pse me m'qitë, bre burrë, n'ket fushë t'mejdanit?
Sa mirë trimi i ka përgjegjë balozit:
- Të lumët goja, baloz, mirë po thue!
Qe nandë vjet qi kam marrë rrugn e vorrit,
130 Pak pa mrrijtë baloz, ti m'ke dredhue.
M'ke lypë motrën para se mejdanin,
M'ke lypë berret para se çobanin
E jam dredhë n'ket log për me t'kallxue,
Se ne t'parët nji kanu na kanë lanë:
135 "Armët me dhanë përpara e mandej gjanë,
Kurr balozit motrën mos m'ja dhanë,
Për pa u pre n'at fushën e mejdanit!
Por shtërngou, baloz, se t'ka ardhë dita,
Se ktu i thonë-o Gjergj Elez Ali!
140 E i kanë ba dy gjogat tim me tim
E n'topuz balozi e ka shinue.

Who are rotting in the graveyard,
And to poor Gjergj, gravely weakened!"
105 To the blacksmith rode the sister:
"To you does Gjergj convey his greetings,
It's his turn now to do battle,
As best you can, please shoe the courser,
Do make ready brassy horseshoes,
110 And with nails of steel do fit them,
For the sea *baloz* he'll challenge."
As if 'twere his, he shod the courser.
Returning home, the maiden found him
Waiting, shaded by a linden.
115 What of the hero, Gjergj Alia?
He'd sent his greetings to the *baloz,*
To meet him early at the war grounds.
"I've no maiden for you, *baloz,*
My sheep have not been fattened for you,
120 I've but one sister, not to give you,
Who else would bind my injured body?"
When the dawn first lit the mountains,
To the war grounds came the heroes,
And began exchanging insults:
125 "From the grave, Gjergj, have you risen?
Why've you called me to the war grounds?"
Wisely did the hero answer:
  "I well understand, haughty words have you spoken
Nine years have gone by that I've been on death's doorstep,
130 But you have revived me now with your arrival.
You demanded my sister before doing battle,
You wanted my sheep without asking the shepherd,
Now I have come to the war grounds to teach you
An ancient tradition we've from our forefathers,
135 Without rendering arms there is nothing we'll give you,
Never to you will I render my sister,
Without doing battle before on the war grounds,
Your day has come, *baloz,* so make yourself ready."
Thus spoke his challenge Gjergj Elez Alia,
140 They spurred on their steeds and they rushed into battle,
The *baloz* stormed forth and attacked with his cudgel,

N'dy gjujt gjogu Gjergjit te i ka ra,
Përmbi kryet topuzi i ka fjurue,
Dymbëdhetë pash m'ledinë u ngul topuzi,
145   Dymbëdhetë pash përpjetë, si re, u çue pjuhni.
Atherë Gjergjit rendi te i ka ardhë.
Sa mirë trimi n'topuz qi ka dredhë,
Lik përmjet balozit te i ka ra!
Â trandë fusha kur â rrxue balozi!
150   Meiherë trimi shpatën ma ka nxjerrun,
Kryet me neje trupit ja ka damun,
Zhag për kambet trupin e ka ngrehun,
Me gjithë at m'nji bunar e ka mbytun,
Të tanë lumën gjaku e ka tërzue,
155   Për tri vjet krejt vendin e ka qelbun.
Qatherë trimi â nisë me dredhë tu shpija
Edhe shokët të gjithë m'i ka bashkue:
- Pa ndigjoni, more shokët e mij!
Falë u kofshin sarajet e mija!
160   Falë u kofshin tanë paret e mija!
E u koftë falë krejt malli e gjaja e shpisë!
Amanet motra e Gjergj Elez Alisë!
Edhe shtatit trimi i paska dhanun,
Motërzezën ngrykas kesh me e marrun,
165   Të dy zemrat priherë por janë ndalun,
Vlla e motër dekun paskan ramun!
Kurkuj shpirti ma mirë s'i ka dalun!
Gjamë të madhe shokët qi m'i kanë ba!
Po ja çilin nji vorr bukur të gjanë,
170   Vlla e motër ngrykas për me i xanë
E 'i muranë të bukur e kahë mbarue,
Vlla e motër kurr mos me u harrue.
E 'i bli t'bukur, qi m'ja vndojnë tu kryet,
Zogu i verës gjithmonë me pushue.
175   Kur ka nisun mali me dushkue,
Â ndalë qyqja n'muranë t'vorrit t'ri,
Ka gjetë blinin të tanë degash tha.
Ka flurue përmbi 'i saraj të zi,
Ka gjetë kulmin të tanë shembë për dhe.
180   M'nji prezor si m'paska hypë,

Down to its knees tumbled Gjergj's swift courser,
And over their heads did the cudgel spin past them,
Twenty-four yards flying into the valley,
145 Twenty-four yards in the air rose the dust cloud,
Now it was his turn for Gjergj to do battle.
Skilfully pivoting, he hurled his cudgel,
Through the air did it hurtle and struck down the *baloz*.
The *baloz* collapsed and the earth gave a shudder.
150 In barely a moment did Gjergj draw his sabre,
And heaving it, severed the head from the body,
The torso he dragged by the feet then behind him
And hurtled it into a lake with the courser,
The river flowed black with the blood of the monster,
155 And for three whole years it infested the region.
The victor then turned and went back to his *kulla*,
And there he assembled all of his companions,
"Take counsel, companions, in what I now tell you,
To you do I offer my tower and fortress,
160 To you I bequeath and bestow all my money,
All my belongings and all of my cattle,
And assign you the sister of Gjergj Elez Alia,"
The hero then turned and in one final effort
Threw his arms round the neck of his unlucky sister,
165 At that very moment the two hearts ceased beating,
Dead to the ground fell both brother and sister,
No better spirits have ever been rendered.
His friends began mourning in great lamentation,
And for the two siblings a wide grave dug open,
170 For brother and sister, their arms round each other,
And over the grave did they make a fair tombstone,
That brother and sister would not be forgotten,
And there, at the headstone they planted a linden,
A place of repose for the birds in the summer.
175 And when in the spring the hills broke into blossom,
A cuckoo flew by and reposed on the gravestone
And found that the twigs of the linden had withered.
Then it took flight to the tenantless tower,
And found that the rooftop had fallen to ruins.
180 Winging, it landed on one of the windows,

Ka përbe shtegtarin kah po shkon:
- Amanet, more shtegtari i malit!
N'kofsh tuj kndue ksajt, kajkën me e pushue.
N'kofsh tu kajtë ksajt, gjamën për me e xanë!
185 *Kah kërkova gjithkund bjeshkë e m'bjeshkë,*
Kah verova gjithkund vrri e n'vrri,
Kah mjerova gjithkund shpi e n'shpi,
Kërkund s'ndesha m'Gjergj Elez Ali!

And called from its perch to a wanderer passing,
"Oh, wanderer passing by into the mountains,
Should you be singing, cease here for a moment,
Should you be crying, then mourn and lament here,
185 For I have searched o'er the high mountain pastures,
For I have flown o'er the low winter meadows,
For I have wandered from house to house weeping,
I nowhere could find him, Gjergj Elez Alia!"

Muji e Behuri

Lum për ty, o i lumi zot,
Na s'jem' kanë e zoti na ka dhanë!
N'natje heret Muja si m'â çue,
Mirë â mbathë, mirë â shtërngue,
5 Zjarmin n'votër e ka ndezë,
Mirë ma pin kafen me sheqer.
T'madhe Halilit aj po m'i thrret:
- Çou, Halil, kryet mos e çosh!
Tash nji muej dit qi m'janë mbushë,
10 Na ndër çetë nuk kemi dalë.
Del nji herë kundruell Jutbinet,
Lshojau zanin tridhetë agve t'vinë,
Se na sot duem me çetue!
Kqyr shka bani Sokole Halili!
15 Shpejt â kapë shkallve përpjetë,
N'beden t'kullës tek ka hypë
E 'i kushtrim të fortë qi paska lshue,

Mujo and Behuri

Mujo summons his thirty Agas to assemble for a raid in the mountains. Halili and his bosom friend, the young Zuku Bajraktari, hold vigil all night while the Agas sleep. The next day, a dispute arises among the Agas and the *çeta* is divided into two groups. Halili is separated forever from his beloved Zuku Bajraktari. Up in the high pastures, Mujo catches sight of the daughters of the Slavic warrior Behuri, guarded by thirty pandours. He and his warriors ambush the pandours and seize the maidens. Later, Mujo, in search of a forgotten lance, meets an *ora* who tells him he must slay Behuri. Mujo secretly enters Behuri's mansion, there to find the severed heads of the other half of the *çeta*. Setting a wick to the sacks of gunpowder, he blows the mansion up. Mujo and Behuri duel in the mountain pastures. With the intervention of an *ora*, Mujo slays his rival. All return home to Jutbina and celebrate a wedding.

May you be blessed, oh our God Almighty!
For nothing we were until God did create us.
Mujo was early to rise in the morning,
He put on his boots and his belt and his buckle,
5   And turning, he built up a fire in the fireplace,
He poured himself coffee and added some sugar,
Then did he turn and cry out to Halili:
"Rise now, oh Halili, get up now or never,
A full thirty days have now passed, oh Halili,
10   Since we've been out on a raid with the *çeta*.
Halili, rush off and go down to Jutbina
And ask all the thirty Agas to assemble,
For we will go raiding today with the *çeta*."
See how reacted now Sokol Halili,
15   In less than no time did he sprint up the staircase,
And out on the parapet cried from the *kulla*,
He roared a command for the men of Jutbina,

Me ushtue Jutbina me Krahinë.
Mirë për hajr Mujit m'ja ka ba.
20   *Shpejt te gjogat Halili ka ra,*
Sa mirë gjogat po m'i mbathë.
N'odë të Mujit trimi kanka hipë.
Mirë m'janë veshun trimat e janë mbathë,
Mirë po i njeshin shpatat e mejdanit,
25   *M'janë shtërngue me shgjeta e me heshta,*
Si gjithmonë kur kanë dalë me çetue.
Pak vonojnë, shumë s'kanë vonue,
Tridhetë agët tu dera u kanë ardhë.
- Natja e mirë, Mujë e Sokol Halilit!
30   *- Mirë se vini, burrat e Jutbinës!*
- Kah po nisna sot për me çetue?
- Kah t'na prijë e djathta e zotit!
N'mjedis t'fushës kankan dalë
E t'm'janë nisun fushës tu këndue.
35   *Aty ndeshen n'Dizdar Osman Agën,*
Tridhetë agë me vedi i kishte pasë.
Mirë selamin jau kanë ba,
Fort ma mirë agajt ja paskan dredhë.
Askurnja atllarëve nuk po u ulet,
40   *Maje kualsh me shoshojnë pa falen;*
Kush po falet, kush me gjog lodron,
Kush â ra n'lumë gjogut uj me i dhanë.
- Prina, Mujë, se na ka xanë mjesdita,
Po thotë plaku Dizdar Osman Aga.
45   *Ma kanë marrë fushën përpjetë,*
U paska pri Gjeto Basho Muji,
Mbas atij Dizdar Osman Aga.
Fort po losin gjogat dy djelm t'ri,
Për mbas tyne kah po vinë!
50   *Ata janë dy bajraktarë,*
Njani për emën Sokole Halili,
Tjetri për emën Zuku Bajraktar,
Për mbas tyne çetë mbas çete agët.
Kanë ra në lumë.
55   *Kur kanë ba uj gjogave me u dhanë,*
Kurrnji pikë me rredhë teposhtë s'p'e lanë.

To call them to arms from throughout the *krahina*.
Responding to Mujo, they sent their best greetings.
20 Swiftly did Halili muster the horses,
And skilfully, too, did he manage to shoe them.
When he was finished, he went back to Mujo,
The warriors put on their clothes and their footwear,
And each of them girded his sabre for fighting,
25 Taking up with them their arrows and lances,
As this was their custom when out on a sortie,
In no time at all, in a dash were they ready,
The thirty Agas had arrived at the doorway,
"Good evening, oh Mujo and Sokol Halili!"
30 "You are most welcome here, men of Jutbina!"
"Where are we off to today on our sortie?"
"The right hand of God will point out the direction."
Departing, they made their way into the valley,
All the time singing, they rode through the flat land,
35 And there did they meet with Dizdar Osman Aga,
He too had thirty Agas in his party,
With a kindly *selam* did they offer their greetings,
And the Agas saluted them even more kindly.
None of the men deigned to dismount their coursers,
40 But high on their steeds did they hail one another,
Some of them greeted, some played with the horses,
And others rode down to the river for water,
"Lead us, oh Mujo, noonday is upon us,"
Muttered the old man, Dizdar Osman Aga.
45 Onward they ventured, rode up through the valley,
The great Gjeto Basho Mujo was their leader,
Behind him there followed Dizdar Osman Aga,
Two of the lads with their steeds did make merry,
Who with their frolicking lingered behind them,
50 *Bajraktars* both of them riding their coursers,
One of them, he was named Sokol Halili,
The other one, Zuk Bajraktari, they called him.
Band upon band of the Agas now followed,
Continuing forth, they rode down to the river.
55 There they arrived and did water their horses,
Leaving no water to flow down the valley,

Kanë marrë rrugën, qi çon Bjeshkve të mdha,
Gja me sy kurkund nuk mund kanë pa,
Kurrkund syni n'çetanik s'ka ndeshë,
60 Të gjithë ditën qi po enden
Edhe nata i xen për rranzë nji brejit,
Rremi i tij sa trupi i ahit të bjeshkëve,
Nanqind vetve kollaj me u ba hije.
Aty burrat vend kanë xanë,
65 Kanë lshue gjogat nëpër ashtë,
Nëpër bar gjogat kanë hupë,
Vetë janë ulun bukë me ngranë.
Sa zotnisht agët darkën e kanë hangër!
Kur ka ardhë koha e mbasdarkës,
70 Qitne e folën dy kreshnikët e rij:
- A ndigjuet, agët e Jutbinës,
Bunin vedit me ja gjetë!
Pa vesvese keni me fjetë!
Të gjithë natën për rreth u kanë ndejë,
75 Mirë po rue Sokole Halili,
Për rreth bunit Zuku Bajraktar.
Gjogat ashtit fort qi po lodrojnë,
Bukur zanat gurrave po këndojnë,
Sa mirë vallen bylbylat jau dredhin.
80 Të tanë n'gjumë agajt nen hije t'brejit,
Kush s'po i ndie veç Zuku e Halili,
Kta po i ndien edhe po i shofin,
Kah po këndojnë e po lodrojnë,
Kah po mbledhin lule fushave,
85 Kah po ndiellin dhit-o çetave,
Kah po shkepen m'u la gurrave.
Nata e shndreut me ngiatë sall nji dekik!
Kur ka marrë hana mbas ahash,
Sa fort hapin ka xanë me e shpejtue!
90 Sa fort hanën trimat ma kanë true!
Ka ba hana me marrë majet,
Zana e madhe sa fort qi po i lutet!
- Voësa ra, dielli pa le,
Mos u ngut, ti mori hanë!
95 Ujt e freskët tek ka qillue,

Onward they rode to the high mountain pastures,
But none of them managed to find any game there,
None of them there caught a glimpse of a *çetnik*.
60   All day did they wander the high mountain pastures,
And landed at dusk at the foot of a fir tree,
Its branches as thick as a high mountain beech tree,
Nine hundred men in its shadow could shelter,
There did the men make their camp for the nighttime,
65   Putting their steeds by a grove out to pasture,
Grazing, the coursers erred up through the meadows,
The Agas themselves then sat down to their dinner,
Splendid the feast that the Agas partook of,
And when they had eaten, had finished their feasting,
70   Among them arose and spoke out two young *kreshniks*:
"Listen to us, oh Agas of Jutbina,
Here are your beds and your places for sleeping,
Take your rest now with no care and no worry,
For we will watch o'er you all through the nighttime."
75   The Agas were guarded by Sokol Halili,
And watching nearby, too, was Zuk Bajraktari,
In the beech forest made merry the coursers,
Next to the water were singing the *zanas,*
The song of the nightingales set them to dancing.
80   The Agas slept tight in the shade of the fir tree,
None saw the *zanas* but Zuk and Halili,
The two of them heard them, the two of them watched them,
They watched how the *zanas* did sing and did frolic,
And how in the meadows they went to pick flowers,
85   Watched how they lured the goats out of the pine trees,
And how they disrobed and did bathe in the sources.
The night of Saint Andrew seemed to them an instant,
As the moon was descending behind the beech forests,
And quickly endeavoured to make its departure,
90   Despite the appeals of the young men to keep it.
When declining, the moon it did sink o'er the hilltops,
Spoke out the great *zana* and called to it, saying:
"The dew has now fallen, the sun has not risen,
Linger, oh moon, do not hasten to leave us,
95   Only at night are the waters refreshing,

Si mos kurr flladi po fry',
Lshona dritën npr ato biga,
Lshona synin npr ato çeta,
Mos u ngut për me pranue!
100 Sa mirë hana ka ndigjue!
Paska xanë vend m'nji sy malit!
Â çue dielli për mbas malit,
Tash p'e lkuqë e tash p'e lbardhë.
Qatherë zoti por ka falun dritën,
105 Edhe hana paska hupë mbas çetash,
Edhe zanat janë largue prej gurrash,
Edhe kangën paskan me bylbylat.
Atherë djelt janë dyndë e ra te buni.
Dekë për gjumë, i kanë gjetë burrat fjetun,
110 Si cuj rrabit in shpërnda npër roga.
T'madhe britka qaj Sokol Halili:
- Me u çue burra! Ka marrë dielli dhenë!
Nja ka nja agët m'i kanë çue.
Bjeshkë e naltë, qi kish qillue,
115 Për rreth zjarmit burrat vend kanë xanë.
Sa idhnueshëm plaku i çetës m'ka ndjehë!
Kurrnji fjalë trimi shokve s'jau këthen,
Me dorë barin trimi veç p'e ndukë.
Qatje vonë kuvendin paska xanë:
120 - Pa ndigioni, more shokë kreshnikë,
Se trimnitë na zbashkut i kem' ba,
T'gjitha lavdet Muji po na i merr.
Sot po dahna, Gjeto Basho Muji,
Çeta e plakut tjetër s't'duhet gja!
125 Se ç'u vraka Gjeto Basho Muji!
- Zoti t'vraftë, bre Dizdar Osman Aga!
Nën ket diell na çetat nuk i dame!
Prap ma idhshëm plaku ja dredh fjalën:
- Le t'm'vrasë zoti, Gjeto Basho Muji,
130 Dy çetësh jemi e dyzaz po çetojmë!
- T'thashin krahët, more plaku i thi,
Fike vedin, fike mue!
Po a t'kanë plasun sytë e ballit,
Kshtu me i shkepë demat kularit?

The breezes delight us as never beforehand,
Cast your light still on that double-peaked mountain,
Keep up your vigil, watch over the pine trees,
Linger, oh moon, and take time in your setting."
100 How well did the moon hear the words of the *zana*,
And hovering over the hills took position
Until the sun made its ascent o'er the mountains,
Spreading its sunbeams of white and magenta.
And when the Almighty consented to daylight,
105 The moon finally set and sank into the pine trees,
And the *zanas* abandoned their springs and departed,
And the nightingales broke off their song and fell silent.
The two lads got up and returned to the campsite.
Asleep there like logs they encountered the Agas,
110 All resting like tree trunks spread out in the clearing.
At the top of his voice cried out Sokol Halili,
"Arise, oh good men, for the sun is now shining!"
They woke up the Agas one after the other,
All of them slumbering in the high pastures.
115 The men, sitting down, took their place by the fire,
Sullenly scowled the old man of the *çeta*,
And, not a word to the others did mumble.
Sulking he sat plucking grass from the meadow,
And only much later did he begin speaking:
120 "Listen to me now, my *kreshnik* companions,
Together have we many exploits accomplished,
But Mujo has stolen the praise and the honour,
Our ways must now part, oh Gjeto Basho Mujo,
You have no more need for this old fellow's *çeta*."
125 Gjeto Basho Mujo at this was offended:
"May the Almighty curse you, Dizdar Osman Aga,
As long as the sun shines we'll not split our *çetas*."
In anger the old man turned back to him, saying:
"Let him curse if he will, oh Gjeto Basho Mujo,
130 Our *çetas* are split now, we'll ride back divided."
"A curse be upon you, you grey-headed Aga,
You're destroying yourself and destroying me, also,
It seems to me now that you've lost all your reason,
Unyoking the oxen and letting them wander."

135   *Edhe n'kambë Muji m'â çue,*
Se aj te gjogu kenka shkue,
Ka gjetë gjogun tu lotue,
Me kambë t'para tu çukurmue.
Trimin gjogu e ka mjerue.
140   *Shpejt në log t'agëve Muji â dredhë,*
- E a ndigiuet, agëve po u thotë,
- Çetë prej çete mos me u da,
Se mbas shejes, qi gjogu m'ka,
Nuk kem' ra te shpija shndosh!
145   *Se për gaz fjalën ja merrka,*
Ja merr fjalën Dizdar Osman Aga.
- Tash ke nisë, Mujo, m'u plakë,
Ke fillue pak shkjetë me i drashtë!
S'und po pritet njaj Sokole Halili:
150   *- Burra, kha s'jem' ardhë m'u xanë,*
Por kem' ardhë për me çetue
Edhe rrugë po duem me marrë,
Nuk po shkepna çetë prej çete!
Randë ka folë aj plaku i thi:
155   *- A di shka, more djali i Mujit,*
Udha e mbarë u kjoftë pa mue.
Rruga e gjanë mjaft ka qillue,
Se na çetat sot po i dajmë,
Se un me ra due n'Kotorre t'reja,
160   *A thue mundem ndonji plaçkë me ba,*
A thue mundem ndonji krye me pre,
A thue mundem ndonji çikë me marrë.
Ndoshta e gzoj me ta ndoi djalë Jutbine!
E "t'mirë u pashim", burrave u ka thanë,
165   *Edhe gjogut plaku n'shpinë i këcyeka,*
Përmbas tij tridhetë agallarë
Janë fillue për Kotorre t'reja.
Se shpesh kryet p'e dredhë nji djalë i ri.
Se shpejt gjogat po hupin npër aha,
170   *Tash ndër aha, tash ndër krepa,*
Aj m'asht Zuku Bajraktar.
Mbërthye vetllat m'at shtek ballit,
Po kërkon nji shoq të vetin,

135   Mujo then rose to his feet and departed,
    Left in a huff to be near to his courser,
    There did he find that his horse had been weeping,
    Shuffling about with its front legs a-pawing,
    The courser, it seemed, had shown pity on Mujo.
140   At once he returned to the camp of the Agas,
    "Do you hear me, oh men," did he cry to the Agas,
    "We must never divide them, no, *çeta* from *çeta*,
    For from a signal my courser did give me,
    We will not reach our houses alive if divided."
145   In reply did address him Dizdar Osman Aga,
    Speaking in words full of scorn and derision:
    "It looks to me, Mujo, as if you are aging,
    If it's but a few Slavic fighters who scare you."
    At this interrupted him Sokol Halili:
150   "We haven't set out, men, to fight and to quarrel,
    We've set out together to go on a sortie,
    And in all our raiding we'll travel the highways,
    And *çeta* from *çeta* we'll not be divided."
    In anger replied then the grey-headed Aga:
155   "What could you know as Mujo's little brother?
    I wish you fair journey, be off now without me!
    Sufficient in width for us both are the highways,
    Each of the *çetas* will now go its own way,
    The route to New Kotor is what I'll be taking,
160   Perchance for some booty will I go marauding,
    Perchance I will chop off a head with my sabre,
    Perchance I'll be able to capture a maiden,
    And with her make happy some boy in Jutbina."
    With these words of farewell did he make his departure,
165   Onto the back of his horse jumped the old man,
    And following him did embark thirty Agas,
    Who with him set out for the town of New Kotor.
    Last in the party, a young lad looked backwards,
    Just as the coursers were crossing the beech groves,
170   Through the beech forests and harsh rocky valley,
    Gazing in longing was Zuk Bajraktari.
    His eyebrows were raised as he searched the horizon,
    Searching to find his one friend and companion,

Po kërkon Sokol Halilin.
175 *M'â ptshetë djali për mezdrak.*
Buzë nji ahit, buzë nji atit,
Fort po e ndjek shoqin npër ashtë!
Fort po e ndjek shoqin npër breshtë!
Kur po ndeshen sy për sy,
180 *Kur po ndeshen nëpër aha,*
Kur po ndeshen për t'mbramen herë,
Curril lodja djelmve m'u ka shkue.
Ka ra dielli nëpër maje,
Hupi çeta përmbas malit.
185 *Kish mbetë Muja me tridhetë të vet,*
Ver me gojë kurrnjani nuk po ban.
Ka qitë Muji e shokve u ka thanë:
- Na n'Jutbinë shndosh duem me ra!
Por mbas shejesh qi gjogu m'ka,
190 *T'dy çetët shndosh s'kem' me u bashkue!*
Veç Halili paska folë:
- Baca Mujë, pa ndigioma 'i fjalë!
Me gajret ata me ba me ardhë,
Qi prej lavdit kurkund vend s'na lanë!
195 *Janë shtërngue, gjogat kanë shilue,*
Bjeshkën prap n'at ditë e kanë kërkue,
Kurkund gje me sy s'kanë mujtë me pa,
M'çetanik askund s'kanë mujtë me ndeshë.
Prap i erri nata n'rranxë të brejit.
200 *N'bar t'livadhit gjogat qi po u shkrryhen,*
Nëpër gurrat agët qi po flladiten,
Vetëm Muji, pshtetë, për bre s'po lue,
Veç po kqyrë kah gjogat po lodrojnë.
Sa zotnisht agët darkën e kanë hangër!
205 *Kur ka ardhë vakti i mbasdarkës,*
Ç'ka po thotë ky Gjeto Basho Muji?
- A m'ndigioni 'i herë, agët e Jutbinës,
Pa vesvese natën me e kalue!
T'gjithve për rreth Muji u paska ndejë,
210 *Shndosh e mirë drita i ka çilë.*
Sa po lahen agët ndër gurra e kroje,
Sa po ndezet zjarmi në at bre.

Hoping he'd see his friend, Sokol Halili.
175 With a lance in his hand was Halili now standing
At the edge of the beech grove, on his steed was leaning,
Watching his friend disappear through the beech grove,
Watching his friend vanish into the woodlands,
And when their eyes met in despair and in longing,
180 When their eyes met through the trees of the forest,
When their eyes met in one last contemplation,
In sombre affliction tears streamed down their faces.
Behind the tall peaks now the sun was fast setting,
The *çeta* continued its way through the mountains,
185 Thirty Agas stayed put and accompanied Mujo,
Among them reigned silence, not one word was spoken,
Mujo then turned to his friends and suggested:
"Let us return in good health to Jutbina,
But from a signal my courser did give me,
190 We'll never succeed in uniting the *çetas*."
Following him spoke up Sokol Halili:
"Listen to me now, my dear elder brother,
If they return home in such arrogant humour,
Never will we have respite from their bragging!"
195 They made themselves ready and saddled their coursers,
And spent the day searching the high mountain pastures,
Nowhere at all was there game to be sighted,
Nowhere were *çetniks* to combat and vanquish.
They spent the next night at the foot of a fir tree,
200 The coursers were put out to graze in the meadows,
The Agas refreshed themselves near the cool fountains.
Alone at the fir tree paused Mujo and pondered,
Watching the steeds as they played in the meadows,
How splendid the Agas looked eating their dinner,
205 Then, later on, when the feasting was finished,
Mujo addressed once again his companions:
"Hear me once more, oh Agas of Jutbina,
I shall look out for your safety this evening."
Mujo held vigil for all his companions,
210 Who slept safe and sound until dawn in the morning.
The Agas were washing in springs and the fountains,
A bonfire was set ablaze under the fir tree.

Kambve t'veta Muji u paska hypë.
Ka marrë ashtën, n'maje t'bjeshkës me dalë.
215 Për rreth dhenë n'Krajli mirë po e vallon,
Rrugat kryq me sy qi po i kërkon,
Askurrgja me sy s'ka mujtë me pa,
Çetanik kurrkund s'ka mujtë me da.
Kur ka dredhun sytë prej Majës s'Xhurit,
220 N'dy rrugë kryq për nën at maje,
Nën at maje n'do livadhe,
Mirë po i sheh çikat e Behurit.
Ato m'bjeshkë po duen me dalë,
Me u flladitë n'ata ujt e bjeshkës.
225 Tridhetë penduer me vedi i kin pasë.
Shpejt e shpejt tu agët Muji ka ra,
T'gjithë meiherë i paskan çue,
I merr, tu kroni paska ra,
Po i vendon pritët n'at Kozhar.
230 Pesmbdhetë shkepë n'anë përmbi rrugë,
Pesmbdhetë derdhë n'anë për nën rrugë,
Vetë ka xanun dromin.
Ça ka qitë Halilit e i ka thanë:
- A po don krena me marrë?
235 A po don robinë m'e xanë?
- Hiqu krenash, dreqi i rroftë,
Se un po due robinë me e xanë!
Pak vonojnë, shum s'kanë vonue,
Aty m'kanë ardhë tridhetë pendurë.
240 Me shëngjetë Muji mirë po gjue,
Nja ma t'parin dekun e ka qitë.
Tridhetë agët sa gadi qi kanë ndejë,
T'tanë pendurët i paskan vra.
Sa shumë krena Muji paska pre,
245 Robitë Halili gjallë i ka xanë.
Kenkan nisë në maje t'bjeshkës me dalë.
Njaty vend si paskan xanë,
Shplakë për koshë Muji ka rrahë.
Sa t'madhe Halili po i bërtet:
250 - Ç'â, bre Muj, ti koshën qi po rrahë?
- Shgjetë e mzdrak tu kroni i kam harrue!

Mujo arose and went up the hill, climbing
Through the beech forest he hiked to the hilltop.
215 There he surveyed the whole Realm of the Christians,
Casting his eyes on the roads and the highways,
Nowhere at all was there game to be sighted,
Nowhere were *çetniks* to combat and vanquish,
But when his eyes met the Peak of Mount Xhuri,
220 There, at a crossroads right under the summit,
Under the summit up in the high meadows,
Did he catch sight of the maids of Behuri.
They had gone up to the high mountain pastures
To cool themselves off in the springs and the fountains,
225 Thirty pandours were with them to guard and protect them.
Losing no time, he returned to the Agas,
In less than a moment they made themselves ready,
His band of companions he led to the fountains,
And there in the haystacks he set up an ambush,
230 Fifteen companions he hid on one roadside,
Fifteen companions he hid on the other,
Placing himself in the midst of the highway,
To Sokol Halili he turned and did ask him:
"Will you chop off their heads, or would it be better
235 To capture the pandours and make them our prisoners?"
"Chop off their heads, may the devil dispatch them,
I'll capture the maidens and make them my prisoners!"
In no time at all, in a flash they were sighted,
All thirty pandours the trap were approaching,
240 Mujo then aimed and shot one of his arrows,
Hitting the first one who fell and was slaughtered,
All thirty Agas sprang out of the ambush,
Killing and slaughtering all of the pandours,
Many a head there was chopped off by Mujo,
245 And the maidens were taken by Halili prisoner.
Then they returned to the high mountain pastures,
There did they rest at a site in the meadows,
Mujo gave a slap to his thighs as he sat there,
Causing Halili to cry out and ask him:
250 "Why are you slapping your thighs, brother Mujo?"
"My lance and my arrows I left at the fountain."

- Hiqu tyne, Halili po i thotë,
Mzdrak e shgjetë gjikund t'duesh,
Se na n'Jutbinë kena pushkë boll!
255   - Sa për doresh qi më kanë ardhë,
Mos, o zot, pa to me ra n'Jutbinë!
- Po shkoj pra, thotë Halili, me i marrë!
Aspak djalin me shkue s'e ka lanë.
N'shpinë të gjogut Muji paska hypë,
260   Vrap e vrap tu kroni paska ra.
Pshtetë për ah ish kanë shëngjeta,
Pshtetë për krue ish kanë mëzdraku.
Kur ka bamun uj me pi,
Ora kryet ja ka prapue.
265   - Mos, o zot, ktu uj me pi,
Pa i pre kryet Behur Kapedanit!
Kah je nisë, Mujo, me shkue?
- N'at Jutbinë për n'kjoftë gjikue!
- Po me ba Jutbina ty me t'pvetë:
270   "Sa i pat kullat Behur Kapidani?"
- Sa mirë fole, he shtoftazotynë rreshtin!
Tjetër fjalë Muja s'ka qitë.
- Pi uj, Mujë, ora te i ka britë.
Kurrnji pikë Muji s'po don me pi,
275   S'po pi vetë as gjogut hiq s'po i nep.
Ah, mbi zotin Muji be ka ba:
- Der tu kullat kam me i vojtë!
N'shpinë të gjogut sa ka hipë,
Asnjiherë nuk i ka britë.
280   Mirë po e din gjogu se kah me shkue.
Flakë të verdhë për goje qi po qet,
Tym e njegull qi m'â ba,
Shpat e m'shpat thue po fluron.
Aj tu kullat shpejt po i shkon!
285   Dern e avullisë çilë po ma gje.
Mbrendë me gjog si paska hi,
M'ja ka dhanë dy çilca prej çelikut.
N'podrum gjogun e paska shti,
Vetë m'nji odë qi m'paska hi,
290   Ma ka gjetë nji shpatë me dorcë florini,

"You can forget them," Halili advised him,
"Lances and arrows are easy to come by,
And many a rifle we have in Jutbina."
255 "Of many a weapon we've taken possession,
But I'll not go back to Jutbina without them."
"I will then go," said Halili, "and find them."
But Mujo would not let his brother depart, and
Instead, he got up and he mounted his courser,
260 And off at a gallop he rode down the mountain,
The arrows he found at the side of a beech tree,
His lance was still lying not far from the fountain.
When Mujo bent over to drink of the water,
He turned his head sideways and noticed an *ora*,
265 "Do not, for God's sake, partake here of the water,
Till you fell the head of Behuri the Captain,
Where are you going, what is your direction?"
"Back to Jutbina, if it be the Lord's pleasure."
"And what if they happen to ask in Jutbina
270 How the *kulla* is doing of Behuri the Captain?"
"May God give increase to your dance-line, oh *ora*,
Well have you spoken," replied to her Mujo.
"Drink, oh Mujo, to your fill," said the *ora*,
But Mujo refused to partake of the water,
275 Neither would drink nor give drink to his courser.
Mujo swore an oath to the Almighty, saying:
"I shall set off and go straight to his *kulla*!"
Onto the back of his courser climbed Mujo,
Not one command did he bother to utter,
280 The courser itself knew too well the direction,
Out of its mouth there were yellow flames spewing,
Billows of smoke and of dust rose behind it,
As if it were flying, from hillside to hillside,
The courser continued apace towards the *kulla*.
285 The gate to the courtyard did Mujo find open,
And on his steed did he venture to enter,
With two keys of steel had the *ora* supplied him
And, leading his courser down into the stables,
He passed through the doorway and entered the parlour.
290 There he discovered a gold-handled sabre,

Fort ma e mirë se e vetja qi po i duket,
Copë e grimë aj po ma then.
Kur ka dalë n'nji tjetër odë,
Ka pa muret la me gjak,
295   Tridhetë krenat rreth e rreth,
Mirë po i njef:"janë t'agvet e t'serdarve!"
Mnera Mujin qi e ka marrë,
Kurrnji grimë aty s'po rri.
Shpejt kaloi m'nji tjetër odë,
300   Tridhetë shpata i paska gjetë,
Mirë po i njeh se t'agve janë.
Mirë po e çilë nji odë të madhe,
Ish kanë oda xhebehane.
Thasë mbi thasë baroti deri m'kulm.
305   Ma mbaron nji fitil t'gjatë
E n'barot e paska shti,
Kenka ra poshtë n'avulli,
Ka ndi tokën kah po gjimon,
E shef Behurin, se â kah vjen.
310   Fill po msyn dern e avullisë,
Paj mirë çikës po m'i thrret.
Hiç kërkush nuk po i përgjegjë.
Shpejt po i njitet nji lugut t'keq,
Po kundron dhenë rretheqark.
315   Mirë po i sheh çikat e veta
N'hije t'ahit, tu nji gurrë;
M'gjuj Halili i ki' pa' vndue.
Aj, dy krena me vedi i kish pasë,
N'avulli krenat po i qet.
320   Fort mirë krenat Muji po m'i njef:
Njani ish i Dizdar Osman Agës,
Tjetri ish i Zukut Bajraktar.
Qatherë trimi fort kenka ngushtue,
Aj përpjetë rrugën ma merr.
325   Vetë me vedi Muji â kujtue:
- Kur të dalë ky n'at vetull bjeshke,
Tridhetë agët porsi shtjerrat po i gje.
Ka shdry derën Muji e jashtë ka dalë,
Kurkund vrapin gjogut s'po ja ndalë.

Much finer it seemed to him than any other,
And into one thousand small pieces he broke it,
Then to another room did he continue,
The walls of the chamber, in blood they were covered,
295 There thirty heads he found hanging around him,
He knew who they were, "they're my Agas, commanders!"
Seeing the heads, Mujo grew pale in horror,
No longer could he withstand it or stay there
And without delay a new room did he enter,
300 There lay the sabres, full thirty in number,
He knew them full well, they belonged to the Agas.
Next was a hall which he opened and entered,
It was the warehouse for storing gunpowder,
Piled high with powder sacks, up to the rooftop.
305   Mujo got a long wick ready,
Placed it in the sacks of powder,
Then he hastened to the courtyard,
To listen to the earth exploding,
But then he saw Behuri coming,
310 Watched him go down to the gateway,
And call out for his missing daughter,
But no one to his call responded.
To a vantage point he clambered
And gazed at the view around him,
315 There he glimpsed his only daughters
At a beech tree by a fountain,
To their knees Halili forced them.
Behuri, two heads beside him,
Hurled them out into the courtyard,
320 In an instant Mujo knew them,
One was Dizdar Osman Aga,
The other one Zuk Bajraktari,
Mujo was profoundly shaken,
Behuri set off up the mountain.
325 To himself did Mujo ponder,
"Should he reach the mountain pastures,
Like lambs will he dispatch the Agas."
Hastily Mujo departed
Nowhere did he rest his courser.

330   *Kur ka dalë Muji n'krye të fushës,*
      Ka dalë Behuri m'anë të fushës.
      Kur ka mrrijtë Muji në gjysë t'fushës,
      Â kapë Behuri shpejt në gjysë të bjeshkës.
      Qatherë Muji ka qitë e i ka thanë:
335   *- Kush je ti qi shkon përpjetë?*
      Aj ka dredhë e i ka përgjegjë:
      - P'a ti m'je, more Gjeto Bashe Muja?
      - Un vetë Muji, i ka thanë, jam!
      - Por un për qiell fort ty t'kam lypun,
340   *Po un shyqyr qi t'gjeta n'tokë!*
      Dredhë Behuri e n'fushë ka ra,
      Për të shndoshtë mejdan kanë da
      Edhe Behuri po shtjen me zgjedhë:
      - A po ikë, Mujë, a po ndjekë?
345   *- Në mejdan gjithkuj i kam dalë,*
      T'tanve hikë përpara u kam!
      Ka dredhë Muji edhe ka hikë,
      Bukur fort Behuri iu ka avitë,
      Ma ka gjue n'mezdrak të hollë,
350   *M'dy gjujt gjogu Mujit m'i ka ra,*
      Përmbi ta mezdraku i ka fishkllue.
      Ma ka gjue m'topuz të randë,
      Pup përpjetë gjogu i ka kcye,
      Për nan qafë topuzi i ka kalue.
355   *Atherë â dredhë Behuri me hikë.*
      Gjogut Muji i ka bërtitë:
      - Dredho, gjog, se sot t'ka ardhun dita
      Mue e vedit faqen me ja zbardhë!
      Sa shpejt gjogu shkjanë e paska mrrijë!
360   *Bukur fort Muja iu ka avitë,*
      Ma ka gjue n'mezdrak të hollë;
      N'bark sharani paska ra,
      Askërkund s'ka mujtë m'ja njitë.
      Ma ka gjue n'topuz të randë,
365   *M'i ka shkue prej njanës anë,*
      Askurrkund s'ka mujtë me marrë.
      Prej shoshojt burrat janë dredhë!
      Shpatë për shpatë trimat janë pre,

330	When Mujo arrived at the head of the valley,
	Behuri was nearing the side of the valley,
	When Mujo arrived at the heart of the valley,
	Behuri had already reached the high pastures,
	Mujo then turned and he asked of Behuri:
335	"Who is this man riding through the high pastures?"
	Behuri then turned and to Mujo gave answer:
	"Is it you my eyes see, Gjeto Basho Mujo?"
	"Yes, I am Mujo," he told him, responding,
	"I have been looking for you in the heavens,
340	But, thank God, here on the earth have I found you."
	Behuri turned back and rode down to the valley,
	Down to the war grounds for them to do battle,
	Behuri then gave to his rival the option:
	"Will you take flight, Mujo, or first attack me?"
345	"Whenever I come for a duel on the war grounds,
	I prefer to take off, let the rival attack me."
	With this did he turn and take flight in a gallop.
	Behuri advanced and caught up with his rival,
	Hurling his thin lance in Mujo's direction.
350	Down on its knees did fall Mujo's swift courser,
	And over their heads did the lance whistle by them.
	Behuri then took out his cudgel and hurled it,
	Up on its hind legs jumped swiftly the courser,
	Under its jaw did the cudgel streak by them.
355	Behuri then turned and took flight at a gallop,
	Mujo called out to his courser, proclaiming:
	"Rise, for the day is upon us, oh courser,
	For you now to act, for restoring our honour!"
	How swiftly the courser caught up with his rival,
360	Mujo approached, riding quickly behind him,
	And hurled his thin lance in Behuri's direction,
	Onto its girth fell the dapple-grey courser,
	And the lance, flying by, was unable to graze them.
	Mujo then took out his cudgel and hurled it,
365	But to one side sprang the dapple-grey courser,
	And the cudgel flew by, was unable to strike them.
	Then did the heroes assail one another,
	And sabre to sabre did fight in a battle,

Der n'gjysë shpatat i shkurtojnë.
370 *Zdrypë prej gjogash, n'tokë kanë ra,*
Ata rrokas kenkan kapë,
Fort janë dredhë edhe përdredhë,
Kurrnja shoqin s'mujt me rrxue.
Â varë dielli me prarue,
375 *lavd shoshojt kreshnikët po i hjekin,*
Kah po lidhen e po siellen,
Gjithë trimnitë po ja kallxojnë.
Paska qitë Behuri e i ka thanë:
- Sa shum agët, si t'i kam pre,
380 *Tridhetë krena n'saraje i kam,*
Kputë i kam prej trupit t'agve.
- Po pendurt a di ku i ke,
Ka qitë Muji e e ka pëvetë,
Se dy çikat t'i kam marrë,
385 *Se pendurt pa krena i ke,*
N'maje t'bjeshkës t'i kam lanë!
E ka lodhë fort fjala e Mujit.
- Tridhetë agët, Mujë, t'i kam pre,
Prep Behuri Mujit po ja kthen,
390 *Dy ma t'parve kryet un jau kam marrë,*
Njani për emën Dizdar Osman Aga,
Tjetri për emën Zuku Bajraktar!
Pak vonoi, shum s'ka vonue,
E kanë ndie nji gjamë të madhe,
395 *Si gjamë deti qi bjen moti i lig,*
Si gjamë qiellet, kur ban reja me shkrepë.
Janë ndalë burrat e Muji Behurin e pvetë:
- A thue vret reja për s'kthielltit?
A mos janë këto gjamë prej detit?
400 *-As nuk vret reja për s'kthielltit,*
As nuk asht kjo gjamë prej detit,
Por janë kullat e Behurit,
Trandin tokën kah po bijnë për dhe.
Kur ke ardhë para n'oborr,
405 *Mujin mbrendë besa e ke pasë,*
Kah t'shpërthen burgun e kualve,
Kah t'kërkon odat e kullës,

The sabres lost half of their length in the fighting,
370 Dismounting their horses, now on the ground standing,
The warriors tackled the belts of each other,
And in man-to-man combat were turning and twisting,
Neither was able to toss down the other.
The sun was descending in gold hues and colours,
375 Vaunting, the warriors sang out their praises,
As they were wrestling and grabbing each other,
Of all of their feats and their deeds were they bragging.
Then to Mujo did Behuri turn, saying:
"I've chopped the head off of so many an Aga,
380 Thirty of their heads do I keep in my palace,
Severed I have all their heads from their bodies."
"But where, tell me where, are your pandours awaiting?"
Mujo then turned and of him did inquire,
"And I'm in possession of both of your daughters,
385 Bereft of their heads are now all of your pandours,
I left them behind on the high mountain pastures."
Taken aback by the challenge of Mujo,
Behuri repeated his vaunting by saying:
"But thirty Agas I've slaughtered, oh Mujo,
390 And chopped off the heads of the two of their leaders,
One of their names was Dizdar Osman Aga,
And the other one was known as Zuk Bajraktari."
Then on the spot, in no time whatsoever,
Did they hear a thunderbolt echoing distant,
395 Like a storm on the sea bringing frightening weather,
Like a storm in the sky with the flashing of lightning,
The warrior paused, Mujo turned to Behuri:
"Can there be thunder when skies are uncovered,
Or is it the sea which we seem to hear roaring?
400 There can be no thunder when skies are uncovered,
Nor is there a storm on the sea which is roaring,
For it is the din of your *kullas*, Behuri,
The earth is now quaking, they're falling to ruins,
For while you were out in the courtyard, Behuri,
405 It was I, it was Mujo inside of your manor,
It was Mujo who broke down the door of your stables,
It was Mujo who ransacked the rooms of your *kulla.*

Kah ja ven fitilin xhebehanes
E rrash me tokë sarajet tash t'i bana!
410 Vnerin Muji fort ja paska dyndë.
Qet Behuri idhshëm e po i thotë:
- Kjosha shndosh un si kam kenë,
Fort ma t'mira sarajet i mbaroj,
N'themel t'shpisë kryet tand un sot me e hjedhë!
415 Shterngou, Mujë, qetash po t'rrxoj!
Mirë janë lidhë me llana t'krahve.
Ç'po plandosen ahave,
Ç'po dërmishen krepave!
Kanë hikë gjogat fushave!
420 Ndezet dushku i malit,
Thahet gjeth i ahit,
Kah dihasin shoqishojnë me e marrë!
Prej livadhit shtyhen mbrenda rrahit.
Aty m'ndodhi 'i cung i zi.
425 Kurkund Muji kamën s'po e shikjon,
Lamsh për tokë Mujin shkjau e ka rrxue,
Dy duer Mujit shpejt ja ka zaptue.
Orvet t'malit Muji po u bërtet:
- A thue n'gjumë kini qillue?
430 Po ku e keni besën qi ma keni dhanë?
Kurr ma ngusht se sot s'jam kanë!
Fluturim po i vjen ora te kryet.
Ça ka qitë Muji e i ka thanë?
- A din, Mujo, se çka t'kam pasë thanë?
435 Kuj n'mejdan të diellën mos me i dalë!
- Mirë e dij, besa, por sherri qi m'ka xanë,
Se un kërkuj mejdan nuk i kam da!
Kurr ma mirë se sot ora s'e mson:
- Kqyre diellin, Behurit me i thanë.
440 Kur të kthehet diellin për me e kqyrë,
Dorën shtjere në xhep të shmajët,
Aty gjê nji thikë të helmatisne;
Gadi shkjaut për n'dijsh me i ndejë,
Tjetër ftyrën s'ta ka pa!
445 Fluturim prap ora n'mal ka hi.
Sa mirë Muja kuvendit po i vjen,

124

A wick did I put to the room with the powder,
And see, I have razed to the ground your fine palace!"
410   Mujo had vented his spleen with perfection.
Behuri in rage now railed out at him, saying:
"If I am alive and am able to do so,
I will build in its place yet another one, better,
And your head'll be planted right in the foundations,
415   Be careful, Mujo, for your downfall's approaching."
            With forearms ramming one another,
They hurled each other at the beech trees,
Their flesh all torn among the sharp rocks,
The coursers took off for the valley,
420   Set aflame were all the oak trees,
Singed the beech trees, all did wither.
And what gasping as they grappled,
From the meadow to a clearing
In which stood a blackened tree stump,
425   Mujo tripped upon it, stumbled,
The *shkja* got Mujo to the ground now,
Pinned him down with both hands captive,
To the mountain *oras* Mujo
Cried out: "Can it be you're sleeping?
430   Where's the promise that you made me?
I've never been worse off, oh *oras*."
In flight an *ora* hastened to him
And into Mujo's ear she whispered:
"Have you forgotten what I told you,
435   Not to start a duel on Sunday?"
"I know it well, but I was forced to,
It wasn't me who started fighting."
Never did he listen better:
"'Oh look, the sun!' shout to Behuri,
440   And when he turns his head to see it,
Put your hand in his left pocket,
There you'll find a poisoned dagger,
And if you skilfully manoeuvre,
The *shkja* will look at you no longer."
445   The *ora* flew off to the mountains,
How well had Mujo listened to her!

Fort ma bukur fjalët po vjen tuj tjerrë!
- Edhe diellin, Behur, ndalë e kimi,
Se qysh n'natje s'parit qi jem' kapë,
450 Kurrnji gjurmë përtej ma s'e ka ba!
Atherë shkjau â sjellë me kqyrun diellin.
Sa shpejt Muji thikën ja rrasë n'bri!
Dekun n'tokë Behurin e ka qitë,
Nan te Muji paska mbetë,
455 Turçe gjogut po i bërtet:
- Nën shkja t'dekun si kam mbetë!
Ka ardhë gjogu tuj hingllue,
Shkjanë për tokë e ka rrotllue,
Krejt përgjakun Muji n'kamë â çue,
460 Kryet me shpatë Behurit ja ka pre,
Për mustakut ja ka vjerrë n'mollë t'shalës.
Tjetra anë mustakut i mbet zharg.
N'maje t'bjeshkës kenka dalë,
Tridhetë agët aty m'i gjê,
465 Me Halilin çikat e Behurit.
Kur Behurit kryet ja paskan pa,
T'ligët tre vetve u paska ra.
Ka qitë Muji edhe u ka thanë:
- Zoti u vrafët, agët e Jutbinës!
470 Si u shburrnuet me ditë të sodit!
Me e pasë pa Behurin gjallë,
Shpirti tutësh u kishte dalë!
Ka marrë dielli për mbas malesh,
Ka ndritë hana për mbas ahesh;
475 Mirë po e ndritë rrugën e shpatit.
Kah përcjellka do darsmorë,
Darsmorët ishin t'gjithë kalorë,
Veç Halili i Mujit qi â kamsuer.
T'madhe çikat qi po kjajnë,
480 Hanën hyjt kanë qitë e pvetë:
- Gjija rrugën s'bukrës s'dheut,
Se me giasë, rrugën ka tretë!
Sa mirë hana po i përgjegjë:
- Jemi larg, s'mund gja me pa,
485 Se nuk janë t'bukrat e dheut,

Skilfully did he address him:
"Look, we've stopped the sun, Behuri,
We've been duelling since morning
450 And not an inch has it moved forward."
The *shkja* then turned his head to see it,
And Mujo rammed the dagger in him,
To the ground fell dead Behuri,
With Mujo lying caught beneath him.
455 Mujo called his steed in Turkish,
" 'Neath the dead *shkja* I'm caught lying."
Neighing then, approached the courser,
And rolled the Slavic fighter over.
To his feet jumped Mujo, bloodied,
460 And chopped the head off with his sabre,
And by its whiskers he attached it
To the pommel of his saddle.
Mujo went back to the mountains,
There to find his thirty Agas,
465 Behuri's girls were with Halili.
Seeing Behuri's head was with him,
Did three Agas faint in horror.
Mujo turned to them and stated:
"Curse you, Agas of Jutbina,
470 How you've all turned into cowards,
Had alive you'd seen Behuri,
You would all have died in horror."
Behind the peaks the sun was setting,
The moon was beaming through the beech grove,
475 Glowing on the mountain highway,
A wedding procession was on it,
All the escorts were on horseback,
With only one on foot, Halili,
Loudly were the maidens weeping,
480 The stars looked at the moon and asked it:
"Cast your light, the Earthly Beauty
Looks as if she's lost her way now!"
Cleverly, the moon responded:
"We're too far off to view them clearly,
485 But they are not the Earthly Beauties,

Por janë çikat e Behurit,
N'mollë t'shalës s'Mujit kryet qi po i rri vjerrë.
Kanë marrë rrugën për me ra n'Jutbinë.
- Krushkë e parë jam vetë qi dritë po u baj.
490 *Krushkë e dytë âsht ora qi po u rue,*
Ruen Halilin kama mos me i rrshitë!
Kur kanë shkue, në Jutbinë kanë ra,
T'mirë shenllekun e kanë ba,
Ma t'mirë dazmat qi m'i kanë ba,
495 *T'mira nuset qi m'i paskan dalë!*

They're the daughters of Behuri,
See the head at Mujo's saddle.
They're on the highway to Jutbina,
I who shine will be first bridesmaid,
490 The second bridesmaid is the *ora*
Who guards Halili's foot from slipping."
When they finally reached Jutbina,
Did they hold a celebration,
Finely feasting at the wedding,
495 With brides the fairest ever seen there!

Gjogu i Mujit

Nata â shkue, hana s'ka dalë,
Muji 'i andërr e ki' andrrue,
Andërr paka hargelen tuj pjellë:
Ki' ba mazin bardhë si bora,
5   Hyllin n'ballë zoti i ki' fale.
Qafa e tij si kreshta e bjeshkve.
Kambët e holla si t'kaprrollit,
Qymja e tij si leshi i fjollit.
Çka ka qitë Ajkunes e i ka thanë?
10   - Çou, Ajkunë, shpejt n'burg me ra
Se un 'i andërr e kam andrrue.
Andërr pa kam hargelen tuj pjellë.
Bardhë si bora mazin e ki' ba.
Hyllin n'ballë zoti m'ja ka dhanë.
15   Shpejt Ajkuna n'kambë asht çue,
Po ma merr pishën në dorë,
M'ish kenë nata natë me orë,
Kur ka ra grueja n'derë të burgut,

Mujo's courser

A splendid foal is born to Mujo's mare. The Captain King is jealous and offers a reward for its capture. Arnaut Osmani betrays Mujo for the money, and the courser is spirited off to the Kingdom of the Christians. In his search for the courser, Mujo comes upon the Slavic shepherd Raspodini, whom he slays. Dressed up in the shepherd's clothes, he receives the king's permission to train the wild courser. Thus Mujo manages to steal his horse back. On his way home, he reflects on the injustice of the theft he has committed and returns the courser to the king. The king then commands the shepherd to escort his daughter to her wedding. During the journey, Mujo removes his disguise, captures the three hundred other escorts and the king's daughter, and takes them back to Jutbina. The king, waiting alone in his palace, receives a letter from Mujo, and resigns himself to having a new son-in-law.

       Night was passing, moon not risen,
       Mujo in his sleep was dreaming,
       Dreaming that his mare was foaling,
       And this foal was white as snowflakes,
5   A star God left upon its forehead,
       Like the mountain crest its nape was,
       Like a deer its legs were slender,
       Woollen yarn its mane resembled.
       Mujo then spoke to Ajkuna:
10   "Rise, Ajkuna, quickly go down
       To the stable, I've been dreaming,
       Dreaming that the mare is foaling,
       And the foal's as white as snowflakes,
       A star God left upon its forehead."
15   To her feet did rise Ajkuna,
       Quickly taking a torch with her,
       For that night the *oras* wandered.
       When she set foot in the stable,

Hinglloi mazi mbrenda burgut,
20 M'i ra drita qymes s'shtatit,
Ndriti qymja si bora e malit,
Hyllin bardh shkrue n'shtek te ballit.
"Marshalla!" Ajkuna foli
E prej burgut edhe doli,
25 Për mbas vedit derën e ndryni,
Fill tu Muja n'odë i hini.
- Zoti t'vraftë, Mujo, i ka thanë,
Si e ke pa, andrra ka dalë,
Çou e shif seri me sy!
30 Brraf në kambë Muji asht çue,
Tu hargelja kenka shkue,
Sa mirë mazin e ka shikjue,
Sa fort mazin e ka lmue!
Mbas për mbrapa derën e ka ndry.
35 Te Ajkuna kenka dalë.
Ça ka qitë grues i ka thanë?
- Hysmet t'mirë mazit me m'i ba,
N'vend t'elbit, grunë ke me m'i dhanë
E n'vend t'ujit venë ke me m'i qitë,
40 Tri herë në ditë me ma kashagitë,
Për tri vjet jashtë mos me e qitë,
Për tri vjet mos të shofë kund dritë!
Hysmet t'mirë Ajkuna i ban,
Fort ma don e mirë ma mban,
45 Sa mirë mazi qi po han,
Sa shpejt mazi na asht rritë,
Fort po niska m'u mërzitë.
Kur janë mbushë plot tri vjet,
Në kambë Muji kenka çue,
50 Po don mazin me e shilue,
Llaf po ban n'at burg të zi:
- A don, maz, me ardhë me mue,
Me t'shetitë der tu nji krue,
Me matë fusha e me matë bjeshka,
55 Për me dalë n'shefi t'Krajlisë,
Për me u pri agve t'Jutbinës?
Po merr frenin e gjogatit,

A foal was neighing there inside it,
20   When the light fell on its body,
The foal shone like the mountain snowflakes,
A star was shining on its forehead.
"Thanks to Allah," cried Ajkuna,
Then she turned and left the stable,
25   Locked the stable door behind her,
And returned to Mujo's chamber.
"I'll be damned," she said to Mujo,
"It's true, the vision you saw dreaming,
Go and see it with your own eyes!"
30   To his feet then jumped up Mujo,
Down he hastened to the stable,
There he saw the foal in splendour,
With what pleasure did he stroke it!
Then he locked the door behind him,
35   And went back to see Ajkuna,
To his wife he turned and spoke out:
"Take good care of it, I beg you,
Give it wheat instead of barley,
And give it wine instead of water,
40   You must feed it three times daily,
For three years must keep it inside,
For three years to see no sunlight."
Good care of it took Ajkuna,
She loved the foal and well did treat it,
45   The foal accepted all its fodder,
Soon thereafter was it grown up.
But in the end it grew uneasy,
And when the three full years were over,
One fine day did Mujo get up,
50   And go to set the saddle on it.
Talking to it in the stable:
"Come along, foal, come out with me,
And let us stroll down to the fountain,
Across the fields, across the meadows,
55   And over to the Christian Kingdom,
Leading Agas from Jutbina."
Then he took the horse's bridle,

Gja për krye freni s'po i bjen,
Shkurt e ngusht freni po i bjen;
60 *Po ma merr shalën e gjogatit,*
Aspak shala s'm'i ka ra,
Shkurt e ngusht shala i ki' ra.
Pak rrin Muji e po mendon,
Por fort shum nuk po vonon
65 *E për dore mazin ma merr.*
N'pazar Muji me te bjen
E për krye frenin ja pret,
Sa t'mirë shalën n'shpinë ja qet,
Ishte freni telatinit.
70 *Ishte shala prej brishimit,*
Krejt me gurë prej xhevahirit,
Nandë kollanë mademesh ltinit,
Tanë patkojt-o prej florinit,
Mbërthye thundrash prej çelikut,
75 *Po as timar gjogun po ma ban.*
"Ndimo, zot" e n'shpinë m'i kcen;
Nuk po mundet mazin me e zaptue,
Gur e pluhun mazi shkon tuj çue,
Përmjet shehrit po m'i bjen,
80 *Mera shehrit m'i ka hi,*
Tanë ndër shpija kenkan ndry,
Dikur mazin zapt e ka ba;
Përpjetë dromin ma ka marrë,
Tanë kalldramin po e thermon,
85 *Fill kah fusha po ma çon*
E me te mirë po lodron,
Tash e ulë ai urë për tokë,
Tash ma ngreh ai thikë përpjetë,
Pes konopë kcen përiherë;
90 *Tre sahat lojën s'ma dan.*
Kur ka dashtë lojën me e ndalë,
Pak dallash mazi ka marrë,
Në fushë t'krajlive ma ka çue.
Kanë ndie shkjetë e fort na janë frigue,
95 *Se lojë të madhe qi ka marrë,*
Kcete gardhet dy tre supe,

But on the head he couldn't get it,
The bridle was too small to fit it,
60   Then he took the horse's saddle,
But on the back he couldn't get it,
The saddle was too small to fit it.
Mujo stood there and reflected,
But very soon found the solution.
65   With his hand he led the foal out,
To the market did he take it,
A bridle there was made to fit it,
And for its back a fitted saddle,
The bridle was of patent leather,
70   Of silky threading was the saddle,
All of it was diamond-studded,
Nine belts of fine Italian metal,
Made of gold were all the horseshoes,
And all with nails of steel were fitted,
75   But the steed would hold no rider.
"God be with me," he cried, mounting,
But the foal was not for taming,
Through the town it galloped wildly,
Raising dust and stones behind it,
80   All the townsmen were in panic,
They slammed their doors and bolted latches.
But in the end he broke the foal in,
Up the mountain paths he rode it,
Thereby tearing up the paving,
85   To the valley did he lead it,
In order there to better tame it,
To lie upon the ground he taught it
And then into the air to leap up,
At once to skip five ropes he taught it,
90   Three full hours went the lesson.
When Mujo had then finished teaching,
The foal could even saunter sideways.
To the Kingdom did he take it,
The *shkjas* did see them and were frightened,
95   Since the horse was trained and skilful,
Six feet high it jumped the hedges,

Kcete lumin n'dy tri pupa.
Ka marrë vesht Krajlo Kapedani,
Me kushtrim popullin ma mbledhë.
100 Ç'ka qitë krajli e ka thanë?
- 'I mejdanxhi n'at fushë ka dalë,
N'gjog të trentë e me pashi,
A ka n'ju kund djalë të ri,
Qi m'i del atij mejdanxhi?
105 Aty foli Galiqe Galani:
- Mejdanxhi, krajl, s'ka qillue.
Rishtas mazin Muji â tuj ma msue,
Kollaj rob na tash kem' me e xanë.
Ç'mendoi krajli atherë me ba?
110 Rreth e rreth ushtrinë ma qet
Edhe n'rreth Mujin ma shtjen,
Thotë "me dorë un gjallë po e kapi."
Porse Muji m'asht kujtue,
Ka nisë gjogun me e pajtue,
115 Me lanë lojën e me pushue.
Porsa lojën gjogu e ka ndalë,
Prej Jutbinet kryet ja ka dredhë,
Të fortin vrap mazit ja ka dhanë,
Tym e mjegull gjogun ma ka ba;
120 Mnera shkjevet m'u ka hi,
T'tana pritat na i kanë lshue,
Shndoshë e mirë n'Jutbinë ka shkue.
Se ç'ka qitë, tha, krajli e ka thanë:
- A del djalë kush mazn me ja marrë?
125 Treqin qese për maz i kjoshin dhanë!
Vrae zot at Arnaut Osmanin.
Njato fjalë, tha, trimi kur m'i ndie,
Npër mjesnatë n'Krajli ka hi,
N'derë të krajlit paska shkue,
130 Deri n'tokë i kenka falë.
Ç'ka qitë krajlit e i ka thanë?
- Nam të madh për ty kam ndie,
Pare t'madhe thonë ke folë,
Për njate qi ja merr mazin Mujit.
135 Si në daç ti paret me m'i dhanë,

And in two leaps crossed the river.
The Captain King was told about it
And with a war cry called his people,
100 Turning to them, he addressed them:
"To the war ground's come a fighter,
On a mad but comely courser,
Is there any lad among you,
Who will deign to fight a duel?"
105 Then spoke Galiqe Galani:
"Majesty, he is no fighter,
Mujo's only tamed his pony,
We will easily take him prisoner."
What was now the king's decision?
110 With his army in a circle,
Did he close in upon Mujo,
Saying:"I alive will catch him."
Mujo saw through his intention,
And started calming down his courser,
115 Stemming all its flame and frolic.
When the courser had stopped playing,
He turned its head towards Jutbina,
And set the foal off in a gallop,
Leaving smoke and dust behind them,
120 All the *shkjas* were in a panic,
All their traps did they abandon,
Safe and sound he reached Jutbina.
What was it the king now wanted?
"Who among you'll catch that pony?
125 Three hundred purses do I offer!"
God curse him, Arnaut Osmani,
When he heard the proclamation,
Slipped at night into the Kingdom,
To the king's door did go knocking,
130 Lying prostrate did he greet him,
And looking at the king, addressed him:
"I'm humbled by your reputation,
A great reward they say you've offered,
To him who catches Mujo's pony.
135 If you offer me the money,

T'kam msue mazin si me e marrë.
Ç'ka qitë krajlj e ka thanë?
- Treqin qese t'i paça dhanë,
Në dalsh Mujit mazin me ja marrë!
140 Kqyr ça tha Arnaut Osmani!
- Sot nji javë flokët ja marr djalit,
Kumar Mujin, qi p'e kam,
N'avlli Muji qi po m'vjen,
Kam me dalë Mujin, kam me e ndeshë,
145 Mirë për frenit mazin kam me e kapë,
Kthellë në burg vetë mazin kam m'e shti,
Fre as shalë nuk po ja hjeki,
Dern e burgut nuk po e mbylli,
N'baçe teme, krajl, ti ke me ardhë;
150 Kqyr veç mshehun ke me ndejë.
Sa t'marrë Muji famllin n'dorë.
T'madhe vet-o kam me qeshë,
Atherë, krajl, ti n'kambë m'u çue,
Mbrenda burgut ke me hi,
155 Me ma kapë mazin për frenit,
Me ma qitë jashtë avullijet.
Me m'ja dredhë kryet prej Krajlijet,
T'madhin vrap mazit me ja dhanë.
Shnosh n'Krajli ti ke me kthye,
160 Pse tanë Jutbina mbrapa me t'u vu,
Kurr ç'me t'ba s'po kane.
- Tu mirë mbetsh, Krajl-o Kapidani!
- Tu mirë vosh, Arnaut Osmani!
Kenka mbushë, tha, plot nji javë,
165 Kenka veshë krajli, kenka mbathë,
Për Jutbinë rrugën e ka marrë,
Tu Arnauti, tha, kenka mshehë.
Dritë ka dalë, dielli s'ka ra.
N'sabah Muji kenka çue,
170 Ka marrë mazin e ma ka shilue,
M'i ka kcye, tha, mazit n'shpinë,
Fill tu Arnauti paska shkue.
Para Arnauti m'i ka dalë,
Për frenit mazin po ja kapë,

I'll show you how to catch the pony."
What was it the king now answered?
"Yes, I'll offer you the money,
If you catch me Mujo's pony!"
140   Then replied Arnaut Osmani:
"A week from now I'll cut my son's hair,
In front of Mujo, his godfather,
Mujo'll canter to the courtyard,
I'll go out as host to hail him,
145   I'll take the pony by the bridle,
And lead it down into the stable,
Leaving on it reins and saddle,
Ajar will be the stable doorway.
You, oh king, must too be present,
150   But take good care that no one sees you.
When Mujo lifts and holds his godchild,
I will break out into laughter,
You, oh king, will rise and steal forth,
And the stable you will enter,
155   Seize the pony by its bridle
And take it with you from the courtyard,
Turn its head down towards the Kingdom,
And set the foal off in a gallop,
Safe and sound you'll reach the Kingdom,
160   Should even all Jutbina follow,
None of them will ever catch you,
Farewell, Captain King, I wish you!"
"And you, farewell, Arnaut Osmani!"
When seven days had passed thereafter,
165   The king then donned his robes and footwear,
And took the road up to Jutbina,
To Arnaut Osmani, hiding.
At early dawn before the sunrise
Mujo rose from bed that morning,
170   The foal he saddled and got ready,
And when done, the foal he mounted,
Departing for Arnaut Osmani.
Arnaut went out to greet him,
And took the pony by the bridle,

175 *Mirë po e don e fort po e lmon,*
Mbrenda burgut po ma çon,
Fre as shalë nuk ja ka hjekë,
Dern e burgut nuk po e mbyllë.
Përmbi shilte vend kanë xanë,
180 *Po pinë kafe, po pinë duhan.*
Çka ka folë Arnaut Osmani?
- A ndigjove, Bylykbashe Muji,
A s'po e merr ket famull n'dorë?
Ç'ka qitë Muji e ka thanë?
185 *- Gjithkur t'dueni me ma dhanë.*
Ma ka marrë at famull n'dorë.
T'madhe qeshi Arnaut Osmani,
Mirë ma ndjeu Krajlo Kapidani.
Asht çue n'kambë e n'burg ka shkue,
190 *Ma ka gjetë mazin t'shilue,*
N'avlli mazin ma ka qitë,
M'shpinë, tha, krajli m'i ka hipë,
Prej Krajlnisë kryet m'ja ka dredhë,
Tym e mjegull fushën ma ka ba,
195 *Vrap të madh gjogu m'ka marrë.*
Â kujtue Muji ç'fjerë e ka xanë,
Ma ka ndie, tha, Muji n'odë,
Ma ka lshue famllin për tokë,
N'at dritore kryet ma qet.
200 *Gja me sy ai nuk po shef,*
Pse përpara mazi kcen
E përmbrapa mjegull len,
Tim e mjegull bjeshkë e fushë i bani,
Si me kenë smet me borë.
205 *Mera i hini Arnaut Osmanit.*
Shpejt në aher Muji ka ra,
Shum po e lyp mazin me e pa,
Fort po i dhimbet mazi qi s'e ka.
Për mbrapan mazit i â vu,
210 *Ma ka ndjellë fushë në fushë,*
Ma ka ndjellë mal në mal,
E ka marrë bjeshkën përpjetë,
Nji çoban aty m'ka gjetë,

175	How he loved it, how he stroked it,
	And led it down into the stable,
	Leaving on it reins and saddle,
	And ajar the stable doorway,
	Then they sat down on the matting,
180	Had their coffee and tobacco,
	Then spoke up Arnaut Osmani:
	"Oh, great Bylykbashi Mujo,
	Won't you come and hold your godchild?"
	Mujo turned to him, responding:
185	"As you wish, I'm at your service,"
	And Mujo took and held the godchild,
	Then laughed out Arnaut Osmani,
	The Captain King could hear him clearly,
	And rising, went down to the stable,
190	There he found the pony saddled
	And led it out into the courtyard,
	With a leap the king did mount it,
	And turning, set off for the Kingdom,
	Leaving smoke and dust behind him.
195	The pony set off at a gallop,
	Mujo saw what viper'd bit him,
	From the room he'd noticed noises,
	And laying on the floor the godchild,
	Mujo looked out of the window,
200	But not a thing did Mujo see there,
	The pony leaping had long bolted,
	Leaving smoke and dust behind it,
	Dust which covered hills and valleys,
	Whitening them as does a snowstorm.
205	In panic was Arnaut Osmani,
	Mujo hastened to the stable,
	And searched through it for the pony,
	Was distressed to find it missing.
	Mujo set out for his courser,
210	Calling to it in the valleys,
	Calling to it in the mountains.
	He climbed to the mountain pastures,
	And there he came across a shepherd,

Ma ka gjetë at Çoban Raspodinin.
215 - Mirë se rrin, Muji i ka thanë.
- Mirë se vjen, Raspoja i ka thanë.
Kenkan ulë trimat e po rrinë.
Ç'ka qitë Muji e ka folë?
- Kah dit, Raspo, zanin ta kam ndie,
220 Se edhe n'mue fort je tu m'u gia,
Njat shishak o me ma dhanë.
At shishakun shkjau ja ka dhanë
Edhe shapkën ja ka marrë.
Fort po i giet Raspodinit Muji,
225 Aty shpatën Muji e hjek
Edhe kryet shkjaut po m'ja pret
Edhe petkat po m'ja zdeshë,
Mirë për shtat Muji po i veshë;
Sa mirë Mujit m'i kanë ra,
230 Sa mirë Raspos i ka përgia,
Shkop e krrabë n'dorë i ka marrë,
Fill te krajli paska dalë,
Deri n'tokë krajlit i â falë.
Ç'ka ka qitë krajli e m'i ka thanë?
235 - Vetëm gjanë, Raspo, si e ke lanë?
Ç'ka qitë Muji e i ka thanë?
- 'I nam për ty, krajl, e kam ndie,
Mazin Mujit ja kishe marrë,
Kam ardhë mazin për hajr me t'ba.
240 Ça ka qitë krajli e ka thanë?
- Kurrgja mazi nuk po m'vijë,
Veç pa te Muja si të rrijë.
Qysh at dit-o qi e kam marrë,
Thellë në burg-o qi e kam shti,
245 Kush tu ai s'mundet me hi.
Idhnim mazi qi ka marrë
E me shtjelma qi na vret
E me dhambë qi po na han,
Për prezorjet tagjinë po ja qesim.
250 Ç'ka qitë Muji e kn thanë?
- Izën, krajl, ti me ma dhanë,
Sa m'u ulë mazin me e pa,

142

He was shepherd Raspodini,
215 "Greetings to you," spoke out Mujo,
"Greetings," replied Raspodini,
Then the men sat down together,
Mujo turned to him, remarking:
"I've long heard of you now, Raspo,
220 They say we look like one another,
Will you lend me now your *shishak*?"
The *shkja* to Mujo gave the *shishak*,
In return got Mujo's headpiece,
Now he looked like Raspodini.
225 Mujo then took out his sabre,
He struck the *shkja* and chopped his head off,
Then he grabbed from him his garments,
Taking them, he dressed up in them,
How well they fitted him, the garments!
230 Mujo looked like Raspodini,
Taking up the staff and crook now,
He went off, the king to visit.
Lying prostrate did he greet him,
Looking down, the king addressed him:
235 "Why've you left your herd, oh Raspo?"
What is it that Mujo answered?
"I've heard, oh king, of your great exploit,
You stole the foal away from Mujo,
And I have come to praise, commend you."
240 What was it the king now answered?
"The pony is of no use to me,
But I wonder how he does without it,
Ever since the day I seized it,
It's been kept down in the stable,
245 No one is allowed to enter,
For the pony has been raging,
With its hooves it kicks out wildly,
And with its teeth its gnaws and gnashes,
We throw fodder through the window."
250 What is it that Mujo uttered?
"Give me, oh king, your permission,
To go down and to see the courser,

Hanë e hyll me pa si i ka.
Izën krajli ja ka dhanë,
255 *Dern e burgut Muji e çil,*
Shplakë n'vithe Muji i bjen.
- Duro, gjog, bisha të preftë!
N'kike mazit po ja njet,
N'avlli mazin po ma qet.
260 *Ç'ka qitë krajlit e i ka thanë?*
- Pash 'i zot, krajl, qi t'ka dhanë,
Fre e shalë ti me m'i dhanë,
Terbjet gjogun si ta baj.
Edhe krajli ka ndigjue,
265 *Mirë, tha, mazin ma ka shilue;*
M'i kcen Muja mazit n'shpinë,
Po dron krajli se e çon n'Jutbinë,
M'ja ka mbyllë dyert avullisë,
M'ja ka vu, tha, rojën shpisë,
270 *Por ç'dobi se Muji meiherë,*
Me dezgina gjogun ma ther,
Për maje avllisë e n'fushë po del;
Ma ka marrë fushën e gjanë,
Vrap të madh gjogut i ka dhanë,
275 *Tim e mjegull mbrapa ka lanë.*
Ç'ka qitë krajli edhe ka ba?
N'beden t'kullës, tha, paska hypë,
Ma ka marrë turbinë në dorë,
Për t'gjatë fushën ma ka shikjue,
280 *Sa mirë Mujin e ka hetue,*
Fort me vedi qi asht pendue:
"Mazin un qysh me ja lshue?"
Ç'ka qitë Muji edhe ka ba?
Kur ka vojtë n'shefi t'Jutbinës,
285 *I â dukë vetja për kori.*
- Paburrnisht, tha, mazin e kam marrë.
Prap kryet gjogut ja ka dredhë,
Prap krajlit po m'ja bjen,
Ka qitë krajlit e i ka thanë:
290 *- Ma t'mirë mazin s'ke pse e lyp,*
Për hajr t'kjoftë e mirë e gzosh,

With star and moon upon its forehead."
The king did grant him his permission,
255 Mujo opened up the stable,
And slapped the pony on its buttocks,
"Patience, or the wolf will get you!"
He put his arms around the foal's mane,
And led the pony to the courtyard,
260 To the king he turned and uttered:
"In the name of God Almighty,
Give me, king, the reins and saddle,
So that I can tame your pony."
The king was in agreement, saying:
265 "Let him saddle up the pony."
Mujo jumped onto the pony,
But fearing he'd fly to Jutbina,
The king went out and locked the gateway,
Placing bodyguards before them.
270 But his care did not avail him,
Mujo forthwith spurred his courser,
And with a leap, they scaled the courtyard,
Escaping into the wide valley,
He set the foal off in a gallop,
275 Leaving smoke and dust behind them.
What was now the king's reaction?
To the tower roof he climbed up,
Took in hand his field glass with him,
And with it searched the wide valley,
280 Intent he was on finding Mujo.
How the king was now regretting
That he'd given him the pony.
On what was Mujo now reflecting
When he reached Jutbina's borders?
285 His actions, he thought, had been shameful,
"I stole the foal, it was dishonest."
Once again the horse he guided,
And to the king did he remit it,
To the king he turned and stated:
290 "You'll ne'er find a better pony,
Now it's yours, may you enjoy it,

Se te gjaja vetë po dal.
Ka qite krajli e i ka thanë:
- Bisha, Raspo, i preftë të tana,
295   Jo te gjaja ti me shkue;
Mirë e din se binë un do t'martoj
E si zakonin qi e kem' pasë,
Nji ma t'mirin burrë për krushk me e gjetë,
Gjetë unë kam Raspodinin Çoban,
300   T'zon për shpatë edhe për fjalë.
Çobât krajlit m'i kanë shkrue,
N'dorë të Mujit letra ka shkue,
Ka marrë Muji e e ka kndue.
Ç'ka qitë letra e ka thanë:
305   - T'fala me shndet, Krajle Kapidan,
Qysh ta ruejsh at Gjeto Basho Mujin,
Se tevdil Muji t'asht veshë,
Veshë m'i ka petkat e Raspodinit,
Se edhe Raspon na ka pre
310   Edhe gjogun po ta merr,
Se edhe kryet drue po ta pret.
Sa mirë letrën po ma kndon,
Mirë po e kndon e n'zjarm e lshon.
Prap shum letra çobâjt shkruen,
315   T'tana Mujit n'dorë i shkuen,
T'tana i kndon e n'zjarm i lshon.
Oroku nuses po m'i vjen,
Me tallall popllin ma mbledh,
Treqind krushq me dorë po i zgjedh,
320   Po m'jau ep treqind kval shalet,
Po m'jau ep treqind shpata mejdanit,
Të tana gati m'i ka ba.
Ç'ka qitë krajli Mujit e i ka thanë?
- Ngrehu 'i herë, Çoban Raspodini,
325   Mirë me u mbledhë e m'u shtërngue,
Ato petka me i ternue,
Gjogun t'Mujit me e shilue.
Sa shpejt Mujë kenka çue,
Sa mirë gjogun e kishte shilue,
330   Armët e shpatën krajli ja ka dhanë,

To my herd will I now hasten."
The king inclined to him and uttered:
"To your herd you'll not return now,
295   May the wolf devour them, Raspo.
You know my daughter's to be married,
And we maintain an ancient custom
To find the best man as an escort,
I've the shepherd Raspodini,
300   A man who's skilled in words and fighting."
The shepherds wrote their king a letter,
But first of all did Mujo get it,
Mujo took it and he read it,
What was written in the letter?
305   "Oh Captain King, we send our greetings,
Watch out for Gjeto Basho Mujo,
For he is in disguise and dressed up,
Wearing Raspodini's garments,
And Raspodini did he slaughter,
310   Now he's off to steal your courser
And perchance to chop your head off."
With what care he read the letter!
And after reading it, he burnt it.
The shepherds then wrote other letters,
315   Which Mujo once more intercepted,
Read and threw into the fireplace.
The wedding day was now approaching,
With heralds did they call the people,
Three hundred guests they hand selected,
320   Got three hundred saddled horses,
Got three hundred martial sabres,
All had now made themselves ready.
What did the king then say to Mujo?
"Stand up, shepherd Raspodini,
325   Gird on your armour and make ready,
Put on other, finer garments,
Put on Mujo's steed a saddle."
In an instant jumped up Mujo
And set a saddle on the courser.
330   The king did give him arms and sabre,

M'i merr Muji me at dorë t'djathtë,
Mirë për shtat ai m'i ka njeshë,
N'mjedis t'shkjeve edhe ka dalë.
Ça i ka thanë krajli s'bisë?
335 - Çou, moj Rushe, ndera e shpisë,
Çou, m'i vesh petkat e nusisë
E ndër krushq ti shpejt me m'dalë.
Rusha babën e ka ndigjue,
Ka hi mbrendë e âsht ternue
340 E ndër krushq ajo ka dalë.
Njatherë krushqit ma s'janë ndalë,
M'u ka pri Gjeto Bashe Muji,
Krah për krah me t'binë e krajlit,
Fill te miku kenkan shkue,
345 T'tana ndër shilte kanë pushue.
Mirë i presin edhe i nderin.
Sa e gjerb kafen Muji dalëkadalë,
Sa mirë shkina e ka hetue!
Shkina shkjetë rreth i ka kqyrë
350 Edhe krushqvet u ka thanë:
- Pa u vra zoti, burra, mos u lashtë!
Si s'po e njifni Gjeto Bashe Mujin,
Se shum sherrin burrit ja kem' pa,
Me te hani krushq e me te pini,
355 Gju për gju, krushq me te po rrini!
Çka kanë qitë krushqit e kanë thanë?
- Hajt andej, mori shkina e marrë,
Ti shkjanë turk-o si po e ban,
Se ky s'asht turk i turkinës,
360 Por asht shkjau, i biri i shkinës,
Se ky asht Çoban Raspodini,
Qi binë tande nesër merr për grue.
Qatherë shkina fjalën e ka lanë.
Paskan hangër e paskan pi,
365 Kanë nisë kangën e po kndojnë,
Kanë marrë vallen e po vallzojnë,
Kanë marrë lojën e po lodrojnë,
Derqi drita terrin ka da.
Sa mirë krushqit janë shtërngue,

Mujo seized them with his right hand,
And for his size did he adjust them,
Then among the *shkjas* he swaggered.
The king now spoke out to his daughter:
335   "Arise, my Rusha, family's honour,
Arise and don your bridal garments,
And swiftly come out to your escorts."
Rusha did obey her father,
Going in, she donned her bride gown,
340   And swiftly did she join the escorts.
Forthwith set out the procession,
Mujo Gjeto Basho led it,
Right beside him the king's daughter,
On the road straight to the bridegroom.
345   There they sat down on the matting,
And with food and drink were welcomed,
Mujo slowly sipped his coffee,
Closely watched by the *shkja* mother.
Sitting, she observed the party,
350   And to the escorts turned, proclaiming:
"God damn it, men, do you not see him?
Don't you know Gjeto Basho Mujo?
Much dispute have we had with him
And with him you now eat dinner,
355   Sitting right beside him, escorts?"
The escorts turned to her and answered:
"Come on now, you silly woman,
Of a *shkja* you make a Muslim?
He's no Turk of Turkish mother,
360   He's a *shkja* of Slavic mother,
He's the shepherd Raspodini,
Who tomorrow'll wed your daughter."
The Slavic woman then desisted.
They took to eating, took to drinking,
365   Struck a song up, started singing,
Rose to dance and started dancing,
Took to games and started gaming,
Making merry till the sun rose.
The escorts girded on their armour,

370   *Qaj ma i pari Bylykbashe Muji,*
        Krah për krah me t'binë e krajlit,
        Kur kanë shkue n'nji log të gjanë,
        M'i ka ndalë Muja të tanë,
        M'ka therë mazin në dezgina;
375   *Para shkjeve trimi ka dalë*
        E ka qitë e u ka thanë:
        - Po ndigjoni, more treqind shkje,
        Ka ardhë dita për m'u pre,
        Ja n'mejdan njitash me m'dalë,
380   *Ja n'Jutbinë të tanë me ardhë,*
        Se nuk jam un Raspoja i dhivet,
        Por un jam Gjeto Basho Muji.
        Tanë, tha, shkjetë kryet e kanë ulë,
        As kurrkush me gojë nuk ka folë,
385   *As kurrnjâ n'mejdan s'ka dalë,*
        Kurrnjâ luftë me te s'ka ngrehë.
        Tanë përpara Muji m'i ven,
        Treqind krushq rob m'i xen
        E dy nuse m'i ka marrë,
390   *T'binë e mbretit për vedi e ndalon,*
        Nusen Halilit po m'ja çon,
        Me te n'Jutbinë po shkon.
        Po pret krajli n'at saraj,
        Toj se krushqit për me ardhë.
395   *Ishte errë ajo nata e bardhë,*
        Kurrnja krushqsh s'i kite ardhë.
        N'at Jutbinë darsma po bahet,
        Mbarë Jutbinën n'darsëm e ki' thirrë,
        Banë danam nandë dit e net.
400   *Mbas nandë ditsh e mbas nandë netsh,*
        Çka qitë Muji e ka ba?
        Hollë e imë nji letër e ki' shkrue,
        N'dorë krajlit ja ka çue.
        Ka marrë krajli e e ka kndue.
405   *Ç'ka qitë letra e ki' kallxue?*
        - T'falë me shndet, ti Krajle Kapedan,
        Treqind shkje rob t'i kam xanë
        E dy nuse t'i kam marrë,

370   At the lead Bylykbashi Mujo,
Hand in hand with the king's daughter.
When they reached an ample meadow,
There did Mujo turn and halt them,
With his spurs he spun the courser,
375   And stood before the Slavic fighters,
Scanning them, did he address them:
"Oh three hundred Slavic fighters,
The day has come to show your courage,
Either fight me on the war grounds,
380   Or I'll force you to Jutbina,
For I'm not the goatherd Raspo,
I am Gjeto Basho Mujo!"
The *shkjas* all bowed their heads in silence,
None of them did dare to speak out,
385   None did dare accept the challenge,
None was willing to do battle.
Mujo had them march before him,
Three hundred escorts taken prisoner,
And two maidens had he captured,
390   For himself was the king's daughter,
The other maiden for Halili,
Off he took them to Jutbina.
The king was waiting in his palace
For the arrival of the escorts,
395   Dark and gloomy was that feast night,
Not one escort did arrive there.
In Jutbina was the wedding,
And all Jutbina was invited,
Nine days and nine nights the feasting,
400   Once nine days and nights were over,
What was Mujo contemplating?
Cunningly he wrote a letter,
To the king's hand did he send it,
The king, receiving it, did read it,
405   And what indeed was in the letter?
"Oh Captain King, I send my greetings,
Three hundred *shkjas* I've taken prisoner,
And two maidens have I captured,

Se s'jam kenë Raspoja i Krajlisë,
410 *Por jam kenë Muji i Jutbinës.*
Ka qitë krajli e ka thanë:
- Ma t'mirë mikun s'kam ç'e baj.

I wasn't Raspo of the Kingdom,
410 I was Mujo of Jutbina."
"I'll never have," the king said sighing,
"A son-in-law more sly than this one."

Omeri i ri

Lum e lum për t'lumin zot.
Nu' jemë kanë e zoti na ka dhanë!
Kur ish kanë nji plak i moçëm,
Mashkull n'votër s'i ka metë,
5   Nji baloz n'mejdan po i del
Edhe 'i letër po m'ja çon.
Letrën plaku po ma kndon
E me lot ai po e loton:
- Sot nji javë n'mejdan me m'dalë.
10   Ka qitë çika e i paska thanë:
- Pash nji zot, babë, që t'ka dhanë,
Shka asht letra, qi po e kndon
E me lot fort po e loton?
- Le, mori çikë, ty zoti t'ruejtë!
15   Rrezikzi kishem qillue,
Ç'se kam le mos me u gëzue,
Mue balozi m'lyp mejdan,
Un lam plakë edhe jam zhgrehë,

Young Omeri

A *baloz* challenges an old man to a duel. He has no sons, so his daughter offers to fight on his behalf. Dressed as a boy on her way to the war grounds, she visits the home of Ali, to whom she is betrothed. Ali is agitated at the beauty of the boy and asks his mother for advice. The mother suspects that the visitor, calling himself young Omeri, is indeed a girl and has her son test him with musical instruments and games. But the girl does not betray her true gender, even when they spend the night together. The love-struck Ali proposes to make young Omeri his blood brother. The girl refuses, saying she must fight a *baloz* first, but will then return. The girl slays the *baloz* and returns to her father. Time then comes for her to marry and she is escorted to her husband's home. Ali is distraught that his blood brother has not returned. The bride appears at the door and explains to him that she is young Omeri, and everyone rejoices.

Blessed we are, thanks to the Almighty!
For nothing we were until God did create us.
Once there was a man so old that
No more sons were in his household,
5   He was challenged by a *baloz*
And received from it a letter,
The old man read out the epistle,
From his eyes streamed tears of sorrow,
"A week from now I must go duelling,"
10   His daughter turned to him, inquiring:
"For God's sake, father, what's the matter,
What's in the letter you've been reading,
That makes your eyes stream tears of sorrow?"
"Nothing, maid, may God protect you,
15   We have fallen into danger,
Since my birth the worst I've been in,
For I've been challenged by a *baloz*,
But I'm too old and too forsaken,

Nuk po muj me dalë n'bejleg.
20   Ka qitë çika e i paska thanë:
- Aspak, babë, ti dert mos ki.
Kur t'dalë drita, ajo daltë e bardhë,
Ke m'u veshë, babë, ke m'u mbathë,
Për me ra n'agaj t'Jutbinës,
25   Agajt s't'lanë jo me u koritë.
Kur ka dalë drita, daltë e bardhë,
Mirë asht veshë plaku e mirë asht mathë,
Për Jutbinë heret asht fillue,
Tridhetë agë m'kuvend m'i ka bashkue.
30   Hallin agvet mirë jau ka dertue:
- Mue balozi m'lyp n'mejdan,
M'lyp n'bejleg me te me u pre,
Pash 'i zot, agaj, u ka thanë,
Un jam plakë e tash jam metë.
35   Kurrsi agajt me gojë nuk kanë folë,
As me sy nuk po e shikjojnë.
Shumë paret plaku po jau njeh,
Nuk ndigjojnë me i prekë me dorë.
Shpejt në kambë plaku kenka çue,
40   I ka hipë gjogut e â fillue.
Në shpi t'vet kur paska shkue,
Ka nisë çika e po e pëvetë:
- Babë, a mujte, agajt a i ke gjetë?
- Bet në zotin, çikë, si m'ka dhanë,
45   S'nigjoi kush paret me i prekë,
S'nigjoi kush mejdanin me ma hjekë.
- Hajt, bre babë, hiç me u ngushtue,
Për baloz sot m'ke djalë mue
E s't'la, babë, un ty me shkue.
50   - Le, bre çikë, ty zoti t'ruejtë!
Sot dy javë nuse vijnë me t'marrë,
Po n'mejdan si ke me dalë,
Po n'mejdan si ke me shkue;
Kryet balozi me ta shkurtue,
55   Dy herë marrja mue me m'mlue,
Plak pleqnije me u shnjerzue?
Po shtërngohem e po shkoj vetë,

I can no longer go out duelling."
20   His daughter turned to him, responding:
      "Don't you worry now, oh father,
      May the dawn bring luck tomorrow,
      You put on your shoes and garments
      And see the Agas of Jutbina,
25   The Agas will not let you suffer."
      Did the dawn bring luck the next day?
      The old man put on shoes and garments
      And set off early for Jutbina,
      There, assembling thirty Agas,
30   He explained the situation:
      "I've been challenged by a *baloz*,
      And must fight with him a duel.
      What am I to do, oh Agas,
      For I'm too old, too forsaken?"
35   Not a word the Agas uttered,
      Not a glance did he get from them,
      Even when he offered money,
      They refused and would not touch it.
      The old man, to his feet arising,
40   Left them and mounted his courser.
      When he got back home and went in,
      His daughter asked him what had happened:
      "How was it, did you find the Agas?"
      "No one listened to me, daughter,
45   No one deigned to take my money,
      None would help me with the duel."
      "Come now, father, don't you worry,
      I'll be your son and face the *baloz*,
      I'll not let you go, oh father."
50   "No, my girl, may God protect you,
      In two weeks you're getting married,
      How could you now go out duelling,
      How could you take up the challenge?
      If you're beheaded by the *baloz*
55   Twice would be the shame I'd suffer,
      At my age I'd be dishonoured,
      So I'll go, gird on my armour,

Nuk baj dam edhe me metë.
Hiç, bre çika, vesht nuk kish' marrë.
60 Shpejt në kamë ajo kenka çue,
Mirë asht veshë edhe shtërngue,
Tu berberi na paska shkue,
Sikur djalë kryet e ka rrue,
Sikur djalë n'ftyrë me t'u dukë.
65 S'ka mujtë baba i vet me e nalë.
Ka nisë plaku atherë me e 'sue:
- Përmjet drumit, çikë, tuj shkue.
Burri m'drum të ka qillue.
Kur të shkojsh n'at katund me ra,
70 Aty asht sheher i madh.
Njajo kulla, qi asht ma e bardhë
E tri katesh bojën e ka
E burrit tyt ajo ka qillue.
Rueju n'derë, pra, mos me i shkue!
75 M'i ka hipë gjogut në shpinë,
T'madhe gjogut ja ka dhanë dorinë.
Kur ka ra n'at katundin e ri,
C'po shikjon çika me turbi,
Ma ka vu dorën në ballë,
80 Natë tuj errë, dielli tuj ra.
Betë të zotin çika qi ka ba,
N'be të zotit si ish' betue,
N'konak burrit për me i shkue.
I â ulë gjogut, burrit i bje n'derë,
85 I thrret t'madhe e i trokatë nji herë.
Dikush gjegjë e jashtë ka dalë.
- Kush je ti, thotë, more djalë?
- Mysafir a don me t'ardhë?
- Ti hoshgjelden, te i ka thanë.
90 N'podrum gjogun ja ka çue,
Kanë hi n'odë e kanë pushue.
Ja pjek kafen me sheqer,
Ja ka dhanë në dorë e merr,
Kah të pinë po e vndon oroe,
95 Në fyt kafen ja shef ka i rrshqet.
Sa fort djali si asht ngushtue,

It's no loss if I should perish."
But the daughter wouldn't listen,
60 Quickly to her feet arising,
Did she dress and don her armour,
Setting off then for the barber,
Like a boy she had her hair cut,
Now a boy her face resembled.
65 The old man could not stop his daughter,
And so he started to instruct her:
"On the road that you'll be taking,
Is the home of your new husband.
When you finally reach that village,
70 You will find there many houses,
And you'll see the whitest of them.
Three floors high within that manor
Is your future husband living,
So keep away, you must not enter!"
75 The maiden then did mount her courser,
And like the wind in flight she set off.
When she reached the other village,
With her field glass did she spy it,
With her hand upon her forehead,
80 For 'twas dusk, the sun was setting.
With an oath to the Almighty,
Swore the maid and was determined
That she'd see her husband's manor.
There dismounting, she approached it,
85 On the door she knocked and shouted.
Hearing, Ali came to greet her:
"Who are you, lad, at the doorway?"
"May I have your leave to enter?"
"Come right in, you are most welcome."
90 They led the courser to the stable,
And then they went into the manor,
Her host made for her sweetened coffee,
Gave it to her and she took it.
There he sat and watched her drinking,
95 Noticed how she sipped her coffee.
Now profoundly agitated,

Paj te nana, tha, paska shkue,
Ka qitë nanës Alija e i paska thanë:
- Betë në zotin, mori nanë,
100 Mysafiri, qi na ka ardhë,
Paj për seri ma ka lkurën e bardhë.
Kah e pin kafen n'fyt ja kam pa,
Shoqi i tij kurr ndër ne s'ka ra.
Shka i ka thanë baxhija e shkretë?
105 - N'mos, bre, femën, bir do t'jetë.
Epja fyellin, a thue po i bjen,
Epja 'i herë lahutën n'dorë,
Qitni strugën e unaza lodroni!
Mirë kanë hangër e mirë kanë pi,
110 Ma pvetë djalin"prej kah je?"
Po m'i thotë:"Omeri i ri."
Ja ka dhanë fyellin n'dorë,
Mjaft bukur po m'i bjen,
Shpejt m'i luen gishtat e dorës,
115 Mirë m'ja shtjen frymën e gojës.
Ja ka dhanë lahutën n'dorë.
Mjaft bukur po m'i bjen
E ma mirë me kangë po e ndjek.
Kanë qitë strugën e kanë lodrue,
120 Tri herë djalin e paska çue.
Sa fort djali qi asht ngushtue,
Shpejt te nana, tha, paska shkue,
Ka nisë nanës, tha, me i diftue:
- Tri herë kapuça qi m'ka çue
125 E lahutës mirë i ka ra
Edhe fyellit si ma mirë nuk ka,
Probatin nanë, po e xa.
Sa mirë nana â kujtue,
Ka marrë djalin e ma ka 'sue:
130 - Hajtni n'odë t'dy për me shtrue,
Po n'kjoftë femën, ka m'u diftue,
Gjumë në sy nuk ka me i shkue.
Të dy n'odë kanë shkue me ra,
T'mira teshat m'i kanë gjetë,
135 Se shkoi nata çika kishte fjetë

He arose to see his mother.
When he found her, Ali uttered:
"Listen, in God's name, oh mother,
100 We've a guest who's now arrived here
With skin so white to my amazement,
I noticed how he sipped his coffee,
I've never seen a fellow like him."
To him replied the worried mother:
105 "Maybe he's in fact a woman,
Give him a flute and let him play it,
And also hand him a *lahuta*,
Roll the rug out, play the ring game."
When they finished food and drinking,
110 He asked the lad: "Where do you come from?"
She replied: "I'm young Omeri."
They gave the lad a flute to play on,
And beautifully performed she on it,
How quickly did her fingers scale it,
115 Skilfully she breathed and blew it.
Then they gave her a *lahuta*,
And beautifully did she now stroke it,
Striking up a tune and singing.
They rolled a rug out, played the ring game,
120 But Ali was all three times beaten.
Again profoundly agitated,
Ali rose to see his mother,
When he found her, did he utter:
"I was in the game thrice beaten,
125 And he plays well the *lahuta*
None at fluting could be better,
I shall make him my blood brother!"
Mindful did the mother listen
To her son and then instructed:
130 "Retire together to the bedroom,
If she's female, you will know it,
For she'll find no sleep beside you."
Together they went to the bedroom,
The bedding was laid out before them,
135 All night slept soundly the maiden,

Edhe djali tuj na ruejtë,
Po hiç cika s'kishte luejtë.
Kur ka ague, tha, drita e bardhë,
Tha, te nana djali kishte dalë:
140 - Betë në zotin, tha, mori nanë,
Si ka ra, njashtu ka njehë.
Ka qitë nana e i ka thanë:
- N'meshteri me dalë n'dugajë,
Me na ble fyellin prej prinxhit,
145 Me na marrë furkën e praruet,
N'derë të dyja me ja vndue.
Në kjoftë femën mos m'u kujtue,
Ajo furkën ka me shikjue.
Sa shpejt djali qi â nisë,
150 N'meshteri, tha, kenka shkue,
Fyell e furkë, tha, i ka marrë.
Fyell e furkë mirë i ka pague,
Ka marrë rrugën e asht fillue,
N'derë t'odës Omerit ja paska vndue.
155 Shpejt asht veshë çika e shpejt asht mathë,
Paj në derë, tha, kah ki' pa' dalë,
Shtjelm, bre, furkës i paska ra,
Ma kap fyellin n'at dorë t'bardhë.
Kurrsi çikën pisk s'po e xanë.
160 Kanë pi kafen me sheqer,
Fjala fjalën mirë po e qet,
Kqyr Alija shka i ka thanë!
- Probatin, Omer, me t'xanë.
Betë në zotin Omeri i ka ba:
165 - Sot n'marak ty nuk po t'la,
Ktij balozit do t'i dal n'mejdan,
Zoti e din si kam m'u da.
Për në kjoftë rrezik me m'pre
Edhe kryet mue me ma tretë,
170 Marak ti për mue pse me metë?
Paj në kjoftë nafakë për me pshtue,
Ksajt kah shpija kam me u diftue.
Atherë Alija, tha, e la me shkue,
I ka dhanë dorën e çika asht fillue.

With the boy beside her watching,
Not once did she even wake up.
When dawn drew near, the sun arising,
The boy went to his mother, saying:
140   "By God I swear to you, oh mother,
He went to bed and slept profoundly."
The mother turned to him, responding:
"Go down to the master's store now
And a brass flute purchase from him,
145   And also buy a gilded distaff.
Place the two things at the doorway,
If she's female, you will know it,
She'll cast her eyes upon the distaff."
Without delay the boy departed,
150   And to the master's store he hastened,
Purchasing both flute and distaff,
Flute and distaff did he pay for,
And turning, to his home departed
To place them at Omeri's doorway.
155   The maid put on her shoes and garments,
And went out swiftly to the doorway,
First she kicked the distaff over,
And with her white hands took the flute up,
No one could catch up that maiden.
160   Then they drank their sweetened coffee,
Exchanging words of conversation.
Listen to what Ali uttered:
"Omeri, come, be my blood brother!"
"By God I swear," replied Omeri,
165   "I do not wish to make you suffer,
For I must leave to fight the *baloz*,
And only God knows how I'll manage,
And what if I should be defeated,
And with my head chopped off be vanquished,
170   You'd be left to grieve in sorrow.
But if with luck I do survive it,
I will turn up at your doorway."
Ali then did bid her farewell,
Shaking hands, the maid departed,

175 Në shpinë t'gjogut si i ka ra,
     Ja ka dhanë t'madhe dorinë,
     N'fushë t'mejdanit mjaft shpejt ka mrrijtë.
     Aty mirë si ka pushue,
     Ka lutë zotin me i nimue.
180 Kur ka dalë ai balozi i detit:
     - Zoti t'vraftë, Omer, i paska thanë,
     Qi t'ka lanë Muja ktu me ardhë,
     Kenke i ri un sot me t'çartë.
     - S'tutet burri, tha, baloz, me fjalë.
185 Cilli shoqin po e njek ma parë?
     Të dy n'gjoga janë zatetë.
     - Ik ti, djalë, balozi te i ka thanë.
     Edhe mbrapa çikën po ma njekë.
     Se sa vrap gjogat m'i kanë lshue,
190 Se sa rrebtas m'topuz kenkan gjue,
     Sa fort çika iu ka ruejtë.
     Shpatë për shpatë atherë kenkan dredhë.
     Të dy shpatat, tha, si i kanë neshë,
     E balozit dy copësh po kputet.
195 Njatherë çika shpatë po i bjen,
     Dekun n'tokë kjo po ma qet,
     M'i zdryp gjogut, mi tê kcen,
     Kurrsi kryet s'po mund ja merr,
     Kaq për seri t'madh qi e kish' pasë.
200 Atherë gjogut m'i bërtet:
     - Hajt bre, gjog, zoti ty t'vraftë!
     N'qerraxhi po due me t'shitë
     E qymyr me bajtë me ty.
     N'mnerë qymyrin gjogu e pat,
205 N'stom të lugut n'dy gjujt ra.
     Sa n'dy gjujt gjogu ka pushue,
     Ngjat balozit çika asht shtërngue,
     E ka mrrotë e n'shpinë ja ka vdue.
     Ka marrë rrugën, tha, për me kthye,
210 Ka marrë rrugën m'shpi me shkue.
     Bash te i shoqi, tha, kish' pushue.
     Qeft po bajnë, tha, tuj knue e tuj pi,
     M'kanë shtrue bukë edhe janë ngi,

164

175   Swiftly did she mount her courser,
       And giving it the spurs, she set off.
       Very soon she reached the war grounds,
       And dismounting, took her rest there,
       To God she prayed for his assistance.
180   The sea *baloz* appeared before her,
       And shouted forth: "Damn you, Omeri,
       Why did Mujo let you come here?
       You're far too young for me to slaughter!"
       "No one's frightened by your bragging,
185   Whose turn shall it be, oh *baloz*?"
       They sat poised upon their coursers,
       "You flee first, boy," said the *baloz,*
       And set off in pursuit behind her.
       With what speed the coursers galloped!
190   How fiercely did they hurl their cudgels!
       And yet the maid remained uninjured,
       Then they battled with their sabres,
       And in the clashing of the metal
       The monster's sabre broke to splinters.
195   The maid then struck him with her sabre,
       And lifeless to the ground did launch him,
       From her steed she sprang and slew him
       But the head could she not tackle,
       For the skull was so enormous.
200   Then she shouted to her courser:
       "You get back here now, God damn you,
       Or I'll sell you as a workhorse,
       And loads of coal will you be lugging!"
       Carting coal dismayed the courser
205   Which to its knees fell in a hollow,
       And as it rested on its knees there,
       The maiden rolled the head up to it,
       Casting it onto the courser.
       Heading towards the road she set off,
210   Returning to her home she journeyed.
       She stopped en route to see her husband,
       And there with song and drink made merry.
       They set the table, ate their dinner,

Kanë marrë lojën me lodrue,
215 Ka nisë drita me ague,
Asht ba gadi çika me u fillue,
Don Alija, tha, për me e nalue:
- Ku pu don, Omer, me shkue,
Probatina na sot pa u vllaznue?
220 Betë në zotin, Omeri i paska thanë,
Kurrnji pare me vedi nuk e kam;
Besën e zotit, tha, me ta dhanë,
Se sot nji javë në darsëm kam me t'ardhë,
Se sot nji javë në darsëm kem' m'u pa,
225 Probatina atherë na kem' m'u ba.
Njatherë Alija i ka besue,
Asht fillue çika e n'shpi ka shkue.
M'i ka dalë plaku, tha, në derë,
M'asht gzue baba, tha, nji herë,
230 Tanë Jutbinën, tha, e ka bashkue,
Për gjithë ditë tuj pi e tuj knue.
Erdh orogu nusja për me shkue.
'iqind darzmorë Alija i paska çue.
Mirë fejtarët fejve po m'u bijnë,
235 Mirë kalorsit gjogave po m'u rrijnë;
Kangatarët s'po pushojnë nji herë.
Pushkë tuj qitë, dajre tuj ba,
Në konak Alisë i paskan ra.
Nji mi vetë darzmorë bashkue m'i ka.
240 Mirë me hangër, tha, u kish gatue.
Rreth e rreth Alija tuj shikjue,
Kurrkund proben, tha, me sy s'po e shef,
Kurrkund proben, tha, ndër shokë nuk e dan.
- Ndalnje kangën, tha, dajre mos me ba,
245 Se 'i probatin, tha, mue m'paska dekë,
Sot nji javë tu un, tha, mik m'ka fjetë,
Besën e zotit ai mue ma ka dhanë,
N'kjosha gjallë, pa t'gzue s'due me t'lanë,
Ndër darzmorë mue t'parin ke me m'pasë.
250 Pushoi kanga, tha, e pitas gjithkush mbet,
Se as me shoqin kurrkush ma s'po flet.
Shka po i thotë nusja vjehrrës s'vet?

166

Then played games with one another.
215 When the sun came up the next day,
Did the maid prepare to leave him.
Ali spoke to stop her leaving:
"Where are you going now, Omeri?
Today we will become blood brothers!"
220 "I swear," replied to him Omeri,
"That I've brought no money with me,
But, giving you my word, I promise
In a week's time you'll be married,
And in a week's time I will meet you,
225 Then will we become blood brothers!"
Ali trusting her, acceded,
And she made her homeward journey.
The old man at the door did greet her,
It was her father who, delighted,
230 Summoned all Jutbina to him,
One whole day did they spend feasting,
Then came the time for her to marry.
Ali sent one hundred escorts,
The flautists with their flutes made music,
235 The horsemen fine upon their coursers,
All day long were heard the singers,
With rifle shots and drums a-beating,
Until they got to Ali's manor,
A thousand escorts altogether,
240 For all of them there was a banquet.
Ali looked out all around him,
Nowhere seeing his blood brother,
Nowhere in the crowd did find him.
"Stop the drums and songs," he shouted,
245 "I see that my brother's perished,
A week has passed since he was guest here,
And gave his word of honour, saying:
If alive, I will be with you,
Among the first guests you will find me."
250 The singing stopped, they all stood rigid,
And no one whispered to his neighbours.
The bride then spoke to her new mother:

- Me ma thirrë Alinë në derë!
N'derë të odës Alija paska dalë.
255   *Ja ka thanë nusja nja dy tri fjalë,*
Ja ka thanë nusja e i ka ba be:
- N'daç, Ali, me m'vra e me m'pre,
Mik sot nji javë ktu mue m'ke pasë.
- Hajt ty hajrin për me ta pa!
260   *N'odë te miqt Alija paska shkue:*
- Nisni pijen, shokë, nisni me knue,
Probatini tek m'ka ardhë mue.
Kshtu m'kanë thanë, se atje nuk jam kanë.

"Summon Ali to the doorway!"
Ali went out to the threshold,
255 Then the young bride spoke to Ali,
Then the young bride promised, swearing:
"Slay me if you wish, oh Ali,
It was I, your guest of honour."
"Come then, join the celebration!"
260 Ali went back to the guest room,
"Let us drink, friends, and make merry,
For my brother's finally with me!"
Or so they say, for I was not there.

Zuku Bajraktar

Kur ish kenë Zuku Bajraktar,
Djalë të mirë zoti e ki' falë
Edhe si babën dote me e ba.
Tha, ishte çue djali n'sabah,
5   Po e shilon atin, e po e shtërngon,
Po ma merr pushkën në dorë,
Po ma merr topuzin e shpatën
E në shpinë gjogut m'i ka hypë,
Don me dalë në bjeshkë për me gjue.
10   Sa shum bjeshkën djali e ka shetitë,
As s'ka gjetë gje me gjue,
As s'ka gjetë ndoi shkja me e pre!
Ka nisë Zuku bjeshkën ma ka namë:
- Gjoe n'ket bjeshkë kurr mos e gjetët,
15   As mos dalët kurr çetë n'ket bjeshkë!
Ora e Zukut ngjat ka qillue,
Ajo Zukun mirë ma ka prigjue.
Ç'ka qitë ora e ka thanë?

Zuku Bajraktar

Zuku Bajraktar captures the Slavic warrior Baloz Sedelija and takes him home as his prisoner. His mother secretly falls in love with the *baloz* and offers to free him. The *baloz* is afraid of Zuku's strength, so the mother offers to blind her son. The mother taunts Zuku, telling him his father was stronger and could burst ten ropes tied around him. Zuku lets himself be bound and is thus captured by the mother, who blinds both him and his courser. Wandering aimlessly in the mountains, the blind Zuku is met by an *ora* who restores his sight with some herbs and tells him to take vengeance. A friend of Zuku's advises him to dress as a beggar and steal his way into his mother's home. At midnight, Zuku slays the *baloz* and reveals himself to the horrified mother. In the forest, Zuku ties the mother to a beech tree, covers her in pitch and burns her to death. "May God give no one such a mother."

When Zuku Bajraktar was living,
What a splendid lad he looked, and
Strove to be just like his father.
The lad, they say, got up one morning,
5   Saddled his horse and girded on armour,
He seized his rifle, took it with him,
He snatched his cudgel and his sabre,
And turning did he mount his courser,
To hunt up in the mountain pastures.
10   Through many pastures did he wander,
But nowhere was there game to shoot at,
No *shkja* fighters for the slaying,
Zuku cursed the mountain pastures:
"May no game graze on these pastures,
15   And may no *çeta* come here raiding!"
But there beside him was his *ora*,
She'd been watching out for Zuku,
The *ora* turned to him and spoke out:

- Mo', bre Zuko, bjeshkën për me e namë,
20 Se me e vu turbinë në sy,
Ti po sheh-o gjoe me gjue,
Ti po i sheh shkjete tuj çetue.
Ma ka vu turbinë në sy,
Ki' pa gjoe për me gjue,
25 Ki' pa shkjetë tuj çetue,
Fill te shkjetë ai paska shkue
E m'ka ndeshë dy shkje fort t'mdhaj:
Njani ish Smilaliq Alija,
Tjetri ish Baloz Sedelija.
30 Zoti t'mbarën djalit ja ka dhanë,
Po ma pret Smilaliq Alinë,
E xen rob Baloz Sedelinë
E te shpija me te po bjen
E po e ndryn n'oda me qepeng,
35 Kambash e duerësh ma paska lidhë.
Ç'ka qitë nanës Zuku e i ka thanë?
- Ti nandë odat ke me i çilë,
Njat ma t'fundshmen ruej se e çil.
Kqyr çka ban nana, kjoftë e zezë!
40 Për dollapit balozin ma shikjon,
Kqyr sa fort balozit m'i lakmon
E ç'ka qitë balozit e i ka thanë:
- A po don derën me ta çilë,
A po don hekurat me t'i zgidhë?
45 Ç'ka qitë balozi e i ka thanë?
- Ne kujtosh hatrin e zotit,
Shpejt derën ti ma çil,
Ma shpejt hekurat ti m'i zgidh.
E ç'ka qitë kuçka e ka thanë?
50 - 'I besë t'zotit, Baloz, me ma dhanë,
Grue për vedi mue me m'marrë.
Kqyr ça i tha Baloz Sedelija!
- Grue për vedi un nuk muj me t'marrë.
Se fort t'mirë 'i djalë ma ke
55 E sa fort frigën ja kam,
Se drue djali t'dyve po na pret.
Ça ka qitë kuçka e ka thanë?

"Do not curse the pastures, Zuku,
20   Have a look into your field glass,
There, you'll see the game for hunting,
A band of *shkjas* out on a sortie."
Zuku looked into his field glass,
There he saw the game for hunting,
25   Saw the *shkjas* out on a sortie.
He went riding to pursue them,
And came upon two great *shkja* fighters:
One was Smilaliq Alija,
The other Baloz Sedelija.
30   God did grant the lad good fortune,
He slaughtered Smilaliq Alija,
And captured Baloz Sedelija,
And then returned home with his prisoner.
He locked his prisoner in a chamber
35   Hands and feet bound, with a trap door.
Zuku turned to his mother, saying:
"These nine chambers may you open,
But the last one do not enter."
But what did mother do, the poor thing?
40   She watched the *baloz* through the closet
And staring at him, did desire him,
Approaching, she addressed the *baloz*:
"Shall I open up the chamber,
Shall I free you from your shackles?"
45   The *baloz* turned to her and answered:
"By the grace of God be quick now,
Swiftly open up the chamber,
Swiftly free me from my shackles."
The bitch, addressing him, responded:
50   "Give me first your word of honour,
That you'll take me for your wife now."
So said Baloz Sedelija:
"I can't take you for my wife now,
For your son is a great hero,
55   I am far too frightened of him,
For he'll seize us both and slay us."
The bitch, addressing him, responded:

- Na me djalë kollaj po bajmë,
Se n'mujsha djalin për me e rre,
60   Kambësh e dueräsh për me e lidhë,
Të dy sytë djalit po ja qorroj,
Të dy sytë atit po ja verboj
E n'shpinë t'atit djalin kam me e vu
E n'maje t'bjeshkës djalin kam me e qitë
65   E njatje vetun kam me e lanë,
Harushë a ujk atje po ka me e ngranë.
Besën e zotit q'atherë Balozi ja ka dhanë:
- Grue për vedi un kam me t'marrë!
Ç'ka qitë nana djalit e i ka thanë?
70   - Zoti t'vraftë, more djali i em,
Si nuk je ma trim se axha,
Si nuk je ma i fortë se baba,
Zhgulte ahat treqind vjeç,
Rrokte shkambin tri mij okësh,
75   Gja pa ba ai nuk ka lanë,
Djalë dhetë vjeç m'u rritë s'ka lanë,
Çikë shtatë vjeç pa grabitë s'ka lanë.
Se herë në luftë ai qi ka ra,
Kurrnji rob xanë gjallë s'e ka.
80   M'dhetë konopë at me e pa' lidhë,
Dhetë konopë i ka kputë meihera.
Â dredhë djali e nanës i ka thanë:
- Edhe un si baba due m'u ba
Edhe ma trim se baba due me kenë,
85   Se sod s'jam por trembdhetë vjeç
E tre shkje shpatë i kam pre
E nji baloz gjallë e kam xanë,
Me dhetë konopë, nanë, me m'lidhë,
Dhetë konopë si baba i kputi.
90   Me dhetë konopë nana e ki' lidhë,
Nuk ka mujtë Zuku për me i kputë.
E sa fort djali qi ka hjekë,
Aq ma fort mishin ja kanë pre,
Ka nisë brimën atherë me bërtitë,
95   Porse djalin nana s'e ka zgidhë
E ja ven hekurat n'kambë

174

"With my son we'll have no problem,
I can easily deceive him,
60 I'll then tie his hands and feet up,
Then I'll blind him, gouge his eyes out,
And carve the eyes out of his courser,
I'll put the boy onto his courser
And send him off into the mountains
65 Up there he will be abandoned,
And the bears and wolves will eat him."
The *baloz* gave his word of honour:
"I will take you for my wife now."
To her son returned the mother:
70 "God damn you, little son, my Zuku,
You're no hero like your granddad,
Nor as strong as was your father,
He could knock down ancient beech trees
And could lift up weighty boulders,
75 No work did he leave unfinished,
He slaughtered lads before they grew up,
Kidnapped seven-year-old maidens,
Often did he go to battle,
And never left his prisoners living,
80 When with ten ropes they bound and tied him,
All ten ropes at once he ruptured!"
The boy now trembled and responded:
"I will be just like my father,
In fact, I'll be a greater hero.
85 Though I'm only thirteen years old,
I sliced down three *shkjas* with my sabre,
And made a prisoner of a *baloz*.
Take ten ropes and tie me with them,
And ten ropes I'll break like father."
90 The mother took ten ropes and bound him,
Little Zuku could not break them,
The more the boy now strove to rend them,
The more his skin was lacerated,
And in pain he started screaming,
95 But the mother did not free him,
Rather weighed his feet in shackles

E m'ja shtjen burgitë n'dorë
E te Balozi vetë ka hi
E po i qet venë e raki.
100 Mirë kanë ngranë, ma mirë kanë pi.
Kur â ardhë mjesnata e bardhë,
Nana e Zukut ç'ka qitë e ka ba?
M'i ka kuqë hekurat m'zjarm
E t'dy sytë djalit ja qorron
105 E t'dy sytë atit ja verbon
E n'shpinë t'gjogut djalin e ka vu
E dy kambët nën bark ja ka lidhë
E n'maje t'bjeshkës djalin e ka qitë,
Njatje vetun djalin e ka lanë,
110 Harushë a ujk t'shkretin për me e ngranë.
Aman zot, more i lumi zot,
Sa t'madhe djali po bërtet,
Sa t'madhe gjogu po pisket!
- Ça ke, gjog, tha Zuku, qi bërtet,
115 Si t'i kishe un sytë si i kam pasë,
Shumë trimnitë me ty i kishe ba;
Por tash nana sytë m'i ka verbue,
Nuk po dij i shkreti kah me t'çue.
Ça ka folë gjogu e ka thanë?
120 - Ku ta marr un pak uj me pi,
Ku ta marr 'i krah dushk me ngranë,
Se fort uja m'ka lodhë,
Nuk po shof as un kah po shkoj.
E sa rreptë gjogu po hingllon,
125 Bjeshkët e nemta t'gjitha po i shurdhon,
Orët e malit ma kanë ndie,
Ma kanë ndie e Zukut i kanë dalë para,
Paskan nisë Zukun me ma pvetë:
- Çfarë gazepit ty, djalë, t'ka gjetë?
130 - Nuk muj, orë, thotë me u kallxue,
Se goja e eme m'asht shkrumue,
Se gjuha m'asht shkurtue,
Se nana e eme m'ka verbue.
Kanë qitë orët e m'i kanë thanë:
135 - Besën e zotit me na e dhanë,

And his hands she bound in fetters,
Then she went to see the *baloz*,
Taking with her wine and raki,
100 Well with food and drink they feasted.
And when midnight was upon them,
What was Zuku's mother doing?
She heated pokers in the fireplace,
And with them she put his eyes out,
105 And with them the courser blinded,
She placed the boy onto his courser
And bound his legs under its belly,
And sent him off into the mountains,
There to leave the boy abandoned,
110 So that the bears or wolves would eat him.
Oh, have mercy, God Almighty,
How the boy wept and lamented,
How the courser shrieked and cried out,
"What's wrong, courser, why the howling?
115 If I had the eyes I once had,
We'd do many deeds of daring,
But now my mother's gouged my eyes out,
And I don't know where to take you."
To the boy replied the courser:
120 "How can I find drinking water,
How can I get leaves as fodder?
I'm so weakened by my hunger
And can't see where I am going."
How the courser kept on neighing,
125 Making deaf the mountain pastures!
But the mountain *oras* heard it,
And heard Zuku and approached him,
And of Zuku they inquired:
"What is all this noise here, young man?"
130 "I can't speak to tell you, *oras*,
For my mouth is blocked by foaming,
For my tongue has now been shortened,
For my mother, she did blind me."
The *oras* turned to him, responding:
135 "You must give your word of honour,

Qi 'i nam t'zi n'nanën me e ba,
Të dy sytë na po t'i shndoshim
E t'dy sytë t'i bajmë si i ke pasë.
Besën e zotit djali jau ki' dhanë:
140   - Nji nam të zi në nanë kam me ba,
Se kush ban n'djalë shka bani ajo nanë,
Kurrkund gjallë mbi tokë s'do lanë,
Njatherë orët po e ndigjojnë,
Malit barin po e kërkojnë,
145   Ma kanë kputë nji lulzë malit,
Ma kanë shtrydhë përmbi sy t'djalit;
Sall tri pikë qi m'i kanë ra,
Sall nji herë ja kanë la,
E kanë ba djalin me pa,
150   Ja kanë kthye sytë si i ki' pasë.
Janë zhdukë orët e djali asht fillue
E m'ka shkue tu 'i mik i vet
E m'ka ndejë dhetë dit e net,
Kesh t'i hijë n'trup pak kyvet.
155   Ka nisë mikut e po m'i thotë:
- Besën e zotit orvet jau kam dhanë,
Se 'i nam t'zi n'nanën due me ba.
Sa i meçem miku i qillon,
Sa mirë djalin miku po ma mson!
160   - Keq m'u veshë, Zuku, keq m'u mbathë
E me marre nji strajcë të shkyeme,
Krejt si lypc, Zuku, ke m'u ba,
Der te nana ke me ra,
Si t'mundesh n'shpi me hi.
165   Keq asht veshë djali, keq asht mbathë
E 'i shkop n'dorë djali e ka marrë,
Mirë ma ven strajcën nën krah,
Nja pak drithë mbrendë na ka qitë.
Dy fjalë gjogut m'ja ka thanë:
170   - Un n'njanë anë, gjog, ti n'anë tjetër,
Se un do t'marr sod nji gjak t'vjetër,
Qi kurr ksi gjaku kuj s'i ra me marrë.
A thue ndjeve, more gjogu i em i mirë,
Hup ku t'mundesh, more gjogu i em i bardhë,

To take vengeance on your mother,
We'll restore your eyesight to you,
And make your eyes as you once had them."
The boy gave them his word of honour:
140 "I'll take vengeance on my mother,
Who dares treat her son as she did,
Shan't remain among the living,"
The *oras,* having heard him speaking,
Left to find a mountain flower,
145 There they plucked an alpine blossom,
And on the boy's eyes did press it,
Three drops alone were quite sufficient,
Then they washed and cleansed his eyes out,
And to him restored his eyesight,
150 Made his eyes as he'd once had them.
The *oras* left, the boy departed,
To go and see his one companion,
There ten days and nights he rested,
Until his body's strength recovered,
155 To his friend he turned and uttered:
"I gave the *oras* my word of honour
That I'd take vengeance on my mother."
Zuku's friend was of great wisdom,
And did teach him what to do next:
160 "Put old clothes and shoes on, Zuku,
Carry a ragged sack now with you,
So you'll look just like a beggar.
Walk the road and see your mother,
And try to get in through the doorway."
165 The boy then put old clothes and shoes on,
He took a beggar's staff to lean on,
And a sack for round his shoulders,
This he filled with several wheat corns.
To his courser did he speak then:
170 "You go your way, I'll go my way,
For today I must take vengeance
No one else has ever taken,
Did you hear me, my good courser?
Wander freely, my white courser,

175 Se n'baftë dita e eme për me ardhë,
Derë n'derë un ty prap kam me t'lypë.
Si lypc Zuku kenka ba
E n'derë s'amës i ka vojtë.
Djalin e vet nana s'e ka njoftë,
180 Pak drithë në strajcë ja ka qitë.
Strajca e shkyeme n'tokë i â derdhë.
Asht ulë Zuku për me e mbledhë,
Njaty nata e ka xanë
Edhe s'amës i kishte thanë:
185 - Aman, mbrendë sande me m'lanë!
Kqyr, e ama ça i ka thanë:
- Nuk po muj un mbrendë me t'lanë.
Be në zotin Zuku ka ba.
- Aman, sande mbrendë për me m'lanë,
190 Se 'i tërmale qi qitka te kjo kullë,
Mue dy gjujt tek m'i ka kputë
E po drue se m'hanë rrugës bishët e malit.
Deri t'kapem natën te qaj katundi i largtë.
Ç'ka qitë balozi kuçkës e i ka thanë?
195 - Njat lypc mbrendë pse s'ma ke lanë?
A ke dashtë mue me m'koritë,
Se kurr mik jashtë un nuk kam qitë,
Çou me t'shpejtë derën me ja çilë!
Qatherë derën ja kanë çilë,
200 Ndër unë t'zjarmit djalin ma kanë vu,
Bukë e krypë Zukut i kanë qitë.
Aspak bukën s'e kërkon,
Se fort sherrin nanës po m'ja dron.
Kur â ba vakti me ra,
205 Keq po i shtrojnë e keq po e mblojnë.
Për me i shtrue i shtrojnë do kashtë,
Për me e mblue janë trenët e shpisë.
M'anesh me nanën balozi ka dalë,
Mirë kanë ngranë e mirë kanë pi,
210 Qef të madh t'dy qi po e bajnë,
Der kanë shkue të dy me fjetë.
Kur â ardhë mjesnata e bardhë.
Mirë m'asht çue djali në kambë,

175 For when at last the day is over,
Searching door to door, I'll find you."
Zuku, dressed up like a beggar,
Appeared before his mother's doorway,
The mother looked but did not know him.
180 She cast some grain into his old sack,
Full of holes through which it tumbled,
Zuku bent down to collect it,
Picking until night stole on them,
Then he turned and asked his mother:
185 "I beg you, let me spend the night here!"
This is what the mother answered:
"No, I cannot let you enter."
Once again Zuku implored her:
"I beg you, let me spend the night here,
190 For the steep hill to this *kulla*
Has been too much for my kneecaps,
And I fear the wolves will eat me
Before tonight I reach the village."
The *baloz* shouted to the mother:
195 "Why not let the beggar enter?
You'll put me otherwise to shame here,
For I've never left a guest out,
Rise and open up now quickly!"
So they opened up the doorway,
200 And set the boy beside the fireplace,
Bread and salt they offered Zuku,
But he refused to touch his dinner,
Fearing some trick from his mother,
When at last came time for sleeping,
205 Did they give him little bedding,
A bit of straw served as a mattress,
And as covers served the house beams.
The *baloz* retired with the mother,
Well with food and drink they feasted,
210 And the two of them made merry
Till they fell asleep together,
And when midnight was upon them
The boy rose to his feet, awake now,

Mirë ma çilte arkën e vet.
215   Mirë m'i veshte petkat maxharisht
Edhe shpatën ma njesh prej florinit
E tehin ma mrehë e ma helmatisë.
Dik me shtjelma derën e ka thye,
Asnjanit gjumi s'i ka dalë;
220   Me dy shtjelma meiherë për çardak ka rrahë
E sa mirë gjumi grues i ka dalë.
Fort mirë nana t'birin ma ka njoftë,
N'kambë asht çue hidra për me e rrokë.
   - Nuk ka djalë qi rrok, Zuku i ka thanë,
225   Por rrok burrin qi ke marrë,
Se, me pa' dashtë djalin me rrokë,
Sytë e shkruem si tut ti i kishe pa.
Nuk jam kenë lypc me lypsi,
Por besa djalë i lem me plang e shpi,
230   Tata dekë e nana si â ma zi.
Vring përjashta shpatën ma ka xjerrë,
Shtjelm balozit po m'i bjen,
T'madhe trimit po m'i thrret:
   - Çou, ti shkja, kryet mos e çosh,
235   Sytë e ballit kuj ja ke verbue,
Kambësh e duersh ç'djalë ti ke lidhë?
Tash ta njifsh Zukun Bajraktar!
Qatherë balozi n'kambë asht cue,
Sall dy herë Zuku n'te ka sjellë,
240   Krye e krah në tokë ja ka qitë,
Për mustakut at krye e ka kapë
E n'fund t'shkallve e ka tretë
E nanës s'vet synin ja ka dredhë.
   - Mo, bre, ashtu, nana i ka thanë,
245   Se ka kenë nji burrë i mirë,
Se mik shpijet t'parët ta kanë pasë.
   - Leni fjalët, moj nanë, e nanë mos t'paça,
Po çfarë mikut t'parët ma kanë pasë,
Qi ky babën s'dekunit ma ka shnjerzue.
250   Po ti grue je si t'tana gratë,
Kurrkund puna nuk t'pelqen me fjalë,
Se 'i djalë t'vetëm si ke pasë,

There the wooden chest he opened,
215   Dressed in his Hungarian garments,
Girded on his golden sabre,
The blade he sharpened, dipped in poison.
With a kick he broke the door down,
But neither of them was awakened,
220   Then he pounded on the floorboards
And this time did wake the woman.
The mother saw her son before her,
The viper sprang forth to embrace him,
"You have no son to kiss," cried Zuku,
225   "Go and kiss the man you've taken,
Had you wanted to embrace me,
You'd have looked me in the eyeballs,
For I'm not a beggar begging,
Your first-born son now stands before you
230   Whose father's dead and mother's evil."
Hastily he drew his sabre,
A mighty kick he gave the *baloz*,
And with his voice let out a war cry:
"Rise, oh *shkja*, may God confound you,
235   Whose eyes did you once dare to gouge out?
Whose hands and feet did you once tie up?
Know who Zuku Bajraktar is!"
To his feet now jumped the *baloz*,
Only twice did Zuku strike him,
240   Causing head and arm to plummet,
The head, he seized it by the whiskers
And hurled it bumping down the staircase,
He fixed his eyes then on his mother,
"Don't be like that," said the mother,
245   "For he's not been a bad husband,
A friend he was of your forefathers."
"Wish you'd never been my mother!
What kind of friend of my forefathers
Would shame my father in his coffin?
250   But you're, woman, like all women,
Put no store in what you utter,
You had one infant, your own son,

T'dy sytë djalit për 'i burrë ja ke verbue.
A din shka, moj nanë, ti me m'kallxue?
255 Si don shpirti ty sot me t'dalë?
A me t'lye me surfur e me peshkve
E për kambet zjarmin me ta dhanë,
A po don me t'lidhë për bishtit t'gjogatit,
Se edhe unë gjogun si e kam pasë e kam,
260 Se edhe sytë si i kam pasë i kam,
Se dy sytë mue, nanë, m'i pate xjerrë,
E dy sytë prep ora m'i ka kthye.
Nanë si ty, toka randë e ka,
Se kah ban dielli dritë s'â ndie.
265 Se nana djalit dy sytë ja xjerrë.
- Mo, bre birë, kshtu nanës, me ja ba,
Se ti vedin po e marron.
- Si ke ba, moj nanë, ti po gjen.
Ça ke ba n'mue, due me të ba,
270 Por mendo se ç'dekë i dishron vetit.
A nisë nana, ka shkue ndër kojshi
Edhe shokve gjithsi po u kallxon:
- Lamtumirë, o shokë e kojshi,
Se na s'shifna ma me sy.
275 Të tanë shokët ndër kambë djalit m'i bijnë,
T'tanë me rend djalit po m'i thonë:
- Mo, kshtu nanës, Zuku, me ja ba!
- Nuk po i baj, o shokë, veç ça m'ka ba:
Kurr 'i grimë djali s'po i ndigjon,
280 Por ma merr shpatën nën krah,
Shkon mbrendë n'ashtë e m'rrxon nji ah,
Nji ah t'vogël dyqind vjeç,
Katër copash ma laton,
N'katër rrugë kryq ai ma ka ngulë
285 E për ta nanën ka lidhë,
Qi robni e mrekulli,
Me u ngi me kob të zi;
N'zyft e n'peshkve ma ka lye,
N'fund e n'krye zjarm i ka dhanë,
290 Me i dalë shpirti për gazep
E ma la dhetë ditë e net.

184

And him you blinded for a lover.
Tell me, mother, one thing only,
255   How is it you wish to perish?
Covered up with tar and brimstone,
And your two feet set on fire?
Or shall I tie you to my courser
For, may you know, I've my horse back,
260   And, as you see, I've my eyes back,
These my eyes which you did gouge out,
The *oras* gave me back my eyesight.
The earth cannot bear such a mother,
For as long as there's been sunlight,
265   Son by mother's ne'er been blinded."
"If that's the way you treat a mother,
You will put yourself to shame, son."
"What you did will be done to you,
You to me and I to you now,
270   Think and choose the death you wish for."
The mother took flight to the neighbours,
And told the people of her trouble:
"Farewell to you, friends and neighbours,
For ne'er more will I now see you."
275   All the neighbours fell before him
And begged the boy for mercy, saying:
"Do not do this to your mother."
"It's no more than she did to me,"
Said the boy and would not listen.
280   Instead, he took with him his sabre,
And in the forest felled a beech tree,
Two hundred years old was the beech tree,
And chopped the tree into four pieces,
At the crossroads did he plant them
285   And to them did he tie his mother,
Set her up as an example,
For dealing with such crime and evil.
With tar and pitch did Zuku paint her,
And at her head and feet laid fire
290   So that her soul would flee such evil.
Ten days and nights he left her burning,

Nanë si kte zoti kuj mos ja dhashtë!
Atje kjoftë si ç'â kenë motit,
Ne na ardhtë ndima prej zotit!

May God give no one such a mother!
And may the world be as it once was,
And may God grant our salvation.

Arnaut Osmani dhe Hyso Radoica

Janë mbledhë tridhetë kapidana,
Kanë fillue pijen e po pijnë,
Venë të kuqe e raki të bardhë;
Vena e kuqe në faqe u ka dalë
5   *E rakija n'kuvend i ka qitë.*
Po flasin tridhetë kapidanat,
E prozhmojnë Hyso Radoicën:
- Zoti të vraftë, Hyso Radoica,
Me u martue, Hyso, pse s'martohesh,
10 *Se mocët ty të gjithë janë martue*
E ti ala nusen s'e ke marrë.
A të dhimben paret me i la?
A të dhimbet darzma m'e ba?
Atherë foli Hyso Radoica,
15 *- Qi as s'më dhimben paret me i la,*
Po nuk due çfardo nusje me marrë,
Edhe kndej Jutbinës nuse nuk marr;
Ndo i marr nusen Arnaut Osmanit,

Arnaut Osmani and Hyso Radoica

The Slavic warrior Hyso Radoica is determined to have Arnaut Osmani's wife for his bride. In the spring, he steals over the mountains to Jutbina and captures her at the fountain. Arnaut Osmani sends the king a message written in blood, demanding that he order Hyso to the war grounds for a duel. The two men fight savagely until they can no longer see anything through all the blood. During a pause, they begin talking and discover that they are brothers, separated in early years during a raid on their native town of Zahara. Hyso proposes that they ride to Zahara in search of their mother. The long-suffering mother, seeing her two grown-up sons before her, dies from the shock and is buried. The two men and the bride then return to Jutbina to celebrate their reunion.

Thirty captains were assembled,
At their feast did they start drinking,
Drinking red wine and white raki,
With red wine their cheeks were flushing,
5   And their tongues did raki loosen,
Thirty captains were conversing,
Teasing Hyso Radoica:
"Damn you, Hyso Radoica,
Why don't you get married, Hyso?
10   All your peers are wed already
And you haven't found a bride yet,
Are you afraid of the expenses,
Afraid to hold a wedding banquet?"
Then spoke Hyso Radoica:
15   "I'm not afraid of the expenses,
But I don't want just any maiden,
I'll have no bride outside Jutbina,
I'll have Arnaut Osmani's maiden

Ndo me tybe martesën e baj.
20   *Atherë folen tridhetë kapidana:*
- Zoti të vraftë, Hyso Radoica,
Se fjalë të madhe ke folë,
Se barrë të madhe vetit i ke vu,
Se para tejet të tanë na jem mundue
25   *E në Jutbinë s'kemi mujtë m'u martue.*
Hajde, nusen po e xamë se e merr.
Kurrnji ditë djalit s'mund t'ja mbajsh,
Se njizetekatër vjeç djali asht
E tash tri herë në bejleg ka dalë,
30   *Bejlegxhitë tash tri herë i pret*
E tridhetë vjeç, ti Hyso, je ba,
Kurrnjiherë në bejleg s'ke dalë.
Atherë foli Hyso Radoica:
- Po më ndigjoni, tridhetë kapidana!
35   *Tash â dimën, prendvera po vjen*
E të mbushet mali me gjeth
E të mbushet fusha me bar e lule
E në livad vraçin ta lshoj,
Disa dit në livad due m'e lanë,
40   *Ditë prej ditve të çohem e ta xa*
E ta shiloj vraçin e ta shtërngoj
E në shpinë vraçit due me i hypë,
Due me ra fill në Jutbinë;
Po ju api besën e zotit,
45   *"Ndo i marr nusen Arnaut Osmanit,*
Ndo në Jutbinë kryet due me lanë."
Prej kuvendit atherë janë çue.
Po shkon dimni, prendvera po vjen
E u mbush mali me gjeth
50   *E u mbush fusha me bar e me lule.*
Atherë ç'ban Hyso Radoica?
Në livad vraçin po e lshon,
Disa dit në livad e ka lanë.
Nji ditë prej ditve â çue e e ka xanë.
55   *E shiloi vraçin e e shtërngoi*
E në shpinë vraçit i ka hypë,
E ka marrë bjeshkën përpjetë,

Or I'll stay unwed forever."
20   Thirty captains then did speak up:
"Damn you, Hyso Radoica,
Grave the words that you have spoken,
They've placed a heavy burden on you.
Before you, we had all endeavoured
25   But could not marry in Jutbina.
Should you seize the bride and get her,
You'll not keep her more than one day,
Twenty-four-years-old's her husband,
He's been victor in three battles,
30   And three fighters did he slaughter,
You are thirty-years-old, Hyso,
You've not fought a single battle."
Then spoke Hyso Radoica:
"Listen to me, thirty captains,
35   Now it's winter, spring is coming,
When the trees bud in the mountains,
Fields are full of grass and flowers,
I'll leave my black horse on the meadows
Several days for it to graze there,
40   Then one day I'll rise and catch it,
Put a saddle on the black horse
And a harness and then, mounting,
Will I ride off to Jutbina.
I give you, men, my word of honour:
45   I'll have Arnaut Osmani's maiden
Or leave my head back in Jutbina."
Then they got up from the meeting.
Winter passed and spring was coming,
The trees were budding in the mountains,
50   Fields were full of grass and flowers,
What of Hyso Radoica?
He left his black horse on the meadows,
Several days for it to graze there,
Then one day he rose and caught it,
55   He put a saddle on the black horse
And a harness and then, mounting,
Rode up to the mountain pastures,

Trupon bjeshkët e mbrapa po i len
E ka dalë në fushë të Jutbinës
60 *E për t'gjatë fushën po e trupon,*
E, vojtë tu çezmja e Jutbinës,
Tridhetë çika tu çezmja na i gjet.
- Mirë se u gjej, mori tridhetë çika!
- Mirë se vjen, more djalë jabanxhi!
65 *- Amanet, çika, po u pves,*
Ku e ka kullën Arnaut Osmani?
Se probatin djalin e kam
E kah dit në ket dhe nuk jam kenë:
Kulla risht-o shum kenkan punue,
70 *Probatinit kullën ja kam harrue!*
Atherë i kallxojnë tridhetë, more, çikat:
- Fort kollaj kullën me e njoftë:
Njajo qi asht në buzë të lumit
E gjithë rreth baçen e ka,
75 *Kqyr, sa bukur baçja i â lulue.*
Amanet, çika, po u pves:
- Cila â nusja e Arnaut Osmanit,
Se kam marak nusen me ja njoftë!
Tridhetë çikat djalit po i kallxojnë:
80 *Fort kollaj nusen me e njoftë:*
- Nja qi â ma e mira ktu ndër ne
Edhe kurrnjiherë me gojë nuk po flet,
As s'i çon sytë me kqyrë.
Njatherë foli Hyso Radoica:
85 *- Ku je, ti, nusja e probatinit?*
Sa me turr rrugën e kam marrë,
Prej rrugës rreshk më ka hipë,
Me m'dhanë uj, nuse, me pi!
Nuk do nusja uj me i dhanë.
90 *Tridhetë çikat nuses po i bërtasin:*
- Ore nuse, zoti të vraftë,
Se ky asht nji djalë jabanxhi,
Na ktij djalit uj mos me i dhanë,
Të tanë Jutbinën po e korisim,
95 *Atherë nusja çikat po i ndigjon,*
'I mashtrapë me uj e ka mbushë,

And the pastures left behind him,
Rode down to Jutbina's flat land,
60 Across the broad plains did he journey,
Til he reached Jutbina's fountain,
There encountered thirty maidens,
"Greetings to you, thirty maidens."
"Greetings to you also, stranger."
65 "Excuse me, may I ask you, maidens,
Where's Arnaut Osmani's *kulla*,
For the lad is my blood brother,
Long have I not been to see him.
Many *kullas* have been built here
70 I don't know which one's my brother's."
Then the thirty maidens told him:
"His *kulla*'s easy to distinguish,
It's the one beside the river,
All around it there are gardens,
75 You will see how fair they blossom."
"Excuse me, may I ask you, maidens,
Who's Arnaut Osmani's bride here,
For I'm not sure if I'd know her?"
The thirty maidens then responded:
80 "His bride is easy to distinguish,
She's the fairest one among us,
Never has a word she spoken,
Nor lifted up her eyes to goggle."
Then spoke Hyso Radoica:
85 "Who's the bride of my blood brother?
Such a long way have I travelled,
I am parched from the long journey,
Give me water, bride, to drink of!"
The bride refused to give him water.
90 The thirty maidens cried out to her:
"Damn it, maiden, don't you see
The lad before you is a stranger?
If we do not give him water,
We will shame all of Jutbina."
95 The bride acceded to the maidens
Went and filled a jug with water,

E shtrin dorën, ujin me ja dhanë.
Atherë ç'bani Hyso Radoica?
Mbas grushtit dorën po ja qet
100   E përpjetë prej vedit po e ngreh,
Vithe vraçit mbas vedi po e ven,
Me nji rryp për vedi po e shtërngon.
Ka marrë brimën nusja, po bërtet;
Tridhetë çika poteren e qesin.
105   T'tanë Jutbina në poterë â lshue.

Kur ka ndie Arnaut Osmani,
Pa kalë diku ki' qillue
Edhe në kambë në poterë â lshue,
E ka marrë bjeshkën përpjetë
110   E ka dalë më nji majë në bjeshkë,
Vend ka xanë, â ulë me ndejë,
E ka xjerrë at sercili turbinë
E për sy mirë e ka ujdisë,
E ma kqyrë rrugën e Krajlisë,
115   E kurrkund Hysin nuk e shef.
Shum marak djali â ba,
Qi s'mujti Hysin për me e xanë.
Sa me turr bjeshkën qi e ki' pa' marrë,
I i'te çue nji gulshim i randë,
120   Për gojë gjaku ishte çpi
E t'tanë e lau dushkun me gjak
E na muer nji dushk të gjanë
E me gjak dushkun e ka shkrue
Edhe në gjuj djali ka ra.
125   Duva të madhe zotit i ka ba:
- Çoje, zot, nji erë e nji pshtjellsë
E ta çojë ket dushk përpjetë.
Në divane krajlit t'i bijë
E ta marrë krajli e ta këndojë
130   E për mejdan Hyson do t'ma çojë.
E çon zoti nji erë e nji pshtjellsë,
E çon at dushk përpjetë
E në divanhane krajlit i bjen.
Ndejë në karrigë krajli ishte kenë.
135   E pa at dushk shkrue me gjak

And she held it out to give him.
What now Hyso Radoica?
With his fist her hand he grappled,
100 Seizing it, he raised her to him,
Set her on the black horse with him,
And with a belt he tied her to him.
The captive bride was caterwauling,
The thirty maidens loudly clamoured,
105 Jutbina was all in an uproar.
When Osmani heard them screaming
He was then without his courser,
To his feet he jumped and, shouting,
Set off for the mountain pastures.
110 On a hill among the pastures
Did he sit and take position,
Then his field glass did he fetch, and
Looking through it did he study
All the highway to the Kingdom,
115 But nowhere got a glimpse of Hyso.
The lad was in a state of anguish,
For he couldn't capture Hyso.
Racing through the mountain pastures,
Almost out of breath and panting,
120 From his mouth the blood was streaming,
All the oak trees smeared in scarlet,
One large oak leaf did he pluck off
And with blood did he inscribe it,
To his knees the lad descended,
125 Sent a prayer to the Almighty:
"Raise a wind, Lord, and a cyclone,
Raise and send this oak leaf flying
To float down to the king's chamber,
May the king then find and read it,
130 Sending Hyso to the war grounds."
God raised a wind and raised a cyclone
Sent the oak leaf off a-flying,
It floated into the king's chamber.
The king was sitting on his sofa,
135 Saw the oak leaf's sanguine writing,

E prej serit në dorë e ka marrë;
E ka marrë dushkun e e këndon,
Shum shndet Arnauti po m'i çon:
- Ti qi je krajli në Krajli,
140 Me ma thirrë at Hyso Radoicën,
Se mue nusen sot ma ka vjedhë
E jam tuj pritë për n'mejdan në bjeshkë.
Krajli Hyson çoi e e thirri
Edhe t'madhe Hysit i briti:
145 - Zoti të vraftë, Hyso Radoica,
Se t'kam kallxue, se nusen si me e marrë.
Kurrnji ditë djalit s'mund t'i mbajsh,
Se ti nusen sot ja ke vjedhë
E â tuj t'pritë për n'mejdan në bjeshkë.
150 Atherë ç'bani Hyso Radoica?
'I letër shpejt e ka shkrue,
Njaj shkjaut në dorë ja ka dhanë
E po ja çon Arnaut Osmanit.
Kur ka dalë shkjau në bjeshkë,
155 Po ma shef ky Arnaut Osmanin
Edhe shkaut atherë i bërtet:
- Çka kërkon, ti shkja, ktu në bjeshkë?
- Un kërkoj Arnaut Osmanin,
Kam nji letër djalit me ja dhanë.
160 - Hajde, thotë, se un po jam.
Edhe letrën shkaut ja ka marrë.
Ka marrë letrën e po e këndon,
Shum selam n'at letër po i çon:
- Ti qi je Arnaut Osmani,
165 Je tuj m'pritë për mejdan në bjeshkë;
Por për mejdan sot gadi nuk jam
E me pritë për deri ditën e dielle.
Ditën e dielle në mejdan kam me ardhë.
Me gjithë nuse në bjeshkë kam me dalë,
170 Njeni shoin qi të presin,
Ai tjetri nusen ka me e marrë
E për nuse marak mos u ban!
Besën e zotit në lëtër po ja çon,
Qi n'vend t'motrës nusen ta due.

Quite astounded, did he catch it,
Took the bloody leaf and read it,
"Arnaut conveys his greetings,
For you're ruler of the Kingdom,
140 Send me Hyso Radoica,
For my bride today he's stolen.
I'll be waiting on the war grounds."
The king called out and summoned Hyso,
To great Hyso did he cry out:
145 "Damn you, Hyso Radoica,
I told you not to steal his maiden,
Not one day will you retain her,
He is waiting on the war grounds,
Since his bride you've taken from him."
150 What of Hyso Radoica?
Swiftly did he write a letter,
Gave it to a Slavic runner,
Sent it to Arnaut Osmani,
When the *shkja* got to the mountains
155 Did he find Arnaut Osmani,
Who shouted to the runner, saying:
"What's your business in the mountains?"
"I seek Arnaut Osmani,
As I have a letter for him."
160 "Come, for I'm the one you're seeking."
He took the letter from the runner,
Got the message and did read it,
Greetings were there in the letter:
"You are Arnaut Osmani
165 Waiting for me on the war grounds,
I'm not ready for the duel,
You will have to wait till Sunday,
Sunday I'll come to the war grounds
And bring the bride up to the pastures.
170 The one who, fighting, slays the other
With the bride will be rewarded.
For her safety do not worry."
Hyso sent his word of honour
That he'd treat her like a sister.

175 Shum në qef djali â ba
    Edhe vetë me vedi paska thanë,
    Qi"njitesh nusen ktu me e pasë,
    Hiç ma n'qef nuk jam. "
    Dorën n'xhep e shtjen,
180 Nji bakshish shkaut po ja ep.
    Dredhet djali, në Jutbinë po bjen,
    Vijnë e e shofin shokë, miq e jarana
    E për nuse kryet ja shndoshin
    E ket punë kurrkuj s'ja kallxon.
185 Kur erdh dita e dielle,
    Tanë kujdes heret nadje â çue,
    Veshë e mbathë armët i ka njeshë,
    E shiloi gjogun e e lidhi në dyrek
    E në kullë djali ka hipë,
190 Odë për odë kullën e shetitë
    E me kullë mirë â hallashtisë
    E për mbrapa derën e ka mshilë:
    - Hallall kjoshi, kullat e mija!
    E në shpinë gjogut i ka hipë,
195 Nalt në bjeshkë me gjogun ka dalë.
    Kur ka dalë n'maje të bjeshkës,
    Aty n'livade kurrkand s'ka gjetë,
    Ka xanë vend, gjogut i â ulë,
    Ka marrë turbinë e po kqyrë.
200 Kur e shef at Hyso Radoicën,
    I ki' hipë vraçit në shpinë,
    E ki' vu nusen n'atkinë,
    Nja 'i copë larg nuses po i rri.
    Vetë me vedi djali po kuvendë,
205 Qi"kenka trim shkau e besnik,
    Se me kenë ndoi cub o ndoi magjyp,
    Mbasi vjen në mejdan me m'dalë,
    M'inadi tem nuses ngjat i rri,
    Por kenka trim e besnik. "
210 Pak ndej, shum nuk vonoi,
    Ja mrrini Hyso Radoica.
    - Mirë se t'gjej, o Arnaut Osmani!
    - Mirë se vjen, ti Hyso Radoica!

175   Arnaut was very happy,
        Pondered to himself, deciding:
        "I'm as happy as I would be
        If my bride were right beside me."
        Stuck his hand into his pocket,
180   A tip he gave the Slavic runner,
        And turning, went back to Jutbina.
        Friends and comrades came to see him,
        To console him for the lost bride,
        But not a word he said about it.
185   Came the long-awaited Sunday,
        In a pensive mood he wakened,
        Put his clothes and shoes and arms on,
        His steed tied to posts, he saddled,
        Climbed the stairs up to his *kulla*,
190   Wandered through the many chambers,
        Taking leave of his dear *kulla*,
        He closed the door behind him, saying:
        "Fare thee well, oh home, my *kulla*,"
        Then onto his steed he clambered,
195   Rode up to the mountain pastures,
        And when he reached the highest of them,
        He found no one on the meadows,
        There he finally stopped, dismounting,
        Took a look round with his field glass,
200   Seeing Hyso Radoica,
        Who was riding on his courser,
        And a little way behind him
        The bride a saddled mare was riding.
        To himself said Arnaut Osmani:
205   "A man of honour, this *shkja* hero,
        Since he came up to the war grounds.
        Had he been a thug or gypsy,
        He'd lie with the bride to spite me,
        He's indeed a man of honour."
210   Shortly, very soon thereafter
        Came forth Hyso Radoica.
        "Greetings, Arnaut Osmani,"
        "Greetings, Hyso Radoica,

Ulu vraçit, Hyso Radoica,
215   *Se mërzitshëm ke ardhë.*
Atherë foli Hyso Radoica:
- Nuk kam ardhë me ty me ndejë,
Por çou, djalë, në mejdan me m'dalë
Edhe burrë sot me sy ke me pa,
220   *Sot ta njofish Hyso Radoicën!*
Atherë briti Arnaut Osmani:
- Deshta pak me t'lanë me pushue,
Pse kur të vijë puna për mejdan,
Djalë me sy sot ke me pa
225   *E sot ta njofsh Arnaut Osmanin.*
A çue gjogut e i ka hipë.
Me mizdrakë kanë nisë e luftojnë
E batall mizdrakët i kanë ba
E të dy shpatat i kanë xjerrë,
230   *Me shpata kanë nisë e po priten,*
Të tanë janë pre e në gjak janë mblue
E batall shpatat i kanë ba
E prej atllarvet në tokë janë ulë,
Gjyks për gjyks trimat janë kapë
235   *E shum livadit janë sjellë,*
Bytyn lavër livadin e banë
Me çizme trimat tuj rmue;
Por gjaku të dy trimat i ka mblue,
Gjaku sytë të dyve jau ki' xanë,
240   *Por ma fort Hyso Radoicën.*
Të dy sytë gjaku ja ki' xanë
E hiç me sy s'mundet me pa.
Atherë foli Hyso Radoica:
- Pa ndigjo, Arnaut Osmani:
245   *Të dy sytë gjaku m'i ka xanë,*
Hiç me sy s'mundem me pa,
Po shoqishoin me kuvend po e lshojmë
Edhe nusja uj do të na bijnë
E faqesh të dy po lahena,
250   *Njikta gjak syve ta hjekim*
E në mejdan prap po çohena.
Shoqishoin atherë e kanë lshue,

Dismount, Hyso Radoıca,
215 You are tired from your journey."
Then spoke Hyso Radoica:
"I haven't come to sit here with you,
Rise, let's be off to the war grounds,
Today you'll see a man before you,
220 You'll know Hyso Radoica."
Then cried Arnaut Osmani:
"I wanted you to rest a little,
For when we meet upon the war grounds
You will see this lad before you,
225 You'll know Arnaut Osmani."
He rose and jumped onto his courser,
They started fighting with their cudgels,
But their cudgels snapped asunder,
Then the two men drew their sabres,
230 Fought and lunged at one another,
Both were hurt, in blood were covered,
But their sabres soon were broken,
Then they jumped down off their horses,
Seized the throats of one another,
235 The heroes wrestled in the meadow,
Digging with their boots upon it,
Till the meadow was all ploughed up,
Blood bespattered the two heroes,
And their eyes with blood were streaming,
240 But more the eyes of Radoica,
Both his eyes with blood were streaming
So that he had lost his vision,
Thus spoke Hyso Radoica:
"Hear me, Arnaut Osmani,
245 Both my eyes with blood are streaming,
So that I have lost my vision,
Let us talk to one another,
Let the bride bring us some water,
So that we can wash our faces,
250 Wipe the blood around our eyes off,
So we can again do battle."
So they talked to one another,

Nusja uj u ka pru
Të dy faqesh janë la,
255   *Gjakun syve e kanë hjekë,*
Gju për gju janë ulë e po rrinë,
Kanë fillue pijen e po pijnë,
Tuj pi në kuvend kanë ra.
Foli Hyso Radoica:
260   *- Pash nji zot, Arnaut Osmani,*
Due me t'pvetë e me m'kallzue,
Fisin tand, djalë, kah ma ke
E kur je nisë në mejdan me m'dalë,
A m'ke lanë rob në shpi,
265   *A m'ke lanë ndoi shoq në vllazni?*
Atherë foli Arnaut Osmani:
- Fisin tem, djalë, po ta kallxoj,
Se prej Zaharës vetë jam,
Un jam kenë i grues së vejë,
270   *Zenjine nana â kenë,*
Gjysën e shehrit të veten e ka pasë;
Kur Muji në Zaharë ka ra,
Luftë të madhe Muji ka ba
Edhe të tanë shehrin e dogj
275   *E n'oborr të kishës Muji më ka gjetë,*
Në bukuri Muji m'ka lakmue,
Para vedit në shalë më ka marrë
E n'Jutbinë Muji më ka çue,
Më ka rritë e më ka silitë.
280   *Der qi jam ba i zoti i vedit,*
Më ka ble arë e livade
E kullën Muji ma punoi
E ket nuse Muji ma ka marrë
E tanë Jutbina m'ka dashtë e hatrue
285   *E ndër darzma gjithkund më kanë thirrë*
E n'krye t'vendit m'kanë sajdisë:
Se kur jam nisë n'mejdan me t'dalë,
Asnji rob n'shpi s'kam lanë,
Se s'kam lanë rob në shpi,
290   *As s'kam kurrnji shoq në vllazni;*
Por me kullë jam hallashtise

And the bride brought them some water,
So that they could wash their faces,
255 And wipe the blood around their eyes off.
There they sat with one another,
And while sitting started drinking,
As they drank they started talking.
Thus spoke Hyso Radoica:
260 "By God, Arnaut Osmani,
Let me ask you, you must tell me
What your tribe is, where you come from?
When you set off for the war grounds
Who was left back in your household?
265 Did you leave a friend or brother?"
Then spoke Arnaut Osmani:
"Of my tribe will I now tell you,
I myself am from Zahara,
I was of a widowed mother,
270 My mother was a wealthy woman,
She herself owned half the city
Till Mujo came and sacked Zahara,
And while Mujo led the fighting
Did he burn down all the city.
275 Mujo found me in the churchyard
And, taken by my infant beauty,
Set me on his saddle with him
And brought me back home to Jutbina,
There he raised me and did feed me
280 Till I grew up, reached adulthood,
Mujo bought me fields and meadows,
And did build for me a *kulla*,
And this bride did he find for me,
All Jutbina honoured, loved me,
285 Invited me to all their weddings,
And put me at the place of honour.
But when I set off for the war grounds
I left nobody in my household,
Not a soul I left behind me,
290 Leaving neither friend nor brother.
I took leave of my dear *kulla*,

E përmbrapa derën e kam mshilë
E kam ardhë në mejdan me t'dalë,
Edhe foli atherë Arnaut Osmani:
295 - Edhe ty, Hyso, po të pyes:
Fisin tand, ti, kah ma ke
Edhe kur je nisë në mejdan me m'dalë,
A ke lanë rob në shpi,
A ke lanë ndoi shoq në vllazni?
300 Hysit lott atherë i kanë pshtue.
- Fisin tem po ta kallxoj,
Se prej Zaharës vetë po jam,
Jam kenë i asaj grues së vejë;
Zenjine nana â kenë,
305 E gjysën e shehrit të vetin e ka pasë,
Por Muji në Zaharë kur ra,
Luftë të madhe Muji bani
Edhe të tanë shehrin Muji e dogj.
Vllanë e vogël rob ma muer;
310 Nana borxh krajlit i hini
Edhe s'pat paret me ja dhanë,
Për borxh krajli atherë më ka marrë,
Më ka rritë, më ka silitë,
Der qi jam ba i zoti i vedit;
315 M'i ka falë arë e livade
Edhe kullën krajli ma punoi;
Në kuvend me krajla atherë rash
E m'prozhmuen tridhetë kapidana:
"Pse rrin, ti Hyso, pa u martue?"
320 Edhe un be u bana tridhetë kapidanave,
Qi ktej Jutbinës nuse nuk marr,
Por, ndo i marr nusen Arnaut Osmanit.
Ndo n'Jutbinë kryet due me e lanë;
Se nam për ty pata ndie,
325 Nam për ty edhe për nusen tande
E kysmet prej zotit kenka kenë,
Na sot vlla me u bashkue.
T'dyve lott u paskan pshtue,
Shoqishojnë ngrykë e kanë marrë
330 E hysmet nusja u ban

Then I closed the door behind me,
And then departed for the war grounds."
Once more spoke Arnaut Osmani:
295 "And you, Hyso, may I now ask you,
What your tribe is, where you come from?
When you set off for the war grounds
Who was left back in your household?
Did you leave a friend or brother?"
300 Hyso's eyes were filled with teardrops,
"Of my tribe will I now tell you,
For I am also from Zahara,
I was of a widowed mother,
My mother was a wealthy woman,
305 She herself owned half the city
Till Mujo came and sacked Zahara,
And while Mujo led the fighting
Did he burn down all the city,
Held my little brother hostage.
310 My mother, to the king indebted,
Said she could not pay the loan back,
As a pawn the king then took me,
There he raised me and did feed me
Till I grew up, reached adulthood.
315 The king did grant me fields and meadows,
And for me he built a *kulla*.
When once before the king we gathered
Did the thirty captains tease me:
Why don't you get married, Hyso?
320 I swore to the thirty captains
I'd have no bride outside Jutbina,
I'd have Arnaut Osmani's maiden
Or leave my head back in Jutbina,
For I knew of your reputation,
325 Heard of you and of your bride, too,
Now the will of God has chosen
That we as brothers be united."
From their eyes the tears were streaming,
And the two embraced each other.
330 Then the bride came forth to serve them,

E për kunat Hysin po ma don.
Atherë foli Hyso Radoica:
- Si t'ja bajmë në Zaharë me ra?
Duem me shkue, nanën m'e kërkue
335 E në kjoftë gjallë me veti m'e marre.
Në pastë dekë, vorrin me ja prekë.
Ka folë Arnaut Osmani,
Qi"rishto shehri â punue,
Un i vogël atherë kam dalë
340 E kurrgja ndër mend s'më bjen."
Prap po flet Hyso Radoica:
- Un nandë vjeç atherë jam kenë;
Sado shehri rishto asht punue,
Un s'harroj sokakun e kishës,
345 Po duem me shkue nanën m'e kërkue.
Atherë trimat n'kambë janë çue,
U kanë hypë atllarve n'shpinë,
E kanë vu nusen n'atkinë
E n'Zaharë të tre kanë ra,
350 Për të gjatë shehrit po i bijnë,
E kanë marrë sokakun e kishës.
Kur kanë vojtë n'qoshe t'nji sokakut,
Ma kanë gjetë nji plakë fukara,
Atllarët t'dy i kanë ndalë.
355 - Mirë se të gjejmë, o e ngrata plakë!
- Mirë se vijni, djelmve u ka thanë.
- Amanet, o e ngrata plakë,
Duem me t'pvetë nji fjalë me na kallxue:
A je kenë ndoiherë zenjine?
360 Të madhe plaka atherë ka fsha:
- Un jam kenë fort zenjine,
Gjysën e shehrit temen e kam pasë
E dy djelm zoti m'i ka falë.
Kur Muji në Zaharë pat ra,
365 Luftë të madhe Muji pat ba
Edhe të tanë shëhrin e dogj;
Djalin e vogël rob ma muer
E borxh krajlit i hina,
Nuk pata paret me ja la,

Taking Hyso as her in-law.
Then spoke Hyso Radoica:
"Shall we go back to Zahara?
Go and try to find our mother,
335 And if she's living, take her with us,
If she's dead, her grave we'll visit."
Then spoke Arnaut Osmani:
"The city has been reconstructed,
I was little when I left it
340 And there's nothing I remember."
Again spoke Hyso Radoica:
"I was nine years old and though
The city has been reconstructed,
The church road do I well remember,
345 So let us go and seek our mother."
To their feet arose the heroes
And did hop onto their horses,
Set on a saddled mare the bride and
All three took off for Zahara.
350 Through the whole town did they gallop,
Till the church road they encountered.
At the roadside in a corner
Did they find a poor old woman,
So the two jumped off their horses:
355 "Greetings to you, poor old woman,"
"Greetings, lads," she gave as answer.
"I beg your pardon, poor old woman,
May I ask of you a question?
Were you beforehand ever wealthy?"
360 Loudly sighed the poor old woman:
"I was once extremely wealthy,
I myself owned half the city,
God bestowed two sons upon me,
Till Mujo came and sacked Zahara,
365 And while Mujo led the fighting
Did he burn down all the city.
Took my little infant hostage.
To the king I was indebted
But I couldn't pay the loan back,

370   *Djalin e madh për borxh ma pat marrë.*
       - Djelmt tu na, nanë, jena.
       Plakës malli atherë i â çue
       Edhe lott përfaqe i kanë pshtue;
       Prej mallit e prej marakut
375   *E ka kapë nji gulshim i randë*
       Edhe m'at vend ka plasë.
       Kanë marrë djelmt e në dhe e kanë shti
       E me nanën janë hallashtisë
       U kanë hypë atllarve n'shpinë.
380   *Të tre bashkë kanë ra n'Jutbinë.*
       T'tanë Jutbinën n'zijafet kanë thirrë.
       Për shyqyr qi vllaznit u bashkuen!

370 As a pawn he stole my first son."
    "Here we are, your sons, oh mother."
    Such emotion seized the woman
    That a flood of tears did choke her,
    From the longing and the worry
375 Was the woman breathless, panting,
    And on the spot did she fall lifeless.
    The lads then took, buried their mother,
    Paid their last respects and, turning,
    Rose and jumped onto their horses,
380 The three departed for Jutbina.
    To their feast came all the people,
    For the brothers were united!

Ali Bajraktari (Besa)

Ishte kenë njajo grueja e vejë,
Nji jetim zoti ja kish lanë,
Emën t'bukur nana i kish njitë,
Për emën i thojshin Ali Bajraktari.
5   Me gazep nana e kishte rritë,
E kish rritë me lypë të dyervet,
E kish veshë me floqe mbledhë ndër ferra.
Dymbdhetë vjeç djali ishte ba,
Gja e mall zoti i kishte dhanë,
10   Nji nuse t'bukur nana ja fejon,
Për tri javë orokun ja kish da.
Kur ishin mbushë plot tri javë,
Ka çue nana krushqit e nusen ja kish marrë,
Kurrkund shoqja nuses s'i kish dalë!
15   Por nji gabim djali e kish ba.

Ali Bajraktari or the word of honour

Ali Bajraktari is caught by the king's Hungarian guards and is put into prison. In order to get his hands on Ali's bride, the king sends back a double, but the plot fails when the bride recognizes that the man is not her husband. The king then writes her, telling her that Ali will remain in prison forever. She resolves to wait for him for three years before remarrying. Three years pass and Ali receives word that his wife is about to marry Halili. He begs the king for six days' leave from prison, giving his word of honour that he will return. The king's daughter offers to stand bail for Ali if he should not come back. Ali returns home looking like a poor beggar. His wife, living with Mujo and Halili, recognizes a mark on his forehead and the two escape through a trap door. Mujo follows them, but since Ali had only taken what rightly belonged to him, they make peace and hold a six-day celebration. On the sixth day, Ali announces that he must go back to prison and sets off for the Kingdom. The king, seeing that Ali has kept his promise, then gives him his freedom to return home.

> Once there was a widowed mother
> God bestowed a son upon her,
> A fair name his mother gave him,
> Called him Ali Bajraktari.
> 5   With great trouble did she raise him,
> Fed him, begging at the doorsteps,
> In rags she dressed him, found on bushes.
> Twelve years old the lad had turned now,
> Herds God gave him and possessions,
> 10   A fair bride did his mother promise,
> In three weeks would be the wedding,
> Three full weeks came and departed,
> To fetch the bride she sent attendants,
> Who brought this fairest maiden with them.
> 15   The husband had one special feature:

Për tri vjet jashtë deret nuk kish dalë
Nana e vet ka qitë e i ka thanë:
- Ç'se t'martova, bir, të burgtova,
Kurr ndër shokë, ti bir, nuk shkove,
20   As te dajat, bir, nuk dole,
Miqt e babës ti i harrove.
I biri nanës ka qitë e i ka thanë:
- Lene zanin, nanë, zoti t'vraftë!
Sherret tueja, nanë, të tana janë,
25   Se tepër t're nusen ma ke marrë
E n'kufi shpinë un e kam
E sarajin vetëm un me e lanë,
Drue sarajin shkjau ka me ma djegë
Edhe nusen ka me ma grabitë,
30   E n'rrugë t'madhe t'mjerin ka me m'qitë.
Besën e zotit në daç me ma dhanë,
Qi kurrkuj derën nuk ja çilë,
Për pa ardhë Alija, yt bir,
Due me dalë miqt, due me i shetitë.
35   Besën e zotit nana ja ka dhanë,
Qi kurrkuj derën nuk ja çili
Për pa ardhë Alija em bir.
Ishte veshë Alija, ishte mbathë.
Në shpinë gjogut i kish ra
40   E ish nisë rrugën e e kish marrë.
Ishte kthye sarajin e e kish kqyrë,
Ka fillue sarajin e ma nemë:
- Ty saraj, thotë, hajri mos t'u pat,
Me qyski krajli të rrenoftë,
45   Qeremijat në Krajlni t'i çoftë,
Ishte nisë djali, rrugës ka shkue.
Nelt në bjeshkë kur ka dalë,
Ka ndeshë nji mriz e nji krue,
Ka xanë vend Alija me pushue,
50   Uj në gurrë asht ulë e ka pi;
Uji prej boret në zemër i ka ra,
Gjumi i randë tu gurra e ka marrë.
Në bjeshkë krajli tuj gjue ishte kenë,
Sa mirë Alinë e kish pa!

212

He did not leave his house for three years,
His mother turned to him and wondered:
"Imprisoned you've been since your marriage,
You never go and see your friends, son,
20   Neither do you see your uncles,
Your father's friends you have forgotten."
The lad turned to his mother, saying:
"Damn you, hold your tongue now, mother,
All the problems, you have caused them,
25   My bride was too young when you found her,
My house, you know, is on the border,
And I'm afraid if I should leave it,
The *shkjas* would come here and destroy it,
They would take my bride and steal her,
30   And throw me out onto the highway.
Give me now your word of honour
The door to no one must you open,
Unless your son, Ali, is knocking,
Then I'll visit friends and go out."
35   The mother vowed her word of honour,
The door to no one would she open,
Unless her son, Ali, was knocking.
Ali donned his shoes and garments,
And turning, clambered on his courser,
40   Setting out upon his journey,
One last time he turned and, looking
At his home, began to curse it:
"May you, home, enjoy no fortune,
May the king's crowbar thus destroy you,
45   Scattering roof tiles to the Kingdom."
Then he set off on his journey,
And when he reached the mountain pastures,
In the shade near springs he rested.
Ali found a spot for sleeping,
50   Water from the springs he drank of,
His heart rejoiced in the cold water,
And at the spring sleep overtook him.
The king was hunting in the mountains,
And came upon the sleeping Ali.

55   *Ç'ka qitë maxharvet e u ka thanë?*
- Kqyrnie turkun, tu gurra ka ardhë,
Aspak beh ne nuk asht tuj na ba.
Ka ardhë koha turkun rob me e xanë,
Ka ardhë koha nusen me ja marrë.
60   *Përpjetë bjeshkës maxhart kishin dalë,*
Kambësh e duerësh Alinë fjetun e kin lidhë,
Thellë në burg Alinë e kin shti,
Për gjithmonë burgun ja kin pre.
Kqyr çka bani krajli për me ba!
65   *Të tanë popullin aty e ka mbledhë*
E nji djalë si Alinë e ka gjetë,
Ja ka pre petkat si t'Alisë,
Ja ka dhanë gjog e shpatë të tijat
E ç'ka qitë djalit e i ka thanë?
70   *- Se në mujsh nusen me ja marrë,*
Për gjithmonë zenjin kam me t'ba!
Ishte nisë djali e kishte shkue.
Në derë nanës s'Alisë i ka trokllue.
- Ulu, nanë, thotë, derën me m'ja çilë,
75   *Se ka ardhë Alija, yt bir,*
- Lumja nana, t'madhe ka britë,
Ulu, nuse, derën, thotë, me e çilë,
Se ka ardhë Alija, em bir.
Bi sojnike nusja kish qillue,
80   *Në pinxhere kryet e ka qitë,*
Sa mirë shkjanë e ka pa,
Be në zotin nanës i kish ba:
- Djali i yt, burri i em nuk asht,
Por po asht shkjau, i biri i shkinës,
85   *Qi ka ardhë mue me m'grabitë!*
Atherë nusja shkjaut i ka thanë:
- Ik andej, shkjau, i biri i shkinës,
Se nuk je Alija i ynë,
Por je shkjau, i biri i shkinës,
90   *Qi kë ardhë mue me m'grabitë,*
Se ma t'trashë zanin ma ke,
Ma i zbërdhuktë gjogu tek asht.
Prap ç'ka qitë shkjau e i ka thanë:

55   To his Hungarian guards he spoke out:
"Look, a Turk's come to the fountain,
And he has not even seen us,
Time has come to hold him hostage,
And of his bride to take possession."
60   The Hungarian guards rode down the meadow,
Tied up Ali as he slept there,
Threw poor Ali into prison,
There to be in jail forever.
Now, see what the king is doing!
65   All his subjects he assembled,
Chose a lad who looked like Ali,
Made him clothes like those of Ali,
Gave him Ali's horse and sabre,
To the lad he turned, proclaiming:
70   "If you can make the bride your hostage,
I will make you rich forever!"
The lad rode off to Ali's mother,
And at the doorway called out, knocking:
"Come at once, unbolt the doorway
75   For your son, Ali, is back now."
The matron did rejoice and call out:
"Go and open up the door, bride,
For my son, Ali, is back now."
The bride was of a well-bred family
80   And put her head out of the window,
Right away, the *shkja* she saw through,
Calling up to warn the mother:
"It's not your son and not my husband,
It's a *shkja* of Slavic mother,
85   Who has come to take me hostage."
To the *shkja* the bride then called out:
"Be off, *shkja* of Slavic mother,
For I see you're not my Ali,
But a *shkja* of Slavic mother,
90   Who has come to take me hostage,
For your voice than his is rougher
And much paler is your courser."
The *shkja* looked up at her, responding:

- Ulu, nuse, derën me ma çilë,
95 Se uji i borës zanin ma ka çartë,
Gjethi i ahit gjogun e ka zbardhë,
Se, në basha un mbrendë me hi,
Copë me grimë un ty kam me t'gri.
Tuta nusen pak e kish marrë.
100 Ç'ka qitë djalit prep e i ka thanë?
- Po dal n'beden t'sarajit,
Po e shprazi pushkën habertare,
Të marrin vesht Jutbinë e Krahinë,
Ata ktu kanë me ardhë,
105 Atherë derën kam me ta çilë.
Prep ç'ka qitë djali e i ka thanë?
- Sa herë jashtë un qi kam me dalë,
Nuk kanë vakt agajt ktu me ardhë;
T'tanë Jutbina jashtë tek ka dalë,
110 T'tanë me ne janë tuj qeshë,
Kah s'ja çilni derën djalit t'vetëm.
Atherë nusja ishte trathtue,
Ishte ulë, derën e e kish çilë,
N'vrap për shkallë nelt ka hipë,
115 Për mbas saj shkjau asht njitë,
Në çardak nusen e ka xanë,
- Ju, kushtrim, nusja ka bërtitë.
Mera e madhe shkjaut i ka hi,
Dorën mbas grushti nuses ja ka kapë,
120 Ishte dredhë pa nuse e ka ikë.
Fill te krajli shkjau ka dalë,
Be në zotin shkjau i ka ba,
Qi dorën n'dorë ja kam pasë kapë,
Por"kushtrim" nusja ka britë,
125 Mera e madhe më ka hi,
M'asht dhanë ika e kam ikë.
Be në zotin prap krajlit i ka ba:
- Ç'se kam le, ma t'bukur nuk kam pa!
Atherë krajli ç'ka qitë e i ka thanë:
130 - Aspak merak, djalë, mos u ban,
Dalëkadalë e jona ka me kenë.
Atherë krajli nji letër e shkruen,

"Come and open up the doorway,
95   My voice is rough from the cold water,
And beech leaves have turned pale my courser,
Open or I'll kick the door in,
And tear you into little pieces."
The bride at this was slightly frightened,
100   What did she answer to the lad now?
"I will first ascend the tower,
With a rifle fire a warning
To tell Jutbina, the *krahina*.
All to gather and assemble,
105   Then I'll open up the doorway."
What did the lad then say, responding?
"Not even once since I've been absent
Have Agas come on time to see me,
All Jutbina's not at home now.
110   They would only ridicule us
If you locked the only son out."
At this the maiden was deluded,
Went and opened up the doorway,
Then she slipped back up the staircase
115   But the *shkja* was right behind her,
Caught the bride on the veranda,
"To arms, oh warriors!" did she cry out.
The *shkja* was awed and panic-stricken,
And, though his hand was on her ankle,
120   Did he turn and leave without her.
To the king the *shkja* proceeded
And to his lord he swore, asserting:
"My hands in fact I had around her
When she called out to the warriors,
125   I was awed and panic-stricken
And I turned and left without her."
To the king he went on, swearing:
"I've ne'er seen a fairer maiden."
The king inclined to him, responding:
130   "Come on, lad, now don't you worry,
Slowly, surely will we get her."
Then the king wrote an epistle

Fill n'dorë t'nuses ja ka çue.
Ç'ka qitë n'letër e po i shkruen:
135   *- Ti qi je nusja e Alisë,*
Merre 'i burrë ku t'duesh vetë,
Se Alinë në burg e ke
E për gjithmonë burgun ja kam pre.
Letra nuses në dorë i ka ra,
140   *T'tanë me lot e mjera e ka kja.*
Nana e vet ka qitë e e ka pvetë:
- Ajo letër, nuse, zot, ç'do t'jetë?
Shum letra, nuse, ti ke marrë,
Por asnji me lot nuk e ke kja.
145   *Atherë nusja nanës i ka thanë:*
- Po thonë, se Alinë e kanë xanë
Edhe n'burg e kanë shti,
Për gjithmonë burgun ja kanë pre;
Por tri vjet, nanë, un due me e pritë,
150   *Tri vjet, nanë, me letra due me e lypë,*
Si në mujsha kudo të gjallë me e gjetë,
Me ty, nanë, kam me dekë;
Si n'mos mujsha me e gjetë për tri vjet,
Atherë nji burrë tash e zgiedh.
155   *Tri vjet rresht me letra e ka lypë,*
Kurr xhevap nusja nuk kish marrë.
Atherë nusja asht fejue,
Fejue e ka Sokol Halili.
Por prep nusja nji letër e ka shkrue.
160   *Ç'ka qitë n'letër e i ka thanë?*
- Si në kjosh, Ali, kund gjallë.
Sa ma parë xhevap mue me m'dhanë,
Se gjithmonë me nanën kam me t'ndejë,
Se un nji burrë e kam xanë,
165   *Para tri javve krushqit vijnë me m'marrë.*
Ajo letër Alisë në dorë i ka ra.
Ka fillue letrën e e ka kndue,
Sa t'madhe Alija ka britë,
Sa tjegullat krajlit i janë dridhë.
170   *Atherë krajli ka qitë e ka pvetë:*
- Ç'ke, Ali, kaq t'madhe si bërtet?

And to the bride did he transmit it,
What was written in the letter?
135   "You may be the bride of Ali,
But choose yourself another husband,
For your Ali's in my prison
And he'll be in jail forever."
In her hand she held the letter,
140   The poor girl's tears were dripping on it,
The mother turned to her and asked her:
"What, oh bride, is in the letter?
I've seen you reading many letters,
But never seen them make you cry, dear."
145   The bride turned to her mother, stating:
"It says that they have captured Ali,
And into prison have they thrown him,
He will be in jail forever.
For three full years will I await him,
150   For three full years I'll write him letters
And try to free him if I'm able,
It's a challenge for us, mother.
But if in three full years I fail to,
I will choose another husband."
155   For three full years she wrote him letters,
And never did she get an answer,
Then the bride did choose another,
Marry she'd Sokol Halili.
One last time she wrote a letter.
160   What was written in the letter?
"If you're still alive, oh Ali,
Let me quickly have your answer,
Mother's died and I have waited,
Now I'm taking a new husband,
165   In three weeks they'll come to get me."
Ali did receive this letter,
And did open it and read it,
What a scream did Ali let out,
How the palace bricks did tremble!
170   The king went down to him and asked him:
"Why the screaming, what's the matter?

A t'ka mërzitë mjekra për pa u rrue,
A balta deri n'gju,
A kmishat pa i ndrrue?
175 Ç'ka qitë Alija e i ka thanë?
- Asnji asosh, krajl, nuk janë.
S'ma ka mërzitë mjekrra pa u rrue,
S'ma ka mërzitë balta der n'gju,
S'ma ka mërzitë vesha pa u ndrrue;
180 Por kam pasë lanë nanën baxhi,
E kam lanë vetun në shpi.
Mora vesht se nana më ka dekë,
S'ka kush nanën ma shtje n'dhe,
Zogj e sorra nanën kanë me ma ngranë.
185 Në daç besë mue me m'xanë,
Njimend qefil s'kam ku me t'marrë,
Por nji qefil po ta nap të madh,
Se po t'nap zotin, qi m'ka dhanë,
Qi sot gjashtë ditë ktu prep kam me kanë.
190 Aspak krajli besë nuk i ka xanë.
E bija e krajlit babës i ka thanë:
- Për Alinë qefil jam vetë,
T'tanë gazepet un kam me i hjekë,
N'kjoftë se Alija sot gjashtë dit nuk vjen.
195 Atherë krajli e ka lshue,
Për shpi Alija asht fillue.
Kur te shpija Alija ka shkue,
Ka ndeshë n'Bylykbashe Mujin.
- Mirë se të gjej, i thotë, burri dai!
200 - Mirë së vjen, lypsi fukara!
Ka qitë Muji e ma pvetë:
- Për kah shkon, ti lyps, a prej kah vjen?
Qet Alija Mujit e i thane:
- Fill prej burgut sot kam dalë.
205 - Po a din gja mue me m'kuvendë,
Për Ali Bajraktarin?
Tesh tri vjet krajli na e ka xanë.
Atherë Alija ka qitë e i ka thanë:
- N'nji burg me Alinë kam ndejë,
210 N'burg Alija ka dekë,

Is your uncut beard the bother,
Or the knee-deep mud you stand in,
Or your shirt, that you've no clean one?"
175 Ali turned to him and answered:
"No, king, none of these afflict me,
It's not my beard that is the bother,
Nor the knee-deep mud I stand in,
Nor that I can't change my garments.
180 I left behind my aged mother,
At home alone was she abandoned,
Now I've learned that she has perished,
Who will dig the grave for mother?
They'll eat her up, the birds and ravens,
185 I would ask you now to trust me,
Though I have no bail to give you,
But I can give my word of honour.
By God I swear upon my honour
That in six days I will return here."
190 But the king refused to trust him
Till his daughter spoke out, saying:
"I will stand as bail for Ali,
I will take on all his sentence,
If in six days he's not back here."
195 The king agreed then to release him,
Ali set off for his home, and
When the hero finally reached it,
He found Bylykbashi Mujo.
"Greetings to you, nice to meet you."
200 "Welcome to the house, poor beggar,"
Answered Mujo and inquired:
"Where're you from, where are you going?"
Ali turned and said to Mujo:
"Today I was released from prison."
205 "Have you anything to tell me
About Ali Bajraktari?
Three years back, the king did catch him."
Ali turned to him and answered:
"I was with that man in prison,
210 And in prison Ali perished,

Për pinxhere eshtnit ja kam tretë,
Se pat nisë hapsanen me ma qelbë;
Por nji fjalë Alija amanet ma ka lanë,
Vetëm nuses me ja thanë.
215 *Lott për faqe Mujit po i bijnë*
E e ka shti dorën në xhep,
Ja ka falë njiqind orum të verdhë,
Për shpirt t'Alisë po ja nep.
Prep Muji i ka thanë:
220 *- Tridhetë dada nusen janë tu e veshë,*
Si në bashin derën mos me e çilë,
T'madhe,"Mujo" ke me thirrë.
Kur n'oborr Alija ka vojtë,
Kishte ndeshë n'Sokole Halilin.
225 *- Mirë se të gjej, burri dai!*
- Mirë se vjen, lypsi fukara!
Ka fillue Halili e e pvetë:
- Për kah shkon, ti lyps, a prej kah vjen?
Atherë Alija i ka thanë:
230 *- Prej Krajlnijet jam tue ardhë,*
Sot prej burgut un kam dalë.
- A din gja, lyps, me na kuvendë
Për Ali Bajraktarin?
Tesh tri vjet krajli na e ka xanë.
235 *- Bashkë n'nji burg me Alinë kam kanë,*
Alija n'burg ka dekë,
Për pinxhere eshtnit ja kam tretë,
Se pat nisë hapsanen me ma qelbë.
Lott për faqe Halilit i bijnë
240 *E e ka shti dorën në xhep,*
Ja ka falë pesdhetë orum të verdhë,
Për shpirt t'Alisë po ja nep.
N'derë t'çardakut kur ka hi,
Na ka ndeshë nanën baxhi.
245 *- Mirë se të gjej, mori baxhi!*
- Mirë se vjen, lypsi fukara!
Atherë nana ka nisë e e ka pvetë:
- Për kah shkon, ti lyps, a prej kah vjen?
- Fill prej krajlit jam tue erdhë,

I threw his bones out of the window,
For in the cell he'd started rotting,
But one final word he told me
And to his bride am I to tell it."
215 Tears streamed down the face of Mujo,
He put his hand into his pocket,
Pulled out a hundred golden *orums*,
"Take this for the soul of Ali,"
Answered Mujo and continued:
220 "Thirty maids the bride are clothing,
And if they do not open for you,
Cry out 'Mujo' in a loud voice."
When Ali went into the courtyard
There he met Sokol Halili.
225 "Greetings to you, nice to meet you."
"Welcome to the house, poor beggar,"
Said Halili and inquired:
"Where're you from, where are you going?"
Ali turned and thus responded:
230 "I have come back from the Kingdom,
Today I was released from prison."
"Have you anything to tell me
About Ali Bajraktari?
Three years back, the king did catch him."
235 "I was with that man in prison,
And in prison Ali perished,
I threw his bones out of the window,
For in the cell he'd started rotting."
Tears streamed down Halili's face now,
240 He put his hand into his pocket,
Pulled out fifty golden *orums*,
"Take this for the soul of Ali."
When he got to the veranda,
There he met his aged mother.
245 "Greetings to you, aged woman."
"Welcome to the house, poor beggar,"
Said the mother and inquired:
"Where are you from, where are you going?"
"I have come back from the Kingdom,

250   *Sot prej burgut un kam dalë.*
- Pash zotin, lyps, qi të ka dhanë,
A din gja mue me m'kuvendë
Për Ali Bajraktarin, djalin tem?
- Ti, mori baxhi, kjosh vetë,
255   *Se Alija në burg t'ka dekë.*
Për pinxhere eshtnit ja kam tretë,
Se pat nisë hapsanen me ma qelbë.
Lott për faqe nanës po i bijnë
E e ka shti dorën në xhep,
260   *Ja ka falë paret pa njehë,*
Për shpirt t'birit po ja nep.
Në derë t'odës Alija ka shkue,
Derën e odës dadat s'ja kin çilë.
Sa t'madhe Alija ka thirrë!
265   *Atherë Muji nelt ka hipë,*
Tridhetë dadat jashtë i ka qitë,
Mbrendë Alinë e ka shti.
Atherë nusja ka qitë e e ka pvetë:
- Për kah shkon, ti lyps, a prej kah vjen?
270   *- Fill prej Krajlnijet jam tue ardhë*
E tesh prej burgut un kam dalë,
- Po a din gja, ti, mue me m'kuvendë
Për Ali Bajraktarin, burrin tem,
Qe tash tri vjet rob krajli e ka xanë.
275   *- Bashkë n'nji burg me te kam ndejë*
Edhe Alija n'burg ka dekë,
Për pinxhere eshtnit ja kam tretë.
Lott për faqe nuses po m'i bijnë.
Nji shej n'ballë Alija e kish,
280   *Flokët e mdhaj shejin ja kin xanë,*
Përpjetë flokvet u ka dhanë.
Sa mirë nusja shejin ja ka pa
Edhe nusja atherë ish kujtue,
N'hamanxhik e ka çue,
285   *Asht la Alija e ndrrue,*
Për kapanxhjet me nuse janë ulë,
Në shpinë gjogut t'Mujit i kanë hipë
E janë nisë të dy me ikë,

250   Today I was released from prison."
       "By the God who made you, beggar,
       Have you anything to tell me
       Of my son, Ali Bajraktari?"
       "You must live alone now, woman,
255   For in prison Ali perished,
       I threw his bones out of the window,
       For in the cell he'd started rotting."
       Tears streamed down his mother's face now,
       She put her hand into her pocket
260   And pulled out of it coins uncounted,
       "Take these for the soul of Ali."
       Ali walked up to the bedroom,
       But the maids refused to open,
       So he called out in a loud voice.
265   Mujo rushed up to the bedroom,
       Threw out all the thirty maidens
       And allowed Ali to enter.
       The bride then bowed and did inquire:
       "Where're you from, where are you going?"
270   "I have come back from the Kingdom,
       Today I was released from prison."
       "Have you anything to tell me
       Of my husband, Ali Bajraktari,
       Whom three years the king's held prisoner?"
275   "I was with that man in prison,
       And in prison Ali perished,
       I threw his bones out of the window."
       Tears streamed down the bride's face also.
       There was a mark on Ali's forehead,
280   His long hair had kept it covered,
       Ali brushed his hair aside, so
       Then the bride could see his broad brow.
       Thus the bride did recognize him
       And sent him to the bath attendant.
285   Ali washed and changed his garments,
       With the bride stole through a trap door,
       Then they mounted Mujo's courser,
       And the two of them departed.

Halili atherë i ka pa,
290   *Ka qitë Mujit e i ka thanë:*
- Ky s'kje lypsi fukara,
Por kenka kenë shkjau i biri i shkinës.
Mirë për nuse dert s'po kam,
Gjogun tand ku kem' me e marrë?
295   *Atherë Muji Halilit i ka thanë:*
- Largou, more budalla i marrë,
Se i zoti gjanë e vet m'duket se ka marrë.
Në shpinë t'mazit t'Halilit Muji ka hipë,
Vrap mazit i ka dhanë,
300   *Nalt në bjeshkë Muji e ka xanë.*
Atherë Alija i ka thanë:
- Pasha zotin, Mujo, qi m'ka dhanë,
Gjanë teme un kam marrë.
Atherë Muji prëp i ka thanë:
305   *- Na dy darsma, Ali, duem me ba,*
Nji për nuse qi ke marrë
E tjetrën pse po e dijmë se je gjallë.
Gjashtë dit darsëm kanë ba,
Kur janë mbushë plot gjashtë dit,
310   *Alija nuses i ka thanë:*
- Prep n'Krajli m'duhet me dalë,
Pse besën e zotit krajlit ja kam dhanë,
Sot gjashtë dit aty prep me kanë.
Aspak besë krajli s'më ka xanë,
315   *E bija e krajlit qefil m'asht ba.*
Atherë krajli m'ka lanë me ardhë
E s'mundi në rrenë çikën me ë lanë,
me e dijtë se ma n'Jutbinë s'kam me ardhë.
Në shpinë gjogut i ka ra,
320   *Në Krajli Alija prep ka dalë,*
Tevabija përpara i ka dalë,
Duen gjogun Alisë me ja marrë,
Se kujtojnë, se mysafir asht.
Atherë Alija ka thanë:
325   *- Mysafir un nuk jam,*
Diftoni krajlit, se kam ardhë,
Atherë krajli në derë ka dalë

They were noticed by Halili
290 Who met Mujo and informed him:
"No poor beggar was that fellow,
He's a *shkja* of Slavic mother,
I don't care about the maiden,
How will we get back your courser?"
295 Mujo then said to Halili:
"Off with you, you foolish devil,
He's taken back his own possessions."
Mujo mounted Halili's pony,
And spurred the foal into a gallop,
300 On the mountain pastures caught him,
Ali then cried to him, saying:
"By the Lord who did create me,
I've taken only my possessions."
Mujo turned to him, responding:
305 "Let us hold two celebrations,
For the bride you have regained now
And another for your safety."
For six full days they celebrated.
But when the six full days were over,
310 Ali to his bride lamented:
"I must go back to the kingdom,
I gave the king my word of honour,
That in six days I'd be back there,
But the king refused to trust me
315 'Til as bail stood up his daughter,
Then the king agreed to free me,
I cannot deceive the maiden
Though ne'er more I'll see Jutbina."
Ali jumped onto his courser
320 And rode apace back to the Kingdom,
Out came the lackeys to receive him,
To take and care for Ali's courser,
Thinking him their guest of honour.
Ali then informed them, saying:
325 "I am not a guest of honour,
Tell the king that I have come back."
The king descended to the doorway,

E Alinë aty e ka pa,
Ka qitë Alisë e i ka thanë:
330 *- Hajt, Ali, t'kjoftë rruga e mbarë,*
Se besnik ti kenke kanë.
E në shpi Alija prep ka dalë.

Saw before him Ali standing,
And to Ali said, proclaiming:
330   "Best wishes for your homeward journey,
I see that you have kept your promise."
Ali to his home then journeyed.

Arnaut Osmani

Lum për ty, o i lumi zot!
Ça ka ba Arnaut Osmani?
Dymbdhetë shokë i ka bashkue,
N'bjeshkë të nalta trimi ka dalë,
5 Dymbdhetë agët shkjetë ja kanë xanë,
Jau kanë shti burgagijtë n'kambë,
N'burg nandë vjet i paskan lanë.
Shka ka qitë krajli e i ki' pvetë:
- I cili jush sarajet m'i dojtë?
10 Atherë foli Sokole Halili:
- Un n'at çetë, krajl, vetë s'jo' kenë.
Qysh ka folë ai Osman Aga i ri?
- Pash nji zot, krajl, qi t'ka dhanë,
Kurrkand n'qafë ti mos me marrë,
15 Vetë sarajet t'i kam djegë,
Vetë un kullat t'i kam shembë
Edhe landët un t'i kam pre.
Kqyr ça tha Krajle Kapitani!
- Mirë se kullat ti m'i dogje,

Arnaut Osmani

Having been sentenced with his companions to years in prison, Arnaut Osmani devises a plan. He pretends to have died in his cell. His companions scream and wail in lamentation. Awakened by the noise, the king sends his daughter down to the dungeon. She sees the dead Arnaut, who had been her lover, and begs her father to bury him. The king is suspicious and first subjects the body to all sorts of tests and tortures. Arnaut resists unmoved, but manages to let the daughter know he is alive. At her insistence, the king finally removes his shackles. Arnaut jumps up, seizes a sword and slays the king and his entourage. Then he frees his companions and they all set off for Jutbina, taking the king's daughter and thirty other maidens with them.

May you be blessed, oh God Almighty!
What news of Arnaut Osmani?
The hero gathered twelve companions
And set off for the mountain pastures,
5   The *shkjas* did capture his twelve Agas,
Round their feet did they put shackles,
Left them for nine years in prison.
What did the king then turn and ask them?
"Which of you burnt down my palace?"
10   Then spoke up Sokol Halili:
"I was not part of that *çeta*."
Then spoke the young lad, Osman Aga:
"By the God, king, who did make you,
Do not let the others suffer.
15   I myself burnt down your palace,
I myself tore down your *kulla*,
And did I chop down your forests."
Hear how the Captain King did answer:
"Alright then, you burnt my palace,

20   *Gjanë e mallin ku ma çove?*
       - Tanë n'Jutbinë, krajl, ta kam çue.
       - Mirë se mallin ti ma more,
       Babë e nanë ti ç'm'i bane?
       - Tha, n'Jutbinë të dy i kam çue,
25   *N'dorë t'tallallit i kam qitë,*
       Kurr 'i grosh s'kam mujtë me i shitë;
       Çajren vedit për ta s'dijta,
       N'zyft e n'pezhkve, krajl, t'i ljeva,
       Nuri krajl, un të dy i dogja,
30   *Si zanat qi lufta e ka pasë.*
       Ç'kish qitë krajli e kish thanë?
       - Shum hejdi, agaj, due me u ba,
       Thellë në burg un due me u shti,
       Dritë as diell mos t'shofë me sy.
35   *Jau ka shti burgagijtë n'kambë,*
       Sall gjashtë vjet tek kenkan ba
       Edhe mbushen dymbdhetë ditë e net,
       Flet Osmani me shokë të vet:
       - I madhi zot, shokë, u vraftë,
40   *Mot tuj shkue e forca tuj u lshue,*
       Tuj u plakë e mendja tue u lanë,
       Tuj u plakë e mnera tue u hi,
       Si s'ma msuet mue nji kopili,
       Si të dalim prej ktij burgut të zi.
45   *Sa mirë shokët Osmanit i kanë thanë!*
       - Se shko moti, forca s'na ka lshue,
       Se jem' plakë, mendja s'na ka lanë,
       Se jem' plakë, mnera s'na ka hi,
       Por s'po ka kush nesh ban ndoi kopili;
50   *Provë të mdha krajli ka me ba,*
       N'qafë vedin kanë me e marrë.
       Be n'zotin Arnauti ka ba:
       - N'shtatë furra t'kuquna me m'shti,
       Qërpiku i synit nji herë s'ka me m'u dridhë,
55   *Por a di shka, more shokët e mij,*
       Po provoj sonte m'u shtirë,
       Kesh se deka mue m'ka ardhë,

20   But what of the herds and my possessions?"
"I took them all, king, to Jutbina."
"Alright, you pilfered my possessions,
But what of father, what of mother?"
"I took the two down to Jutbina
25   And handed them to the town crier,
I couldn't get a penny for them,
And as I knew no other answer,
Painting them with tar and feathers,
I put a torch to them and burnt them.
30   You know that wartime has its customs."
How was it the king reacted?
"Let me, Agas, pay you an honour,
For I shall throw you into prison,
No more will you see the sunlight."
35   Round their feet did they put shackles,
Only six years did they give them.
When twelve days and nights had passed by,
Osmani spoke to his companions:
"May God slay you, my companions,
40   Time is passing, our strength is waning,
We are old, our minds are failing,
We are old, are filled with horror,
Which clever lad of you can tell me
How to escape from this dark prison?"
45   The men replied well to Osmani:
"Time's not passing, our strength's not waning,
We're not old, our minds are with us,
We're not old, nor filled with horror,
But none here has a trick to offer,
50   The king will undertake great action,
They'll nab us by our necks and hang us."
By God swore Arnaut Osmani:
"Were I stuck in seven ovens
Blazing, I'd not bat an eyelid,
55   You know what I'll do, companions?
I will lie tonight pretending,
That death itself has come to get me,

Se ishalla n'dhe mue gjallë po m'shtinë;
Sa t'vijë koha për mjesnatë,
60 *Merrni brimën tuj piskatë;*
Kur t'vijë koha nëpër dritë,
Merrni brimën tue bërtitë,
Nisni brimë e nisni gjamë,
Qi me e ndie krajli n'saraj.
65 *Kambët Arnauti m'i ka shtri,*
M'i ka mbledhë ai duerët mbi parzëm,
M'u kanë mbledhë shokët për rreth tij,
Po rreshtohen tanë për 'i rresht,
Kanë marrë brimë edhe piskamë,
70 *Kanë nisë gjamën tuj gjamue:*
- Mjeri u për ty, vllau i em o vlla!
Kur kanë lshue gjamën e tretë,
I ndien krajli n'odë të vet,
I ndien krajli e po pëvetë:
75 *- Ç'kini ju, more rob të tretun?*
A ju ka ra malli i shpisë,
A ju ka ra malli i robnisë,
A u ra n'mend për babë e nanë,
A u ra n'mend për motër e vlla,
80 *A u ra n'mend për shnjërgja t'bardhë,*
A jau ka mërzitë balta deri n'gju,
A jau ka merzitë mjekrra për pa u rrue,
A jau kanë mërzitë kmishat për pa u ndrrue,
A jau ka merzitë drita për pa dalë?
85 *Ça kanë thanë agët e ngujuem?*
- Asnji asosh, krajl, nuk asht,
Por nji shoq ne na ka dekë
E s'po dijmë ku me e shti n'dhe,
Se hapsanen po na e qelbson.
90 *Besë s'e xen krajli, se ka dekë,*
Por ma thrret çikën e vet,
Çilcat n'dorë çikës ja ka dhanë
Edhe t'vogël te i ka thanë:
- Ulu 'i herë te ai burg i zi
95 *Edhe kqyr se ça ka ndodhë!*
Ka marrë çilcat çika, n'derë ka shkue,

They'll bury me alive, God willing.
When the midnight hour approaches
60   You must scream and you must clamour,
When the morning light approaches,
You must howl and you must holler,
Wail in pain and lamentation,
That the king in his palace hears you."
65   Arnaut Osmani lay down,
On his chest his arms were folded,
All his comrades did assemble,
In one line were his companions,
All were screaming, all were keening,
70   Shrieked in pain and lamentation:
"Woe now to us for our brother."
When the third lament was over,
Did the king wake in his chamber,
Did the king wake up and ask them:
75   "What's the matter, forlorn prisoners,
Can it be that you are homesick,
Are you longing for your loved ones,
Do you miss your father, mother,
Do you miss your brother, sister,
80   Are you missing blithe Saint George day?
Is your uncut beard the bother,
Or the knee-deep mud you stand in,
Or your shirt, that you've no clean one,
Or is it daylight that you're missing?"
85   What did the captive Agas answer?
"None of these, king, are we missing,
But one of us is dead, departed,
Who will dig a grave for him now?
For in the prison cell he's rotting."
90   But the king did not believe them,
Instead he called upon his daughter,
The keys he gave her for the prison
And told the maiden in a whisper:
"Go down to that sombre dungeon,
95   Go and see now what has happened."
The maiden took the keys and went down,

Dy herë çilc edhe e ka zhdry.
Kur ka nisë n'at burg me hi,
Arnautin ma shef shtri;
100   Bash jaran ma kish pasë at djalë,
Para krajlit çika ka dalë,
Ka qitë krajlit e i ka thanë:
- Kurrnja asqil ndër agaj nuk janë,
Vig ma kin trimin Osman,
105   Vig ma kin Osman Agën e ri,
A ma fal qi n'dhe ta shti,
Se n'ma dhaç n'dhe me e mblue,
Si t'më thuejsh kam me t'ndigjue.
Aspak besë krajli s'e ka xanë,
110   Njiqind vetë n'derë t'burgut i ka çue,
Dhetë ma t'fortit mbrendë n'burg i ka shti.
Krejt i dekun Arnauti ishte gja,
Jashtë e qitën, krajli ma ka pa.
Por sa kopil krajli ishte kanë,
115   Ka nisë provë e provë po ban:
I ka mbledhë nandë gjarpij shullanit,
N'gjyks gjarpijt trimit ja ka vu,
Se sa fort gjarpnat e kanë qokatë,
Se sa gjallë ish kanë, për t'gjallë s'â ndie.
120   I ka ndezë dy zjarma t'mdhaj
E ndërmjet Osmanin ma shtjen,
Para e mbrapa lkura m'i pelset,
Gjallë ish kanë, për t'gjallë s'â ndie.
Aspak besë krajli s'ki' xanë.
125   M'i ka marrë njizet maje gozhdash,
Për nën thoj fell ja ka shti,
Der qi gjaku m'i ka dalë,
Gjallë ish kanë, për t'gjallë s'â ndie.
As hiç krajli besë s'kish xanë,
130   Se i pabesë fort ish kanë!
Po don krajli edhe 'i provë me e ba:
M'i ka zgjedhë tridhetë çika t'mira,
Mirë po i veshë e mirë po i mbathë.
Te kryet t'deknit ja ka çue,
135   Për rreth t'deknit bashkë po kcejnë,

Twice she turned them in the doorlock,
When she set foot in the dungeon,
There she saw Arnaut Osmani,
100   He's the boy who'd been her lover.
To the king went back the maiden,
Turning to him did she utter:
"None of the Agas are revolting,
But Arnaut Osmani's perished,
105   Dead's the young lad, Osman Aga,
May I dig a grave for him now?
If you give me him to bury,
I promise to obey you, father."
But the king did not believe her,
110   To the jail sent a hundred soldiers,
The ten best entered the dungeon,
Saw dead Arnaut Osmani,
Took him so the king could see him,
But the king was very clever,
115   And began to test the body.
Nine serpents in the sun he gathered,
Around the hero's neck he laid them.
Badly bitten by the serpents,
Though alive, he did not show it.
120   Two great bonfires did he kindle
And Osmani set between them,
His skin on back and front did rupture,
Though alive, he did not show it.
But the king did not believe him,
125   Twenty nails, all sharp, he gathered,
Drove them into toes and fingers,
Until all the blood had left him,
Though alive, he did not show it.
But still the king did not believe him,
130   And, exceedingly suspicious.
One more test did he insist on,
Thirty fair maids he selected,
Gave them comely shoes and garments,
Around the dead man's head he placed them,
135   Around the body they moved, dancing,

Për rreth t'deknit po lodrojnë,
Për rreth t'deknit mirë po kndojnë.
Çika e krajlit tu kryet i ka qillue,
Mirë Osmani e ka hetue,
140 Me njen' sy ma ka shikjue,
Buzën gaz m'iu ka ba.
Mirë po i qeshë njana anë mustakut.
Çika e krajlit asht kujtue,
Përmbi ftyrë rubën ka lshue.
145 Ç'kanë qitë shoqet e i kanë thanë?
- Pasha at zot qi na ka dhanë,
Njetash qeshi Osman Aga i ri.
- Zoti u vraftë, çika, u ka thanë,
Se ky djalë 'i herë ka dekë,
150 Krejt gjynahet zoti ja ka falë,
Shpirti n'gaz, shoqe, i ka dalë.
Ça i ka thanë çika babës s'vet?
- Pash at zot, krajl, qi t'ka dhanë.
Po gjynah ty si s'asht tue t'ardhë,
155 Për t'dekun njerin me e mundue
E gjithëfarë provësh n'te me i provue.
Paj ka dekë e ka mbarue,
Era e keqe ktij â tuj ardhë,
Se tash tri dit ka ndejë mbi tokë,
160 A thue t'deknit, krajl, po i tutesh?
Hiqja prangat prej kambet
Edhe duerët me ja shpengue!
As hiç krajli s'ka besue,
Ma ka thirrë balozin me shpatë,
165 Ndër sy t'tij Osmanin e ka lirue,
Ja ka hjekë bylegitë prej kambësh,
Ja ka hjekë prangat prej duerësh,
Përmbi kryet shpatën ja ka lshue!
Sa mirë Osmani shpatën e ka hetue,
170 Fluturim në kambë asht çue,
Shpatën n'dorë ai po ma merr,
Si i tërbuem balozin e pret.
Kurrkuj n'mend s'po i bjen me qindrue,
Gjithë kujtojnë se i dekni u ngjall,

Around the body they made merry,
Around the body they sang fairly.
At his head stood the king's daughter,
Well Osmani did observe her,
140 With one eye at her was peering,
A smile so slight did cross his lips now,
With one side of his whiskers moving,
This she noticed, the king's daughter,
His face then with the shroud she covered,
145 But the maidens turned, remarking:
"By the Lord who did create us,
The lad has smiled, this Osman Aga."
"Damn you, maidens," said the daughter,
"For this lad is dead already,
150 Of his sins has he been pardoned,
His soul's in rapture, left the body."
What did she say to her father:
"By the God who did create you,
With sin will you now be burdened
155 If you keep torturing this body
With many trials and tribulations,
He has perished, is long dead now,
Can't you see the corpse is stinking?
For three days he's lain unburied!
160 Have you no fear of a body?
Take the bonds from off his feet now,
From his hands remove the shackles!"
But still the king did not believe her.
He called a *baloz* with a sabre
165 And with it watching, freed Osmani,
He took the bonds from off his feet now,
From his hands removed the shackles,
Above his head was poised the sabre,
How well did Osmani watch it.
170 To his feet he sprang and, jumping
Through the air, he seized the sabre,
Slew the *baloz* like a madman,
No one ventured to resist him,
Thought the dead had been awakened,

175   *Mnerë e madhe t'gjithve u ka hi.*
       Të tanë dekun i ka ba,
       Synin krajlit ja verboi,
       Krahin krajlit ja shkurtoi,
       Rrash me tokë kullat i rrenoi;
180   *Dymbdhetë agët trimi i pshtoi!*
       Tridhetë çikat po i bashkon,
       N'at Jutbinë t'tana po i çon,
       Tridhetë djelm po m'i marton,
       Çikën e krajlit për vedi e ndalon,
185   *Ban denam e ban dyzen,*
       Darsëm ban nandë ditë e net!
       Se atje un nuk jam kenë,
       Si kam ndie e si m'kanë thanë;
       Se kto janë prralla prej motit,
190   *Ndimën paçim na prej zotit!*

175   All of them were filled with horror,
      And every one of them was slaughtered.
      Of the king he gouged an eye out,
      Of the king he cut an arm off,
      Razing to the ground his palace,
180   The hero freed the dozen Agas,
      Gathered all the thirty maidens,
      And took them all back to Jutbina,
      Making wives for thirty lads there,
      And for himself he kept the daughter.
185   There was feasting, there was music,
      Nine days and nights did last the wedding!
      Although myself I was not present,
      So I heard it, so they told me,
      Very ancient stories these are,
190   May the grace of God be with us!

Zuku merr Rushën

Tridhetë agë, tha, bashkë janë ba
E e kanë ndezë zjarmin n'ledinë,
Kanë marrë pijen e po pijnë,
Pija n'llaf i ka qitë;
5   Kanë marrë llafin e po llafiten,
Ka qitë Muja e u paska thanë:
- Ju jau xisha llafin, qi po bani!
Nana djalë n'Jutbinë s'ka ba,
Motra vlla nuk ka përkundë.
10   Pela maz s'ka ba mejdanit,
Për me i ra gjogut në shpinë,
Për me hi natën n'Krajli,
Tu kulla Rushës me m'i vojtë,
Sall me dorë kullat me ja prekë.
15   Në m'ndigjoshi, more shokët e mij,
Po e punojmë nji pallë e nji parmendë
E po himë tokët e po i punojmë.
Atherë foli Zuko Bajraktari:

Zuku captures Rusha

Provoked by Mujo, Zuku Bajraktari declares he will go and capture the king's daughter Rusha. He first asks his mother for advice. She fears for his life, but gives him a strong courser for the journey. When Zuku reaches Rusha's *kulla*, he calls out to her. She is afraid and asks him to show her his sleeve and the ring she had given him before she opens the door. The next evening, the two return to Jutbina. Mujo sends Zuku a message, saying that Rusha belongs to him. After much dispute over the maiden, the two warriors go to the *cadi*, whom both threaten to kill if they do not win the case. The *cadi* decides that the matter must be settled on the war grounds. The first on horseback to reach Rusha will have her. Mujo is faster but, through divine intervention, his horse shies away at the last moment. Zuku thus wins his Rusha.

Thirty Agas were assembled,
And in the meadow lit a fire,
At their feast did they start drinking,
And the drink their tongues did loosen,
5   They were talking and conversing,
Mujo, turning to them, stated:
"Let me spice your conversation!
No lad's been born here in Jutbina,
No sister's ever rocked a brother,
10   No mare's produced a foal for duelling,
That I could mount at night and ride on
To the Kingdom of the Christians
To go and visit Rusha's *kulla*,
And with my hand approach and touch it.
15   Listen to me, my companions,
Let us make a plough and ploughshare,
Go and work the land as farmers."
Then spoke Zuku Bajraktari:

- Pasha 'i zot, Muj, qi m'ka dhanë,
20   Nana djalë mue m'ka ba,
Motra vlla mue m'ka përkundë.
Pela gjog gjogun tem ka ba
E i kam ra gjogut tem në shpinë
E jam hi natën në Krajli
25   E tu kullat Rushës i kam vojtë
E tri net me Rushën un kam fjetë.
Çka ka qitë Muji e ka thanë?
- Pasha 'i zot, Zuku, qi m'ka dhanë,
Sall me sy kullat me ja pa
30   Tri vjet ethet të kishin marrë,
Për tri vjet nuk t'kishin lshue,
Halla, n'kambë Zuku kenka çue,
Sa me idhnim burri ka folë!
- Pasha 'i zot, Muj, qi m'ka dhanë,
35   Mos me kenë ma i madhi ndër ne,
Qato fjalë nuk t'i duroj,
Ndo po e la kryet n'Krajli,
Ndo po e marr Rushën e krajlit.
Fill te shpija Zuku kenka shkue,
40   Para nana m'i ka dalë,
Mbrendë n'odë e ka shti,
Ja pjek kafen me sheqer;
Be n'zotin nana i ka ba,
Kurr ma t'mira kafet s'i pjek.
45   As hiç djali kafen nuk ja merr.
E ka qitë e ama e i ka thanë:
- A t'ka dekë mik a probatin,
A t'ka dalë baloz n'mejdan,
A ke nisë mejdanit me i pritue?
50   Çfarë idhnimit, djalë, sot t'paska ra?
Nanës s'vet Zuku i ka thanë:
- Pasha 'i zot, nanë, qi m'ka dhanë,
As s'm'ka dekë mik as probatin,
As s'm'ka dalë baloz n'mejdan,
55   Mos o zot mejdanit me i pritue;
Por llaf ndër shokë si kam ba,
Ndo me e lanë kryet n'Krajli,

"By the God who made me, Mujo,
20   I was born here in Jutbina,
And my sister rocked her brother,
My mare produced a horse for duelling,
That I did mount at night and ride on
To the Kingdom of the Christians,
25   To go and visit Rusha's *kulla,*
And three nights I slept with Rusha."
What did Mujo say, responding?
"By the God who made me, Zuku,
If you had but seen the *kulla,*
30   You'd have been three years in fever,
For three years it wouldn't leave you."
Swiftly to his feet jumped Zuku,
With what fury did he speak out!
"By the Lord who made me, Mujo,
35   Were you not the greatest of us,
I'd not tolerate your talking,
Either I will have my Rusha
Or leave my head back in Jutbina."
Zuku to his home proceeded,
40   And there he went to see his mother,
He ascended to her chamber,
There she made him sweetened coffee,
The mother swore by God to Zuku:
"I've never made a better coffee."
45   But the lad refused to drink it,
His mother turned to him and uttered:
"Has a friend died, or blood brother,
Has a *baloz* come to fight you,
Are you destined for the war grounds,
50   What fury, son, has now assailed you?"
To his mother answered Zuku:
"By the Lord who made me, mother,
No friend's died and no blood brother,
No *baloz* has now come to fight me,
55   I'm not destined for the war grounds,
But I've sworn before my comrades
Either I'll have royal Rusha

Ndo me marrë Rushën e krajlit.
Kqyr e ama djalit ça i ka thanë!
60 - Pash gjitë, bir, qi t'kam dhanë,
E pash majën, qi t'kam ba,
Hiqmu, bir, hallajkosh s'dheut,
Hiqmu, bir, divanesh s'remta,
Se pare boll zoti na ka falë
65 E p'e shkrue lokja 'i letër t'mirë,
E p'e qes katund m'katund,
E p'e qes shehër m'shehër.
Ta xe lokja nji çikë të mirë
E ta xe n'nji oxhak të mirë
70 E ta la me pare t'hallallit.
Atherë foli Zuke Bajraktari:
- Pasha 'i zot, nanë, qi m'ka dhanë,
Ndo po e la kryet n'Krajli,
Ndo po e marr Rushën e Krajlit.
75 Hajt e hin, nanë, n'at burgun e terrtë
E ma zgidh, tha, nji gjog për qef.
M'â nisë nana, tha, tue lotue
E ç'ka qitë ai gjog asaj e i ka thanë?
- Tash shtatë vjet n'njet burg qi jam kanë,
80 Drit'n e diellit askurr s'e kam pa,
Askurr burgu mue nuk m'ka pikue,
Sot ka nisë, tha, burgu me pikue.
Ç'ka qitë nana e i ka thanë?
- S'ka nisë burgu ty me t'pikue,
85 Por jam vetë, gjog, tue lotue,
Se n'Krajli Zuku don me shkue.
Besa shpejt, tha, Zukun kanë me e pre
Edhe ty, tha, gjog, kanë me t'marrë
E samarin ty kanë me ta vu
90 E barrë t'randë me ty kanë me bajtë,
Tanë patkojt, tha, gjok ty kanë me t'ra.
E ç'ka qitë gjogu e ka thanë?
- Si n'e paçim baftin, qi e kem' pasë,
Na n'Jutbinë shndosh, tha, kem' me ardhë.
95 E ç'ka qitë nana e i ka thanë?
- Për ne e paçi baftin për me pshtue,

Or leave my head back in the Kingdom."
Hear the answer of the mother:
60   "By the breasts that I did give you,
By the greatness that I lent you,
Avoid, my son, vain earthly pleasures,
Avoid, my son, deceitful counsels,
God's bestowed on us such riches.
65   Your mother now will write a letter,
From village to village will she send it,
From town to town will she transmit it,
A nice girl will your mother find you,
A girl of lineage and breeding,
70   And pay for her with bridal money."
Then spoke Zuku Bajraktari:
"By the God who made me, mother,
Either I'll have royal Rusha
Or leave my head back in the Kingdom.
75   Go to the dark cellar, mother,
And choose for me a comely courser."
Tearful did depart the mother,
The horse turned to her and lamented:
"For seven years I've been a prisoner,
80   Never having seen the sunlight,
Never has the rain leaked in here,
But today, the cellar's dripping."
The mother turned to it, replying:
"The cellar has not started dripping,
85   It's me, oh horse, who's begun crying,
For Zuku's destined for the Kingdom,
Soon, I fear, they'll cut his head off
And you, steed, they'll also capture,
And they'll put a saddle on you,
90   Make you carry heavy luggage,
All your hooves will fall off, courser."
The courser turned to her, replying:
"If we have luck as we used to,
We'll get safely to Jutbina."
95   The mother turned to it, replying:
"If you've luck and get back safely,

N'vend t'elbit oriz ti ke me ngranë,
N'vend t'ujit venë ty kam me t'dhanë.
Ka nisë nana gjogun me e shilue,
100 Po m'ja ven shalën prej florinit,
E m'ja ven bilanat telatinit,
E m'ja ven frenin prej brishimit,
E n'fund t'shkallve Zukut ja ka çue,
E sa t'madhe gjogu ka hingllue,
105 T'gjithë Jutbinën gjogu ma ka shurdhue!
N'muzg të natës, nata tuj ra,
Ça ka ba Zuke Bajraktari?
I ka ra gjogut në shpinë,
Tym e mjegull gjogun e ka ba
110 E â hi natën n'Krajli
E tu kullat Rushës i ka ra
E n'derë Rushës i ka cokatë.
- Çilma derën, Rushe, mbrendë t'hi!
- Nuk muj derën, thotë, me ta çilë,
115 Ndoshti je Gjeto Bashe Muja.
- Çilma derën mbrenda t'hi,
Se un s'jam ai qi po thue.
- Nuk muj derën, thotë, me ta çilë,
Ndoshti je Halil Aga i ri.
120 - Çilma derën mbrenda t'hi,
Se un nuk jam Halil Aga i ri,
Por un jam Zuke Bajraktari.
- Ti, në kjosh Zuka si po thue,
E çon dorën përsipri xhamit,
125 Se ta njof mangën e xhamadanit,
Se ta njof mhyrin qi t'kam dhanë.
E çon dorën përsipri xhamit,
Mirë ja njef mangën e xhamadanit,
Mirë ja njef mhyrin, qi i ki' dhanë.
130 Njatherë derën, tha, ja ka çilë
E n'podrum, tha, gjogun ja ka shti,
E n'odë nalt Zukun e ka hipë,
Ja ka pjekë kafen me sheqer,
As hiç Zuku kafen nuk ja merr,
135 "Pa ma dhanë," thotë, "besën e zotit,

I'll feed you rice instead of barley,
Give you wine instead of water."
The mother saddled up the courser,
100   Set on it a golden saddle,
Tightened straps of patent leather,
Added reins of silken threading,
And led it up the stairs to Zuku.
How loudly did the courser whinny,
105   Neighing, deafened all Jutbina.
When the dark of night had fallen
Where was Zuku Bajraktari?
Swiftly did he mount his courser,
Behind them smoke and dust were rising,
110   In the night they reached the Kingdom,
Arriving then at Rusha's *kulla*,
Knocking there at Rusha's *kulla*:
"Open, Rusha, let me enter!"
"I can't open up the doorway,
115   You might be Gjeto Basho Mujo."
"Open up and let me enter,
For I'm not the one you mentioned."
"I can't open up the doorway,
You might be young Halil Aga."
120   "Open up and let me enter,
For I'm not young Halil Aga,
I am Zuku Bajraktari."
"If you're Zuku as you're claiming,
Raise your hand up to my window,
125   I will recognize your coat sleeve
I will know the ring I gave you."
He raised his hand up to the window,
Well she recognized his coat sleeve,
Well she saw the ring she'd given,
130   Then she opened up the doorway,
Led his courser to the stable,
Led him up into her chamber,
Where she made him sweetened coffee.
"I'll not drink it," uttered Zuku,
135   "'Til you give your word of honour

Qi si t'tham ke me m'ndigjue."
Besën e zotit Rushja ja ka dhanë.
Atherë kafen e ka pi,
'I natë e 'i ditë aty ka pushue.
140   Ne e nesret mbrama, nata kur â errë.
N'shpinë t'gjogut Zuku paska kcye,
Mirë asht veshë Rushja e mirë asht mbathë
E i ka mbushë xhepat me duket
E n'vithe t'gjogut Zuku e ka hipë,
145   Tym e mjegull gjogun e kanë ba,
Shndosh n'Jutbinë, tha, drita u ka çilë.
Kur ka ndie Gjeto Basho Muja,
Sa idhnim trimi ka marrë
E fjalë Zukut i ka çue,
150   Qi"për mue Rushja ka ardhë."
Aman zot, shum pleqninë kanë qitë,
Kush s'â dalë pleqninë me jau da,
Te kadija t'dy kenkan vojtë.
- A merr vesh, kadisë i kanë thanë,
155   Shum pleqni për Rushën qi kanë qitë,
Kush s'â dalë pleqninë me na e da;
Ty t'mêçëm zotynë t'ka falë,
Qet pleqni ke me na e da,
Ndo dy copësh qafën ta kputim.
160   Të dy n'shpi trimat kanë shkue,
Tjetër anë Muja kenka sjellë,
Te kadija kenka vojtë.
- A merr vesh, kadisë m'i kanë thanë,
A merr vesh, more kadi,
165   Për mue Rushja qi ka ardhë;
Nusen Zukut me m'ja qitë,
Un dy copësh qafën ta kputi!
Tjetrës anë Zuku kenka vojtë:
- A m'merr vesh, more kadi,
170   Unë për vedi Rushën e kam marrë,
Se sa keq mbas saj qi kam hjekë;
Me m'ja qitë nusen Gjeto Basho Mujit,
Dy copësh qafën ta kputi!
Sa n'gazep kadija kenka ra!

That you'll do just as I tell you."
Rusha gave her word of honour,
And he deigned to drink her coffee,
A day and night did Zuku stay there,
140 Then next evening, when the night fell,
Zuku climbed upon his courser,
Rusha donned fine shoes and garments,
With ducats did she fill her pockets,
Zuku set her on the courser,
145 Behind them smoke and dust were rising,
And at dawn they reached Jutbina,
When Gjeto Basho Mujo heard them,
He was filled with rage and anger.
A message did he send to Zuku,
150 Saying she was his possession.
Many councils for her gathered
But no one dared decide the matter,
To the *cadi* went the rivals.
"Do you know," they told the *cadi*,
155 "Many councils have gathered for her,
But no one's dared decide the matter,
God made you a man of reason,
You must make the big decision,
Or we'll break your neck asunder."
160 To their homes returned the rivals,
Mujo hatched another plot though,
And went back to see the *cadi*.
"Do you know," he told the *cadi*,
"Do you realize, dear *cadi*,
165 It's for me that Rusha came here.
If you give the bride to Zuku
I will break your neck asunder."
Zuku, too, went to the *cadi*
"Do you realize, dear *cadi*,
170 Back for me did I bring Rusha,
Much I suffered to obtain her,
If Gjeto Basho Mujo gets her,
I will break your neck asunder."
The *cadi* was now filled with horror.

175   *Paj me e lanë pleqninë për pa e da,*
       Të dy bashkë kadinë po e presin;
       Me m'ja qitë nusen Zuke Bajraktarit,
       Po ma preke Gjeto Basho Muji;
       Me m'ja qitë Mujit Bylykbash,
180   *Paj, po e pret Zuke Bajraktari.*
       Ndej kadija tri dit e net,
       Për tri net nuk ka mbyllë sy
       E zotynë pleqninë ja ka pru.
       E ka çue t'dy e i ka thirrë,
185   *E ka qitë kadija e u ka thanë:*
       - Me vedi Rushën ta merrni
       E ta qitni n'krye t'fushës s'mejdanit
       E t'i matni gjogat barabar,
       T'dy përiherë gjogat t'i lshoni;
190   *Cilli ta kapë nusen ma parë,*
       Qatij nusja i kjoftë për hajr!
       Fill tu shpija trimat jane vojtë
       E me veti nusen e kanë marrë
       E n'shpinë gjogavet u kanë ra;
195   *Kenkan dalë n'at fushë t'mejdanit,*
       N'krye të fushës Rushën e kanë qitë,
       N'fund të fushës të dy kanë ra
       E i kanë matë gjogat barabar,
       T'dy përiherit i kanë lshue,
200   *'I sahat para Muja â vojtë.*
       Kur ka ba nusen për me e kapë,
       Zotynë t'mbrapshtën ja ka dhanë,
       Gjogu i Mujës kenka trembë
       E përmbrapa gjogu ka dredhë.
205   *Ish vojtë Zuku e nusen e kish kapë,*
       N'vithe t'gjogut nusen e ka qitë.
       Ça ka ba Gjeto Bashe Muja?
       E ka lshue një kangë të vogël:
       - Ku je, gjog, tha, hajrin ta pasha,
210   *Shumë balozat me ty i kam pre,*
       Shumë trimnitë me ty i kam ba,
       Por kush iu çoftë shoqit për t'lig,
       Kurr zotynë mbarë mos ja dhashtë!

252

175 Were the matter undecided
The two would jointly cut his head off,
And if he gave the bride to Zuku,
Gjeto Basho Mujo'd slay him,
If Mujo Bylykbashi got her,
180 Zuku Bajraktari'd kill him.
Three days and nights the *cadi* puzzled,
Not a moment did he slumber,
Then God sent him the solution,
He sought and summoned the two rivals.
185 Turning to them, spoke the *cadi*:
"Go and take your Rusha with you,
Take her with you to the war grounds.
With coursers at an equal distance,
Let them gallop off together.
190 The one who's fastest to the maiden,
He shall have as bride to marry."
The heroes went back to their houses,
Brought the bride and took her with them,
Travelling upon their coursers,
195 Did they ride up to the war grounds,
At one end they set up Rusha,
At the other they made ready,
Set their steeds at equal distance,
And let them gallop off together.
200 Mujo was the first to get there,
And as he lunged out for the maiden,
God Almighty did confound him,
Taking fright was Mujo's courser
Shied away and turned back from her.
205 Zuku came and caught the bride then,
Set her up onto his courser,
What of Gjeto Basho Mujo?
They heard him sing a little carol:
"What has happened, oh dear courser,
210 Many a *baloz* have we slaughtered,
Many daring deeds accomplished,
But whoe'er betrays his comrades,
He will be by God forsaken."

Kshtu m'kanë thanë,
215   *Se atje un s'jam kanë.*

That is what I heard them tell me,
215   For myself I was not present.

Rrëmbimi i së shoqes së Mujit

T'lumit zot, more, i kjoshim falë,
Si s'jem' kanë e jetën na e ka dhanë!
Kqyr çka bani Krajle Kapidani!
Burrë të mirë zoti e ka falë,
5   Kullë të mirë paj krajli kishte nisë,
Dymbdhetë mjeshtra vndue m'ta i ka,
Dymbdhetë vjet m'ta lanë i ka,
Sa të gjanë kullën qi e ka nisë,
Treqind oda m'ta si i ka da,
10   Po i mbaron odat prej florinit,
Dyerët e mblojën po ja vndon çelikut,
Dymbdhetë ketesh përpjetë e ka çue,
Bukuri prej krajli e ka punue!
Në sobë t'epër krajli ka pushue,
15   Me minder krajlit ja kanë shtrue,
E ka shti xhezmen në zjarm,
Nuses s'vet t'madhe te i ka thirrë:
- Shpejt në sobë, moj nuse, mue me m'ardhë!

Mujo's wife is kidnapped

The Captain King boasts of his wealth and possessions, but his wife tells
him he is nothing compared to Mujo. The king then trains three hundred
roughnecks and with them, he burns down Mujo's *kulla*, captures his wife,
the Turkish Mehreme, and seizes all of his possessions. Returning home,
he marries Mujo's wife and makes a servant of the first wife, who had
offended him. The Agas offer to build Mujo a new *kulla*, but for him it is a
matter of honour. He sets off for the Kingdom, but is betrayed there by
Mehreme, who gets him drunk and ties him up. The king grants Mujo one
last request before execution - time to play his *lahuta*. The mountain *zanas*
hear his song and inform Halili. Halili sets off for the Kingdom, slays the
king and frees his brother. Mujo slays the wife who betrayed him and
returns to Jutbina.

> We worship you, oh God Almighty!
> For we were nothing 'til you made us.
> Look what the Captain King was doing,
> A good man did the Lord make of him,
> 5   The king constructed a fair *kulla*,
> Had twelve master masons build it,
> Twelve years gave them for the building,
> Oh, how spacious was the *kulla*,
> In it were three hundred chambers,
> 10   All with gold did he adorn them,
> Of steel made the doors and ceilings,
> Twelve floors high did he construct it,
> The king made it a work of beauty,
> In an upper room he rested,
> 15   With royal sofas was it furnished,
> His coffeepot hung in the fireplace,
> Loudly to his wife he called out:
> "Come up quickly to my chamber!"

Shpejt në sobë nusja te i ka ardhë.
20 *Kqyre krajli atherë çka i ka thanë!*
- Kurrkund shoqin për burrë nuk e kam,
Kurrkund shoqen për grue ti s'ma ke,
Kullës seme shoqja nuk i bahet
E s'ma ka shoqen shpata e mejdanit,
25 *Gjogu shoqin kurrkund-o nuk ma ka.*
Kqyr e shoqja atherë çka i ka thanë!
- A m'ep izën, krajl-o, për me folë?
Edhe krajli izë i ka dhanë,
Ja ka nisë grueja te i ka thanë:
30 *- Kurrkund shoq i pashoq nuk â,*
Por, me pa ti Gjeto Basho Mujin,
Rrogtar lopësh ti gja nuk i duhesh,
I ka musteqet sa dy deshë galana,
I ka krahët sa dy lisa me rrema;
35 *Me ja pa njat Meremet Turkinë,*
Për dadë t'ditës kurrgja nuk i duhem;
Me ja pa paj shpatën e mejdanit,
Brigjak bukësh e jotja qi po të duket;
Me ja pa gjogun e mejdanit,
40 *Magar drush i yti qi po t'duket;*
Me ja pa kullat e sarajet,
Çerranik paj tuat qi po t'duken;
Paj për s'kundërt me e pa m'ndoi kodër,
Ja m'then kambën, ja m'then dorën.
45 *Sa keq krajlit m'i ka ardhë,*
Nji sahat krajli nuk ka folë!
Kur ka qitë krajli e ka folë,
Ma ka ba nji be fort t'madhe:
- Pasha 'i zot mue qi m'ka dhanë,
50 *Marrja e hallkut po m'len pa t'pre;*
Veç kur t'dalë vera, kjoftë e bardhë,
N'tri krahinë s'e la për pa dalë,
Me i bashkue treqind deberdera,
T'tanë pa tokë e t'tanë pa vrri,
55 *Të pananë, të tanë të pababë,*
Të pamotër, të tanë të pavlla,
Te panipa, të tanë të padajë,

The wife came quickly to his chamber,
20 Hear now what the king said to her:
"Among men I have no equal,
And you've no peer 'mongst the women,
No one has an equal *kulla*,
Nor like mine is there a sabre,
25 None possess a steed like I have."
Hear now how his wife responded:
"Give me leave, oh king, to answer!"
The king allowed her leave to answer,
And so the woman turned and stated:
30 "No one is without an equal,
If you saw Gjeto Basho Mujo,
You'd be happy as his cowherd,
Two black rams wide are his whiskers,
His arms are like two trees with branches,
35 To see Mehreme, his Turkish woman,
To be her maid I'd be unworthy.
If you were to see his sabre,
Yours would look more like a breadknife,
And if you were to see his warhorse,
40 Yours would look more like a donkey,
If you saw his *kulla* and palace,
Yours would look more like a pantry,
If you met him on a hillside,
You'd have your arms and legs all broken."
45 How these words the king afflicted,
For an hour he was silent.
When he turned and set to speaking,
Did he swear an oath and utter:
"By the God who did create me,
50 I'd slay you, were there not my subjects,
When the spring comes, may it blossom,
I will search through my three kingdoms,
Three hundred roughnecks will I rally,
None possessing land or pastures,
55 None with father or with mother,
None with brother or with sister,
None with nephews or with uncles,

Të pafejuem, të tanë të pamartuem,
Mos t'u dhimben turkut as kaurrit,
60 Mos të kenë kurrkend shokësh mbrapa
E t'i veshi të tanë e t'i mbathi
E t'i rruej të tanë e t'i ndrroj,
Njiqind dit të treqindt si t'i mbajë,
Mish tarokut të tanë të hanë
65 E tu kullat Mujos për me i ramë
A t'ja djegu kullat e sarajet,
Rrash me tokë kullat qi t'ja baj
E ja la si cung të thatë,
Me kndue qyqja ditë e natë
70 E t'i marr Meremet Turkinë
T'ja marr motrën e të binë;
T'ja marr shpatën e mejdanit,
T'ja marr selinë prej dukatit,
T'ja marr remet ka t'i kenë!
75 Mbrapan grueja kenka dredhë.
Kenka dalë vera, kjoftë e bardhë,
Ju ka ngi gjogu dushk e bar,
M'tri krahina krajli kenka dalë,
Krejt miletin krajli e ka bashkue,
80 I ka zgjedhë treqind deberdera,
Të pananë, të tanë të pababë,
Të pamotër, të tanë të pavlla,
Të panipa, të tanë të padajë,
Të pafejuem, të tanë t'pamartuem,
85 Qi s'po kanë kurkand për mbrapa,
Qi s'po i dhimben turkut as kaurrit.
Tha, tu kullat krajli i ka bashkue,
I ka la krajli e i ka ndrrue,
Sa mirë krajli n'armë i ka shtërngue,
90 Njiqind dit krajli i ka mbajtë,
Mish tarokut krajli u ka qitë,
Mish e venë po për gjithë ditë.
Kanë nisë djelmt-o m'u qeftue!
Te i ka veshë krajli, te i ka mbathë,
95 Fort ma mirë krajli i ka armatisë,
I ka kcye gjogut në shpinë,

260

None of them engaged or married,
With pity none for Turk or Christian,
60   With no family, no dependants.
I will give them shoes and garments,
I will shave them, change their clothing,
I will feed three hundred of them
Steer meat for a hundred days and
65   Then they'll harry Mujo's *kulla*,
Destroy his *kulla* and his palace,
To the ground they'll raze his *kulla*,
Leaving but a withered tree trunk,
On it there will sing a cuckoo,
70   I'll take Mehreme, his Turkish woman,
Take his sister and his daughter,
And I'll capture Mujo's sabre,
And his throne of golden ducats,
And I'll seize his copper vessels."
75   At this the lady did retire.
Then the spring came and did blossom,
With leaves and grass he fed the courser,
The king then searched through his three kingdoms
And assembled all the people,
80   Three hundred roughnecks did he gather,
None with father or with mother,
None with brother or with sister,
None with nephews or with uncles,
None of them engaged or married,
85   With no family, no dependants,
With pity none for Turk or Christian.
The king brought each one to his *kulla*,
Fed them and he changed their clothing,
How well did the king then arm them,
90   A hundred days long did he keep them,
And with steer meat did he feed them,
Meat and wine he gave them daily,
They praised the strength of one another,
The king did give them shoes and garments,
95   Gave them further arms and weapons,
Then he jumped onto his courser,

Treqind vetve u ka pri,
Në Jutbinë krajli kenka ra,
Taksirat paj Muji e ki' pasë,
100 *Ai te dajat na ka qillue,*
Kullën vetëm e ka lanë.
Edhe djegë kullat si ja ka,
Rrash me tokë kullat ja ka ba
E e ka lanë si cung të thatë,
105 *Me kndue qyqja ditë e natë;*
Ja ka marrë Meremet Turkinë,
Ja ka marrë t'motrën e të binë,
Ja ka marrë selinë prej dukatit,
Ja ka marrë remet te i ki' pasë.
110 *Ka marrë rrugën prej krajlive,*
Shndosh e mirë tu shpija â vojtë.
Shum denam krajli kish' ba,
Gjith miletin bashkue ma ka,
M'i ka pritë, m'i ka gostitë,
115 *Për shyqyr qi shndosh ka ardhë,*
Qi edhe gruen Mujos ja ka marrë.
Burrë i fort Krajle Kapidani!
Çka qitë krajli e ka ba?
N'saraj t'vet krajli kenka hi,
120 *Nuses s'vet të madhe te i ka thirrë:*
- Shpejt në sobë, moj nuse, për me m'ardhë!
A din, nuse, vjet se çka m'ke thanë?
Fjala e eme sa mirë m'ka dalë!
Qe un jam Krajle Kapidani!
125 *Se burrë t'fortë zoti mue m'ka falë,*
A din Mujos un se shka i kam ba?
Për dadë t'ditës me t'lanë kam da
Edhe kambët shpejt me m'i la,
Ujët e kambve për me e pi.
130 *Sa herë darkë t'kena me ngranë,*
Ke me mbajtë pishën me dhambë
Edhe dritë, ke me na ba.
Gruen e Mujos krajli marrë e ka,
Hysmeqare t'ven e ka ba.
135 *Taksirat Muja e ki' pasë,*

Taking all three hundred with him,
And did lead them to Jutbina.
It was Mujo's great misfortune
100   To be staying with his uncles,
Leaving all alone his *kulla*.
The king destroyed and burnt the *kulla*,
To the ground did he then raze it,
Leaving but a withered tree trunk,
105   On it there did sing a cuckoo,
He took Mehreme, the Turkish woman,
Seized his sister and his daughter,
And his throne of golden ducats,
And captured his copper vessels.
110   He took the road back to the Kingdom,
Safe and sound did he reach home and
Then prepared a celebration.
Having gathered all his people,
Did he welcome them and feed them.
115   For his safe return they praised him
And for taking Mujo's woman:
"Long live the Captain King," they shouted.
What now was the king preparing?
He had gone back to his palace,
120   Loudly to his wife he called out:
"Come up quickly to my chamber!
Remember what you told me last year?
What proved true is what I told you,
As Captain King, I kept my word well.
125   The Lord bestowed on me strong fighters,
Does Mujo know what I've done to him?
My housemaid I'm resolved to make you.
You must rise and wash my feet now,
And then I'll have you drink the water,
130   Whenever we sit down to dinner,
Between your teeth you'll hold the firebrand,
To provide illumination."
The king then married Mujo's woman,
And of his own did make a housemaid.
135   It was Mujo's great misfortune

Paj te dajat ka qillue.
N'nadjet Muja kenka çue,
Sa mahmurrshëm Muja qi ka ndjehë,
Ai Halilit t'madhe i ka thirrë:
140   - Çou, Halil, e kryet ti mos e çosh!
'I andërr t'zezë, Halil, qi e kam pa,
'I llavë e madhe prej bjeshket â ra,
Të dy gjogat hangër qi na i ka.
Kullat vetëm, djalë, i kem' lanë,
145   Drue se krajli djegë na i ka.
Çka ka qitë Halili e ka thanë?
- Shum e ftoftë bjeshka po m'asht,
Qetash asht gjethi tue ra,
Ndoshta andrra s'kallxon gja.
150   Ka qitë Muji e ka thanë:
- Gja kjo andërr mos me kallxue,
Kurr ma andrret s'kam me u besue.
Duerët e faqet kreshnikët i kanë la
E u kanë kcye gjogave n'shpinë
155   E e kanë marrë rrugën për Jutbinë.
N'at gjysë rruget kur kanë marrë,
Erën kullës ja ka ndie.
Kqyr Halilit trimi çka i ka thanë!
- Era shkrum m'gitet se â tue ardhë.
160   Çka i ka thanë Halili Mujit?
- Fort kaherë erën e kam ndie,
Por s'kam guxue me ta xanë me gojë.
Tym me mjegull gjogat i kanë ba,
Bash me plasë gjogat ishin ba,
165   Shkumë për gojet, qi kanë qitë,
Bytym djers u kullon shtati.
Hyqmet zoti e ka ba,
Me gojë gjogu kishte folë:
- S'ke bre, Muj, pse m'ban me plasë,
170   Sot dobi vrapi s'po t'ban,
Se ndër kulla shkjau na ka ra
Edhe kullat djegë na i ka
Edhe gruen ty ta ka marrë.
Kundra shpijave dalë te m'u kanë,

To've been staying with his uncles.
Mujo got up in the morning,
Mujo still was very sleepy,
He called out loudly to Halili:
140   "Rise, Halili, now or never,
Halili, I have had a nightmare,
A big wolf pack came down the mountain,
And it devoured our two coursers,
Boy, we've left alone the *kulla*,
145   I fear the king has burnt and razed it."
Halili turned to him, protesting:
"It's too cold out in the mountains
Now that all the leaves have fallen,
Perhaps the nightmare has no meaning."
150   Mujo turned to him, responding:
"If this nightmare has no meaning,
I'll believe my dreams no longer."
The *kreshniks* washed their hands and faces
And, jumping then onto their coursers,
155   Took the road off to Jutbina.
When they'd covered half the journey,
They could smell the burning *kulla*.
Hear what Mujo told Halili:
"A smell of smoke is in the air now."
160   What did Halili say to Mujo:
"Yes, I smelled that smell beforehand
But I dared not talk about it."
Behind them smoke and dust were rising.
The steeds were at the point of bursting,
165   Both the horses' mouths were foaming,
Both their hides with sweat were soaking.
Then, by God, there was a wonder,
Opening its mouth, the steed spoke:
"I will burst, it's pointless, Mujo,
170   That you keep me at this gallop,
For the *shkja*'s attacked your *kulla*
And to ashes has he burnt it,
And your wife has he now captured."
When they stood before the *kulla*

175   *Rrash me tokë kullat pa i kanë,*
       Sa fort Muja kenka lodhë!
       Tridhet agë iu kanë bashkue,
       Para Mujos i kanë dalë:
       - Ti hoshgjelden, Gjeto Basho Muja!
180   *Edhe kryet Mujës ja kanë shndoshë:*
       - Ti shndosh, Mujo me Halilin!
       E m'u lodhë, Muj, mos u lodh,
       Se edhe kullat t'i bajmë ma t'mira
       Edhe gruen ta marrim ma t'mirë
185   *E selinë ta gjejmë ma t'mirë*
       Edhe remet t'i blejmë ma t'mira,
       Gja e mall me t'falë, na t'falim.
       Kqyr çka foli Gjeto Basho Muja!
       - U rritët ndera, agve u ka thanë,
190   *Njimend kullat m'i bani ma t'mira,*
       Edhe martesën ma bini ma t'mirë,
       E selinë ma gjeni ma t'mirë,
       Po m'i ngrehni kullat e sarajet,
       Po m'i bini remet ka i kam pasë,
195   *Marren teme ku delni me e marrë?*
       Atherë agët kryet e kanë ugjë,
       Kurrnja gojën çilë nuk e ka,
       Kaq nen marre agët ishin ra,
       Si luftue agët mos t'kin pasë.
200   *Fort inat Mujos ja kin pase,*
       Në Jutbinë agët t'gjith kanë dredhë.
       Kqyre Muja Halilit çka i ka thanë!
       - Zoti t'vraftë, Halil Aga i ri,
       Paj tu shpija un ty due me t'lanë.
205   *E tu shpija Halilin e ka lanë.*
       Ka nisë burri e kenka prishë,
       Me vra vehten kreshniku â lodhë,
       Me pi zehrin kreshniku ka nisë.
       Marre vedit nuk po don me i lanë!
210   *E ka marrë at gjogun e mejdanit*
       E sa mirë kenka armatisë!
       E ka marrë shpatën e mejdanit,
       E ka marrë top e xhiverdare,

175 They saw it had been burnt to ashes.
Such despair now befell Mujo!
Thirty Agas did assemble,
Coming forth, they spoke to Mujo:
"Welcome, Gjeto Basho Mujo,"
180 The thirty Agas did salute him
And good health they wished the heroes.
"Don't despair or be discouraged,
We'll build an even better *kulla*,
And a better wife we'll find you,
185 A better throne for you to sit on,
New copper vessels will we buy you
And give you new herds and possessions."
What said Gjeto Basho Mujo?
"Honour to you, oh my Agas,
190 You may build a better *kulla*,
May prepare a better wedding,
Get a better throne to sit on.
But even if you build my palace
And return my copper vessels,
195 How will you restore my honour?"
The Agas bowed their heads before him,
And around him stood in silence,
For with his words Mujo had shamed them.
Embarrassed that they hadn't helped him,
200 They were angry now with Mujo,
And all departed for Jutbina.
Mujo then addressed Halili:
"Curse you, young lad, Halil Aga,
I must leave you back at home now."
205 To Halili's home he brought him,
Though a broken man, he set out.
The weary *kreshnik*'s only thought was
How to kill himself by poison,
Ne'er enduring all the insult.
210 He took along his warhorse with him,
How well the courser had been armoured,
Took with him his fighting sabre,
Took his cannon and his flintlock.

Kqyre gjogut atherë çka i ka thanë!
215 *- T'kjoftë haram maja, qi t'kam ba,*
T'kjoftë haram tagjija, qi t'kam dhanë,
Në Krajlni ti n'kjosh qi me m'lanë!
I ka kcye gjogut në shpinë,
Tim e mjegull gjogun e ka ba,
220 *Në Krajlni Muja kenka hi,*
Kenka vojtë tu Krajle Kapidani.
Paj, krajli në bjeshkë qi m'ish kanë,
Me gjatue krajli m'kishte dalë,
Treqind shkje me vedi i kish pasë,
225 *Shum harusha t'gjalla i kishte kapë,*
Shum gje t'egra krajli kishte vra.
Tuk sarajet Muja i ka ra,
E shoqja e Mujës, paj, Mujën e ka pa
E sa fort e shoqja iu ka gzue!
230 *Kqyre Mujin sa fort e ka tradhtue!*
Muhabet, paj, Mujos i ka ba,
Lott për faqe grues qi po i shkojnë,
Paj, po do Mujin kesh po e rre,
Ja ka qitë rakinë e nandë vjete,
235 *Gjumi i randë, tha, Mujin e ka marrë,*
Aspak gjumi Mujos nuk po i del.
Sa herë burri frymë po ep,
Flakë e prush për gojet qi po qet
E sarajet sa fort qi po i dridhë.
240 *Sa herë burri frymë po ngrehë,*
Tana dyertë meiheri po çilen.
Kqyr e shoqja atherë çka ka ba!
Ja ka shti hekurat në dorë,
Ja ka shti prangat në kambë,
245 *Paj, sa mirë Mujin e ka lidhë,*
Ja ka vndue drynat prej çelikut,
E ka marrë turbinë në sy,
Po i shikjon bjeshkët për s'gjanit,
Mirë po e shef krajlin tue ardhë.
250 *N'derë t'sarajit krajli kur asht ra,*
- Ti hoshgjelden, krajl-o, i ka thanë,
Ti çfarë gjeje, krajlo, na ke xanë?

Hear what he said to his courser:
215　"Damn the mast food that I gave you,
　　Damn the fodder that I fed you,
　　If you should fail me in the Kingdom!"
　　Then he climbed onto his courser,
　　Behind it smoke and dust were rising,
220　Mujo rode into the Kingdom,
　　To the Captain King he ventured.
　　The king was in the mountain pastures,
　　The king himself had set out hunting,
　　Three hundred *shkjas* did he take with him,
225　And many bears alive he captured,
　　And much game did the king slaughter.
　　To his palace did come Mujo,
　　Mujo's wife laid eyes upon him,
　　She was thrilled with joy to see him.
230　But look and see how she betrayed him!
　　Down her face the tears were streaming
　　As she met and talked with Mujo,
　　Wanting only to betray him,
　　Nine-year-old raki did she bring him,
235　Mujo fell asleep from drinking,
　　From his sleep he could not waken,
　　Every time the hero breathed out,
　　Shot from him a blazing firework,
　　Making quake the very palace.
240　Every time the hero breathed in,
　　Were the palace doors blown open.
　　See now what his wife was doing!
　　Mujo's arms she put in irons,
　　To his feet she added shackles,
245　How well did she bind and tie him,
　　In steel padlocks she confined him.
　　To her eyes she put the field glass,
　　Gazed up to the mountain pastures,
　　Seeing that the king was coming.
250　When the king got to the palace,
　　"Welcome, king," she cried out to him,
　　"What game did you hunt and capture?"

- Pesë harusha t'gjalla i kam xanë,
Tridhetë dhi t'egra i kam vra,
255   Dhetë kaproj t'egjer i kam kapë.
Shum gje krajli, tha, e ka xanë.
Sa t'madhe grueja kish pa' keshë!
- Gje ma t'madhe un qi kam xanë!
Kqyre krajli atherë çka i ka thanë?
260   - Zoti t'vraftë, Meremet Turkinë,
Fort në krye fjala, qi m'ka ra,
Marrja e hallkut po m'len për pa t'pre,
Gratë mbrendë gje kur kanë xanë?
Kqyr çka foli Meremet Turkina!
265   - Kam xanë rob Gjeto Basho Mujin!
- Zoti t'vraftë, grue, te i ka thanë,
A di ç'asht Gjeto Basho Muja?
Kurrkund burrë ma t'fortë qi nuk ka,
Kurr nuk muj un për me e xanë,
270   Për pa muajtë ti për me e rre,
S'mundesh Mujin për me e lidhë.
- Paj, në sobë, Krajlo, për me ardhë,
Kambësh e duerësh Mujin ta kam lidhë,
Si të duesh me te për me ba.
275   Atherë krajli mbrenda kenka hi,
Paj, në sobë krajli kenka vojtë,
Në sobë Mujin e ka gjetë,
Kambësh e durësh Mujin ta kam lidhë,
Gjumë i randë Mujin e ki' marrë
280   Edhe thirrë Mujos fort i ka.
Aspak burrit gjumi s'i ka dalë!
Kqyre krajli atherë çka ka ba!
Sa fort shkelm, paj, Mujos i ka ra,
Mujos gjumi na i ka dalë.
285   Ka marrë Mujos e i ka thanë:
- A din, Mujo, çka t'ka gjetë?
A po njef, se kush jam vetë?
Un, po, jam Krajle Kapidani,
Kullat tua t'i kam djegë,
290   Rrash me tokë kullat t'i kam ba,
Ta kam marrë Meremet Turkinë,

270

"Five bears all alive I've captured,
Thirty wild goats have I slaughtered,
255 Ten wild roebucks have I snapped up."
"What a lot of game you've captured,"
Said the woman, laughing loudly,
"But I've caught some game that's bigger!"
Hear now how the king responded:
260 "May God damn you, Turkish woman,
Shameless are the words you've spoken,
I'd slay you, were there not my subjects,
When have women caught game indoors?"
Turkish Mehreme then answered:
265 "I caught Gjeto Basho Mujo!"
"Damn you, woman, for your prattle,
Do you even know who's Mujo?
Nowhere's there a man who's stronger,
Never could I take him hostage,
270 You could never capture Mujo
Unless you managed to deceive him."
"Come, oh king, into my chamber,
Mujo's hands and feet are fastened,
Do with him what you desire now."
275 The king then went into her chamber,
To her bedroom did he venture,
In the bedroom he found Mujo,
With his hands and feet all fastened,
Sound asleep had Mujo fallen,
280 The king called loudly out to Mujo,
But the hero went on sleeping.
How then did the king continue?
A heavy kick he gave to Mujo,
Mujo woke up from his slumber,
285 To him did the king give notice:
"Do you know what's happened, Mujo?
Do you even know who I am?
I'm the Captain King before you!
I'm the one who razed your *kulla*,
290 And to ashes did I burn it,
I've Mehreme, your Turkish woman,

T'kam marrë motrën edhe binë,
Ta kam marrë selinë prej dukatit,
T'i kam marrë remet kah i ke pasë.
295   Grues s'Mujës krajli i ka thirrë:
- Shpejt në sobë, grue, për me m'ardhë.
Edhe ngrykë, paj, gruen ja ka marrë,
Të dy sytë, tha, krajli ja puthë,
Ja ka nisë lodërs e po luen.
300   Dhambët për dhambë Muja i ka shtërngue,
Gjithë sarajet meiherë janë dridhë.
Kqyre krajli atherë çka i ka thanë!
- A po don, bre Mujo, për me t'pre,
A po don, bre Mujo, për me t'vjerrë?
305   N'krye kto fjalë Mujos i kanë ra,
Idhtë si gjarpni burri asht ba,
Ka marrë burri m'u çue n'kambë,
Veçse prangat s'e kanë lanë.
Atherë foli Gjeto Basho Muji:
310   - Zoti t'vraftë, krajlit i ka thanë.
Lopë e vjedhun qillue s'kam,
Se mue m'thonë Gjeto Basho Muja,
Due m'u pre në fushë t'mejdanit,
Tu përpiqen shtatë krajlnitë e mbreti,
315   Se burrë t'mirë zoti m'ka pasë falë,
T'gjithë dylnjeja zanin ma ka ndie.
Qysh m'u pre kurrkush për pa m'pa?!
Ka nisë krajli me turfllue,
Rreth e rrokull synin e ka sjellë,
320   Fjalve të Mujit ndesh veç s'u ka ra.
Kqyre Muja atherë çka ka thanë?
Nji rixha krajlit ja lypë,
Fort qefli për lahutë, qi m'ish kanë,
Milet krajli i ka dhanë,
325   Edhe duerët krajli ja zgidhë,
Ja ka çue lahutën prej palmje,
Ma kish pasë zhargun prej magari,
Ma kish pasë dorcën prej thane,
M'i kish pasë qymet kali shale.
330   Merr lahutës Muja për me i ra,

I've your sister and your daughter,
I've your throne of golden ducats,
I have all your copper vessels."
295   The king called Mujo's wife to come forth:
"Come in quickly to the chamber!"
The king now put his arms around her,
On her eyes did he then kiss her,
Love play did they start before him.
300   Mujo clenched his teeth so tightly
That the very palace trembled.
Then what did the king say to him?
"Mujo, shall I chop your head off,
Or would you rather have me hang you?"
305   Mujo, when he heard the challenge,
Was envenomed like a viper,
To his feet the hero struggled
But was held back by the shackles.
Then spoke Gjeto Basho Mujo:
310   "God damn you, king," the hero shouted,
"I am not some cow you've stolen,
I am Gjeto Basho Mujo,
I want to die upon the war grounds
Where Seven Kingdoms fight the sultan,
315   For God made me a man of justice,
The planet knows my reputation.
How can I die without witness?"
The king was stricken and started fuming,
Rolled his eyeballs round in circles,
320   But he knew not what to answer.
Hear what Mujo then said to him,
When he asked a favour of him:
"My great desire is the *lahuta*."
The king invited in the people,
325   Gave, the hero's hands untying,
Him a maple-wood *lahuta*
In a donkey hide enveloped,
Its bow was of cornelian cherry,
Its string was from a horsetail taken.
330   Mujo took up the *lahuta*,

N'dyzen Muja e ka vndue.
Mirë ai gishtat na i shtërnon,
Por ma mirë me za i ndimon,
Tre sahat zani po i shkon.
335   Sa piskame, tha, burri qi ka kndue,
E kanë ndie zanat në shkamb.
Kqyre zanave Muja çka u ka thanë!
- Probatesha, zana, xanë u kam,
Kurr ma ngusht kanë edhe nuk jam,
340   Kambë e dorë lidhë si m'i kanë,
Nesër pritem n'fushë t'mejdanit,
Tu t'përpiqen shtatë krajlnitë e mbreti
E xhevapë Halilit për me i dhanë.
Kqyre zanat atherë çka kanë ba!
345   Te Halili atherë te janë shkue
N'pikë të natës zanat kanë trokllue
Edhe thirrë Halilit i kanë
E përgjegjë Halili nuk ka.
E sa fort thirrë qi m'i kanë,
350   Kanë nisë nakël për m'u ba.
Kqyre zanat atherë çka kanë thanë!
- A thue Halili ktu s'ka qillue?
N'kjoftë qillue Halili tue kurvnue,
Zoti t'mbarën kurr mos ja dhashtë;
355   N'kjoftë qillue Halili tue vjedhë,
Zoti t'mbarën kurr mos ja dhashtë;
Për në kjoftë zotit tuj i u lutë,
Zoti t'mbarën Halilit ja dhashtë!
Sa mirë Halili qi po i ndie!
360   Paj, Halili lutën kur po e krye,
Shpejt e shpejt në derë ka dalë,
Xhevapë Halilit zanat te i kanë dhanë:
- Nesër pritet Gjeto Basho Muja,
Te t'përpiqen shtatë krajlnitë e mbreti.
365   Kqyr Halili atherë çka ka ba!
Kenka veshë djali, kenka mbathë,
Ma ka marrë shpatën e mejdanit,
E ka marrë top e xhiverdare,
E ka marrë gjogun të Mujës,

274

Took and tuned the string to play it,
How nimbly did his fingers scale it,
And with a fair voice to go with it,
For three hours did he sing out.
335 So loud and clear was Mujo's singing
That the mountain *zanas* heard him.
Hear what Mujo told the *zanas*:
"I've been captured, sister *zanas*,
Never in a worse position,
340 My hands and feet are all in shackles,
Tomorrow I'll die on the war grounds,
Where Seven Kingdoms fight the sultan,
I beg you, take word to Halili."
Listen to what the *zanas* did then,
345 They went off to see Halili,
Knocking at his door at midnight,
And they called out to Halili,
But from him they got no answer,
Though they had been shouting loudly.
350 The *zanas* then began to worry,
Hear now what the *zanas* wondered:
"Could it be Halili's gone out,
Could it be he's out a-whoring?
May God make his night a failure!
355 Or could it be he's out a-thieving?
May God make his night a failure!
But if to God he's busy praying,
May Halili's prayers be answered."
How well Halili heard them talking,
360 And when with praying he was finished,
Did he run down to the doorway.
The *zanas* gave word to Halili:
"Tomorrow he'll die on the war grounds,
Where Seven Kingdoms fight the sultan."
365 Listen to what Halili did then,
The lad put on his shoes and garments,
Took with him his fighting sabre,
Took his cannon and his flintlock,
Took and readied Mujo's courser,

370 *E ka marrë rrugën për Krajli.*
Tim e mjegull gjokun e ka ba,
Kenka dalë në bjeshkë t'krajlive,
Ish kenë ndeshë n'Krajle Kapidanin.
Sa shpejt lufta aty kenka ngrehë!
375 *Shum potera aty kenka ba!*
Mirë Halili aty po na lufton,
Gjogu i Mujës Halilit po i ndimon.
Gjogu i Mujës, kqyre, çka ka ba!
Krejt asqerin në dhambë po e han
380 *E sa shkelma mbrapan qi po qet,*
Aq të dekun krajlit ja ka ba.
Gjithë asqerin Halili po e pret.
Paj, tha, krajli sa turr kenka ikë!
Kqyr çka bani Meremet Turkina!
385 *Kenka dalë n'beden të kullës,*
Ma ka marrë turbinë në sy,
Grues s'krajlit ajo çka i ka thanë?
- Zoti t'vraftë, mori ortake e ndry,
Për me e pa nji pllumb me sy,
390 *Se ç'po e ndjekë nji korb i zi.*
Atherë grueja m'i ka thanë:
- Zoti t'vraftë, Meremet Turkinë,
A s'po don ti, a s'po din?
Ai nuk asht, jo, pllumb i bardhë,
395 *Ai nuk asht, jo, korb i zi,*
Ai asht Sokole Halili,
Â kah ndjekë Krajle Kapidanin
E po don kryet me ja marrë.
Sa vetimë zoti e ka ba!
400 *N'bahçe t'krajlit t'dy tek janë ra*
E në krah krajlit ja ka ngjitë,
Kryet për tokë me shpatë ja ka qitë.
Kqyre Muja aherë çka ka ba!
N'derë t'sarajit gjogu kur ka vojtë,
405 *T'madhe gjogut i ka britë.*
Sa mirë n'za gjogu ma ka njoftë,
Me dy shkelma derës qi po i bjen,
Krejt çelikut dera ka qillue,

276

370   Then he set off for the Kingdom,
         Behind him smoke and dust were rising.
         In the mountains of the Kingdom
         With the Captain King he met up,
         Swiftly did they start their battle,
375   What a din and what an uproar!
         Well Halili led the battle,
         Being helped by Mujo's courser.
         See what Mujo's courser did then,
         With its teeth it ate a soldier,
380   And behind it, kicked out wildly,
         Left the king with many corpses,
         Halili slew the king's whole army,
         The king then fled in trepidation.
         And Mehreme, the Turkish woman?
385   She ran up swiftly to the tower,
         Took the field glass and did look out,
         To the king's first wife she uttered:
         "May God damn you, my companion,
         Do you want to see a white dove
390   With a raven right behind it?"
         To her then the wife responded:
         "May God damn you, Turkish woman,
         Don't you know or don't you want to?
         That is not a dove you're seeing,
395   Nor a raven right behind it,
         What you see's Sokol Halili
         And the Captain King he's chasing,
         At him now to chop his head off,
         God has sent forth bolts of lightning!"
400   The two were in the palace gardens,
         By the arm the king he seized and
         Chopped his head off with the sabre.
         See how Mujo now reacted,
         His steed was at the palace gateway,
405   Mujo shouted in a loud voice,
         The courser, hearing, recognized it,
         With its legs it kicked the doorway,
         Though the door of steel was fashioned,

Kollaj derën e ka thye.
410 *Prej gjogut Halili ka zdrypë,*
Te Muja Halili â shkue,
Lidhun Mujën e ka gjetë,
Sa shpejt Mujën e zgidhë!
Kqyre gjogu i Mujës çka ka ba!
415 *Sa fort gjogu Mujës po i hingllon,*
Për Mujën gjogu ish mërzitë.
Kqyre Muja atherë çka ka ba!
E ka pre at Meremet Turkinë,
E ka pre t'motrën e të binë,
420 *Gruen e krajlit Muja e ka marrë,*
Ja ka marrë selinë prej dukatit,
Ja ka marrë shpatën e mejdanit,
Ja ka djegë kullat e sarajet,
Rrash me tokë kullat ja ka ba,
425 *Shndosh e mirë n'Jutbinë kanë ra,*
Mbarë Jutbina për ta denam ka ba.
Kush ndigjoftë, zoti e ndimoftë!
Kshtu m'kanë thanë,
Se atje nuk jam kanë!

With ease was it torn asunder.
410 Halili then climbed off the courser
And to Mujo did he hasten,
Finding Mujo bound in shackles,
Swiftly did he untie Mujo.
See how Mujo's steed reacted,
415 How loudly did the courser whinny,
For its master was it worried.
What was Mujo's next reaction?
He slew Mehreme, the Turkish woman,
Slew his sister and his daughter,
420 Took the king's wife for himself now,
And his throne of golden ducats,
Took with him his fighting sabre,
Burnt the *kulla* and the palace,
To the ground he razed the *kulla*.
425 Safely they rode to Jutbina,
And all Jutbina feasted with them.
God bless those who've heard this story,
So they say, I was not present.

Muji e Jevrenija

Lum për ty o i madhi zot!
Drita dalë, hana prarue,
Ç'kin ba çikat e Krajlisë?
Tridhetë çika bashkë in bashkue,
5   *Kanë lanë kullat nanave,*
Kanë lanë boshtat plakave,
Kanë lanë shtjerat mrizeve;
Baritë pushojnë hijeve,
Zanat po ruejnë majeve,
10   *Kndojnë bylbylat ahave!*
Çka kanë qitun e kanë thanë?
- Ku t'bajmë mriz, o e bukura e dheut?
- N'at ledinë nen hije t'rrapit.
Kanë shtrue fieri e po rrijnë,
15   *Kanë marrë pijen e po pijnë,*
Gjithecilla jeranin po e kallxon,
Gjithecilla jeranin po e lëvdon,
Jevrenija me gojë nuk po folë,

Mujo and Jevrenija

The maidens of the Kingdom are talking about their boyfriends. The king's daughter Jevrenija is silent at first, but finally speaks of her love for Sokol Halili. Her mother is horrified that she is in love with a Muslim and demands that the king execute her in order to preserve his honour. As punishment, the king decides instead to give his daughter in two weeks' time to the black *gumans*. Jevrenija writes a letter in blood to Mujo. Mujo and the Agas of Jutbina resolve to dress up as *gumans* and save the maiden before the real *gumans* arrive. When they arrive, the king puts them to the test, forcing them to say mass and to slice a candle in twain without making it flicker, something which only real *gumans* can do. They succeed and set off home with the maiden. Only when it is too late does the king realize that he has been deceived.

     We worship you, oh God Almighty!
     The sun came up, the moon was golden,
     What were the maids of the Kingdom doing?
     Thirty maidens had assembled,
5   Having left their mothers' *kulla*,
     Left behind their grannies' spindles,
     Left the lambs on noonday pastures,
     In the shade were sleeping shepherds,
     On the peaks stood guard the *zanas,*
10   The nightingales sang in the beech trees,
     What is it they turned and said now?
     "Where'll we rest, oh Earthly Beauty?"
     "Under the plane tree in that meadow."
     They spread out ferns and sat upon them,
15   Took out drinks and started drinking,
     Each one talked about her lover,
     Each one did commend her lover,
     Jevrenija did stay silent,

Kryet n'prehën ma ka ulë,
20 *Tana shoqet gazin ja kanë vu.*
- Ti qi je ma e mira e gjithë neve,
Paske mbetë sot kërcunë e lanun,
Zani i gojës pse nuk po t'ndihet?
Vaji sytë po don me t'i mblue,
25 *Nuk po i çon nji herë me na shikjue,*
Nuk po don jeranin me e kallxue.
Mos e ke jaranin ndoi shoq t'ngjatë,
Mos e ke jaranin kumar,
Mos e ke jaranin qelan,
30 *Nuk po t'len marrja me folë?*
- Zoti u vraftë, moj shoqe, u ka thanë,
Kurrkund gojë, moj shoqe, mos me pasë,
Ju për brish fjalët po m'i nxjerni.
Nuk kam mbetë kërcunë e lanun,
35 *Por fort larg Sokole Halili ka qillue,*
Për gjithë ditë trimi tue luftue,
Nuk e dij a mendon ma për mue;
Se kur m'bjen ndërmendi i tij,
Jam kah ha, çohem pa ngi,
40 *Tuj pi uj, çohem pa pi,*
Me kenë n'gjumë, çohem pa fjetë,
Ka tri dit nuk muj me folë.
E ama ngjat m'i ka qillue,
Nji shplakë ftyrës çikës ja ka dhanë.
45 *- Dashtni n'turk, tha, qysh me m'xanë,*
Fesë e fisit marre me na i lanë?
Turr te krajli nana paska shkue.
- A don çikën, krajl, ma fort a por don nderë?
A don erz me pasë, a marren n'derë?
50 *Se për n'don ti nder me pasë,*
Shpejt, tha, çikën n'konop me e vjerrë,
Pse dashtni në turk çika paska xanë.
Shka ka ba Krajle Kapidani?
N'nji odë çikën e ka ngujue,
55 *Gumanave t'zez fjalë u ka çue:*
- Tha, çikën teme ju jau paça dhanë,
Sot dy javë vadën me jau lanë.

With her head bowed did she sit there.
20 The maidens mocked and ridiculed her:
"You who are the fairest of us,
Are like a tree trunk now abandoned,
Why do we hear nothing from you?
Woebegone is your expression,
25 You don't even look up at us,
Won't you tell us of your lover,
Is your boyfriend some relation,
Is your boyfriend from your in-laws,
Is your boyfriend's head all scurfy,
30 Does your honour keep you silent?"
"May God slay you, my companions,
If I had no mouth for speaking,
You'd force me through my ribs to tell you,
I'm no tree trunk now abandoned,
35 Far away's Sokol Halili,
All day long he's doing battle,
I know not if he thinks of me.
Whenever I now think about him,
If I'm eating, I stop eating,
40 If I'm drinking, I stop drinking,
If I'm sleeping, I go sleepless,
For three days I haven't spoken."
Then her mother did approach her,
Slapped the maiden's face and uttered:
45 "How could you e'er love a Muslim?
Of our faith you've soiled the honour."
To the king rushed off the mother:
"Which is it, king, your child or honour,
Shame or honour on your doorstep?
50 If you'd rather keep your honour,
Take a rope and hang her swiftly,
For your daughter loves a Muslim."
What did the Captain King do now?
He locked his daughter in a chamber,
55 Sent the black *gumans* a message:
"I'm going to give my daughter to you,
In two weeks' time you're going to take her."

Tha, kenka lodhë çika, kenka ngushtue
E e ka marrë nji letër për me shkrue,
60   *Por kalemi aty s'i ka qillue,*
Me gjak t'ftyrës letrën ma ka shkrue.
T'lumit zot çika iu ka lutë,
Fluturim at letër me ja çue
E n'dorë t'Mujës letrën me ja lshue.
65   *Vjen nji zog n'prezore me pushue,*
Ma ka pa letrën me gjak shkrue,
Ma ka pa çikën tue lotue.
- A ke, zog, dhimbë ndopak për mue?
Njiket letër Mujos me ja çue,
70   *Prej mjerimit mue për me m'pshtue.*
Shpejt e muer zogu, shpejt e çoi,
Por ma shpejt Muja e këndoi,
Por kund t'gjegjun letrës s'i ka gjetë.
Paska hypë n'beden të kullës
75   *E e ka shprazë pushkën habertare*
E i ka mbledhë agët e Jutbinës.
Ma merr letrën Arnaut Osmani,
Ma merr letrën po e këndon,
Sa mirë gjegjen ja ka gjetë.
80   *- Fjalë ka çue, thotë, Jevrenija e vogël,*
Qi t'm'i thuesh Sokole Halilit,
"Llaf për ty ndër shoqe kam ba,
N'nji odë baba m'ka ngujue,
Don me m'dhanë ndër gumana t'zez
85   *E sot dy javë nuse kam me shkue,*
Qi ndër ta kurr shtati me m'pushue.
A po m'merr, Halil, a po m'lshon?"
Po mendojnë agët qysh me ba.
Atherë foli Gjeto Basho Muja:
90   *- Na po bimë ndër gumana t'zez*
E po i presim tridhetë gumana
E po e veshim veshën gumanisht
E po i msojmë gjogat tartarisht
E po i shtimë shpatat kryqalisht
95   *E po i shtimë shapkat në krye,*
Para orokut krajlit qi po i shkojmë

Despair and horror seized the maiden,
She found paper for a letter,
60 But to write she had no ink, so
With her blood she wrote the letter,
The maiden prayed to the Almighty,
That the swiftly flying letter'd
Fall into the hands of Mujo.
65 A bird alighted at her window,
Saw the letter in blood written,
Saw the maiden there lamenting:
"Will you, bird, take pity on me
And bear this letter off to Mujo
70 So he can free me from my suffering?"
Quickly did the bird dispatch it,
Even quicker Mujo read it,
But he did not understand it,
So he ran up to his tower,
75 And with his rifle gave a warning
To call the Agas of Jutbina.
Arnaut Osmani with them
Took the letter and perused it,
Read the contents of the letter:
80 "This is from young Jevrenija,
Please inform Sokol Halili
I spoke of him to my companions,
My father's locked me in a chamber,
To the black *gumans* he'll give me,
85 In two weeks as a bride they'll get me,
My body'll find no rest among them,
Halili, don't desert me. Save me!"
The Agas searched for a solution,
Then spoke Gjeto Basho Mujo:
90 "The black *gumans,* we'll attack them,
Thirty *gumans* will we slaughter,
And dress ourselves in *guman* garments,
Teach our steeds to ride like Tatars,
Sheathe our swords as do Crusaders,
95 On our heads we'll put their headgear,
Reach the king before the deadline,

Edhe nusen na po e marrim.
Shka ka thanë nji plak i urtë?
- Fort po tutem se krajli na njeh
100 E kopili ai ne na qet;
Se na shtje meshë për me çue
E na shtje uratë për me thanë,
Na ato nuk mund i bajmë!
E na e bjen qirin n'trevezë,
105 Lik për mjet qirin me ja kputë,
Kurrkund flakës qirit me ja luejtë.
Jashtë gumanash kurrkush nuk mundet.
Atherë foli Arnaut Osmani:
- Për ket punë hiç me u ngushtue,
110 Se un meshë mirë dij me çue,
Lik për mjet qirin e kputi
E kurrkund flakën qirit s'ja dridhi.
Tha, ndër gumana agët kanë ra
E i kanë pre tridhetë gumana
115 E e kanë veshë veshën gumanisht
E i kanë shti shpatat kryqalisht
E i kanë 'sue gjogat tartarisht
E i kanë shti shapkat në krye,
Tha, fill te krajli kenkan shkue.
120 - Zoti u vraftë, tha, gumana t'zez,
Para orokut pse keni ardhë?
Mirë ja priti Gjeto Basho Muja:
- Para orokut, tha, krajl t'kem' ardhë,
Pse me pasë ndie agët e Jutbinës,
125 Se sa kohë orokun e ke da,
Para Muja na ki' dalë,
Krushq e nuse na kin dalë
Edhe rob na kishte marrë.
Po kujton mbreti se janë gumana!
130 Jau ka pru qirin n'trevezë.
Shka ka ba Arnaut Osmani?
Lik për mjet shpatën e ka kputë,
Kurrkund flakën qirit s'ja ka luejtë.
Mirë kanë ngranë trimat, mirë kanë pi
135 E kanë ra at natë për me pushue.

And be the ones to get the maiden."
A wise old man spoke up and countered:
"I'm afraid the king will know us
100 And will lead us to perdition,
For he'll send us off to mass, and
There will make us say a blessing,
These are things we can't do ever.
He'll put a candle on the table,
105 Will not let it flame or flicker
While we slice the thing asunder,
Only *gumans* have this power."
Then spoke Arnaut Osmani:
"Do not fret about the matter,
110 At saying mass I'm quite an expert,
And won't let the candle flicker
While I slice the thing asunder."
The black *gumans,* they attacked them,
Thirty *gumans* did they slaughter,
115 And dressed themselves in *guman* garments,
Taught their steeds to ride like Tatars,
Sheathed their swords as do Crusaders,
On their heads they put the headgear,
To the king did they then travel.
120 "God slay you, *gumans*," did he utter,
"Why've you come before the deadline?"
Well spoke Gjeto Basho Mujo:
"We've come here, king, 'fore the deadline,
For if the Agas of Jutbina
125 Heard the deadline you had set us,
Mujo would have tried to stop us.
He'd have got the bride and escorts,
He'd have taken us his prisoners."
The king believed they were the *gumans,*
130 He placed a candle on the table.
What of Arnaut Osmani?
He did not let the candle flicker
While he sliced the thing asunder.
Well they drank and well they feasted,
135 Well they spent the night there sleeping,

Kur ka dalë drita, kjoftë e bardhë,
M'i ka shti mbreti me çue meshë.
Arnauti meshë po çon,
Turqit, tha, uratë po thonë.
140   Kanë krye meshë e janë fillue,
Me vedi çikën e kanë marrë,
Ka dalë mbreti me i përcjellë.
Kur janë vojtun n'drumin e gumanave,
E kanë marrë rrugën për Jutbinë.
145   - Zoti u vraftë, gumanat e zez,
Se e keni lanë rrugën e gumanave,
Keni marrë rrugën për Jutbinë.
Atherë foli Gjeto Basho Muja:
- Zoti t'vraftë, Krajlo Kapidan,
150   Se na s'jem' gumanat e zez,
Por na jem' agët e Jutbinës
E ktu â Muja me Halilin
E ktu â Zuku Bajraktar;
Se pasha 'i zot, krajlo, qi m'ka dhanë,
155   Prej sat bij turp mos me m'ardhë
Edhe kryet ktu ta shkurtoj,
Se fort mundim na ke dhanë sot.
- Udha e mbarë, krajli u ka thanë,
Miq për zemër ju sot u paça xanë!
160   Por me gojë, se hallall s'jau ka ba.

When the day broke, bringing fortune,
The king to mass did send the heroes.
Mass said Arnaut Osmani,
And the Muslims said the blessing,
140 The heroes left when mass was over,
Taking, too, the maiden with them.
To see them off the king did follow.
When they reached the *guman* highway,
They took the road off to Jutbina.
145 "God slay you, *gumans*," did he utter,
"Since you forsook the *guman* highway,
You took the road off to Jutbina!"
Then spoke Gjeto Basho Mujo:
"Oh Captain King, God damn and slay you,
150 We, my lord, are not black *gumans*,
We are Agas of Jutbina,
Look, we're Mujo and Halili,
And here is Zuku Bajraktari.
By the God, oh king, who made us,
155 If it were not for your daughter,
I would make you one head shorter,
For you've caused much pain and trouble."
To them the king lied: "Pleasant journey,
May we all be friends and allies!"
160 But really, he did not forgive them.

Halili merr gjakun e Mujit

Të lumt na për t'madhin zot,
Qi s'jem' kanë e zoti na ka falë!
Erë e madhe n'Jutbinë kenka çue,
Pluhun i madh, si re, tek asht pshtjellue.
5   Kah m'janë nisë sot treqind agallarë?
Ku po dalin kta me treqind atllarë?
Duen me dalë n'at Kunorën e Bjeshkës.
Nji lamë t'bukur me sy po kundrojnë,
Ah e rrnej për anë qi p'e rrethojnë
10   E npër ta brej e çetina;
Ishte breu thue nji mi vjeç,
Ishte hala thue tri mi vjeç,
Aty gjogave agët u kanë zdrypë,
Kanë xanë vend trimat e po pushojne.
15   Si mërzitshëm burrat na kin qillue,
As kuvendi kurrkuj nuk po i hecë,
As për fllad gurrat s'po i kërkojnë,
Veç po i lshojnë gjogat atij ashtit,

Halili avenges Mujo

The Agas in the mountains send Dizdar Osman Aga to fetch Mujo, their leader. Mujo has been ambushed by King Llabutani and lies in bed gravely wounded, attended by an *ora*, a serpent and a wolf. Dizdar is horrified at the wounds he sees on Mujo's body. Mujo sends young Halili to replace him, but the Agas make fun of the lad. In his fury, Halili sets off by himself for the Kingdom to avenge the attack on his brother. There he captures Rusha, the king's daughter, and spirits her off to a cave in the mountains. The king and his *shkja* warriors besiege the cave. Halili slays the king with his cudgel, but is encircled. The *zanas*, seeing Halili's plight, hasten to Mujo, bind his wounds and restore his health with herbs. Mujo comes to Halili's rescue and the *shkjas* take flight. It is only when Mujo tells him, that young Halili realizes he has slain the great Llabutani.

Blessed we are, thanks to the Almighty!
For nothing we were until God did create us.
A windstorm did roar and did rage through Jutbina,
With billows of dust like the clouds through it swirling.
5   Where were the three hundred Agas now off to?
Where were the three hundred coursers now riding?
Kunora they reached in the high mountain pastures,
And there did the Agas espy a fair clearing,
A clearing surrounded by larches and beech trees,
10   In the midst of the clearing were fir trees and pine trees,
A thousand years old was one of the fir trees,
And three thousand years old was one of the pine trees.
There did the Agas climb down from their coursers,
The heroes sat down to give rest to their bodies,
15   All of the men were now tired and exhausted,
None of them there had a mind for conversing,
Nor in spring water did they seek refreshment.
Freeing their steeds, which they put out to pasture,

Vetë po mblidhen tu ajo hija e ahit.
20   *Atherë foli Bud Aline Tali,*
    Me habi agët ai po m'i kqyrë:
    - Mirë se n'çetë, mor shokë, na kemi dalë,
    At ma t'mirin këtu nuk po e kem',
    Nuk kem' trimin, qi dridhë gur e dhe,
25   *Ktu s'po kem' at Gjeto Basho Mujin.*
    I pari çete Muji m'asht,
    Zanat çetën po ma ka,
    Pllambë për pllambë Krajlinë ma njef,
    Pa te n'çetë nuk kem' shka bajmë,
30   *Me te n'çetë nuk kanë shka na bajnë,*
    Cillin t'çojmë pra Mujin për m'e marre?
    - Po çojmë plakun Dizdar Osman Agën"
    Nip e ka e hatrin fort m'ja ka
    E njaj Mujin në çetë po na bjen.
35   *N'kambë Dizdari fill tek kenka çue,*
    Po shkund tirqit, po i mbërthen dyslleqet,
    Dy-tri herë mustakve m'iu ka dhanë,
    Sa me shpejt ai gjogun ma ka thirrë:
    - Hajde, gjog, të nisna për Jutbinë!
40   *Hinglloi gjogu, bumbulloi tanë logu.*
    Kaq të bukur zoti ma kisht falë!
    Shtati i tij të tanë roga-roga,
    Rogat ishin bardh' e kuq e zi,
    Porsi lulet kur po çilin n'vrri.
45   *- Hajt, bre bacë, Dizdari m'i ka britë,*
    Kah don frenin me ja shtë në gojë,
    Mjaft je shkundë n'at barin e bjeshkës,
    Shtërngo shtatin, se do t'bijmë n'Jutbinë,
    Për me marrë njat Gjeto Basho Mujin!
50   *Hinglloi gjogu, me kambë çukurmoi.*
    - Rri urtë, gjog, bre, plaku m'i ka britë.
    Si 'i zet vjeç në shpinë m'i ka kcye,
    Për Jutbinë rrugën e ka marrë,
    Dizdar Aga me dhetë shokë n'atllarë.
55   *N'livadh t'Mujit trimat kur kanë vojtë,*
    Nanën e Mujit aty e paskan gjetë,
    Kah lan tesha aty n'nji bunar;

	Themselves in the shade of the beech trees they gathered.
20	First of all spoke out Bud Aline Tali,
	Spoke in amazement while watching the Agas:
	"Good that we've come on a *çeta*, companions,
	However the best man among us is wanting,
	To shatter the earth we are lacking a hero,
25	For here Gjeto Basho Mujo is still missing.
	Mujo has always been first in the *çeta*,
	For this is his talent, his skill and profession,
	Mujo knows well every inch of the Kingdom,
	What will we do on our *çeta* without him?
30	With him in the *çeta* can no one attack us.
	Whom will we send off to go and get Mujo?
	Let's send the old man, Dizdar Osman Aga,
	Mujo's his nephew, and very fond of him,
	He will bring Mujo back into our *çeta*."
35	To his feet clambered Dizdar Osman Aga,
	He shook himself off and he buttoned his trousers,
	Two or three times did he twirl up his whiskers,
	And without delay did he call for his courser:
	"Let us be off, oh good steed, for Jutbina."
40	The courser then neighed, the whole clearing did tremble,
	It was a fair courser that God had created,
	The hide of its body all patchwork resembled,
	With blotches of white and of black and of crimson,
	Much like the flowers that bloom in the meadows.
45	"Hey, fellow," shouted Dizdar Osman Aga,
	Putting onto the courser the harness and bridle,
	"You've eaten enough from the grass in the meadow,
	Make yourself ready, we're off to Jutbina,
	To find Gjeto Basho Mujo and return him."
50	The courser then neighed, with its hooves it was stamping.
	"Calm down now, courser," the old man did thunder.
	Like a twenty-year-old did the old hero mount it,
	Turning and taking the road to Jutbina.
	Dizdar Osman Aga and his ten companions,
55	When all of them got to the meadow of Mujo,
	There they encountered the mother of Mujo,
	She was out washing the clothes at the fountain,

Krejt me gjak gurrën e kish bamë.
Hinglloi gjogu, prap me kambë po grrye,
60 *Qaty plaku vetllat m'i ka vrâ.*
- Zot, kta gjak, bre nanë, shka m'asht?
Ku ka krisë, burrneshë, kjo çetë e zezë?
Gja s'kem' dijtë, as gja nuk kemi ndie!
Nana e Mujit trimnisht po i përgjegjë:
65 *- Kur jam çue nade n'sabah,*
Kam marrë fushën larg me sy,
Kam shikjue bjeshkën me bar,
Kam shikjue do bjeshkë të zeza,
Kam shikjue do lugje e do gurra,
70 *Askund Mujin s'e kam pa,*
Por kam pa dy kual mbas deret.
Me çetë n'bjeshkë Muji m'ka dalë,
N'çetë të krajlit djali kur m'ka ndeshë,
Se tinzisht fort shkjetë ma kin rrethue,
75 *M'tridhetë heshta priherë ma kin gjue,*
Dhetë për shtat ngulë e kanë shpue.
Ka dashtë zoti e gjogu e ka pshtue,
Gjogu i mirë te shpija ma ka pru.
Me t'peshueme plaku 'i fjalë ka folun:
80 *- Qetash dashka zoti me na fikun!*
Edhe gjogun n'mamuza ma ka therun.
Idhshëm trimat, idhshëm gjogat ngasin,
Turr e vrap rrugën po ma marrin,
N'derë t'konakut Mujit na i vojtën.
85 *Edhe derën Muj i vetë ja paska çilë*
E tu u mbajtë Muji n'shtroje paska dredhë.
Qitka Mujit Dizdari e i ka thanë:
- Po ç'kje kshtu, bre Gjeto Basho Muji?
Po kto varrë, bre burrë, ti ku m'i more?
90 *Me buzë n'gaz Muji i kish përgjegjë:*
- Kam pasë dalë n'at bjeshkë-o për me gjue,
Çeta e krajlit tinzë m'ki' rrethue,
Tridhetë zhgjeta n'shtat m'i kanë vringllue,
Dhetë për shtat, tjerat në gunë m'janë ngulë;
95 *Tri në zemër, besa, m'kanë ligshtue,*
Deshti zoti, gjogun më ka pshtue,

All of the stones there, in blood they were spattered.
The courser it neighed, with its hooves again pawing,
60 The old man then frowned and his eyebrows were sagging,
"Mother, good God, what is all of this blood here,
What unfortunate *çeta,* good woman, has caused it?
Nothing of this have we heard or been told of."
Valiantly answered the mother of Mujo:
65 "When I awoke and got up in the morning,
Did I look out at the plains in the distance,
Did I look out at the green mountain meadows,
Did I look up at those dark mountain pastures,
Did I look out at the valleys and sources,
70 But Mujo was nowhere at all to be sighted.
In front of the gateway did I see two coursers,
Mujo'd gone raiding up in the high pastures,
There did my son come upon the king's *çeta,*
And there did the *shkjas* slyly wait and surround him,
75 With their thirty spears all at once did they chase him,
Ten of them hit him, bored into his body,
Thanks be to God that the courser did save him,
The courser, good beast, did bring back to me Mujo."
Weighing his words, did the old man address her:
80 "God would now seem to have willed our destruction."
Then did he turn and did spur on his courser,
Grieved were the heroes and grieved were the horses,
Straight down the road, riding off on their journey,
Right to the door of the manor of Mujo.
85 Mujo himself stood and opened the doorway,
Barely erect, he returned to his bedside.
Dizdar Osman Aga inquired of Mujo:
"What's going on here, Gjeto Basho Mujo?
All of these wounds, good man, where did you get them?"
90 With a smile on his lips did Mujo give answer:
"Up in the mountains had I gone out hunting,
Secretly did the king's *çeta* surround me,
Thirty arrows did I see streak towards me,
Ten hit my body, my kneecaps the others,
95 Three of them injured my heart in the centre,
But thanks be to God that the courser did save me,

Der n'saraj nuk dij se si m'ka pru.
Se ç'asht varra deri m'sot s'kam dijtë,
Por kjo kenka nji hall fort i randë,
100   Pse i varruemi kenka vorr për shpi,
Randë për vedi, ma randë për shoqni!
E n'të shtrueme Muji m'paska hi.
Sytë me lot Dizdarit m'iu kanë mbushë,
Po e rre mendja Muji s'çohet tjetër.
105   Mbarë e mbarë kuvendin m'ka fillue:
- Hall mbi hall, bre Muji, na paska xanë!
Treqind agajt n'bjeshkë un i kam lanë,
Fill te ti, Muji, m'kanë çue me t'marrë,
Për rrezik qi t'ka gjetë ty e ne,
110   Kurrnja nesh erë sendit nuk kem' ndie.
Na prej bjeshke s'kem' tash kurrsi kthejmë.
Nji rixha, Mujo, un do ta baj:
A s'na falë njat Halil Agën e ri,
Bashkë në çetë me dalun ndër Krajli?
115   Mundshim Muji plakut m'i përgjegjet:
- S'muj Halilin, Dizdar, me ta dhanë,
N'çetë pa mue kurrkund nuk ka kanë;
Nji fjalë t'randë me u gjetë kush me ja thanë,
Asht i ri e fjalën nuk e ban!
120   Ja pret fjalën atherë Dizdari n'gojë:
- Se kto fjalë, bre Mujo, gja nuk janë.
Sot Halilin, Mujo, ma ke dhanë,
Nji fjalë t'randë po guxoi kush me ja thanë,
Po t'ap fjalën, Mujo, se zot i kam dalë.
125   Prej Halilit Muji kryet ka sjellë.
- Çou, or bacë, pra gjogun me e shilue,
Me kreshnikë në çetë me shkue,
Shtrëngou n'armë, bacë, sa ma mirë të mundesh,
As për mue mos kij hiç mërzi.
130   Por Halili Mujit na i ka thanë:
- Mirë se n'çetë, Mujo, tash po dal,
Fort të lig n'të shtrueme jam tue t'lanë,
As s'e dij, bre bacë, se kush t'ka vra!
Pash 'i zot, bre bacë, qi të ka dhanë,
135   Pash ket loke, qi na ka përkundë,

And managed to bring me somehow to the manor.
Up to that time I had never been injured,
But this one attack has indeed overwhelmed me,
100   For a sick person's home may well be his graveyard,
A burden he is for himself and his family."
Mujo crawled under the bedding and cowered.
Tears swelled the eyes of Dizdar Osman Aga,
But Mujo, despite this, would get up no longer.
105   Now began speaking Dizdar Osman Aga:
"Woe upon woe's overtaken us, Mujo,
Three hundred Agas I've left in the mountains,
They were the Agas who sent me to get you,
None of the Agas had even imagined
110   The danger, the mishap that you have encountered,
Now we've no way to escape from the mountains!
Do me a favour, oh Mujo, I beg you,
Lend us your brother, young Aga Halili,
That with us he come when we raid in the Kingdom."
115   Faintly did Mujo respond to the old man:
"I can't give Halili, Dizdar Osman Aga,
For he's never been on a *çeta* without me,
Should anyone there ever deign to insult him,
He'd fly off the handle for he is too young still."
120   Dizdar Osman Aga did now interrupt him:
"Your protest, oh Mujo's of no great importance,
For you must this moment accord me Halili,
Should anyone there ever deign to insult him,
I promise you, Mujo, that I will protect him!"
125   Mujo did pivot and spoke to Halili:
"Stand up now, my boy, go and saddle your courser,
So you can go on a raid with the *kreshniks*,
Gird on your weapons as best you can manage,
You don't need to fret or to worry about me."
130   Then turned Halili, replying to Mujo:
"I'm thrilled to set out, oh Mujo, with the *çeta*,
But don't want to leave you in bed gravely injured,
I do not know, brother, who caused you the injury,
So by the Almighty who made us, oh brother,
135   And by our dear mother who once rocked our cradles,

Kush të vrau, bre Mujo, me m'kallxue,
Se unë gjakun s'po e di se ku ta marr!
- Po t'kallxoj, more vlla, se kush m'ka vra:
Vra më ka njaj Llabutani i Krajlit.
140 *N'krye t'Krajlisë sarajin qi ma ka,*
N'krye t'Krajlisë qajo kulla e bardhë.
E hajdi tash e çeta e mbarë u kjoftë!
Atherë foli Dizdar Osman Aga:
- Qetash, Mujo, jena tue u çue,
145 *Sa Halili po shtërngohet*
Edhe gjogun p'e shilon,
Varrët tua, Mujo, due me i pa!
Pak jerganin Muji e ka shpërvjelë,
Varrët e shtatit Muji m'i ka zblue.
150 *Kob të randë po shef plaku me sy,*
Gjak e qelb tanë shtati m'iu kisht ba!
Ishte varra n'gjoks sa me hi grushti,
Tanë mushknitë nepër at varrë po shifen
Edhe zemra e burrit kah po i rreh,
155 *Ishte zemra të tanë kodra-kodra!*
Fort jerganin Muji e ka shpërvjelë,
Frigë e madhe plakun ma ka marrë,
Te kryet trimit ora po i rrin ndejë,
Si merzitshëm trimin po ma kqyrë,
160 *Pshtetë m'nji brryl synin s'po ja dan.*
Gja e vogël ora qi po ishte,
Si dy rrfe n'at ballë dy sy m'i kishte,
Dy herë rresht plaku s'mund e ka kqyrë.
Aty shef at gjarpnin pshtjellë kulaç,
165 *Kishte shpinën të tanë shkrola-shkrola,*
Por nën krye na i kishte dy duer t'holla.
Kur po i shkon plakut syni te kambët,
Shi ndër kambë m'ish ndëjë bisha pshtetë.
Sy për sy të dy kur kenkan ndeshë,
170 *Dhambët përjashta e buzën ka dridhë uku,*
Njanën kambë kadalas ma ka shtri
Edhe shtatit kadalë m'i ka dhanë,
Si ban bisha kur don me u çue në kambë.
Atherë plaku fort na asht frigue,

Tell me, oh Mujo, who caused you the injury,
For I won't know otherwise how to avenge you."
"I'll tell you now, brother, who caused me the injury,
It was Llabutani, a man from the Kingdom,
140 His palace is found at the end of the Kingdom,
At the end of the Kingdom is found his white *kulla*,
Be off with you now and godspeed to your *çeta!*"
Then spoke up the old man, Dizdar Osman Aga:
"Mujo, we're ready to leave on our *çeta*
145 Now that Halili has girded his weapons
And now that Halili has saddled his courser.
Show us the wounds on your body now, Mujo."
Mujo then pulled back a bit of the blanket,
And showed to the old man the wounds on his body.
150 The old man took note of the terrible lesions,
The blood and the pus there had covered his body,
A wound on his chest was as big as a fist is,
And all of his lungs were exposed by the lesions.
The heart of the man which continued its beating,
155 Was one full of knots and of knolls which deformed it.
Mujo pulled back even more of the blanket,
The old man was shaking in dread and in horror.
At the head of the hero there cowered an *ora*,
In grief and affliction she studied the hero,
160 On one elbow she rested, her eyes did not leave him,
The *ora*, though she was a figure so tiny,
Had eyes on her forehead that sparkled like lightning,
The old man could not even view her twice over.
Then did the old man see coiled up a serpent,
165 The skin on its back was all covered in spirals,
And under its head there stretched two little paws out.
The old man then looked at the feet of the hero,
Curled up in a ball was a wolf there before him.
When the eyes of the two beings met one another,
170 The wolf bared its teeth, gave the old man a snarl,
Slowly it rose, one paw stretched out before it,
And arching its back as the wolf is accustomed
Whenever the beast is about to attack you.
The old man was shaking in dread and in horror,

175   *Pak asht zmbrapë e dorën n'shpatë ka çue,*
        Qate Mujit dashë ka me ja pre.
        T'madhe trimi por m'i ka bërtitë:
        - Mos, Dizdar, bre, t'plaçin të dy sytë,
        Se kta mue, gja nuk janë kah m'bajnë,
180   *Por ndimë t'madhe, besa, janë tuj m'dhanë,*
        A po e shef ket orë, qi m'rri te kryet?
        Natë e ditë mue njikshtu m'ruen.
        E ky gjarpën qi m'shetitë npër varrë,
        Për ndime t'madhe zoti ma ka dhanë,
185   *Nandë soj barnesh për nën gjuhë m'i ka,*
        Tri herë n'ditë tanë varrët po m'i lan.
        Se kur dhimbat tepër po më lodhin,
        Atherë nisë gjarpni me këndue,
        Nji soj kangësh, qi kurrkund s'i ndi,
190   *Harroj dhimbat edhe bi n'kllapi,*
        M'duket vehtja kaiherë tue çetue,
        M'duket vehtja kaiherë tue mrizue,
        Herë me dhi marr çetat un përpjetë,
        Herë baj not nepër ujna e det;
195   *Kur m'lshojnë andrrat atherë më lshojnë dhimbat.*
        Njiky uk i idhtë, qi m'rri te kambët,
        Me kalue kërkend nuk asht tue lanë.
        Atherë shpatën plaku e ka ndalë
        Edhe Mujit dorën po m'ja merr.
200   *- Mos u mërzit, bre Gjeto Basho Muji,*
        Se me ç'giasë, qi jam tue pa,
        Na ke xanë bjeshkve tue çetue!
        Fill për bjeshkë janë nisë trimat me shkue.
        N'maje t'bjeshkës kur na kanë dalë,
205   *Aty gjetkan treqind agallarë,*
        Si mërzitshëm me Halilin falen.
        - A mujtë, burra, u ka thanë.
        - Mjaft kadalë, burrat, i kin përgjegjë.
        Keq ka folun Bud Aline Tali,
210   *Dizdar Agës ka qitë e i ka thanë:*
        - Na për Mujin Dizdar t'patëm çue,
        - Halin Agën shka don me e ba?
        Asht i ri e për çetë s'vin gja.

175 He took a step backwards and lunged for his sabre,
    Desiring to slaughter the wolf to save Mujo.
    Loudly, however, the hero did cry out:
    "Whatever you do, do not hurt them, oh Dizdar,
    For none of these beings are present to harm me,
180 Indeed they provide me with help and assistance.
    Look at the *ora* who lies at my head here,
    By day and by night is she here to protect me,
    And the serpent now slithering over my lesions
    Was given by God as great help and assistance.
185 Under its tongue there are nine types of ointments,
    Three times a day does it cleanse my wounds with them,
    And whenever the aching is too great to suffer,
    The serpent begins then to sing me a carol,
    A strange type of carol that I've never heard of.
190 My pain I forget and I sink into slumber.
    Then do I see myself once more out hunting,
    See myself resting again in the meadows,
    Sometimes I hunt the wild goats in the mountains,
    Sometimes I swim in the rivers and oceans,
195 When I wake up from my dreams is the pain gone.
    Here at my feet is a savage wolf guarding,
    No one is able to pass or approach me."
    The old man desisted and set down his sabre,
    Mujo he took by the hand and responded:
200 "Don't worry, my good friend, Gjeto Basho Mujo,
    From what I have seen here, you seem to encourage
    Our *çeta* to raid in the high mountain pastures."
    To the high mountains then set off the heroes,
    And when they had climbed to the loftiest pastures,
205 There did they meet with the three hundred Agas.
    Halili they greeted with open displeasure:
    "How are things coming, men?" did they salute them,
    "Slowly but surely," they heard as an answer.
    Badly then spoke out Bud Aline Tali,
210 Turning, he spoke to Dizdar Osman Aga:
    "We sent you, oh Dizdar, to go and get Mujo,
    What shall we do here with Halili Aga?
    He is too young, of no use to the *çeta*."

Sa keq plakut kjo fjalë m'i ka ra!
215 Atherë Dizdari na i ka thanë:
- Falëmeshndet, or shokë, Muji u ka çue,
"Çeta e mbarë u kjoftë n'Krajli!
Të tanë varra shtati m'u ka ba,
Diku puna m'qiti der në bjeshkë,
220 Aty n'pritë shkjetë më kin dalë,
Se ç'â ba aty, un ma nuk dij.
Gjogu i mirë te shpija më ka pru.
Ju qi doni me çetue
Çeta e mirë e e mbarë u daltë
225 E me vedi po u nap Halil Agën e ri!"
Por Halili aty ma s'â pa,
Kaq fort djali m'ite kenë idhnue!
Ky tri herë shpatën ka da me e nxjerrë,
Por nder mend i kanë ra fjalët e Mujit:
230 "Nuk hjekë burri kurr në log m'u pre!"
Ma ka marrë gjogun për frenit,
Kesh te gurra â nisë me i dhanë uj gjogut.
Qaty gjogun mirë ma ka shtërngue,
Sa me t'ambël gjogun po ma merr:
235 - A nuk ndjeve, gjog, shka foli Tali?
Shpejt e shpejt n'at Krajli me m'çue,
Gjakun Mujit sot na do ta marrim,
Ndo të dy na sot priherë do t'jesim!
Hingllon gjogu, qi â dridhë ashti,
240 Kur i kcen n'shpinë Halil Aga i ri,
Flakë të verdhë për turish ka qitun.
I idhtë gjogu, ma i idhtë kalori,
Me tërbim kaq rrugën ma ka marrë,
Sa shkyen ahat kur po bjen npër ashta,
245 Re prej pluhnit po çon kur bjen fushës,
Der qi mrrin te nji kullë e bardhë.
Aty gjogu vrapin ma ka ndalë,
Aty m'ishin sarajet e krajlit,
Kulla e parë tri ketsh e Llabutanit!
250 Hin Halili mbrendë me kalë për doret.
- Kush je ti, nji vashë ma ki'te pvetë.
- Kush je ti, djali m'i ka përgjegjë.

The old man was taken aback and insulted.
215 Then turned Dizdar Osman Aga, replying:
"Greetings does Mujo send to you, companions,
And wishes you fortune while off in the Kingdom,
But wounds now are covering all of his body.
Mujo was up in the high mountain pastures,
220 And there in an ambush the *shkjas* did attack him,
He does not remember what then happened to him,
But somehow was brought home by his faithful courser,
. To those of his friends setting out on the *çeta*
He wishes good fortune, success in your raiding,
225 And upon you bestows the young Aga, Halili."
Halili himself was no more to be seen there,
Such was the fury the young lad was seized with,
Three times did he venture to pull out his sabre,
But then he remembered what Mujo had told him:
230 "Never must weapons be drawn on the meadows."
Leading his steed by the reins to the sources,
He started to let the beast drink of their water,
And there did he put on its saddle and armour,
And in sweet, friendly tones did he talk to the courser:
235 "Heard you with what words, steed, Tali did rile me?
Let us now swiftly depart for the Kingdom,
We will take vengeance for my brother Mujo,
Though we may both perish today on the war grounds."
The courser then neighed and the trees gave a quiver.
240 Onto its back jumped young Aga, Halili,
The flames that the courser emitted were yellow,
Angry the steed was, more angry the rider,
In fury the two did set off on their journey,
The beech trees collapsed as they rode through the forest,
245 Dust clouds arose as they rushed up the valley,
Until he arrived and espied the white *kulla*,
There did the steed put an end to its gallop,
There, right before him, arose the king's palace,
And there Llabutani's three-storey high *kulla*.
250 Walking his courser, Halili now entered,
"Who are you, boy?" did inquire a maiden.
"Who are you, maid?" did reply young Halili.

- *Jam bi krajlit un, po ti ke deshte?*
- *Për nji borxh, mori vashë, un ktu kam ardhë!*
255   *Në kto fjalë, vashën e ka kapë.*
       Nji brimë t'madhe vasha ma ka ba!
- *Sot a kurr, bre gjog, Halili briti.*
       Për mjedis të gjytetit por ka ra,
       Ndër kalldrame gjinden po i përplasë.
260   *Vasha kjaj, Halili brit:*
- *Kshtu merr gjakun Halil Aga i ri!*
       Edhe bjeshkën djali ma ka marrë.
       Kaq trishtimi shkjetë m'i ka marrë,
       As s'po dijnë se ç'i ka gjetë.
265   *Tuba-tuba shoshojnë po pvesin:*
- *Ç'kje kjo gjamë qi na ra n'Krajli?*
- *Thonë se kje Halil Aga i ri.*
       Pak vonon e shum s'ka vonue,
       Fill ke shpija Llabutani shkon.
270   *Kqyr për Rushën, Rushën s'ma ka gjetë,*
       Kah po kjajnë do plaka po i pëvetë.
       Kish' qillue nji shkinë me shtatë zemra:
- *Po të kujin krye, more Llabutan, m'ke pre,*
       Qi ne çikën Muji na grabiti,
275   *Tanë Krajlinë me marrë sot e qiti,*
       Tanë shkjeninë sot e koriti.
       Se ç'â ba m'ne s'di kush me t'kuvendë.
       Na nji gjog veç këm' ndie tuj hingllue,
       Qi kur kem' marrë me kundrue rrugën
280   *S'asht pa kali, as s'asht pa kalori!*
       Â fry tamthash shkjau, rrashta me i plasun,
       Â fry vetllash, çartun sysh ka britun:
- *Ti je shkinë, me turr m'i ka folun.*
       Nuk je shkja, qi shpata për me t'pre.
285   *Se nuk të ndrroj qetash për Mujin e Halilin.*
       Se shtatë zemrat Muji ku m'i ka pasun,
       Nji kah nji me shpatë ja kam kërkue,
       Së shtatë djelm në nji vjetë me t'i falë zoti,
       Shtatqind vjetsh ty djelmt t'u kanë ba,
290   *Se i pret shpata e Gjeto Basho Mujit.*
       E ka ba shkjau nji brimë të madhe,

"I'm the king's daughter, and what do you want here?"
"To pay off a debt have I come here, good maiden,"
255 Did he give answer and captured the maiden.
A vociferous scream was let out by the maiden.
"It's now or it's never, good steed," cried Halili,
And rode in a lather right through the town centre,
Leaving the townsfolk all crushed on the pavement.
260 The maiden did weep while Halili was shouting:
"Thus the young Aga, Halili, takes vengeance!"
The young man rode off to the high mountain pastures,
Leaving the *shkjas* in distress and confusion,
Aware they weren't even of what had just hit them.
265 Groups of them gathered and started to wonder:
"What was the shout that we heard in the Kingdom?"
"They say it was that of young Aga, Halili."
Shortly thereafter, in less than a moment,
Arrived Llabutani in front of his *kulla*,
270 Looking for Rusha, but she was not present.
There he inquired of two old women weeping,
One was a *shkja*, seven hearts she had in her.
"Whose head did you chop off, my good Llabutani,
That Mujo has come and has stolen the maiden?
275 He's put us to shame in the whole of the Kingdom,
The whole of Slavonia's now been dishonoured,
No one can tell you of what we have gone through,
All that we heard was a steed that was neighing,
But when we endeavoured to block off its pathway,
280 There was nothing to see, neither courser nor rider."
His temples were swelling, his veins almost bursting,
As he frowned, his eyes rolling, the *shkja* fulminated:
"You're an old woman," he cried to her, saying,
"If you were a man, I'd be able to slay you,
285 You're not out fighting Mujo and Halili,
Mujo did have seven hearts in his body,
And each of the hearts did I pierce with my sabre.
If God seven sons in one year bestowed on you,
And each of them seven hundred years did survive,
290 Mujo'd still slaughter them all with his sabre."
The *shkja* then emitted a burst of frustration,

I ka thirrë çetat në kushtrim:
- Na koriti Halil Aga i ri!
Tanë shkjenija n'asht çue në kambë,
295   Me tërbim kaq bjeshkën ma kin marrë,
Ka hikë gjaja a çetave përpjetë,
Por s'po hikë njaj Sokole Halili.
N'nji shpellë malit trimi paska hi
Edhe zanin shkjeve m'u ka lshue:
300   - A, ktu u pret, more, Halil Aga i ri!
Si i tërbue krajli ka marrë përpjetën.
Me nafakë Halili kishte le,
N'derë të shpellës krajli kur ka mrrijtë,
N'mezdrak të madh Halili e ka shinue,
305   Dekun në tokë krajlin e la pushue.
Hinglloi gjogu mbrenda shpellës prej gzimit,
Briti vasha mbrenda prej trishtimit.
Kambën n'bark e shpatën tuj e xjerrun.
Qitka Halili e shkjeve u ka thanë:
310   - Po ndigjoni, more shkjetë e Krajlisë,
Po ndigjoni djalin e Jutbinës:
Me turr luftën mos e merrni,
Shkoni në shpi e zgjidhni nji krajl të ri,
Se njikti un do t'ja kpus kryet,
315   Baca Mujit n't'shtrueme do t'ja çoj!
Kur don trimi kryet me ja shkurtue,
Kanë msy shkjetë për anë porsi të terbue.
Lum për ty, o zot i lum,
Se ma rrebtë lufta nuk ka si bahet!
320   Shum i mbyti trimi shkjetë me shkamba,
Jau mbledh heshtat sall si thupra shelnje,
Me 'i dorë mbledhë e m'tjetrën po shinon,
Nji po e shtyn, me te tridhetë po i rrxon,
Nji po therë, tridhetë po i shklet me themër.
325   Ata msyj yrysh si bisha e malit,
Ai qindro n'at shpellë si drang luanit.
Se për kambet krajlin ma ka kapë,
Se në bark shtjelmin djali m'ja ka vu,
Të madhe shkjevet djali m'u ka britë:
330   - Dalëkadalë, bre burra, pse po nguti?

And gave a war cry to assemble his *çeta*,
"We have been shamed by young Aga, Halili!"
Up to their feet did spring all the *shkja* fighters,
295   And set off in fury to climb the high pastures,
Wild animals ran down the hills from the *çeta*,
But Sokol Halili was not to be frightened,
The hero had entered a cave in the mountains,
And let out a cry to defy the *shkja* fighters:
300   "Here, men, young Aga Halili awaits you!"
The king in his rage did advance up the hillside,
But Halili was born with good luck and good fortune,
And when the king got to the mouth of the cavern,
Halili at him hurled his gigantic cudgel,
305   Which struck hard the king who collapsed and did perish.
Joyfully whinnied the steed in the cavern,
The maid who was with them lamented in sorrow.
Placing his foot squarely on the king's belly
And drawing his sword, did Halili shout to them:
310   "Mark now my words, all you *shkjas* of the Kingdom,
Prick up your ears to the boy of Jutbina,
Do not do battle and do not attack me,
Return to your homes and select a new monarch,
Because I will chop off the head of this last one,
315   And send it to Mujo to lie at his bedside."
As the hero stood poised there to chop the king's head off,
The *shkjas* in a fury rushed forth to attack him,
But thanks be to God, to you we are grateful,
For never has raged a more terrible battle,
320   The hero smashed all of the *shkjas* on the boulder,
Collecting their lances like sticks from a willow,
With one hand he gathered, with the other he hurled them,
He struck one man down, thirty toppled behind him,
One did he slay, with his heels thirty trampled,
325   Like the wolves in the mountains, the men did assault him,
But Halili held fast in the cave like a dragon,
And seized the dead king by the legs, pulled him over,
And placing his foot on the king's royal belly,
The lad then derided the *shkjas* in defiance:
330   "Come, take your time, my good men, what's the hurry?

Kur të jes unë ju krajlin tash po e merrni.
Edhe shqyp ai gjogut m'i ka britë:
- Yrysh, gjog, t'i xjerrim shkjetë përjashta!
Krah për krah me mue ti me luftue,
335   Ti me shtjelma, vetë me shpata e heshta!
Aty zanave djali m'ju ka dhimbtë.
Shkojnë tri zanat fill tue fluturue,
Dy për tokë e nji ma e leta qiellës,
Në të shtrueme Mujit na i kin vojtë.
340   - Ku je, Mujo, he ty zoti t'vraftë,
E kurr gjumi sysh ty mos t'u daftë,
Qi s'po di kurrgja se ç'â kah bahet.
Shpejto n'kambë tash fill me u çue,
Kurr ma ngushtë Halili s'ka qillue,
345   Gjithë rreth shkjetë ta kanë rrethue!
E për krahit trimin n'kambë e çojnë,
Varrësh e lidhin, vetë po e mjekojnë,
Ata gjogun vetë qi po e shilojnë.
Nji erë barit trimit m'ja kanë dhanë,
350   Të tanë forca trimit m'i ka ardhë,
Qi kur marrin tërmalen e bjeshkës,
Gjithkund mbrapa zanat m'i ka lanë,
Mallim bjeshkën gjithë kah p'e kundron,
Porsi shqypja kur don m'u lshue n'gja.
355   Në Lugje t'verdha trimi kur ka dalë,
Tue kundrue aty pak po ndalet,
Gjamën e luftës aty m'a ki' ndie.
Prap në shpellë shkjetë djalit i kin hi,
Por në dorë nuk kishin mujtë m'e shti.
360   Prap në shpellë me gjogun ishin kenë ndry.
Të madhe Muji atherë asht hallakatë,
Të dy gjogat për nji herë hingllojnë,
Gjethi i ahit për tokë kish pasë ra,
Fort shkjetë friga i kish pasë marrë,
365   I pari t'mbramin ma nuk e ka pritë.
- Hik, bre djalë, shoshojt i kanë britë,
Edhe shpellën vetëm ma kanë lanë,
Me 'i roje t'mirë derën e kanë xanë,
E kanë xanë me Krajle Kapedanë.

You can kneel to your king for as long as I'm in here."
Then in Albanian he cried to his courser:
"Charge, my good steed, let us drive all the *shkjas* out!
Shoulder to shoulder we'll fight them together,
335 You kick with your hooves, I'll hurl lances and sabre!"
The *zanas* were touched by the lad and took pity,
Three of the *zanas* flew off in departure,
Two overland, through the heavens the lightest,
Winging their way to the bedside of Mujo:
340 "Where have you been, Mujo, where've you been hiding?
Damn you, may sleep never open your eyelids,
For you have heard nothing of what's been occurring,
Rise to your feet now and dawdle no longer,
Never has Halili been in more trouble,
345 All of the *shkjas* have encircled and trapped him."
They hoisted the hero and got him up standing,
They bound all his wounds and healed all of his ailments,
They brought forth his courser and put on its saddle,
They handed the hero some herbs to inhale from,
350 Giving him back all his might and his power.
Mujo set off for the high mountain pastures,
Leaving his saviours, the *zanas,* behind him,
Closely he studied the high mountain pastures,
Like an eagle about to attack did he eye them.
355 And then when the hero did reach the Green Valleys,
He stopped for a moment to study the landscape,
There he discerned all the din of the battle,
The *shkjas* were attacking the lad in the cavern,
And though they'd not managed to get their hands on him,
360 The lad was now blocked in the cave with his courser.
Mujo then cried at the top of his voice and
Both at the same time their steeds began neighing,
Causing the leaves to fall down from the beech trees,
And sending a chill down the spines of the fighters.
365 The first of them fled, did not wait for the others,
"Flee, men, be off," did they warn one another,
Leaving the cavern alone and abandoned,
Only one guard did they pose at the entrance,
All by itself there reposed the king's body.

370   *Kur ka mrrijtun Muji për buzë shpelle,*
        Braf, prej gjogut, burra, tek ka zdrypë,
        Rrebtë p'e kqyr nji shkja, ma t'madhin shkja!
        - Pse p'e sjellë, bre bacë, at shkja për s'mbarit,
        Me idhnim Halili m'i ka britë Mujit.
375   *Buzën n'gaz veç Muji ma ka ba:*
        - P'a s'po shef, Halil, se ç'paske ba?
        Se ti gjaksin mue ma paske vra,
        Vra ke krajlin, vra ke Llabutanin!
        - Baca Muji, pse po m'shpotitë,
380   *Ja ktheu djali kah po lidhë do varrë.*
        Se me kenë, si ç'thue, Llabutani,
        Kjeçë tu' e lidhë për bishtit të gjogut,
        Rrshanë m'e ngrehë qenin npër rrgalle,
        Zhag m'e ngrehë qenin npër zalle,
385   *Nëpër zalle ktu e n'Jutbinë!*
        Aspak fjalën Muji s'm'ja pëlqen.
        - Ç'je kah thue, Halil, të vraftë zoti!
        Sall prej t'dekunsh, marre ty me t'ardhë!
        Gjak as fis me shkje na nuk i kemi,
390   *Qi me t'dekun punë ne me na dalë!*
        Lufto t'gjallët, se t'dekunt s'kanë ça t'bajnë,
        Si kanu qi na kanë lanë të parët.
        Se tanë trimnija, Halil, qi m'paske ba,
        Me ket fjalë ti vedit ja ke hupun!
395   *Edhe gjogut m'i kanë kcye n'shpinë,*
        Kanë marrë rrugën qi çon për Jutbinë,
        E kanë lshue kushtrimin në Krahinë:
        - Byrm, kush t'duesh me ngranë, me pi,
        Ka marrë gjakun Halil Aga i ri,
400   *Ka vra krajlin te shpella e nji malit,*
        Pre m'ja ka kryet njatij Llabutanit,
        Se për vedi ka marrë t'binë e krajlit!

370 When Mujo himself then arrived at the cavern,
He jumped off his courser and ran to the entrance,
There lay the *shkja,* he of all was the greatest.
"Why do you bother to turn the king over?"
Asked young Halili in rage and in anger.
375 With a smile on his lips, to him Mujo responded:
"Can you not see what you've done, oh Halili?
You've slaughtered the man here who tried to destroy me,
You've slaughtered the king, you have killed Llabatani!"
"Why do you mock and make fun of me, Mujo?"
380 Said the lad, binding the wounds of his body.
"If, as you say, it is King Llabutani,
I would tie his remains to the tail of my courser,
Drag him like a dog through the rubble behind me,
That dog I would drag through the beds of the rivers,
385 Down through the river beds right to Jutbina!"
The words of the lad gave to Mujo no pleasure:
"What are you saying, Halili, God damn you?
I from the dead have myself just arisen.
Neither blood nor descent with the *shkjas* do unite us
390 And as such, we have nothing to do with their corpses.
Make war with the living, the dead cannot harm us,
For this is the custom our forefathers left us,
All of the words you have spoken, Halili,
Diminish the worth of the deeds you've accomplished."
395 The two of them mounted the backs of their coursers,
And spinning, set off on the road to Jutbina,
There did they call to them all the *krahina,*
"Let them eat, let them drink, give to all those who want to,
For vengeance was had by young Aga, Halili,
400 In a cave in the mountains the king he did slaughter,
And cut off the head of that king, Llabutani,
And for himself captured the king's royal daughter!"

Omeri prej Mujit

T'lumit zot, baca, i kjoshim falë!
Dritë ka dalë e drit-o nuk ka ba,
Ka ra dielli e me xe nuk po xe!
Kish nevojë drita mos me dalë,
5   Kish nevojë dielli mos me ra:
Janë xanë rob dy agët ma t'mirët,
Janë xanë rob Muji me Halilin!
Kand n'oxhak trimat nuk kanë lanë.
Kish lanë Muji nji nuse me barrë,
10   Kish dashtë zoti nji djalë ja kish falë,
Ja kanë ngjitë emën të mirë,
Ja kanë ngjitë Omeri prej Mujit.
Shtatë vjet djali kur po i mbushë,
Shtatë kut shtati m'iu ka rritë,
15   Shtatëdhetë okë m'kandar m'i ka hjekë.
Kurr prej shpijet nuk ka dalë!
Shtatë vjet djali kur po i mbushë,
N'mal me edha nana e paska çue,

312

Omer, son of Mujo

Young Omer is destined for heroic deeds. Fearing for his safety, his mother tells him that his father and uncle are dead, but the Agas reveal to him that the two have been held prisoner by the king for seven years. Omer dresses up as a Christian and rides over to the Kingdom. At a fountain, while playing his *sharki*, he meets the king's daughter Rusha, who is in love with him. In accordance with a plot she devises for him, Omer kidnaps the king's twin sons and holds them for ransom. The king accedes, releasing Mujo and Halili and complying with all of Mujo's demands. On his return, Mujo pretends to want to slay the twins in order to test Omer's reaction. Omer opposes Mujo, as the twins are under his protection, and from this reaction Mujo knows Omer is indeed his son. The twins are returned to the king, and father and son celebrate their reunion.

It's you we worship, God Almighty!
The day had dawned, but little light shone,
The sun came up, no warmth provided,
Better had the light not come out,
5   Better had the sun not risen,
The two best Agas were made prisoner,
Caught were Mujo and Halili,
At their fireplace they'd left no one,
Only Mujo's pregnant wife there,
10   God bestowed a son upon her,
And a fair name did they give him,
Called him Omer, son of Mujo.
When at the mere age of seven
Did he tower seven ells high,
15   On the scales weighed seventy *okas,*
And still the boy had not left home yet.
When he was seven, did his mother
Send him off to tend the goat kids,

Gjithë ditën lepurin e paska ndjekë
20   E mbramje n'ahër t'kullës e ka shti,
E ka qitë s'amës e i ka thanë:
- Zoti e vraftë qat edhin e përthimë,
Se nji herë s'm'ka lanë m'u ulë për tokë;
Ti ma ndez, nanë, pishën,
25   Se bash zoti edhin e ka vra,
E t'bijmë n'ahër, nanë, e ta shofim.
Paj, te edhat, tha, nana kur â shkue,
E e ka pa lepurin e malit,
Mirë po e din e ama ç'e ka gjetë.
30   Ka qitë djalit nana e i ka thanë:
- Ai nuk asht edhi i përthimë,
Por ai asht lepuri i malit!
Por hajde, djalë, hajrin ty ta pasha,
Se për trimni zoti t'ka falë!
35   Nji ditë prej ditsh Omeri nanës m'i ka thanë:
- Pash nji zot, moj nanë, qi m'ka dhanë,
A kam pasë babë a migjë kurrkund.
Ja m'ke marrë kopil në ferrë?
Be në zotin nana paska ba:
40   - Babë e migjë të dy i ke pasë,
Të dy lija, loke, t'i ka mbytë
E në bahçe vorret tek i kanë.
Nji be t'madhe djali paska ba:
- Qitma, nanë, turbinë e Halilit.
45   Due me hypë n'beden të kullës,
Po i shikjoj fushat anëmanë.
Ja ka qitë turbinë e Halilit
Edhe â hypë n'beden të kullës,
Po i shikjon loqet për s'gjatit.
50   Po i shikjon arat për s'gjanit
E po i shikjon fushat rreth e rreth
E ka qitë nanës e m'i ka thanë:
- Pash nji zot, nanë, qi t'ka dhanë,
Po çka duket n'at fushë aq bardhë?
55   A mos janë ortiqe me borë,
A mos janë rrgalle me gur,
A mos janë çoban me shtjerra,

314

That day he spent chasing a rabbit,
20	At night he hid it in the *kulla*.
Turning to his mother, he said:
"That grey goat kid, may God damn it,
Would not give me peace and quiet,
Come and light the pine torch, mother,
25	For God has maybe slain the goat kid,
Let's check and see it in the cellar."
The mother went down to the goat kids
And there she saw a mountain rabbit,
The mother well knew what had happened,
30	Turning to the boy, she uttered:
"That, my son, is no grey goat kid,
That's a rabbit from the mountains!
But no matter, boy, I see that
It's your fate to be a hero!"
35	Omer one day told his mother:
"By the God who made me, mother,
No father have I and no uncle?
Did you find me in the bushes?"
The mother swore to him, replying:
40	"You had a father and an uncle,
But perished both of them of smallpox,
They are buried in the garden."
The boy then swore to her, replying:
"Bring Halili's field glass, mother,
45	For I'll climb up to the tower,
And look out o'er field and meadow."
The mother brought Halili's field glass
And he climbed up to the tower,
Looked out to the distant hillocks,
50	Studied all the fields and meadows,
And gazed at the plains around him.
Turning to his mother, he said:
"By the God who made you, mother,
What's that white thing on the meadows?
55	Could it be a snow-white landslide,
A ravine with rocks and gravel,
Or a flock of lambs with shepherds,

A mos janë shkje me çadra?
Be në zotin nana i ka ba:
60 *- Ata s'janë shkjetë me çadra,*
Por aty janë agët e Jutbinës,
Për gjithë ditë qaty qi m'bashkohen.
Ka qitë djali e m'i ka thanë:
- Qitmi, nanë, petkat e Halilit.
65 *Qitma, nanë, shpatën e mejdanit,*
Qitma, nanë, gjogun e Mujës,
Se ndër agaj due me ra me ndejë.
Kqyr e ama djalit shka i ka thanë!
- Je i ri, djalë, e po drue,
70 *Se ty agët me fjalë kanë me t'randue,*
Inatçorë Muja m'i ka pasë.
Aspak nanën Omeri s'e ka ndigjue,
Ka lypë armët për m'u shtërngue.
Ja ka qitë shpatën e mejdanit,
75 *Ja ka qitë petkat e Halilit.*
Sa për shtat petkat, qi i kanë ra!
Ja ka qitë gjogun të Mujës,
Kur ka marrë djali m'gjog me hypë,
N'vithe t'gjogut s'und i ka mrri
80 *E turqisht gjogut i ka britë:*
- Në të thaçin gjok, si t'kanë thanë,
N'dy gjuj ti për me ra,
N'vithe tua un për me hypë,
Prej Jutbinet rrugën për me marrë.
85 *Dallkë e madhe kenka çue,*
Agët n'Jutbinë tek e kanë ndie.
- Zot, çka janë kto bumbullimë?
A n'mos janë bumbullimë npër qiellë?
Paska thanë Arnaut Osmani:
90 *- Kto si me kanë Muja ja Halili!*
Â çue n'kambë për me kundrue,
Tym e mjegull veç ka pa
E npër tym Omerin prej Mujit.
Sa keq trimit na i ka ardhë!
95 *Be në zotin tek ka ba:*
- A kah vjen nji kopil i Mujit,

Or the *shkjas* with tent pavilions?"
The mother swore to him, replying:
60 "It's not the *shkjas* with tent pavilions,
It's the Agas of Jutbina,
Daily there do they assemble."
Facing then his mother, he said:
"Bring Halili's garments, mother,
65 Bring the sabre for the war grounds,
Bring me also Mujo's courser,
For I'd like to meet the Agas."
Hear his mother's words in answer:
"You are young, boy, and I'm frightened
70 That the Agas will insult you,
Mujo'd often made them angry."
But Omer would just not listen,
She gave him armour which he girded,
Snatched the sabre for the war grounds,
75 Got the garments of Halili,
Perfectly the clothes did fit him.
Then she brought forth Mujo's courser,
When he tried to mount the courser,
He couldn't reach up to the crupper.
80 Then the steed he told in Turkish:
"A mighty courser they have called you,
Fall down on your knees before me
So that I can reach your crupper.
Down the road ride to Jutbina."
85 Like a storm the courser set off,
The Agas of Jutbina heard it,
"What are all those peals of thunder?
Is a thunderstorm approaching?"
Then said Arnaut Osmani:
90 "It sounds like Mujo and Halili."
To his feet he rose to look out,
Saw but smoke and dust before him,
And in it Omer, son of Mujo.
Osmani glimpsed him with displeasure,
95 And turning to the Agas swore out:
"It's the bastard son of Mujo,

Kurrkush vendin mos ja lsho,
Kush selamin mos ja dredh,
Askush kalin mos ja shetit!
100 Edhe djali ndër agaj kenka ra,
Selam t'mirë tek u ka ba.
Kush selamin s'ja ka dredhë,
Askush vendin djalit s'ja ka lshue,
Askush gjogun s'ja ka mbajtë!
105 'I probatin Muja e ki' pasë,
I kin thanë Zuku Bajraktari;
T'mirë selamin djalit ja ka dredhë,
N'mjedis t'shokve vendin ja ka lshue
Edhe gjogun sa mirë ja ka shetitë!
110 Kqyr Omeri kuvendin si e nisë!
- Zoti u vraftë, agve u ka thanë,
Mue selamin pse s'ma dredhni?
Po ju vendin pse s'ma lshoni?
Po mue gjogun pse s'ma mbani?
115 Mirë po m'njifni se i kuj jam,
Jam i biri i Gjeto Bashe Mujit,
Inat t'madh Mujit i paski pasë.
T'tana luftat Muji si u ka ba
Edhe nderë Muji ju qi u ka
120 Edhe shkanë shumherë e ka pre
E rrezikun fort jau ka pritë,
Kurr 'i grimë dijtë nuk ja kini.
Smirzez zoti u paska falë.
Ç'po llafiten agët ndër veti.
125 Kanë nisë agët e dert qi po bajnë:
- Na ka dalë nji baloz prej detit,
Askush nesh n'mejdan qi po i del,
Ndo edhe tokën tonë ai po na e merr.
E ça foli Omeri i Mujit?
130 - Fjalë m'i çoni balozit t'detit
Me dalë heret n'at log mejdanit!
Çka i ka thanë Osman Aga?
- Ti me kenë, Omer, qysh po thue,
Babë e migjë në burg qi i ke,
135 Ti prej burgut i kishe xjerrë,

Let none of us wish him welcome,
Let no one give word of greeting,
And no one put his horse to pasture."
100 When the lad got to the Agas,
He bid them with a *selam* greetings,
But they gave no word of welcome,
No one offered that he sit down,
No one put his horse to pasture.
105 Only Zuku Bajraktari
Who was Mujo's true blood brother,
Gave the boy a word of greeting,
Had him sit among the others,
Put his fine horse out to pasture.
110 Omer then spoke to the meeting:
"Damn you," he addressed the Agas,
"Why've you given me no greeting?
Nor a seat for me to sit on,
Nor put out my horse to pasture?
115 All of you well recognize me,
I'm son of Gjeto Basho Mujo,
Mujo's often made you angry,
But all the wars were won by Mujo,
Mujo's given you great honour,
120 Many of the *shkjas* he's slaughtered,
Protected you against great danger,
And not a bit of thanks you've shown him,
All you show him is your envy."
The Agas murmured and took counsel,
125 Then they started their complaining:
"From the sea has come a *baloz*,
None of us will dare combat it,
Though it's claiming our possessions."
What said Omer, son of Mujo?
130 "Send a message to the *baloz*
To be early on the war grounds."
What did Osman Aga utter?
"If it's true you're really Omer,
Your father and uncle are in prison,
135 And from the prison you must free them

Qe shtatë vjet krajli t'i ka xanë
E n'Kotorr kryet po ta lanë,
Leshi i kresë n'tokë u ka ra,
Qe shtatë vjet diellin s'e kanë pa,
140 Qe shtatë vjet ndrrue s't'u kanë.
Qe shtatë vjet rrue s't'u janë!
Sa pak djali paska ndejë,
N'vithe t' gjogut djali tek ka ra
E prej shpijet rrugën e ka marrë,
145 Në derë t'kullës kenka ndalë.
T'madhe s'amës ai m'i ka britë:
- Qitma, nanë, cicën për prezorje,
Se mall për gji, moj loke, qi m'ka ra!
Ja ka qitë cicën për prezorje,
150 Me dorë t'shmajtë cicën e ka kapë,
Me dorë t'djathtë shpatën e mejdanit,
Be në zotin djali ka ba:
- Ja m'kallxo babë e migjë ku i kam,
Ja copë-copë cicën po ta baj.
155 Nana e vet djalit çka i ka thanë?
- Llaf të madh agajt qi bajnë,
Je i ri, bir, e t'randojnë,
Babë e migjë të mirë qi i ke pasë.
Të dy krajli t'i ka xanë
160 E n'Kotorr kryet po ta lanë,
Leshi i kresë n'tokë u ka ra,
Të palamë janë, të pandrrue,
M'ka ardhë e keqja me t'kallxue,
Qe shtatë vjet s'i kam pa me sy.
165 Kqyr çka bani atherë Omeri i Mujit!
- Qitmi, nanë, tha, petkat maxharrisht!
Ja ka qitë petkat maxharrisht
Edhe kryqat te i ka vndue,
E ka marrë sharkinë në dorë,
170 N'vithe t'gjogut te i ka ra,
Për Krajli kenka fillue
E n'Krajli djali kenka hi.
Paj, tu kroni kur ka mrri,
Ma ka marrë sharkinë në dorë,

The king has held them seven years now,
Down in Kotor are they captive,
Their hair has grown long to the floorboards,
For seven years they've seen no sunlight,
140   For seven years no change of clothing,
For seven years no way of shaving."
At this, the boy could wait no longer,
He turned and jumped onto his courser,
And took the road that led him homewards.
145   Before the gateway of the *kulla*
He stopped and cried out to his mother:
"Stick your tit out of the window,
Because I need your breast, good mother!"
She stuck her tit out of the window,
150   With his left hand did he seize it,
With his right hand took his sabre,
And swore by God unto his mother:
"Tell me where're my father and uncle,
Or I'll cut your tit to pieces."
155   The mother told her son in answer:
"The Agas have been talking nonsense,
You're too young and they insult you.
You had a father and good uncle,
Both the king has taken prisoner,
160   Down in Kotor are they captive,
Their hair has grown long to the floorboards,
They're kept unwashed, no change of clothing,
I was too afraid to tell you,
For seven years I have not seen them."
165   What said Omer, son of Mujo?
"Bring Hungarian garments, mother."
Hungarian garments did she bring him,
Sewed upon them Christian crosses.
Then he took his *sharki* with him,
170   Up he jumped onto his courser,
And he set off for the Kingdom,
And the Kingdom did he enter.
When he reached a village fountain,
He took his *sharki* and did play it,

175 *Mirë po i bjen, sa mirë po i kndon,*
  Rusha e krajlit po e ndigjon.
  Çka qitë djali e ka thanë?
  - Nji tas uj, Rushë, me ma dhanë,
  Jam i largtë e tue shtegtue,
180 *Babë e migjë për me kërkue.*
  Be të madhe çika paska ba:
  - Tas me uj kurrkuj nuk i ap,
  Veç me kenë Omeri prej Mujit.
  Qe shtatë vjet zoti e ka falë,
185 *Shtatë krajlitë zanin ja kanë ndie.*
  Sharkinë djali e ka zatetë,
  Po nisë Rushën po e pëvetë,
  Ka nisë Rushës me m'i thanë:
  - Pasha 'i zot mue qi më ka dhanë,
190 *Vetë Omeri i Mujit jam;*
  Ja n'Krajli un due me mbetë,
  Ja babë e migjë prej burgut i kam xjerrë!
  A m'mson, çikë, si me ja ba?
  Rusha djalit i ka lakmue,
195 *Nji trathti e ka mendue,*
  Merr Omerin kshtu me e msue:
  - Dy binakë krajli m'i ka,
  Kurrkund shokët nuk jau ke pa,
  Fort kollaj me i mashtrue,
200 *Ktu tu kroni për me i çue,*
  N'uj të kronit me lodrue.
  Me ba krajlit ti me ja xanë,
  Babë e migjë, paj, t'i ka dhanë.
  Sa mirë Omerit na i ka ardhë!
205 *Dy binakët krajlit ja ka marrë,*
  N'vithe t'gjogut i ka hipë,
  E bija e krajlit p'e përcjellë;
  P'e përcjellë tue këndue,
  Fmija shkoshin tue vajtue.
210 *Mirë Omeri sharkisë qi po i bjen,*
  Shndosh' e mirë n'Jutbinë prap kthen,
  Gjithë Jutbina për te denam ka ba.
  Kqyr Omeri asht kujtue,

175   Played with skill and sang out fairly.
        Rusha heard him, the king's daughter,
        What did Omer now say to her?
        "A cup of water, give me, Rusha,
        From far and wide have I come travelling
180   In search of father and my uncle."
        The maiden swore to him, responding:
        "To no one will I offer water,
        Save to Omer, son of Mujo,
        Whom the Lord made seven years hence,
185   Well the Seven Kingdoms know him."
        The boy now, putting down his *sharki*,
        Started asking Rusha questions,
        Then did he reveal to Rusha:
        "By the Lord on high who made me,
190   I am Omer, son of Mujo,
        Here to free the two from prison,
        Or I'll perish in the Kingdom,
        Tell me, maiden, how to do it!"
        Rusha was in love with Omer
195   And proposed a plan to help him,
        Of her plan did she tell Omer:
        "Of twin sons the king is father,
        They are fair lads who've no equals.
        'Twould be easy to deceive them
200   And to bring them to the fountain,
        Let them play here in the water.
        If you from the king could catch them,
        He'd free your father and your uncle."
        Omer with this plan was happy,
205   From the king he seized the twin sons,
        Took them with him on his courser.
        With them travelled the king's daughter,
        Singing as she journeyed with them,
        The twins, however, travelled weeping.
210   With skill did Omer play his *sharki*,
        Safe and sound they reached Jutbina,
        All Jutbina feasted with them.
        See what Omer then decided.

Fjalë të randë krajlit i ka çue:
215   *- Ti qi je krajl në Krajli,*
Për në ke pak mall për fmi,
Mos rri shum për me i kërkue,
N'burg Omeri t'i ka ngujue.
Ja m'lsho babën e migjen tem,
220   *Ja copë-copë un po t'i baj.*
Atherë krajli asht ngushtue,
Alla, n'kambë vrik kenka çue,
N'derë t'hapsanes kenka shkue:
- Del, bre Muj, zoti të vraftë,
225   *Se dy binakët djali m'i ka xanë,*
Natë e ditë n'burg tue m'i lanë,
Po don kryet ai me jau pre.
- Pasha 'i zot, mue qi m'ka dhanë,
Prej hapsanje s'kam m'u nisë,
230   *Për pa m'rrue, me m'gjesdenisë!*
Shpejt e shpejt berberët i ka pru
E aq ma shpejt e paskan rrue.
- Del, bre Muj, zoti të vraftë!
- Pasha 'i zot, tha, qi m'ka dhanë,
235   *Prej hapsanje kurr s'kam dalë,*
Pa ma pshtjellë cohen palë e palë,
Pa m'i dhanë tri mushka me pare!
Shpejt e shpejt krajli ja ka gatue,
Dy atkina me cohë të kuqe
240   *E tri mushka plot me pare,*
Plot me pare prej florinit!
- Del, mor Muji, te i ka britë.
- Për t'gjallë s'dal, mbret, i ka thanë,
Rushën djalit pa m'ja dhanë,
245   *Pa ma falë sofrën prej dukatit!*
Ç'ka qitë krajli e ka folë?
- Të dy sot m'u miqasue,
Rusha djalit i kjoftë për grue!
Atherë trimat jashtë kanë dalë,
250   *Prej Jutbinet janë fillue*
E tu kullat kur janë vojtë,
Kqyr çka i thotë Muji Halilit!

To the king he sent a warning:
215   "You who are king in your Kingdom,
If you're missing any children,
Don't waste time to try and find them,
For they're held in Omer's prison.
Free my father and my uncle
220   Or I'll tear your twins to pieces."
The king then saw he was in trouble,
Forthwith to his feet he sprang up,
And to the prison door he hastened:
"Come out, Mujo, may God damn you,
225   For my twins your son has captured,
They lie day and night in prison,
He says he might chop their heads off."
"By the God who did create me,
I will only leave this prison
230   When I'm kempt and when I'm shaven."
Swiftly were the barbers summoned
And just as swiftly did they shave him.
"Come out, Mujo, may God damn you."
"By the God who did create me,
235   I will only leave this prison
When I get well-folded fabrics,
And three donkeys with gold laden."
Swiftly did the king give orders,
On two mares he piled red fabrics,
240   On three donkeys loaded money,
Burdened were they full of gold coins,
"Come out, Mujo," did he cry out,
"Alive I'll not come out," said Mujo,
"Unless you give my son your Rusha,
245   And me a tray of golden ducats!"
What was it the king responded?
"You both today will be my in-laws,
The boy shall take as bride my Rusha!"
Then the heroes left their prison,
250   And departed for Jutbina.
When they finally reached their *kulla*,
Hear what Mujo told Halili:

- N'shpi kur t'baj me hi,
Do t'hjeki binakët me i pre.
255   Sot Omerin due me e njoftë.
Djali i em ai për në kjoftë,
Nuk m'len binakët me i pre.
Dy binakët me 'i dorë i ka kapë
E me tjetrën shpatën e mejdanit.
260   Kur ka marrë m'ta për me sjellë,
Alla, n'kambë djali asht çue,
Për bejleg kenka shtërngue,
Mos me lanë mikun t'ja presë.
Hjeke të madhe paskan ba,
265   Shndosh e mirë aty janë da,
Ngryka-ngryka kenkan marrë.
- Hajrin, djalë, un ty ta pasha,
Se beli i emi kenke kanë!
Dy binakët krajlit ja kanë kthye.
270   Shum denam atherë kanë ba,
Për shyqyr qi shndosh kanë pshtue.

"When I go into the *kulla*
Will I seize the twins to slay them,
255   For today I'll meet my Omer.
Should the lad be my son really,
He'll not let me slay the twin boys."
With one hand he seized the twin sons,
With the other seized his sabre,
260   When he was about to slay them,
His son jumped to his feet, protesting,
Arming himself for a battle,
That his guests should not be slaughtered.
The two men set upon each other,
265   But in harmony they parted,
Throwing arms around each other,
"Hail, my boy, that I now see you,
And you really are my true son."
To the king they sent the twin boys,
270   And then held a celebration
That they'd lived to be united.

Deka e Omerit

Grues s'vet Muji m'i kishte thanë:
- Çou tri shujtë gadi me na i ba!
Njat temen me uj prej bunarit,
Njat t'Halilit me lang prej sheqerit
5   E njat t'Omerit me tamël prej gjiut.
Grueja Mujit ka qitë e i ka thanë:
- Pash at zot, Mujo, qi t'ka dhanë,
Mos Omerin shpijet me ma tretë,
Se shtatë Omera t'mirë si i pata,
10   Shtatë Omera jam kah kjaj e ngrata
E s'po dij as vorret ku po i kanë,
Se t'shtatët dekun n'bjeshkë ti m'i ke lanë.
Muji grues çka qitë e i ka thanë?
- Mos kjaj djelmt qi n'luftë kanë dekë,
15   Mos kjaj t'gjallët, qi n'bjeshkë duen me çetue,
Se dekë ma e amël, s'asht se n'luftë m'u pre,
N'luftë m'u pre pa i lanë marre vedit.
Tri shujtë gadi prandej me na i ba,

The death of Omer

Despite his wife's protests, Mujo takes his son, young Omer, to the mountains with him to learn the art of war. He sends the boy over to the Kingdom of the Christians to attack a church. Omer holes up in the building, shoots the priest and is then besieged by *shkja* warriors, who shoot him nine times. Mujo and Halili, hearing his groan from afar, come to his rescue. They carry the lad up to the high mountain pastures. There the boy dies, asking his father not to tell his mother of his death because she would suffer. They dig a grave and bury Omer there. On his return home, Mujo is obliged to reveal to his wife that this, her eighth son, has also been killed and lies buried in the mountains.

To his wife spoke Mujo, saying:
"Rise and make three dishes for us,
One for me made of well water,
One with syrup for Halili,
5   And one with breast milk for our Omer."
The wife then turned to Mujo, saying:
"By the God who made you, Mujo,
Don't let Omer leave the house yet,
For seven good Omers did I once have,
10   Seven Omers whom I mourn for
And I know not where their graves are,
Dead you left them in the mountains."
To his wife turned Mujo, saying:
"Mourn not sons who died in battle,
15   Mourn no living who go raiding,
Death's none sweeter than in warfare,
To fall in battle yet unvanquished.
Get the three meals ready for us,

Se n'bjeshkë sot un po due me dalë,
20 Ndoshta e kam exhelin me dekë
E pa zanat Omeri po m'jet.
Kur t'i bijë huj djalit gji me pi,
Lang sheqerit i ap sa t'duej m'u ngi;
Kur t'i bijë huj djalit për me fjetë,
25 N'petë t'sylahit e vndoj me fjetë.
Qatherë grueja tri shujtë i ka gatue.
N'shpinë gjogave trimat m'u kanë kcye,
Tim e mjegull gjogat m'i kanë ba,
N'maje t'bjeshkës fort shpejt kanë dalë,
30 Tri dit rresht npër bjeshkë janë ndalë,
Kurrkund çetë me sy s'kanë pa.
Dikur vonë Muji ka thanë:
- Ti, Halil, n'Maje t'rreptë me dalë!
Si n'mujsh kund çetë shkjaut me pa,
35 Sa ma parë ti ktu me ardhë!
Shpejt Halili asht çue n'kambë,
Në shpinë gjogut i ka hipë,
Ka marrë rrugën nëpër kreshtë,
Nëpër kreshtë drejtë Majes s'rreptë.
40 - Ti Omer, Omer Aga i ri,
A thue tutesh për me ra n'Krajli?
N'Fushë t'Krajlisë â 'i kullë e bardhë,
Kulla e bardhë asht kisha e shkjaut;
N'kjoftë se dera e çilun ka qillue,
45 Mos guxo kishës me iu afrue;
N'kjoftë se dera mbyllun ka me kenë,
Shpërthe derën e mbrendë ngujoju
E ruej se t'rrejnë shkjetë për me dalë,
Ruej se t'rrejnë shkjetë për me t'gri;
50 Se, kur t'dalë nesër drita, daltë e bardhë,
Shkje t'pafarë tu kisha kanë me ardhë,
Pse ditë e dielle nesër ka qillue,
Pushkën shkjeve prej kishet me ua fillue,
N'tri rrugë kryq un due m'u shtërngue,
55 Nuk la kend asajt me kalue.
Si sokol Omeri n'kambë asht çue,
M'i ka kcye gjogut në shpinë,

	For I'm off now to the mountains,
20	Perhaps it is my fate to die, but
	Dare I leave Omer untutored?
	If the lad still wants to suckle,
	I will give him sweetened syrup,
	If the lad still wants to slumber,
25	In my cartridge belt I'll wrap him."
	The wife then got the three meals ready,
	The heroes jumped onto their coursers,
	Leaving smoke and dust behind them
	As they galloped to the mountains,
30	Three days long they roamed the pastures,
	Nowhere could they find a *çeta*,
	Mujo finally spoke up, saying:
	"Climb the Rugged Peak, Halili,
	Try to seek a Slavic *çeta*,
35	Quickly as you can come back here."
	To his feet now swiftly rising,
	Halili jumped onto his courser,
	For the mountain crests he set off,
	Climbed the Rugged Peak among them.
40	"And you, my son, young Aga Omer,
	Have you fear to raid the Kingdom?
	On the flat land's a white *kulla*,
	This *kulla* is a Slavic chapel,
	And if the door there should be open,
45	Do not venture to approach it,
	But if the door there should be bolted,
	Break it open, make your way in,
	But don't you be deceived, be careful,
	For they'll entice you out and kill you.
50	When the light comes up next morning,
	Countless *shkjas* will go to chapel,
	For this next day is a Sunday.
	Open fire in church upon them,
	I'll lie waiting at three crossroads,
55	And let none of them pass by there."
	Like a falcon swiftly rising,
	Omer jumped onto his courser,

Tim e mjegull gjogun e ka ba.
Kundruell kishës djali kur ka dalë,
60   *M'ja ka ndalë vrapin gjogut t'bardhë,*
Dorën ballit ja ka vndue,
Pse turbi me vedi s'i ka qillue,
Derën e kishës mbyllun e ka gjetë.
Sa trimnisht tu kisha ka vojtë,
65   *Me nji shtjelm derën e ka thye*
Edhe mbrendë Omeri asht ngujue
E përmbrapa derën e ka ndry
E gjithë natën vetun ka ndejë.
Kur ka nisë drita për me dalë,
70   *Ka pa popin n'kishë kah don me ardhë.*
Djali popin n'pushkë e paska gjue,
Dekun n'tokë popin e paska lshue.
N'tanë Krajlninë u qit meiherë kushtrimi,
Gjithë rreth kishën shkjetë ma kanë rrethue,
75   *S'po pushojnë trimat tue luftue;*
Por kush mbrendë s'ka mujtë me hi,
Por kush mbrendë s'ka mujtë me pa.
Nja nandë plumbe Omerit m'i kanë ra,
Shpirti t'mjerit gadi i ka dalë.
80   *Ç'ish kujtue nji shkinë, e vrafti zoti!*
Ja ka shkrue syretin n'Mujin,
Ja ka qitë me e pa n'prezore.
- Del, Omer, me pa i gjallë në je,
Se na Mujin sot-o ta kem' pre!
85   *Ka qitë Omeri e i ka thanë:*
- Ik, mori shkinë, shkina e palame,
Se un për Mujin nuk kam dert.
Ja ka qitë syretin n'Halilin,
Syretin me konop në fyt.
90   *- Del, Omer, zoti të vraftë,*
Se vra e furë Halilin të kena.
Shndosh e mirë Muji e Halili ishin,
Nji sahat pushueshëm trimat s'rrijshin
Edhe mjaft shkje vra qi kishin;
95   *Por Omerin dojshin për me rre,*
As jasht t'dale për me e vra.

Leaving smoke and dust behind him
As he set off for the chapel.
60   There he reined in his white courser,
Placed his hand upon his forehead,
For he was without his field glass.
There the chapel door was fastened,
Bravely did he walk up to it,
65   With a kick he burst it open,
Then at last did Omer enter,
Bolting down the door behind him,
And spent the night within the chapel.
When the dawn broke in the morning,
70   He saw the priest approach the chapel,
And at the priest he aimed his rifle,
Shot him, and the priest did perish.
Alarm was raised throughout the Kingdom,
The *shkjas* did all surround the chapel,
75   Bravely did the *shkjas* do battle,
None, however, could gain entrance,
None of them could see inside it,
Where nine bullets had hit Omer,
The poor boy's soul had almost left him.
80   A Slavic woman got to thinking,
Of Mujo's face she made a drawing,
And at the window did she hold it,
"Come out, if you're living, Omer,
For today we've slaughtered Mujo."
85   Omer turned to her, responding:
"Go away, you unwashed woman,
Concerned I'm not at all for Mujo."
Then she drew Halili's portrait,
Around his neck a rope was hanging.
90   "Omer, come out now, God damn you,
For we've slain and hanged Halili."
Safe was Mujo, sound Halili,
Not a moment had they rested,
Both men many *shkjas* had slaughtered.
95   They'd dared to deceive young Omer
So he'd exit, then they'd kill him.

Kur ja qiten syretin e Halilit,
Atherë drita iu turbullue
E kujtoi se â dekë e shkue.
100 *Nji gjamë përdhe Omeri e ka lshue,*
Fill në vesh Halilit te i ka shkue.
Për tposhtë trimi shpejt asht fillue.
N'tri rrugë kryq Mujin e ka gjetë.
- Zo', nji gjamë, Mujo, çka do t'jetë?
105 *Gjamët e Omerit përdhe mue m'kanë ardhë.*
Be në zotin Halili i ka ba,
Fort ngusht Omeri po asht.
Halla, n'kambë trimat kankan çue,
Në shpinë gjogave u kanë hipë,
110 *E kanë marrë rrugën e janë nisë.*
Kundruell fushës së Krajlisë kur kanë ra,
Sa t'madhe Muj i asht hallakatë,
Gjethi i ahit, thonë, për tokë ka ra,
Mnera e madhe shkjetë i ka marre,
115 *Ika e madhe shkjevet u asht dhanë.*
Kanë fillue trimat tue luftue,
Po don zoti vllaznet me u ndimue,
Po don zoti e u asht dhanë e mbara,
Shum kanë vra, ma shum kanë vu përpara,
120 *Larg prej kishet si i kanë largue,*
Kanë kthye prap e kishës iu kanë afrue.
T'madhe Muji ka bërtitë:
- A je gjallë, Omer Aga i ri?
Çou ti derën neve me na çilë!
125 *Be në zotin Omeri ka ba,*
Qi"kurrkuj un derën nuk ja çili,
Për pa ardhë Muji, ndo Halili."
Atherë Muji i ka thanë:
- Çou, Omer, derën me na e çilë,
130 *Se ktu asht Muji me Halilin!*
Kqyr çka ka thanë Omeri i ri!
- Nandë varrë pushket n'shtat i kam,
Nuk po muj derën me jau çilë,
Po, si n'kjoshi ju Muji e Halili,
135 *Shtjelm derës ju për me i ra,*

When he saw Halili's portrait
Did his sight grow dim and troubled
For he thought that they had slain him.
100 Omer groaned, the earth did shudder,
The echo of it reached Halili,
The hero hastened down the mountain,
And there met Mujo at the crossroads,
"By God, what's that groaning, Mujo?
105 I heard a moaning sound from Omer."
Halili swore by God, proclaiming:
"Omer must be in deep trouble!"
Rising swiftly to their feet,
The heroes jumped onto their coursers,
110 And took the road off to the Kingdom,
Till they finally reached the chapel.
At such speed had Mujo hastened
That the leaves fell off the beech trees.
The *shkjas* were filled with dread and panic,
115 Taking flight as best they knew how.
The heroes now did set upon them,
God saw fit to help the brothers,
And with God's aid they gained victory,
Many did they rout and slaughter,
120 Chased the rest far from the chapel,
Then did they return, approaching,
Mujo in a loud voice cried out:
"Are you well, Omer, young Aga?
Rise and open up the doorway."
125 Omer swore by God in answer:
"I'll ne'er open up the doorway
Unless for Mujo or Halili."
Mujo then replied, explaining:
"Rise, Omer, and open up now,
130 Here are Mujo and Halili!"
What did young Omer then answer?
"Nine gunshots are in my body,
I can't open up the doorway.
If you're Mujo and Halili,
135 Come and kick the doorway open,

Copë e grimë derën ju po e bani;
Por n'mos kjoshi Muji e Halili,
Gjallë s'u la derën për me e çilë.
Me idhnim Muji derës shtjelm i ka ra,
140 *Copë e grimë derën e ka ba.*
Atherë trimat mbrendë kanë hi,
Ja kanë ba për hajr varrët Omerit,
N'vithe t'gjogut Muji e ka vu
E për vedi me kollana e ka njeshë
145 *E kanë marrë bjeshkën përpjetë.*
Nalt në bjeshkë trimat kur kanë dalë,
Ma ka folë Omeri nji fjalë:
- Pash 'i zot, Mujo, qi t'ka dhanë,
Vend me xanë e ktu m'u ndalë,
150 *Se kah don shpirti për me dalë*
E 'i amanet due me ta lanë,
Nji fjalë nanës me m'ja thanë,
Nji fjalë nanës me m'ja çue,
Thuej"Omerin tu daja e kam çue",
155 *Se jam dekë mos me i diftue,*
Se m'ka dashtë e nis me vajtue,
Se m'ka dashtë e nis me mjerue,
Me mjerue e vorrin tuj ma lypë.
Atherë shpirti Omerit i ka dalë
160 *Edhe n'bjeshkë vorrin ja kanë ba*
E e kanë shkepë nji gur prej malit
E e kanë lshue mbi vorr të djalit,
Tri mijë burra mos me mujtë me e luejtë.
E ç'ka qitë Muji e ka thanë?
165 *- Hej medet, tha, mori bjeshkë,*
Se tetë Omera t'mirë si i paç
E tetë Omera ndër ju t'dekun i laç.
Ju u thaçin Bjeshkët e thata,
Dushk as bar ndër ju kurr mos daltë,
170 *As uj ndër ju kurr mos u piftë!*
Amanet, maje, jau paça lanë:
Ortek boret ksajt mos me rrxue,
As ktij vorrit mos t'i afrohet,
Omeri i ri m'merohet.

Break and burst it into pieces.
If you're not Mujo or Halili,
I'll not let you enter living."
Mujo kicked the doorway open,
140 And it fractured in his fury,
Then the heroes deigned to enter,
Made a wish for his recovery,
Mujo on his steed then sat him,
With straps and belts did he secure him,
145 And they headed for the mountains.
When the heroes reached the pastures,
Omer for the first time spoke out:
"By the Lord who made you, Mujo,
Let us find a place to take rest,
150 For my spirit wants to leave me,
I must say my final words now:
Send a greeting to my mother,
Let her know Omer salutes her,
Tell her Omer's with his uncles.
155 Do not tell her that I've perished,
For she loved me and would mourn me,
For she loved me and would suffer,
And in her pain would seek my tombstone."
Omer's spirit then departed.
160 They dug his grave up in the mountains,
Hewed a boulder from the cliffside,
Three thousand men could not have moved it,
And set it up as Omer's tombstone.
What did Mujo this time utter?
165 "Woe to you, oh mountain pastures,
Brave sons did I have, eight Omers,
And eight of them have I left to you.
May they call you arid pastures,
May no trees or grass grow on you,
170 May none ever drink your water.
One wish, oh peaks, have I for you,
Let no snowy landslide fall here,
Let none of them approach the tombstone,
For young Omer'd greatly suffer.

175   *Amanet, zogj, jau paça lanë:*
       Kurr ksajt, mos me kndue,
       Omeri i ri e m'merohet.
       Amanet, çobaj, jau paça lanë:
       Kurr gjanë ksajt mos me e pru,
180   *Ndien Omeri kumbonët tuj tingllue,*
       Ndien baritë fejve kah u binë,
       Asht i ri e përmallohet.
       Amanet, mor llavë, jau paça lanë:
       Kur t'u qesin rruga ksajt me ra,
185   *Mos me britë, as dajre mos me ba,*
       Pse kam Omerin ktu djalë të ri,
       M'përmallohet e malli e merr për shpi.
       U kanë hypë gjogave në shpinë
       E n'shpi trimat kur kanë shkue,
190   *Ka fillue grueja e i ka pvetë:*
       - Po Omerin, zo', ç'e ka gjetë?
       A thue n'bjeshkë edhe ai si tjerët ka dekë?
       Ka marrë Muji e grues i ka thanë:
       - Na te dajat Omerin e kem' lanë.
195   *Be në zotin prap grueja te u ka ba:*
       - Se pa mue Omeri n'daja s'â kanë,
       Por në bjeshkë dekun si e keni lanë.
       - Mori nuse, Halili i ka thanë:
       Na Omerin n'bjeshkë dekun si e kem' lanë
200   *Edhe vorrin n'bjeshkë ja kem' punue,*
       Ti veç shndosh me gjithë kta robt tu!

175 One wish, oh birds, have I for you,
Don't come here to chirp and chatter,
For young Omer'd greatly suffer,
One wish, oh shepherds, have I for you,
Do not bring your herds to graze here,
180 Should Omer hear the sheep bells clanking,
Hear the flutes played by the shepherds,
Would the lad be full of longing.
One wish, wolf packs, have I for you,
When your journey takes you hither,
185 Do not howl or make commotion,
For here my son, Omer, is lying,
He'd be homesick, full of longing."
The heroes jumped onto their coursers,
Set off on their journey homewards,
190 Mujo's wife began to ask him:
"What has happened to my Omer?
Has he, too, perished in the mountains?"
Mujo took his wife and told her:
"We've taken Omer to his uncles."
195 Again the woman swore, protesting:
"Omer's never gone without me,
You've left him dead up in the mountains."
"Listen, woman," said Halili,
"Dead we left him in the mountains,
200 And there we made for him a tombstone.
Be in peace now with your family."

Ajkuna kjan Omerin

Lum për ty, o i madhi zot,
Qi s'jem' kanë e zoti na ka dhanë!
Drita â dalë e dritë s'po ban,
Ka le dielli e nu' po xe!
5   Ça ka ba, zot, Gjeto Basho Muji?
Dymbdhetë shokë trimi i ka marrë,
N'Lugje t'verdha kur ka dalë,
Djalin shkjetë ja paskan vra.
Djalin n'dhe Muja e ka shti,
10   Kurrkush ngjat nuk ka qillue.
Muji vorrin tue e rmue,
Veçse zanat tue lotue,
Veçse shokët qi po e gjamojnë,
Veçse gurt qi po e mbulojnë
15   Edhe ahat qi e rrethojnë.
Mirë bylbylat djalin po e vajtojnë!
Â dredhë Muja e n'shpi ka shkue,
Nana e djalit p'e pëvetë:
- Mujo djalin ç'ma ka gjetë,
20   N'Lugje t'verdha a thue ka mbetë?
- N'Lugje t'verdha nuk t'ka mbetë,
Por ka shkue me bujtë tu dajat.
Be në zotin Mujit m'i ka ba:

Ajkuna mourns Omer

Mujo tells his wife Ajkuna that their son Omer has been slain and lies buried in the mountains. Ajkuna begins wailing and Mujo expels her harshly from the house. Ajkuna drags herself up to the Green Valleys to visit her son's grave. There she mourns him, wishing to be buried with him and begging him to come out of his dark grave. The mountain *oras* take pity on her, calm her down, dry her tears and return her to Jutbina.

We worship you, oh God Almighty!
For we were nothing 'til you made us.
The day had dawned, but little light shone,
The sun came out, no warmth providing,
5   What was Gjeto Mujo doing?
Twelve companions he took with him
On the road to the Green Valleys,
For the *shkjas* his son had slaughtered,
Mujo for him started digging,
10   Dug a grave and made a tombstone,
No one noticed while he dug it
But the *zanas* who were keening,
But his fellows who were mourning,
But the stones and rocks upon it,
15   And the beech trees all surrounding.
Well the nightingales did mourn him,
Mujo turned and journeyed homewards.
The mother of the boy inquired:
"Have you found my son, oh Mujo?
20   Was he slain in the Green Valleys?"
"He was not slain in the Valleys,
He's just gone to see his uncles."
To Mujo did she swear, insisting:

25   *Atherë trimi ka qitë e i ka thanë:*
- Me e vajtue kur t'shkojsh për dru,
Zhurmë n'konak nuk due me m'ba,
Se shkjetë djalin ta kanë vra!
N'Lugje t'verdha n'daç me e pa,
30   *Aty djalin n'dhe ta kena shti.*
- Qyqja nana e padjalë!
Ka nisë grueja me bërtitë,
Sa shpejt jashta Muji e paska qitë.
Qyqe vetëm rrugën ma paska marrë,
35   *Kanë xanë vend hyjt vajin për me e ndie.*
Kur ka dalë ndër Lugje t'verdha,
Atherë hanën nana ka mallkue:
- T'u shkimtë drita ty, o mori han-e,
Qi s'ma çove at natë nji fjalë,
40   *N'Lugje t'verdha shpejt me dalë,*
Bashkë me hi n'nji vorr me djalë!
Ndoshta vorri t'dyve s'na kish xanë,
Ndoshta djali ngjat nuk m'kishte lanë,
Nji vorr t'ri, por kishe çilë për bri,
45   *Ahit t'malit rixha i kishe ba,*
Gurit t'malit rixha i kishe ba,
Rrahit t'zi ndër kambë i kishe ra.
"Ka qillue bjeshka e gjanë
Gjith ku t'dueni vend me xanë,
50   *Por mue gropën me ma lanë",*
Se aqe vend ma kishin falë.
Mallkue kjosh, o mori hanë,
Qysh me e lanë nanën t'padjalë?
Kur ka shkue te vorri i djalit,
55   *Ka pa ahin treqind vjeç,*
Ahi ishte rrema-rrema,
Nja ma t'bukrin mbi vorr qi p'e shtri,
Mirë po pshtetet për degë t'ahit,
Pikon lodja mbi vorr t'djalit,
60   *Kanë lanë kangën zogjt e malit,*
Kanë lanë kangën me veshtrue!
Po a s'e din se kush ka ardhë,

   "Tell me of my son, oh Mujo!"
25 The hero then turned to her, saying:
   "Bewail him only in the forest,
   I'll tolerate no noise at home here,
   For the *shkjas* your son have slaughtered!
   Go and view in the Green Valleys,
30 There we've made the boy a tombstone."
   "What a fate, oh childless mother!"
   Said the woman, started screaming,
   Mujo swiftly did expel her,
   Took the road herself, poor woman,
35 The cold stars listened to her weeping.
   When she got to the Green Valleys
   Did she curse the moon above her:
   "May your beams of moonlight wither,
   For you did not send a message
40 Call me up to the Green Valleys,
   That I bury myself with him.
   Perhaps the grave would not have held us,
   Perhaps my son would not have let me,
   But I'd have dug a grave beside him,
45 Begging space of the peaks' beech trees,
   Begging space of alpine boulders,
   To the black earth I'd fall kneeling:
   'Ample are the mountain pastures,
   Give me any space you choose from,
50 So that I can dig a grave, too.'
   They'd have granted what I needed.
   Moon, do I now damn and curse you,
   How dare you leave me with no dear son?"
   When she went to her son's graveside,
55 Saw a three-hundred-year-old beech tree,
   The beech tree had stretched out its branches,
   O'er the grave it spread the fairest,
   Well she leaned against the branches,
   Tears were dripping on his tombstone.
60 The mountain birds did stop their singing,
   Ceased their song so they could watch her.
   "Don't you know who's come to see you,

Qi nuk çohesh për m'u falë,
More i miri i nanës-ooo?!
65   *Amanet, o more bir,*
Del nji herë ksi burgut t'errët,
Fol me nanën qi t'ka rritë,
S'm'ke lanë kurr kaq shumë me pritë!
Ka lshue hana rrezet n'pyllë,
70   *Kanë shkrepë hyjzit nëpër qiellë,*
Pvesin diellin: "A e ke pa?"
"Nuk po m'len nji ah m'e pa."
Amanet, pse i lae m'u djerrë?
Thuej m'kanë mblue me dhe të zi,
75   *Drita e juej mbrendë mos me hi,*
Vaji i nanës-o mos m'u ndie,
Lodja e nanës-o veç me m'rri,
Mor Homeri i nanës-ooo!
A thue gjogun me ta pru?
80   *Del ndoiherë për me lodrue,*
Bjen ndër gurra me u freskue,
Kërkon majet bashkë me zana,
Se ty vorrin ta rue nana,
More i miri i nanës-ooo!
85   *Orët e bjeshkës ma s'und p'e ndiejnë,*
Fjalën n'gojë po ja këthejnë dalë,
Zemrën s'rrahmi ja kanë ndalë,
Lott ndër sy mirë po ja krijnë,
Ftyrën lotsh mirë po ja shijnë,
90   *Vetë e bajnë e e çojnë n'Jutbinë.*

Rise up now, come out and greet me,
Oh, my dear son, mother's treasure...
65   Please, oh please, my son, I beg you,
Rise just once from that dark prison,
Speak now to the one who raised you,
Never have you kept me waiting.
The moonbeams have now touched the forest.
70   The stars now countless in the heavens
Ask the sun, 'Have you yet seen him?'
'A beech tree there has blocked my vision.'
Why, oh why did you let him perish?
With black earth your grave's now covered,
75   So that no more light can enter.
That you not hear mother mourning,
Cannot see your mother's teardrops,
Oh, my Omer, mother's treasure,
Shall I bring to you your courser?
80   Come on out and frolic with it,
Ride now to the cool spring waters,
Or to the mountains with the *zanas*,
Your mother here will guard your tombstone,
Oh, my dear son, mother's treasure."
85   The mountain *oras* could not bear it,
They closed her mouth to stop her wailing,
Calmed her heart down, slowed the beating,
Dried the teardrops on her eyelids,
Wiped them off her face so gently,
90   And then returned her to Jutbina.

Deka e Halilit

In mbledhë treqind agët e Jutbinës.
Gjumi i randë Halilin ma ka marrë
Edhe Muji shokve m'u ka thanë:
- Gjumi Halilit kur t'i dalë,
5   *Ku â vojtë Muji mos i kallxoni;*
Due me dalë në bjeshkë e me shikjue.
Prit shka ban Arnaut Osmani!
Fort me shkelm Halilit qi po i bjen:
- Çou, Halil, kryet mos e çosh,
10   *Se Muji â ra në Lugje t'verdha,*
Kaherë Muji luftën e ka nisë
Edhe Mujin shkjetë ta kanë pre.
Halla, në kambë Halili asht çue
E në shpinë gjogut i ka ra,
15   *Në Lugje të verdha trimi kenka ra,*
E ka ngrehë luftën e po lufton,
Treqind shkjeve rrethin jau ka qitë,
Treqind shkje djali i ka pre,
Gjogu not në gjak po i shkon.
20   *Pak ma andejna kur â shkue,*
Asht ndeshë në Zadranin e Tetovës.

The death of Halili

Arnaut Osmani deceives Halili by telling him that the *shkjas* have murdered Mujo. Halili sets off to take revenge and kills three hundred *shkja* warriors before he himself is slain by Zadrani of Tetova. When Mujo returns from the mountain and learns that his brother is off fighting, he follows him and comes across Halili's corpse. He pursues Zadrani, and the two warriors struggle with one another for three days of hand-to-hand combat. When he is about to be defeated, Mujo cries in Turkish to the *zanas*, who tell him of a poison dagger in his pocket. With the dagger, Mujo manages at last to slay Zadrani.

Gathered Agas of Jutbina
In a crowd, three hundred fighters,
Halili slept and Mujo told them:
"When Halili finally wakes up,
5   Don't reveal where Mujo's gone to,
I'm off to the mountain pastures."
What of Arnaut Osmani?
With a kick he woke Halili,
"Rise, Halili, now or never,
10   Mujo went to the Green Valleys,
Mujo there began a battle,
And the *shkjas* have slaughtered Mujo."
To his feet now swiftly rising,
Halili jumped onto his courser,
15   The hero left for the Green Valleys,
Joined the fighting and did skirmish,
Three hundred *shkjas* did he encircle,
Three hundred *shkjas* the lad did slaughter,
Through the blood his courser waded.
20   When Halili ventured further,
He met Zadrani of Tetova,

Qai Zadrani Halilit po i thotë:
- Dredh, Halil, zoti të vraftë,
Dy kushrij në ket luftë qi i ke pre.
25   Halili Zadranit po i thotë:
- Ma ke pre Gjeto Basho Mujin.
Në të madhin zot be i ka ba,
Se"në Lugje t'verdha Muji sod s'â kenë."
Prapu Halil, ma kndej mos hajde,
30   E kam pushkën habertare,
Shtrembët ta mbaj, Halil, ndrejtë të bjen!
Hiç Halili gjogun s'e ka ndalë.
E ka dredhë pushkën habertare,
Në qafë të sylahit Halilit po i bjen,
35   Dekun në tokë djali kenka ra.
Prit çka ban Zadrani i Tetovës!
Ja ka vndue nji rubë të bardhë,
Nën nji hije djalin ma ka qitë,
Ja ka vu tu kambët e tu kryet,
40   E ka marrë vajin e po bërtet:
- Mjeri un, mjeri, Sokole Halili!
Zot, ku i pshtoj Gjeto Basho Mujit?
Tu shokët Muji kenka ra.
Prit çka i thotë Arnaut Osmani,
45   Inatçuer Mujin e ki' pasë:
- Ku je, Muj, zoti të vraftë,
Se kaherë Halili në Lugje t'verdha â ra.
Në Lugje t'verdha Muji â ra,
Gjogu not për gjak po i shkon,
50   Me Halilin Muji asht ndeshë.
- Hajt, Halil, zoti të vraftë,
Zanat të keq, bir, më ke msue,
Tanë ket luftë gjumi për me t'marrë.
Ja ka çue dorën në krahnuer,
55   Rrash me gjak dora iu ka mbushë.
Ma ka vu turbinë në sy,
Mirë po e sheh Zadran e Tetovës,
Ja ka lshue nji za fort t'idhtë:
- Kollaj, thotë, me fmi me luftue,
60   Prit 'i herë Gjeto Basho Mujin!

Zadrani said then to Halili:
"Stop and tremble, damned Halili,
You've slain my two cousins fighting."
25   Halili answered thus Zadrani:
"And you've slain Gjeto Basho Mujo."
An oath by God did swear Zadrani:
"Mujo's not in the Green Valleys.
Return, Halili, go no further,
30   I've a rifle to give warning,
You'll die, should I aim it at you."
Halili rode forth on his courser,
Zadrani turned on him the rifle,
And hit him in his belt of leather.
35   To the ground the lad fell lifeless.
What did Zadrani of Tetova?
A white shroud did he cast upon him,
And in the shade he laid the body,
With head and legs in proper order,
40   In loud lament did he bewail him:
"Woe to me and Sokol Halili!
How will I escape from Mujo?"
Mujo returned to his companions,
What said Arnaut Osmani
45   Who despised and hated Mujo?
"Damn you, Mujo, where've you gone now?
Halili's left for the Green Valleys."
For the Green Valleys set off Mujo,
Through the blood his courser waded.
50   Mujo met up with Halili,
"Get up now, Halili, damn you,
You're giving a bad example,
Sleeping while the battle rages."
He placed his hand upon Halili,
55   At once his hand in blood was covered,
Then he looked into his field glass,
Saw Zadrani of Tetova,
And in his rage and fury shouted:
"It's easy work to beat up children,
60   But now try Gjeto Basho Mujo!"

Tim e mjegull gjogun e ka ba,
Ngjet Zadranit Muji iu ka avitë.
Prit shka i thotë Zadrani i Tetovës!
- Prapu, Muj, bre zoti të vraftë,
65   Se Halilin çartë nuk ta kam.
- Pasha 'i zot, Zadran, qi më ka dhanë,
Kurr për të gjallë un ty nuk t'lshoj.
- Pasha 'i zot, Muj, qi më ka dhanë,
Ti ma kndejna, Muj, për me m'ardhë,
70   E kam pushkën, Muj, habertare,
Shtrembët ta mbaj e ndrejtë të bjen.
Hiç Muja gjogun s'e ka ndalë.
E ka dredhë pushkën habertare,
Në qafë të sylahit Mujos i ka ra,
75   Hiç Muji prej gjogut nuk rrxohet.
E ka dredhë Muji pushkën habertare
Në qafë të sylahit, tha, Muja i ka ra,
Të dy gjallë aty kenkan mbetë,
Të dy fytas qaty kenkan kapë.
80   Janë kapë tri dit e tri net.
Rrezik Muja e ki' pasë,
Zadrani Mujin e ka rrxue
Edhe Muja Zadranit po i thotë:
- Tri fjalë turçe a po m'len me i thanë?
85   - Fol shka t'duesh, Gjeto Basho Muja!
Zanave në shkamb Muja m'u ka britë:
- Ju ku jeni të lumet e natës,
Qi probatesha juve u ko' pa' xanë,
Gjithë tu të bij ma ngusht e ma
90   Edhe ndimë kini me m'dhane,
Se Zadrani shpirtin po ma merr?
Tha, i ka britë zana prej shkambit:
- Shtjere dorën në xhep të dollamës,
Se aty gjen thikën e helmatisun!
95   Sall në bri Zadranit t'ja vndosh,
Se edhe shpirti Zadranin e lshon,
Ma ka shti dorën në xhep,
Ma ka gjetë thikën e helmatisun
E në bri Zadranit ja vndon.

Mujo rode towards Zadrani,
Leaving smoke and dust behind him,
"Wait, *shkja!*" he said to Zadrani,
"Go back, Mujo, or God damn you,
65   It's not my fault Halili perished."
"Zadrani, by the God who made me,
You'll not escape from me alive now."
"By the God who made me, Mujo,
If you come up any further,
70   I have a rifle to give warning,
Even crooked, it will get you!"
Mujo rode forth on his courser,
Zadrani turned on him the rifle,
And hit him in his belt of leather.
75   Mujo fell not from his courser,
Turned on Zadrani his rifle,
And hit him in his belt of leather.
Both the fighters did survive and
Grasped the throats of one another,
80   For three days and nights they struggled,
Mujo'd almost been defeated,
Zadrani threw him to the ground now,
Mujo uttered to Zadrani:
"May I say three words in Turkish?"
85   "Speak as you wish, Gjeto Basho Mujo."
To the cliff-dwelling *zanas* he cried out:
"Oh, Blessed of the Night, where are you?
You have been for me blood sisters.
Every time I was in danger,
90   Did you give me your assistance,
Zadrani now my soul is seizing!"
The *zanas* shouted from the cliff top:
"Put your hand into your pocket,
There you'll find a poison dagger,
95   Thrust it right into his rib cage,
And Zadrani then will perish."
He put his hand into his pocket,
From it pulled a poison dagger,
Thrust it to Zadrani's rib cage,

100	*Përmbi Mujin shpirtin po e lshon.*
	Tha, nuk po mund Muji me e rrotullue,
	Sa burrë i madh qi ki' qillue!
	Zanave Muja në shkamb u ka britë:
	- Zadranin, zanë, e kam mbytë,
105	*Po nuk po muj me e rrotullue*
	E nën te shpirti po më lshon.
	Tri zanët fluturim janë çue
	E Zadranin e kanë rrotullue.
	Ma merr Muji Zadranin e ma çilë,
110	*Tre gjarpij në bark ja ka gjetë,*
	Dy in kanë fjetë e nji veç çue.
	- Mjeri, mjeri, Muja tek ka ba,
	Ta kish dijtë, se ksi burri je
	E Halilin ty ta kishe falë,
115	*Kim sundue turk edhe kaurr.*

100	And on Mujo did he perish.
	Mujo could not roll him off,
	So heavy was Zadrani's body,
	To the cliff-dwelling *zanas* he cried out:
	"Zadrani's weight is suffocating,
105	I can't get the body off me,
	Under him my soul is leaving."
	Off in flight set out three *zanas*
	And rolled Zadrani off of Mujo,
	Mujo slit the body open,
110	Found three serpents in its stomach,
	Two were sleeping, one awakened,
	"What misfortune!" cried out Mujo,
	"Had I known of your true nature,
	I'd forgive you for Halili,
115	And we'd reign o'er Turk and Christian."

Muji i varruem

Janë bashkue tridhetë agët e Jutbinës,
Tagji gjogave qi po u qesin,
Gjogu i Mujës tagjinë s'e kërkon,
Por po rreh shkelma në kalldram.
5   Shokve Muja te u ka thanë:
- Sa herë gjogu qeshtu qi m'ka ba,
Ditë mejdanit at ditë un kam pasë,
Por bela e madhe at ditë më ka gjetë.
Atherë foli Arnaut Osmani:
10   - Tuj u plakë, tha, Mujo, e tuj u tutë,
Se gjogu i yt kurrgja nuk din.
Sa keq Mujos te i ka ardhë!
Vrik në shpinë gjogut te i ka ra,
Kenka dalë tu lisat binakë,
15   Nandë pushkë të flakës, tha, kenkan kallë,
Nandë, tha, n'shtat tek e kanë marrë,
Të nandta n'zemër ma kanë prekë,
Sall pak gjallë, tha, Muji kanka mbetë.
Aty shokët paskan dalë me t'shpejtë.
20   Atherë foli Gjeto Bashe Muja:
- A merr vesht, Arnaut Osmani?
Ma i pari shoq ti m'ke qillue,
Amanet ty po ta la,

354

Mujo wounded

Provoked by Arnaut Osmani, Mujo goes out duelling on an unlucky day
and is shot nine times. The dying Mujo makes one last request of Arnaut,
who refuses it and insults and taunts the dying hero. Mujo dies. The *zanas*
are disturbed by the loud neighing of his grieving horse. They decide to
revive Mujo, breathe life into him and get him back on his horse. Mujo
returns home to learn that a son has been born to him, and slays Arnaut
Osmani for his treachery.

Thirty Agas met in Jutbina,
Spread out oat feed for their coursers,
But Mujo's courser would not eat it,
Stamped its hooves upon the pavement.
5   Mujo said to his companions:
"Every time my courser does this,
It's a day to go out duelling,
And a day that brings misfortune."
Then spoke Arnaut Osmani:
10   "You're getting old and turning yellow,
For your steed knows nothing, Mujo."
Hurt was Mujo, disappointed,
Swiftly did he mount his courser,
To the twin trees did he ride out,
15   There nine rifle shots were fired,
Nine shots struck him in his body,
In the heart the ninth one hit him,
Little life remained in Mujo,
His companions rushed to see him,
20   Then spoke Gjeto Basho Mujo:
"Listen, Arnaut Osmani,
You're the foremost of my comrades,
A final wish to you I leave now,

Armë e petka n'shpi me m'i çue,
25 Me ma çue gjogun e mejdanit,
Se e kam lanë nji nuse me barrë
E me dashtë zoti nji djalë me m'ja falë,
Armë e petka gatshëm qi t'i gjejë.
Atherë foli Arnaut Osmani:
30 - Ty te shpija, tha, 'i çikë të leftë
E nandë varrë nandë pikë t'u çojshin,
Armë e petka ty, Muj, t'i gzosha,
Gjogun tand, Muj, ta shilosha
Dhe nusen ta martosha!
35 - Qat vjetë Muji jetë paska ndrrue!
Ça ka ba Zuku Bajraktari?
Sa fort gjogun te e ka ndjellë,
Gjogu mêç Mujos te i ka dalë,
S'â dalë kush gjogun n'dorë me e shti.
40 Sa t'madhe gjogu po hingllon,
Tana bjeshkët gjogu po i shurdhon.
Paskan ndie t'lumet e natës,
Zana zanës në shkamb te i ka thanë:
- Ç'â kjo brimë, mori shoqe, n'kto bjeshkë?
45 - Kanë vra shkjetë Gjeto Bashe Mujin.
Gjogu mêç, moj shoqe, te i ka dalë.
A po vijni t'shkojmë për me e shndoshë?
Tri zana fluturim janë çue
E me t'shpejtë tu Muja paskan shkue,
50 Gjithë me rend varrët tue ja lidhë,
Gjithë me rend me gojë tuj hukatë.
Ka nisë Muja frymë për me marrë,
Halla, n'kambë Muji kenka çue
Edhe gjogun Muji ma ka ndjellë,
55 Mirë në za gjogu ma ka njoftë
E sa shpejt aty te i ka ardhë,
Lott për faqe gjogut in tuj i shkue.
Nuk ka mujtë Muji n'gjog për me hipë
E n'dy gjuj gjogu iu ka ulë,
60 Ja kanë shtrue shtatdhetë kut pëlhurë
E m'gjog zanat Mujin ma kanë ulë
E prej shpije Muji â fillue.

Take back home my arms and clothing,
25   Take my warhorse back home with you,
At my hearth my wife lies pregnant.
If it is a boy God grants me,
He'll find my arms and clothing waiting."
Then spoke Arnaut Osmani:
30   "May to you be born a maiden,
And your nine wounds cause you fainting,
I will take your arms and clothing,
I will saddle up your courser,
And I'll wed your bride, too, Mujo."
35   In that year did Mujo perish,
And what of Zuku Bajraktari?
He tried to rope and tame the courser,
But Mujo's steed with grief went crazy
No one could calm down the courser,
40   For it kept on neighing loudly,
Deafening the mountain pastures,
The Blessed of the Night did hear it,
The *zanas* said to one another:
"What's that noise up in the mountains?"
45   "The *shkjas* slew Gjeto Basho Mujo,
And Mujo's steed with grief went crazy,
Shall we go now and revive him?"
On their flight set out three *zanas*,
Quickly did they get to Mujo,
50   One by one they bound his wounds up,
One by one they breathed upon him,
Mujo started once more breathing,
And to his feet did they bring Mujo,
Mujo called his courser, prompting,
55   The courser recognized his voice now,
Swiftly did it gallop to him,
Tears welled from the courser's eyelids.
Mujo could not mount the courser,
The steed fell on its knees before him,
60   Seventy hides did they put on it,
The *zanas* put him on his fine horse
And for home did Mujo hurry.

N'nji farë vendi Muji kur ka shkue,
Paska hasë Muji n'nji çoban.
65   - Fjalë a gja, tha, çoban prej Jutbine?
- E zezë dita, thotë, e gjithë Jutbinës,
Se kanë pre shkjetë Gjeto Bashe Mujin.
Veç te shpija, thotë, 'i djalë i ka le.
- Ty t'lumt goja, çoban, ça po thue,
70   Se vetë jam Gjeto Bashe Muji.
N'fushë t'Jutbinës Muji kenka shkue
E gjithë shokët m'i ka gjetë bashkue,
Tha, gjithë përiherë n'kambë iu kanë çue,
Tha, gjithë me rend gjogun ja kanë lodrue,
75   Tha, Arnauti hiç nuk po luen.
Fort me te Muji â ngushtue.
Halla, n'kambë Muji kenka çue,
Tha, shpatë në qafë Muji te i ka ra,
Tha, kryet në tokë Muji ja ka qitë:
80   - Fjalët e këqija në ditë t'dekës m'i ke pa' thanë!

At a stop along his journey,
Mujo came upon a shepherd,
65   "Any news, man, from Jutbina?"
"A grievous day for all Jutbina,
The *shkjas* slew Gjeto Basho Mujo,
Though a son has been born to him."
"Thank you for the news, oh shepherd,
70   For I am Gjeto Basho Mujo."
Mujo reached Jutbina's Plain and
There were all his friends assembled,
To their feet did they fly, rising,
All did frolic with their coursers,
75   Only Arnaut refused to.
Mujo was infuriated,
From his courser did he jump down,
Mujo struck him with his sabre,
And his head to earth did tumble,
80   "When I died, did you speak evil!"

Muji mbas deket

Kur ish kanë Muji me Halilin,
N'Bjeshkë të nalta trimat kenkan dalë,
Dhimbtë e madhe Mujit ja ka ngjitë.
Edhe Muji Halilit te i ka thanë:
5   - Dhimbtë e madhe, vlla, ma ka ngjitë,
Nuk po muj n'kambë me qindrue,
Por qe jetë, Halil, due me ndrrue
E t'ma mbarojsh nji vorr të gjanë.
Në vorr mue si t'më shtish
10   E në shpi, kur t'bajsh me kthye,
Se â dekë Muji kuj mos i difto,
Se, me ndie Krajlija se un jam dekë,
Aty vendin ty nuk ta lanë.
Qaty jetë Muji paska ndrrue
15   E në vorr Halili te e ka shti
E n'shpi djali kenka shkue.
Na janë mbushë shtatë dit e net,
Kanë kalue e janë ba shtatë vjet,
Kush për Mujin gja nuk ka dijtë.
20   Por Halilin, kur p'e pvetin,

After Mujo's death

Mujo is stricken by pain in the mountains. Before dying, he tells Halili not to reveal to anyone that he has perished. Otherwise the *shkjas* would invade and take over the country. A sea *baloz*, however, informs the Slavic king of Mujo's death and goes in search of the hero's grave. Finding it, the *baloz* tears out the stake and pounds the grave with it. Taunted by the *baloz,* Mujo endeavours to rise from the grave but is impeded by the boards of the coffin. A bird informs Halili of the events. He sets off on his courser, slays the *baloz* and unearths Mujo, whom the *zanas* have brought back to life. The two heroes return safely to Jutbina to continue their lives of derring-do.

     The heroes Mujo and Halili
     When alive, went to the mountains,
     Mujo with great pain was stricken,
     And he cried out to Halili:
5   "I am in great pain, oh brother,
     On my legs I cannot stand up,
     I must leave this life, Halili,
     You must dig a wide grave for me,
     In the grave then place my body,
10   And thereafter when you come home,
     Tell no one that Mujo's perished,
     For if the Kingdom hears I've fallen,
     They'll not let you keep the country."
     Mujo perished on the spot there,
15   In a grave Halili put him,
     The lad then went back to his household.
     Seven days and nights did slip by,
     Seven years did run their course, too,
     No one knew of Mujo's passing.
20   When people asked, Halili answered:

Thotë: Ka dalë ndër miq me shetitë!
I â bjerrë, tha, pahi agve të rij,
S'ndihet kush ma për trimni!
Kanë nisë shkjetë me çue krye!
25 Tha, deri zana po pëvetë:
- Si nuk shkojmë Mujin me e gjetë?
Qe shtatë vjet qi s'e kem' pa
Edhe ndore s'i kem' dhanë.
Kishte dalë nji baloz prej deti
30 E te krajli kenka shkue
Edhe krajlit balozi i ka thanë:
- Sa kopil Muji kenka kanë,
Qi n'bjeshkë t'nalta qi ka dekë
E Halilin e ka porositë,
35 Qi"kurrkuj mos me i kallxue!"
Due me dalë vorrin me ja lypë.
N'bjeshkë të nalta balozi ka hipë,
Paska ndejë tri dit e tri net,
Ja ka lypë vorrin, ja ka gjetë,
40 E ka nxjerrë nji hu të gjatë,
T'gjithë me rend vorrin tuj ja rrahë:
- Çou, more turk, n'mejdan me m'dalë,
Ndo ta çarti fenë e Muhametit,
Ndo t'i nxjerri eshtnat prej vorrit!
45 Ka marrë Muji për m'u çue,
S'p'e lanë drrasat n'kambë m'u çue,
Por m'ka ndie nji qyqe tuj këndue:
- Amanet, qyqes te i ka thanë,
Shko e m'i thuej Sokole Halilit:
50 "Ka dalë nji baloz prej detit,
Ma ka lypë vorrin, ma ka gjetë,
Gjith me hu vorrin tue ma rrehë,
M'thotë: Çou, turk, n'mejdan me m'dalë,
Ndo t'i xjerri eshtnat prej vorrit,
55 Ndo ta çarti fenë e Muhametit."
Fluturim, tha, qyqja kenka çue,
N'bahçe Halilit m'i ka shkue.
Ka marrë pushkën Halili për me e gjue,
Atherë qyqja te i ka thanë:

"Mujo's off with his companions,
The young Agas have lost their valour,
No one speaks more of adventure,
The *shkjas* 've begun to raise their heads now."
25 Thus he spoke till the *zanas* asked him:
"Shall we go and search for Mujo?
For seven years have we not seen him,
And given to him our assistance."
From the ocean rose a *baloz*,
30 To the king it paid a visit,
To the king the *baloz* uttered:
"Mujo is a clever bastard,
He died up in the mountain pastures,
And there requested of Halili
35 Not to tell a soul about him.
I'll go now and find his tombstone."
The *baloz* set off for the mountains,
Full three days and nights it spent there,
Searching for the grave, and found it,
40 From the grave he ripped the stake out,
Seized it, whacked the whole grave with it,
"Rise, Turk, face me in a duel.
You'll renege your Muslim tenets
Or from the grave I'll dig your bones out."
45 Mujo tried to rise and face him,
But the coffin did impede him,
Then he heard a cuckoo singing,
Said to it: "I beg you, cuckoo,
Go and tell Sokol Halili,
50 From the ocean's come a *baloz*,
Who forayed and found my tombstone,
From the grave he's ripped the stake out,
Saying: 'rise, Turk, face a duel,
From the grave I'll dig your bones out,
55 Or you'll renege on Muslim tenets.' "
On its flight set off the cuckoo,
Landing in Halili's garden,
Halili gripped his gun to shoot it,
Till the cuckoo spoke out, saying:

60	- Mo' ti, djalë, mue për me m'gjue,
	Se mue Muji më ka çue,
	Nji fjalë t'keqe me t'diftue,
	Se i ka dalë nji baloz prej detit
	Edhe vorrin me hu â tue ja rrehë.
65	Sa mirë Halili qyqen ma ka ndigjue!
	Shpejt e shpejt n'shpinë gjogut i ka ra,
	Tim e mjegull gjogun ma ka ba
	E te vorri Mujos m'i ka shkue.
	Shpatë në qafë balozit m'i ka ra,
70	Kryet në tokë balozit ja ka qitë
	Edhe Mujës vorrin ja ka zblue.
	Kambëkryq Mujin ma ka gjetë...!
	Mujin zanat e kin pa' çue,
	Se fort nakël in kanë ba,
75	Qysh në vorr kreshniku m'u kalbë.
	Dorën Mujit Halili ja ka dhanë
	E prej vorrit Mujin ma ka qitë
	E m'gjog t'vet Mujin ma ka hipë,
	Shndosh e mirë n'Jutbinë me te ka ra,
80	Shum trimni bashkë prap qi i kanë ba!

60 "Do not shoot me, oh Halili,
  For it's Mujo who has sent me,
  Of his sad news did he tell me
  That from the sea has come a *baloz*,
  And from the grave he's ripped the stake out."
65 Halili hearkened to the cuckoo,
  Swiftly did he mount his courser,
  Set off for the grave of Mujo,
  Leaving smoke and dust behind him,
  Struck the *baloz* with his sabre,
70 The monster's head to earth did hurtle.
  He uncovered Mujo's grave and
  Lo! The hero sat cross-legged!
  The *zanas* had awakened Mujo,
  They were worried for the hero,
75 For his body had been rotting.
  Halili gave his hand to Mujo,
  Grabbed the hero from his grave and
  Mounted with him on the courser.
  Safe and sound they reached Jutbina,
80 Full many a deed did they accomplish.

Glossary
of terms, personal names and place names

Aga

Ottoman title usually describing a landowner, official or person of esteem.

Ajkuna

Wife of Mujo and mother of Omer, also known as *Hajkuna, Ajguna* and *Kuna* ~ Bosn. *Ajkuna.*

Ali

Husband of 'Young Omeri.'

Ali Bajraktari

Warrior among the Agas, symbol of fidelity to one's word of honour. Also known as Young Ali, Alb. *Ali i ri.*

Arnaut Osmani

Warrior among the Agas, who betrays Mujo. Brother of Hyso Radoica.

Bajraktar

Chief of a tribe, lit. 'standard-bearer.' Alb. *bajraktar,* def. *bajraktari,* is derived from Alb. *bajrak* 'banner, tribe.'

Baloz

Figure of Albanian mythology. This huge monster, Alb. *baloz,* def. *balozi,* also *bajloz,* def. *bajlozi,* usually rises from the sea and exacts tribute in the form of food, wine and young maidens. It will also challenge a hero to a duel. Maximilian Lambertz (1882–1963) has suggested that the word *baloz* derives from Ital. *bailo,* the title of the Venetian ambassador to the Sublime Porte, and is thus related to Engl. *bailiff.* It is unclear what caused this term to take on the connotation of a sea monster in Albanian.

Baloz Sedelija

Slav warrior.

Basho Jona

Aged warrior among the Agas.

Begu Ymer Beg

Slav blood brother of Halili.

Behuri

Slav warrior. Also known as Behuri the Captain.

Blood brothers

Popular custom. As in other Balkan countries, two young men who were emotionally attached to one another could decide to become blood brothers for life. William Plomer (1936), biographer of Ali Pasha Tepelena, noted with regard to this institution: "It was customary for young men who were closely attached to each other to swear eternal vows, and that this was not simply a matter of mere sentimentality or sensuality, or both, is shown by the fact that the contract was regarded as sacred and proved more durable than marriage often is with us... for it is said that no instance was ever known of its violation."

Bud Aline Tali

Warrior among the Agas. Also known as Tali ~ Bosn. *Budalina Tale*. As Stavro Skendi (1954) noted, the Albanian mountaineers are inclined, when names are unfamiliar and long enough to be separated, to make three-part names. *Budalina* then was divided into *Bud Aline*, both evoking familiar names.

Bylykbashi Mujo

cf. Mujo.

Cadi

Ottoman and Islamic term for a judge in a *shariah* court. Alb. *kadi*, def. *kadia*, is originally from Arabic *qādī*.

Captain King

Common form of address for the Slav king. He is also called *krajl kapedan* in Bosnian verse.

Çeta

Band of guerrillas or a tribal brotherhood. Alb. *çetë*, def. *çeta*.

Çetnik

Member of a band of guerrillas. The Albanian term is used nowadays primarily to refer to Serb terrorists and paramilitaries, and has a negative connotation.

Curani

Courser of Paji Harambashi. ~ Alb. *curran* 'having clipped ears, small-eared.'

Danube

The Danube river is mentioned in an imaginary setting in 'The Marriage of Halili.' Alb. *lumi i Tunës.*

Dizdar Osman Aga

Old warrior among the Agas. Also known as Osman Aga, ~ Bosn. *Temković Osman* or *Tanković Osman.* He appears frequently in both the Albanian and Bosnian cycles. *Dizdar* is from Turkish *dizdar* 'warden or commander of a fortress.'

Dragua

Semi-human figure of northern Albanian mythology, similar to the Serbian and Bulg. *zmaj.* The *dragua,* standard Alb. *dragua,* and also northern Albanian *drangue,* is born wearing a shirt, symbolic of the caul, and has two to four invisible wings under its armpits. It has supernatural powers which become apparent while it is still a baby in its cradle. The prime aim in life of a *dragua* is to combat and slay the dragon-like *kulshedras.* When they sense a *kulshedra* approaching, *draguas* go completely berserk and their souls depart from their bodies in preparation for the coming battle. Their struggle with the *kulshedras* is reminiscent of the combat between the giants and gods of ancient Greece. The word *dragua* stems etymologically from Lat. *draco(nem)* 'dragon' or Ital. *dracone* 'dragon.'

Dumlika

Imaginary toponym. The Pasha of Dumlika is a character invented by Tanusha in the song 'The Marriage of Halili.' The word is no doubt a combination of two Bosnian toponyms *Duvno* or *Dumno* and *Lika.*

Earthly Beauty

Figure of Albanian mythology. The Earthly Beauty, Alb. *E bukura e dheut* or *E bukura e dynjas,* is one of the most popular characters of Albanian myths and fairy tales. She is the quintessence of beauty, embodying either good or evil, though more often the latter.

Galiqe Galani

Slav warrior.

Gjergj Elez Alia

Old warrior. The legendary Gjergj Elez Alia, ~ Bosn. *Alija Djerzelez,* Turk. *Gürz Ilyas,* would seem to be an historical figure. He first appears in Turkish land registries as a landowner in the year 1455. According to Rašid Durić, the Turkish chronicler and historian Ibn Kemal (1468–1534) refers to Gürz Ilyas' heroism in the year 1479–1480 and mentions his popularity in folk verse in Bosnia. Gjergj Elez Alia is at any rate well known to the Albanians and Bosnians as a legendary hero and as a symbol of fraternal fidelity.

Gjeto Basho Mujo

cf. Mujo.

Green Valleys

Site in the high mountain pastures. Also known here as the Verdant Valleys, Alb. *Lugje të Verdha.*

Guman

The Cumans are a nomadic people of Turkic language, also known as the Kipchaks. In the Byzantine period, the Cumans were settled to the east of the Albanians and served as cavalrymen.

Halili

Young brother of Mujo. Also known as *Sokol Halili* (Falcon Halili) and *Young Aga Halili* ~ Bosn. *Hrnjica Halil.*

Hyso Radoica

Slav brother of Arnaut Osmani.

Januka

A fair maid.

Jevrenija

Daughter of the Slav king.

Jovan

Slav from Kotor.

Jutbina

Toponym. The town of Jutbina, home of the frontier warriors, has now been identified with the town of Udbina on the Lika river in western Croatia about 50 km northeast of Zadar.

Kingdom of the Christians

cf. Realm of the Christians.

Kotor

cf. New Kotor.

Krahina

This term, Alb. *krahinë*, def. *krahina* 'region, province,' refers in Albanian oral literature to Muslim territory, here specifically the region around Jutbina, as opposed to the *krajli* 'kingdom,' which refers to Christian territory, known here as the Realm or Kingdom of the Christians. The term *krahina* stems from the Slav *krajina.*

Kreshnik

A frontier warrior or valiant hero ~ Bosn. *krajišnik.*

Kulla

Tower. A multi-storied dwelling designed to house and defend an extended family. Alb. *kullë,* def. *kulla,* derives originally from Persian *qulla* 'mountain summit, top.'

Lahuta

A bowed, single-stringed musical instrument with an egg-shaped body and a long neck. Similar to the Slav *gusle,* it was the standard instrument used in northern Albania for the singing of epic verse. Alb. *lahutë,* def. *lahuta,* is related to the term 'lute.'

Lahutar

Player of a *lahuta,* similar to the Slav *guslar.*

Llabutani

Slav king.

Mehreme

Wife of Mujo. Known as Mehreme, the Turkish woman.

Mujo

Hero and leader of the Agas. Also known as *Gjeto Basho Mujo, Mujo Bylykbashi, Bylykbashi Mujo.* The name *Mujo,* Alb. usually *Muji* and sometimes *Muja,* derives from *Mustafa,* though it is believed by many Albanians as a folk etymology to be related to the Albanian verbal root *muj* 'to overcome, be able.' ~ Bosn. *Mustafa od Kladuša. Gjeto Basho* is adapted from the Serbian and Turkish title *četobaša* 'head of a guerrilla band.' *Bylykbashi* equates with Bosn. *buljukbaša.*

New Kotor

Toponym. One is led immediately to think of the Bay of Kotor, Ital. Catarro, on the coast of Montenegro. According to Maximilian Lambertz (1917), however, Kotor and New Kotor refer rather to a region between the Lika and Krbava rivers. This would be much nearer to Jutbina. Stavro Skendi (1954) links New Kotor convincingly to *Ravni Kotari* (Plains of Kotar), below the present city of Zadar, explaining that the Albanian singers who heard *ravni* 'flat, plain' associated it with the Albanian adjective *re, reja* 'new.'

Oka

Engl. *oka* or *oke.* Unit of weight utilized in the Ottoman Empire, equivalent to 1.24 kilograms or about 2.75 pounds.

Omer

Son of Mujo and Ajkuna.

Omeri

Young Omeri. Name a girl gives herself in the song 'Young Omeri' while she is dressed as a boy in order to fight a *baloz.*

Ora

Figure of northern Albanian mythology, known primarily north of the Drin river. This popular female fairy, Alb. *orë,* def. *ora,* is much like a fairy godmother and is the equivalent of the southern Albanian *fatia* (q.v.). Baron Franz Nopcsa (1877–1933) related the term to the term to the ancient Greek Oreads, nymphs of the mountains. Every person has an *ora* to protect him. On the birth of a child, the *oras* gather at night beside a bonfire and decide what qualities to give him. This assembly of some 300 *oras* is led by one exceptionally beautiful *ora* standing above them on a high cliff. Her eyes are like sparkling jewels and the expression on her face changes in accordance with the degree of fortune to be bestowed upon the child.

Orum

Byzantine Greek gold coin.

Osman Aga

cf. Dizdar Osman Aga.

Paji Harambashi

Slav warrior ~ Bosn. *Pavo Harambaš*. The word *Harambashi* derives from Bosn. *harambaš* 'leader of a band of warriors.'

Pasha of Dumlika

cf. Dumlika.

Raki

Strong spirit distilled in the Balkans and Turkey. Alb. *raki*, def. *rakia*, derives from Turkish *raki*.

Raspodini

Slav shepherd. Also known as Raspo.

Rayah

Formerly, the non-Muslim subjects of the Ottoman Empire. The term derives originally from Arabic *ra'iyah* 'herd, flock.'

Realm of the Christians

Also here Kingdom of the Christians, Alb. *krajli*, def. *krajlia*. Territory under Christian rule, as opposed to the *krahina* under Ottoman, Muslim rule.

Rugged Peak

Toponym. Site in the high mountain pastures. Alb. *Maja e Rreptë*.

Rusha

Daughter of the Slav king.

Selam

Muslim term of greeting, derived from Arabic *salaam* 'peace.'

Seven Kingdoms

The Seven Kingdoms usually refer to the Great Powers which negotiated with the Ottoman Empire before the First World War, Alb. *shtatë krajli*. Here they represent the great kings of Europe who have heard of the heroic deeds of the Agas.

Sharki

Long-necked string instrument with 5–12 stings in three courses and 12–22 frets. Alb. *sharki,* def. *sharkia.*

Shishak

Headpiece worn by the Montenegrin and Bosnian Slavs. ~ Bosn. *šišak.*

Shkja

Slav. The Alb. word *shkja,* pl. *shkji,* refers to the neighbouring Slav peoples, the Serbs, Montenegrins and Macedonians etc., is often used nowadays in a pejorative sense.

Smilaliq Alija

Slav warrior.

Sokol Halili

cf. Halili.

Tali

cf. Bud Aline Tali.

Tanusha

Daughter of the Slav king.

Tetova

Toponym. Town in the Albanian-inhabited western part of the Republic of Macedonia. Slav *Tetovo,* formerly *Kalkandelen.*

Trashi, son of Marjani

Father of Slav warrior Paji Harambashi.

Tuna

cf. Danube.

Tusha

The name of a famous armourer in Shkodra.

Verdant Valleys

cf. Green Valleys.

Vukë Harambashi

Mujo's Slav blood brother.

Xhuri, Mount

Toponym. Site in the high mountain pastures. Alb. *Maja e Xhurit.*

Young Aga Halili

cf. Halil.

Young Omeri

cf. Omeri.

Zadrani of Tetova

Slav warrior.

Zahara

Toponym. Probably the present-day port of Zadar, Alb. *Zarë*, def. *Zara*, Ital. *Zara*, on the Adriatic coast 70 km. from Udbina (Jutbina).

Zana

Figure of northern Albanian mythology. The *zanas*, Alb. *zanë*, def. *zana*, known in southern Albania also as *zërë*, def. *zëra*, are the mountain fairies of Albanian oral literature, similar to the southern Slav *vila*. They dwell near springs and torrents in the alps of northern Albania and Kosova, where every mountain is said to have its own *zana*. They are envisaged as fair maidens, the muses of the mountains, who sing, gather flowers and bathe in the nude in alpine springs. *Zanas* are also exceptionally courageous and, like Pallas Athena of ancient Greece, they bestow their protection on warriors, thus the expression to be as "courageous as a *zana*," Alb. *trim si zana*. Originally a pre-Roman deity, the term *zana* is thought to be related etymologically to the Lat. *Diana*, Roman goddess of the hunt and the moon ~ Romanian *zînă* 'a nymph of the forest,' Aromanian *dzînă*.

Zogaj

Toponym. In Albania, there are two villages called Zogaj: one on the southwest bank Lake Shkodra near the Montenegrin border and one in the District of Tropoja, not far from Gjakova. Here, however, we are most likely dealing with a toponym in Bosnia or Croatia, nearer to Jutbina, the traditional setting of the songs.

Zuk Bajraktari

Young warrior among the Agas, beloved of Halili. Also known as *Zuku Bajraktar.*

Zuku Bajraktar

cf. Zuk Bajraktari.

Sources

1. **Mujo's strength**
Sung by Mëhill Prêka of Curraj i Epërm (District of Tropoja).
Published in: *Visaret e Kombit,* vol. II. ed. Bernardin Palaj and
Donat Kurti (Tirana 1937), p. 63–66; and *Folklor shqiptar II, Epika
legjendare (Cikli i kreshnikëve), Vellimi i parë.* ed. Qemal
Haxhihasani (Tirana 1966), p. 104–106.

2. **The marriage of Gjeto Basho Mujo**
Sung by Mëhill Prêka of Curraj i Epërm (District of Tropoja).
Published in: *Hylli i Dritës,* Shkodra, 1924, p. 414 sq.; *Visaret e
Kombit,* vol. II. ed. Bernardin Palaj and Donat Kurti (Tirana 1937),
p. 1–10, and *Folklor shqiptar II, Epika legjendare (Cikli i
kreshnikëve), Vellimi i parë.* ed. Qemal Haxhihasani (Tirana 1966),
p. 51–59.

3. **Mujo's Oras**
Sung by Lulash Zefi of Curraj i Epërm (District of Tropoja).
Published in: *Visaret e Kombit,* vol. II. ed. Bernardin Palaj and
Donat Kurti (Tirana 1937), p. 11–19; and *Folklor shqiptar II, Epika
legjendare (Cikli i kreshnikëve), Vellimi i parë.* ed. Qemal
Haxhihasani (Tirana 1966), p. 60–67.

4. **Mujo visits the Sultan**
Recorded in Kosova. Published in: *Visaret e Kombit,* vol. II. ed.
Bernardin Palaj and Donat Kurti (Tirana 1937), p. 20–22; and
*Folklor shqiptar II, Epika legjendare (Cikli i kreshnikëve), Vellimi i
parë.* ed. Qemal Haxhihasani (Tirana 1966), p. 68–70.

5. **The marriage of Halili**
Sung by Mëhill Prêka of Curraj i Epërm (District of Tropoja).
Published in: *Visaret e Kombit,* vol. II. ed. Bernardin Palaj and
Donat Kurti (Tirana 1937), p. 23–41; and *Folklor shqiptar II, Epika
legjendare (Cikli i kreshnikëve), Vellimi i parë.* ed. Qemal
Haxhihasani (Tirana 1966), p. 71–86.

6. **Gjergj Elez Alia**
Recorded in Nikaj (District of Tropoja). Published in: *Visaret e Kombit*, vol. II. ed. Bernardin Palaj and Donat Kurti (Tirana 1937), p. 42–48; and *Folklor shqiptar II, Epika legjendare (Cikli i kreshnikëve), Vellimi i parë*. ed. Qemal Haxhihasani (Tirana 1966), p. 87–91.

7. **Mujo and Behuri**
Sung by Lulash Zefi of Curraj i Epërm (District of Tropoja). Published in: *Hylli i Dritës*, Shkodra, 1924, p. 257 sq.; *Visaret e Kombit*, vol. II. ed. Bernardin Palaj and Donat Kurti (Tirana 1937), p. 49–62; and *Folklor shqiptar II, Epika legjendare (Cikli i kreshnikëve), Vellimi i parë*. ed. Qemal Haxhihasani (Tirana 1966), p. 92–103.

8. **Mujo's courser**
Recorded in Shala (District of Shkodra). Published in: *Visaret e Kombit*, vol. II. ed. Bernardin Palaj and Donat Kurti (Tirana 1937), p. 70–80; and *Folklor shqiptar II, Epika legjendare (Cikli i kreshnikëve), Vellimi i parë*. ed. Qemal Haxhihasani (Tirana 1966), p. 109–118.

9. **Young Omeri**
Sung by Mirash Ndou of Shosh (District of Shkodra). Published in: *Visaret e Kombit*, vol. II. ed. Bernardin Palaj and Donat Kurti (Tirana 1937), p. 81–88; and *Folklor shqiptar II, Epika legjendare (Cikli i kreshnikëve), Vellimi i parë*. ed. Qemal Haxhihasani (Tirana 1966), p. 119–125.

10. **Zuku Bajraktar**
Recorded in Shala (District of Shkodra). Published in: *Visaret e Kombit*, vol. II. ed. Bernardin Palaj and Donat Kurti (Tirana 1937), p. 89–96; and *Folklor shqiptar II, Epika legjendare (Cikli i kreshnikëve), Vellimi i parë*. ed. Qemal Haxhihasani (Tirana 1966), p. 126–132.

11. **Arnaut Osmani and Hyso Radoica**
Sung by Palë Buli of Selca (District of Malësia e Madhe).
Published in: *Visaret e Kombit,* vol. II. ed. Bernardin Palaj and
Donat Kurti (Tirana 1937), p. 97–107; and *Folklor shqiptar II,
Epika legjendare (Cikli i kreshnikëve), Vellimi i parë.* ed. Qemal
Haxhihasani (Tirana 1966), p. 133–141.

12. **Ali Bajraktari or the word of honour**
Sung by Palok Ujka of Kastrat (District of Malësia e Madhe).
Published in: *Visaret e Kombit,* vol. II. ed. Bernardin Palaj and
Donat Kurti (Tirana 1937), p. 108–117; and *Folklor shqiptar II,
Epika legjendare (Cikli i kreshnikëve), Vellimi i parë.* ed. Qemal
Haxhihasani (Tirana 1966), p. 142–149.

13. **Arnaut Osmani**
Recorded in Shala (District of Shkodra). Published in: *Visaret e
Kombit,* vol. II. ed. Bernardin Palaj and Donat Kurti (Tirana 1937),
p. 130–135; and *Folklor shqiptar II, Epika legjendare (Cikli i
kreshnikëve), Vellimi i parë.* ed. Qemal Haxhihasani (Tirana 1966),
p. 161–165.

14. **Zuku captures Rusha**
Sung by Dedë Zefi of Curraj i Epërm (District of Tropoja).
Published in: *Visaret e Kombit,* vol. II. ed. Bernardin Palaj and
Donat Kurti (Tirana 1937), p. 140–145; and *Folklor shqiptar II,
Epika legjendare (Cikli i kreshnikëve), Vellimi i parë.* ed. Qemal
Haxhihasani (Tirana 1966), p. 169–174.

15. **Mujo's wife is kidnapped**
Sung by Mëhill Prêka of Curraj i Epërm (District of Tropoja).
Published in: *Hylli i dritës,* Shkodra, 7 (1931), p. 621–634; *Visaret
e Kombit,* vol. II. ed. Bernardin Palaj and Donat Kurti (Tirana
1937), p. 159–169; and *Folklor shqiptar II, Epika legjendare (Cikli
i kreshnikëve), Vellimi i parë.* ed. Qemal Haxhihasani (Tirana
1966), p. 188–198.

16. **Mujo and Jevrenija**
Sung by Dedë Zefi of Curraj i Epërm (District of Tropoja).
Published in: *Visaret e Kombit*, vol. II. ed. Bernardin Palaj and
Donat Kurti (Tirana 1937), p. 170–174; and *Folklor shqiptar II,
Epika legjendare (Cikli i kreshnikëve), Vellimi i parë*. ed. Qemal
Haxhihasani (Tirana 1966), p. 199–202.

17. **Halili avenges Mujo**
Sung by Tomë Sokoli of Dushman (District of Shkodra). Published
in: *Visaret e Kombit*, vol. II. ed. Bernardin Palaj and Donat Kurti
(Tirana 1937), p. 175–185; 203–212.

18. **Omer, son of Mujo**
Sung by Mëhill Prêka of Curraj i Epërm (District of Tropoja).
Published in: *Hylli i dritës*, Shkodra, 7 (1931), p. 685–693; *Visaret
e Kombit*, vol. II. ed. Bernardin Palaj and Donat Kurti (Tirana
1937), p. 203–210; and *Folklor shqiptar II, Epika legjendare (Cikli
i kreshnikëve), Vellimi i parë*. ed. Qemal Haxhihasani (Tirana
1966), p. 229–235.

19. **The death of Omer**
Sung by Lulash Zefi of Curraj i Epërm (District of Tropoja).
Published in: *Visaret e Kombit*, vol. II. ed. Bernardin Palaj and
Donat Kurti (Tirana 1937), p. 218–223; and *Folklor shqiptar II,
Epika legjendare (Cikli i kreshnikëve), Vellimi i parë*. ed. Qemal
Haxhihasani (Tirana 1966), p. 242–246.

20. **Ajkuna mourns Omer**
Sung by Mirash Gjoni of Curraj i Epërm (District of Tropoja).
Published in: *Visaret e Kombit*, vol. II. ed. Bernardin Palaj and
Donat Kurti (Tirana 1937), p. 224–226; and *Folklor shqiptar II,
Epika legjendare (Cikli i kreshnikëve), Vellimi i parë*. ed. Qemal
Haxhihasani (Tirana 1966), p. 247–249.

21. **The death of Halili**
Sung by Shan Zefi of Curraj i Epërm (District of Tropoja).
Published in: *Visaret e Kombit*, vol. II. ed. Bernardin Palaj and
Donat Kurti (Tirana 1937), p. 227–230; and *Folklor shqiptar II,
Epika legjendare (Cikli i kreshnikëve), Vellimi i parë*. ed. Qemal
Haxhihasani (Tirana 1966), p. 250–252.

22. **Mujo wounded**
Sung by Dedë Zefi of Curraj i Epërm (District of Tropoja).
Published in: *Visaret e Kombit,* vol. II. ed. Bernardin Palaj and
Donat Kurti (Tirana 1937), p. 231–233; and *Folklor shqiptar II,
Epika legjendare (Cikli i kreshnikëve), Vellimi i parë.* ed. Qemal
Haxhihasani (Tirana 1966), p. 253–254.

23. **After Mujo's death**
Sung by Dedë Zefi of Curraj i Epërm (District of Tropoja).
Published in: *Visaret e Kombit,* vol. II. ed. Bernardin Palaj and
Donat Kurti (Tirana 1937), p. 234–236; and *Folklor shqiptar II,
Epika legjendare (Cikli i kreshnikëve), Vellimi i parë.* ed. Qemal
Haxhihasani (Tirana 1966), p. 255–256.

BIBLIOGRAPHY

Albanian heroic and epic verse

ARAPI, Fatos
    Le chansonnier albanais sur la guerre de Kosova, 1389. in: *Culture populaire albanaise*, Tirana, 5 (1985), p. 57–68.
———— *Këngë të moçme shqiptare, Studime.* (Naim Frashëri, Tirana 1988) 288 pp.
BELLUSCI, Fr.
    Epica albanese. Nuova critica circa l'origine di canti di guerra. Con traduzione dei canti in italiano da A. Scura. (Tip. Popolano, Corigliano Calabro 1924).
BENLOEW, Louis
    Du rythme et de la rime dans la poésie épique des albanais. Etudes sur: Rapsodie d'un poema albanese di Girolamo De Rada. (Dituria, Bucharest 1898) 11 pp.
BERISHA, Anton Nikë
    Funksioni i formulësimeve në një këngë kreshnike: "Muja mbyt djalin e vet tue e shtërngue prej mallit." in: *Gjurmime albanologjike, seria folklor dhe etnologji,* Prishtina, 8 (1978), p. 89–99.
———— Mbi disa çështje aktuale të letërsisë gojore. in: *Gjurmime albanologjike, seria folklor dhe etnologji,* Prishtina, 11 (1981), p. 171–182.
———— Çeshtje të letërsisë gojore. (Rilindja, Prishtina 1982) 246 pp.
———— Bibliographie deutschsprachiger Veröffentlichungen zur albanischen Volksdichtung (Texte und Sekundarliteratur) 1835–1985. in: *Gjurmime albanologjike, seria folklor dhe etnologji,* Prishtina, 15 (1985), p. 251–260.
———— Fillet e njohjes së letërsisë gojore shqipe në gjuhën gjermane. in: *Gjurmime albanologjike, seria folklor dhe etnologji,* Prishtina, 15 (1985), p. 7–26.
———— Maximilian Lambertzi për epikën gojore shqiptare. in: *Gjurmime albanologjike, seria folklor dhe etnologji,* Prishtina, 16 (1986), p. 29–62.
———— Ç'rëndësi kanë disa të dhëna të Matthias Murkos për poezinë gojore shqipe? in: *Gjurmime albanologjike, seria folklor dhe etnologji,* Prishtina, 17 (1987), p. 101–126.
———— *Mbi letërsinë gojore shqipe. Studime e artikuj.* (Rilindja, Prishtina 1987) 232 pp.
———— Epika gojore dhe epika e shkruar e Gjergj Fishtës. in: *Jeta e re,* Prishtina, 9, 1990, p. 1067–1090.
———— Les premières publications de littérature orale albanaise en langue allemande. in: *Recherches albanologiques,* Prishtina, 4 (1990), p. 209–229.
———— Mbi disa vlera artistike të lirikës gojore shqiptare. in: *Gjurmime albanologjike, seria folklor dhe etnologji,* Prishtina, 21 (1991), p. 97–111.
———— *Qasje poetikës së letërsisë gojore shqipe.* (Rilindja, Prishtina 1998) 383 pp.

BERISHA, Rrustem
Murko për poezinë popullore shqiptare. in: *Gjurmime albanologjike, seria folklor dhe etnologji*, Prishtina, 16 (1986), p. 141–148.
—— *Stili dhe figuracioni i poezisë popullore shqiptare.* (Instituti Albanologjik, Prishtina 1986) 323 pp.
—— *Vëzhgime për poezinë popullore.* (Rilindja, Prishtina 1987) 243 pp.
—— Vlerësimi i letërsisë popullore shqiptare nga disa intelektual të perëndimit. in: *Gjurmime albanologjike, seria folklor dhe etnologji*, Prishtina, 20 (1990), p. 119–131.
BERISHA, Rrustem, FETIU, Sadri, ZEJNULLAHU, Adem (ed.)
Këngë kreshnike II. (Instituti Albanologjik, Prishtina 1991) 627 pp.
BRAHIMI, Razi
Veçori tipologjike e strukturore të eposit të kreshnikëve. in: *Çështje të folklorit shqiptar 2, Simpoziumi Epika heroike shqiptare 20–22 tetor 1983.* ed.: A. Uçi & Q. Haxhihasani et al. (Akademia e Shkencave, Tirana 1986), p. 120–133.
BRONZINI, Giovanni
Epica albanese ed epica italiana. in: *Culture populaire albanaise*, Tirana, 1985, 5, p. 137–141.
—— Epika shqiptare dhe ajo italiane. in: *Çështje të folklorit shqiptar 2, Simpoziumi Epika heroike shqiptare 20–22 tetor 1983.* ed.: A. Uçi & Q. Haxhihasani et al. (Akademia e Shkencave, Tirana 1986), p. 162–170.
BUDA, Aleks
L'épopée héroïque et notre histoire. in: *Culture populaire albanaise,* Tirana, 1985, 5, p. 17–23.
CAMAJ, Martin
Der Niederschlag des Kanuns von Lekë Dukagjini in der albanischen Volksepik. in: *Serta slavica in memoriam Aloisii Schmaus* (Trofenik, Munich 1971), p. 104–111.
ÇABEJ, Eqrem
Për gjenesën e literaturës shqipe. in: *Hylli i dritës,* Shkodra, 1938, p. 647–661; 1939, p. 8–15, 84–93, 149–180.
—— Die albanische Volksdichtung. in: *Leipziger Vierteljahrsschrift für Südosteuropa,* Leipzig, 3 (1939), p. 194–213.
ÇETTA, Anton (ed.)
Këngë kreshnike 1. Letërsi popullore. Vëllim II. (Instituti Albanologjik, Prishtina 1974) 395 pp.
ÇETTA, Anton, BERISHA, Rustem, & BERISHA, Anton
Disa të dhëna rreth këngëve kreshnike. in: *Jeta e re.* Prishtina, 1 (1976), p. 156–178.
ÇETTA, Anton, SYLA, Fazli, MUSTAFA, Myzafere & BERISHA, Anton (ed.)
Këngë kreshnike III. (Instituti Albanologjik, Prishtina 1993) 441 pp.

CORDIGNANO, Fulvio
  Epopeja komtare e popullit shqyptar. Pjesë e parë. Tubë librash per shkollë gymnazike e tregtare botue prej Etenve Jezuit. Blêni 13. (Shtyp. e Papërlyeme, Shkodra 1925) 153 pp.
——— *La poesia epica di confine nella Albania del Nord. I parte. Studio critico letterario.* (Venice 1943).
——— *La poesia epica di confine nella Albania del Nord. II parte.* (Tipografia del Seminario, Padua 1943).

DAIJA, Tonin
  Raporti i metrikës letrare dhe muzikës në ciklin e kreshnikëve në zonën e Kelmendit. in: *Çështje të folklorit shqiptar 3, Simpoziumi Epika heroike shqiptare 20–22 tetor 1983.* ed.: A. Uçi & Q. Haxhihasani et al. (Akademia e Shkencave, Tirana 1987), p. 110–122.

DAJA, Ferial
  Disa karakteristika të gamave në këngët e epikës heroike. in: *Kultura popullore,* Tirana 1982, 1, p. 87–96.
——— Le caractère des gammes du chansonnier épique héroïque-légendaire. in: *Culture populaire albanaise,* Tirana, 1983, p. 151–159.
——— *Rapsodi kreshnike. Tekste e melodi.* (Akademia e Shkencave, Tirana 1983) 264 pp.
——— Aspekte të përbashkëta muzikore të këngäve epike historike dhe legjendare të trevave veriore. in: *Kultura popullore,* Tirana, 1984, 2, p. 135–140.
——— Aspekte të përbashkëta muzikore të këngëve epike historike dhe legjendare të trevave veriore. in: *Çështje të folklorit shqiptar 3, Simpoziumi Epika heroike shqiptare 20–22 tetor 1983.* ed.: A. Uçi & Q. Haxhihasani et al. (Akademia e Shkencave, Tirana 1987), p. 84–91.

DANÇETOVIQ, Vojislav S. (ed.)
  Kangë popullore shqiptare të Kosovë-Metohis. Legjenda dhe kangë kreshnike. Bleni i I-rë. (Mustafa Bakija, Prishtina 1952) 190 pp.

DESNICKAJA, Agnija Vasil'evna
  O bosnijsko-albanskich svjazjach v oblasti epičeskich ciklov Mujo i Chalil.' in: *Istorija, kul'tura, etnografija i fol'klor slavjanskich narodov, VII meždunarodnii sezd slavistov, Varšava, avgust 1973* (Moscow 1973), p. 469–494.
——— Mbi lidhjet boshnjake-shqiptare në lëminë e poezisë epike. in: *Gjurmime albanologjike, seria folklor dhe etnologji,* Prishtina, 5 (1975), p. 41–62.
——— Mbi formulat e gjuhës dhe formulat e poezisë epike shqiptare. in: *Gjurmime albanologjike, seria folklor dhe etnologji,* Prishtina, 18 (1988), p. 65–100.

DOMI, Mahir
  Çështje të gjuhës së epikës legjendare heroike sidomos në sintaksë. in: *Çështje të folklorit shqiptar 2, Simpoziumi Epika heroike shqiptare 20–22 tetor 1983.* ed.: A. Uçi & Q. Haxhihasani et al. (Akademia e Shkencave, Tirana 1986), p. 77–102.

DRISHTI, Riza T.
Armët në ciklin e këngëve të kreshnikëve shqiptarë. in: *Çështje të folklorit shqiptar 3, Simpoziumi Epika heroike shqiptare 20–22 tetor 1983.* ed.: A. Uçi & Q. Haxhihasani et al. (Akademia e Shkencave, Tirana 1987), p. 241–246.

ELEZOVIĆ, Gl.
Jedna arnautska varianta o Boju na Kosovu. in: *Arhiv za arbanašku starinu, jezik i etnologiju,* Belgrade, 1 (1923).

ELSIE, Robert
History of Albanian literature. East European Monographs 379. ISBN 0-88033-276-X. 2 volumes. (Social Science Monographs, Boulder. Distributed by Columbia University Press, New York 1995) xv + 1,054 pp.
———— *Histori e letërsisë shqiptare.* (Dukagjini, Tirana & Peja 1997, 2nd ed. 2000) 686 pp.
———— *Albanian folktales and legends.* (Naim Frashëri, Tirana 1994 / Dukagjini, Peja 2001) 223 pp.
———— *A dictionary of Albanian religion, mythology and folk culture.* ISBN 1-85065-570-7. (C. Hurst, London / New York University Press, New York 2001) 256 pp.
———— *Handbuch zur albanischen Volkskultur. Mythologie, Religion, Volksglaube, Sitten, Gebräuche und kulturelle Besonderheiten.* Balkanologische Veröffentlichungen, Bd. 36. ISBN 3-447-04487-X. (Harrassowitz, Wiesbaden 2002) xi + 308 pp.

FISHTA, Gjergj
Vierrsha heroike shqyptare. in: *Hylli i Dritës,* Shkodra, 1935, 3, p. 142–152.

FETIU, Sadri
Struktural kompozicionale dhe vlera artistike e këngës 'Gjergj Elez Alia.' in: *Gjurmime albanologjike, seria folklor dhe etnologji,* Prishtina, 8 (1978), p. 145–156.
———— Aspekte krahasimtare të këngës popullore 'Gjergj Elez Alia.' in: *Gjurmime albanologjike, seria folklor dhe etnologji,* Prishtina, 9 (1979), p. 7–20.
———— Aspects comparatifs de la chanson populaire Gjergj Elez Alia. in: *Studia albanica,* Tirana, 1981, 1, p. 95–107.
———— La structure et la valeur artistique du chant de Gjergj Elez Alia. in: *Culture populaire albanaise,* Tirana, 1984, 4, p. 129–138.

FRANJA, Luigj
Huazime dhe bashkëpërkime latine në këngët e kreshnikëve. in: *Çështje të folklorit shqiptar 2, Simpoziumi Epika heroike shqiptare 20–22 tetor 1983.* ed.: A. Uçi & Q. Haxhihasani et al. (Akademia e Shkencave, Tirana 1986), p. 447–450.

GËRCALIU, Mustafa
    Tipi i rapsodit të këngëve të kreshnikëve. in: *Kultura popullore,* Tirana, 1984, 2, p. 109–120.
————— Le type du rhapsode dans le chansonnier des preux. in: *Culture populaire albanaise,* Tirana, 1985, 5, p. 175–186.
————— Tipi i rapsodit të këngëve të kreshnikëve. in: *Çështje të folklorit shqiptar 2, Simpoziumi Epika heroike shqiptare 20–22 tetor 1983.* ed.: A. Uçi & Q. Haxhihasani et al. (Akademia e Shkencave, Tirana 1986), p. 290–304.

GËRCALIU, Mustafa, HAXHIHASANI, Qemal & PANAJOTI, Jorgo (ed.)
    Çështje të folklorit shqiptar 1. (Akademia e Shkencave, Tirana 1982) 420 pp.

GJERGJI, Andromaqi
    L'ethnie albanaise dans l'épopée héroïque légendaire. in: *Culture populaire albanaise,* Tirana, 1985, 5, p. 39–49.
————— Etnosi ynë në epikën heroike legjendare. in: *Çështje të folklorit shqiptar 2, Simpoziumi Epika heroike shqiptare 20–22 tetor 1983.* ed.: A. Uçi & Q. Haxhihasani et al. (Akademia e Shkencave, Tirana 1986), p. 103–119.

GURAKUQI, Karl & FISHTA, Filip
    Visaret e kombit. Vëllimi 1. Kângë trimnije dhe kreshnikësh. Pjesë të folklorës së botueme. Botimet e Komisjonit të kremtimevet të 25 vjetorit të vet-qeverimit 1912–1937. (Nikaj, Tirana 1937, reprint Rilindja, Prishtina 1996) 323 pp.

HASANAJ, Gjergj
    Malësori këndon. Këngë popullore nga shqiptarët në RS të Malit të Zi. (Obod, Cetinje 1971) 528 pp.

HAXHIHASANI, Qemal
    Recherches sur le cycle des kreshnik. in: *Studia Albanica,* Tirana, 1964, 1, p. 215–221.
————— Rezultatet e kërkimeve të ciklit të kreshnikëve pas çlirimit. Kumtesë. in: *Konferenca e parë e studimeve albanologjike, 15–21 nëntor 1962* (Tirana 1965), p. 322–328, 433–437.
————— Questions d'étude comparée de l'épopée héroïque. in: *Studia Albanica,* Tirana, 1966, 2, p. 215–225.
————— Epika popullore historike shqiptare. in: *Kultura popullore,* Tirana, 1981, 1, p. 9–26.
————— Le chansonnier épique populaire albanais à sujet historique. in: *Culture populaire albanaise,* Tirana, 1982, 2, p. 3–22.
————— Epika popullore si shprehje e veçorive të etnosit tonë në mesjetë. in: *Kultura popullore,* Tirana, 1982, 2, p. 35–42.
————— L'épopée populaire, expression des particularités de l'ethnie albanaise au moyen âge. in: *Culture populaire,* Tirana, 1983, p. 3–12.
————— Vështim kritik i disa koncepteve antishkencore rreth epikës sonë heroike legjendare. in: *Kultura popullore,* Tirana, 1983, 2, p. 31–46; and in: *Çështje të folklorit shqiptar 2, Simpoziumi Epika heroike shqiptare 20–22*

tetor 1983. ed.: A. Uçi & Q. Haxhihasani et al. (Akademia e Shkencave, Tirana 1986), p. 56–76.
—— Një cikël i epikës shqiptare të shek. XV dhe rrezatimi i tij ballkanik. in: *Gjurmime albanologjike, folklor dhe etnologji*, Prishtina, 20 (1990), p. 109–117.
—— Conceptions prédominantes dans le cycle des preux. in: *Studia albanica*, Tirana, 1–2 (1991). p. 3–30.
—— Mendësi zotëruese në ciklin e kreshnikëve. in: *Gjurmime albanologjike, folklor dhe etnologji*, Prishtina, 21 (1991), p. 33–50.
—— Gjergj Elez Alia (Gjeneza, zhvillimi, tipologjia). in: *Çështje të folklorit shqiptar, 5.* ed.: XHIKU, Ali, KRUTA, Beniamin, SHAPLLO, Dalan, PANAJOTI, Jorgo, HAXHIHASANI, Qemal, SHITUNI, Spiro. (Akademia e Shkencave, Tirana 1997), p. 3–36.
HAXHIHASANI, Qemal (ed.)
Këngë popullore legjendare. (Instituti i Shkencave, Tirana 1955) 332 pp.
—— *Këngë popullore historike.* (Instituti i Shkencave, Tirana 1956) 408 pp.
—— *Folklor shqiptar II. Epika legjendare (Cikli i kreshnikëve). Vellimi i parë.* (Instituti i folklorit, Tirana 1966) 592 pp.
—— *Folklor shqiptar. Seria II. Epika legjendare. Vëllimi i dytë.* (Akademia e Shkencave, Tirana 1983) 376 pp.
—— *Folklor shqiptar. Seria III. Epika historike. Vëllimi i parë.* (Akademia e Shkencave, Tirana 1983) 496 pp.
HAXHIHASANI, Qemal & DULE, Miranda (ed.)
Folklor shqiptar. Seria III. Epika historike. Vëllim i dytë. (Akademia e Shkencave, Tirana 1981) 764 pp.
—— *Folklor shqiptar. Seria III. Epika historike. Vëllimi III.* (Akademia e Shkencave, Tirana 1990) 774 pp.
HAXHIHASANI, Qemal, LUKA, Kolë, UÇI, Alfred, & TRESKA, Misto (ed.)
Chansonnier épique albanais. Version française: Kolë Luka. Avant-propos: Ismail Kadare. (Académie des Sciences, Tirana 1983) 456 pp.
HAXHIHASANI, Qemal & XHAGOLLI, Agron (ed.)
Folklor kosovar 1. Epikë historike. (Akademia e Shkencave, Tirana 1985) 584 pp.
HOERBURGER, Felix
Erzählliedersingen bei den Albanern des Hasi-Gebietes (Metohija). in: *Zbornik za narodni život i običaje južnih slavena*, 40 (1962), p. 193–201.
HOXHA, Hysni
Dhjetërrokshi i këngëve kreshnike shqiptare. in: *Gjurmime albanologjike, seria folklor dhe etnologji*, Prishtina, 16 (1986), p. 71–98.
—— Ngjashmëri të këngëve kreshnike shqiptare me baladat gojore. in: *Gjurmime albanologjike, seria folklor dhe etnologji*, Prishtina, 17 (1987), p. 155–164.
—— *Struktura e vargut të këngëve kreshnike.* (Rilindja, Prishtina 1987) 191 pp.
—— Cikli i kreshnikëve dhe "Lahuta e Malcis." in: *Jeta e re*, Prishtina, 11–12 (1990).

HOXHA, Shefqet
Epikë legjendare nga rrethi i Kukësit. (Akademia e Shkencave, Tirana 1983) 348 pp.

JAKOSKI, Voislav
Južnoslovenski junači vo albanskata epska narodna pesna i albanski junači vo makedonskata. in: *Referati na makedonskite slavisti za VIII megunaroden slavisticki kongres vo Zagreb-Ljubljana* (Skopje 1978), p. 121–131.

JAKOVA, Kolë
Kreshnikët. Poemë epike sipas Eposit të Veriut. (Lidhja e Shkrimtarëve, Tirana s.a. [1994]) 291 pp.

JENSEN, Minna Skafte
Studimi krahasues i epikës. Disa konsiderata. in: *Çështje të folklorit shqiptar 2, Simpoziumi Epika heroike shqiptare 20–22 tetor 1983.* ed.: A. Uçi & Q. Haxhihasani et al. (Akademia e Shkencave, Tirana 1986), p. 206–213.

KADARE, Ismail
Autobiografi e popullit në vargje dhe shënime të tjera. (Naim Frashëri, Tirana 1971, reprint 1980) 220 pp.; and in: *Çështje të folklorit shqiptar 1,* ed. M. Gërcaliu, Q. Haxhihasani, J. Panajoti (Akademia e Shkencave, Tirana 1982), p. 30–57.

——— *Kreşnik'lerin destuni uzerine.* (8 Nëntori, Tirana 1979)

——— *Nos chansons de geste.* (8 Nëntori, Tirana 1979) 43 pp.

——— *O junačkom eposu.* (8 Nëntori, Tirana 1979)

——— *On the lay of the knights.* (8 Nëntori, Tirana 1979) 40 pp.

——— *Sull'epos dei Kreshnikë.* (8 Nëntori, Tirana 1979) 43 pp.

——— *Über das Epos der Recken.* (8 Nëntori, Tirana 1979) 44 pp

——— *The autobiography of the people in verse.* (8 Nëntori, Tirana 1987) 194 pp.

——— *Le dossier H.* Traduit de l'albanais par Jusuf Vrioni. ISBN 2-07-038337-7. (Fayard, Paris 1989) 216 pp.

——— *Dosja H. Roman.* (Naim Frashëri, Tirana / Rilindja, Prishtina 1990) 232 pp.

——— *The file on H.* Translated by David Bellos from the French version of the Albanian by Jusuf Vrioni. ISBN 1-86046-257-X. (Harvill Press, London 1997) 171 pp.

KAMANI, Hile
De l'origine et des motifs des chansons légendaires sur Gjergj Elez Alia. in: *Culture populaire albanaise,* Tirana, 1985, 5, p. 147–155.

——— Mbi origjinën dhe motivet e këngëve legjendare boshnjake për Gjergj Elez Alia. in: *Kultura popullore,* Tirana 1984, 1, p. 89–96, reprint in: *Çështje të folklorit shqiptar 2, Simpoziumi Epika heroike shqiptare 20–22 tetor 1983.* ed.: A. Uçi & Q. Haxhihasani et al. (Akademia e Shkencave, Tirana 1986), p. 395–406.

KASTRATI, Jup

Fondi i përbashkët i poezisë popullore arbëreshe dhe i ciklit të kreshnikëve. in: *Çështje të folklorit shqiptar 2, Simpoziumi Epika heroike shqiptare 20–22 tetor 1983.* ed.: A. Uçi & Q. Haxhihasani et al. (Akademia e Shkencave, Tirana 1986), p. 134–161.

KOLIQI, Ernesto

Epica popolare albanese. Tesi di laurea in lingua e letteratura albanese di Ernesto Koliqi. Relatore: Prof. Carlo Tagliavini. R. Università di Padova. Facoltà di Lettere e Filosofia. Anno Accademico 1936–37. (Gruppo universitario fascista, Padua 1937) 221 pp.

——— Tradizioni e canti popolari italo-albanesi. in: *Rivista d'Albania,* Milan, 1940, 1, 4, p. 333–343.

——— I canti eroici del Kossovo. in: *Le Terre albanesi redenti. 1. Cossovo.* Reale Accademia d'Italia. Centro Studi per l'Albania. 3 (Rome 1942), p. 83–92.

——— I rapsodi delle alpi albanesi. in: *Rivista d'Albania,* Rome, 3, 1942, p. 83–92.

——— *Poesia popolare albanese a cura di Ernesto Koliqi. Vjerrsha popullore shqipe.* Edizioni Fussi. (Casa Editrice Sansoni, Florence 1957) 111 pp.

——— Come nasce in Albania un canto popolare. in: *Studi in onore di Angelo Monteverdi,* (Modena 1959)

——— *Saggi di letteratura albanese.* Studi i testi 5. (Olschki, Florence 1972) 260 pp.

——— Genesi e paligenesi dei canti rapsodici alle Alpi albanesi. in: *Südeuropa unter dem Halbmond. Prof. Georg Stadtmüller zum 65. Geburtstag gewidmet* (Munich 1975), p. 151–160.

KOLSTI, John

The bilingual singer. A study in Albanian and Serbo-Croatian oral epic traditions. PhD thesis. (Harvard University, Cambridge MA 1967) 406 pp.

——— Albanian oral epic poetry. in: *Studies presented to Professor Roman Jakobson by his Students.* ed. Charles Gribble (Slavica, Cambridge MA 1968), p. 165–167.

——— *The bilingual singer. A study in Albanian and Serbo-Croatian oral epic traditions.* Harvard dissertations in folklore and oral traditions. (Garland Publ., New York & London 1990) 379 pp.

KRUTA, Beniamin

Eléments musicaux convergents et divergents entre l'épopée albanaise et celle sud-slave. in: *Culture populaire albanaise,* Tirana, 1985, 5, p. 103–121.

KURTI, Donat

Grabija e së shoqes së Mujit. in: *Hylli i dritës,* Shkodra, 7 (1931), p. 621–634.

——— Ymeri prej Mujës. in: *Hylli i dritës,* Shkodra, 7 (1931), p. 685–693.

——— *Pralla kombtare mbledhë prej gojës së popullit.* 2 vol. (Shkodra 1940, 2nd edition Shkodra 1942).

KUTELI, Mitrush (ed.)
    Tregime të moçme shqiptare. (Tirana 1965, reprint Tirana 1987) 254 pp.
LAMBERTZ, Maximilian
    Albanische Märchen und andere Texte zur albanischen Volkskunde.
    Gesammelt und mit Übersetzung herausgegeben von Maximilian
    Lambertz. Schriften der Balkankommission. Linguistische Abteilung XII.
    Akademie der Sprachwissenschaft in Wien. (Alfred Hölder, Vienna 1922)
    255 pp.
———— *Zwischen Drin und Vojusa. Märchen aus Albanien.* Märchen aus allen
    Ländern, Bd. 10. (Leipzig 1922).
———— Die Volksepik der Albaner. Der Zyklus von Mujo und Halil I, II. in:
    *Wissenschaftliche Zeitschrift der Karl Marx Universität Leipzig,
    Gesellschafts- und Sprachwissenschaftliche Reihe,* Leipzig, 4 (1954/55),
    p. 243–289.
———— Disa të dhëna gjeografike në lidhje me ciklin e Mujit e të Halitit. in:
    Buletin për shkencat shoqërore, Tirana, 1955, p. 63–70.
———— *Die Volksepik der Albaner.* (Max Niemeyer, Halle 1958) 184 pp.
———— Die homerische Frage und das albanische Großepos. in: *Shêjzat / Le
    Pleiadi,* Rome, 5 (1961), p. 385–391.
LANGE, Klaus & KÖRNER, Christine
    Die Gesellschaft der Kreschniklieder. in: *Dissertationes Albanicae in
    honorem Josephi Valentini et Ernesti Koliqi septuargenariorum* (Munich
    1971), p. 115–126.
LO RUSSO ATTOMA, Nicola
    I kangtar, rapsodi della montagna. in: GHIGLIONE, Piero: *Montagne
    d'Albania. Con uno studio sui Rapsodi della montagna albanese di Nicola
    Lo Russo Attoma* (Tirana 1942), p. 7–12.
LORD, Albert Bates
    The battle of Kosovo in Albanian and Serbo-Croatian oral epic songs. in:
    Studies on Kosova, ed.: Arshi Pipa & Sami Repishti. East European
    Monographs 155 (Columbia University Press, New York 1984), p. 65–83.
———— *Heroic ballads and folksongs of Albania.* Unpublished collection. Widener
    Library, Harvard University, Cambridge MA.
MEHMETI, Enver
    Motivet e këngës Martesa e Mujit. in: *Gjurmime albanologjike, seria
    folklor dhe etnologji,* Prishtina, 1978, p. 45–54.
———— Figura e femrës në këngët kreshnike. in: *Gjurmime albanologjike, seria
    folklor dhe etnologji,* Prishtina, 10 (1980), p. 159–167.
———— *Studime në fushën e letërsisë gojore.* (s.e., Tetovo 1996) 207 pp.
———— Transformime të metodave të epikës legjendare në rrethanat historike të
    pushtimit osman. in: *Filologji,* Universiteti i Prishtinës, Fakulteti i
    Filologjisë, Prishtina, 1 (1996), p. 71–76.
MEYER, Gustav
    Albanesische Studien. 6: Beiträge zur Kenntnis verschiedener
    albanischer Mundarten. in: *Sitzungsberichte der philosophischen-*

historischen Classe der kaiserlichen Akademie der Wissenschaften, Vienna, 1896, 136, Teil 12, p. 114 pp.

MIČOVIĆ, Dragutin (=MICOVIC, Dragutin)
Interesovanje srpskog etnografa Tihomira Djordjeviča za arbanašku narodnu poeziju. in: *Gjurmime albanologjike, seria folklor dhe etnologji,* Prishtina, 1 (1962), p. 249–253.
—— *Albanske junačke pesme.* (Jedinstvo, Prishtina 1981).

MUHAMETAJ, Enver
Origjinaliteti i përgjithësimit artistik në eposin e Kreshnikëve. in: *Çështje të folklorit shqiptar 2, Simpoziumi Epika heroike shqiptare 20–22 tetor 1983.* ed.: A. Uçi & Q. Haxhihasani et al. (Akademia e Shkencave, Tirana 1986), p. 331–342.

MUNISHI, Rexhep
Këngët malësorçe shqiptare. (Instituti Albanologjik, Prishtina 1987) 345 pp.

MYSIS, Kosta
Concordances entre les chansons acritiques et l'épopée héroïque albanaise. in: *Culture populaire albanaise,* Tirana, 1985, 5, p. 157–159.

NEZIRI, Zymer Ujkan
Antroponimet dhe patronimet e epizuara në Rugovë. in: STATOVCI, Drita, SYLA, Fadil, RUGOVA, Ibrahim, XHEMAJ, Ukë, HALIMI, Mehmet (ed.): *Studimi etnografik i ndryshimeve bashkëkohore në kulturën popullore shqiptare. Materiale nga sesioni shkencor i mbajtur në Prishtina më 7 dhe 8 dhjetor 1989* (Instituti Albanologjik, Prishtina 1990) p. 221–226.
—— Disa të dhëna për gjëndjen e sotme të poezisë epike legjendare të krahinës së Rugovës. in: *Gjurmime albanologjike, seria folklor dhe etnologji,* Prishtina, 22 (1992), p. 103–113.
—— *Poezia legjendare e Rugovës.* Disertacion i doktoraturës. Universiteti i Prishtines. Fakulteti Filologjik. (Prishtina 1994) 248 pp.
—— Të dhëna gjeohistorike, etnokulturore dhe epikografike për katundët e Rugovës së Poshtime. in: *Gjurmime albanologjike, seria folklor dhe etnologji,* Prishtina, 25 (1995), p. 119–138.
—— Të dhëna gjeohistorike, etnokulturore dhe epikografike për katundët e Rugovës së Sipërme. in: *Gjurmime albanologjike, seria folklor dhe etnologji,* Prishtina, 26 (1996), p. 155–178.
—— *Epika legjendare e Rugovës, V. Këngë kreshnike dhe balada. Lahutari Haxhi Meta-Nilaj. Botime të veçanta, Libri 1.* (Instituti Albanologjik, Prishtina 1997) 400 pp.
—— Gustav Majer dhe fillet e botimit të këngës kreshnike shqiptare. in: *Rëndësia e veprës së Gustav Majerit për studimet albanologjike. Sesioni shkencor kushtuar 100-vjetorit të botimit të këngës kreshnike shqiptare, Prishtina, më 15.XII. 1997* (Instituti Albanologjik, Prishtina 1998), p. 25–29.

NEZIRI, Zymer (ed.)
Këngë të kreshnikëve. (Libri shkollor, Prishtina 1999) 263 pp.
NEZIRI, Zymer, BERISHA, Rrustem, DOÇI, Rexhep, BALIU, Begzad (ed.)
Rëndësia e veprës së Gustav Majerit për studimet albanologjike. Sesioni shkencor kushtuar 100-vjetorit të botimit të këngës kreshnike shqiptare, Prishtina, më 15.XII. 1997. (Instituti Albanologjik, Prishtina 1998) 247 pp.
NUSHI, Sabrie
Aspekte të ekzekutimit të këngëve kreshnike nga dy rapsodë tä njohur kosovarë. in: *Çështje të folklorit shqiptar 3, Simpoziumi Epika heroike shqiptare 20–22 tetor 1983.* ed.: A. Uçi & Q. Haxhihasani et al. (Akademia e Shkencave, Tirana 1987), p. 131–136.
OSMANI, Tomor
Disa toponime të ciklit të këngëve të kreshnikëve. in: *Çështje të folklorit shqiptar 3, Simpoziumi Epika heroike shqiptare 20–22 tetor 1983.* ed.: A. Uçi & Q. Haxhihasani et al. (Akademia e Shkencave, Tirana 1987), p. 305–311.
PALAJ, Bernardin & KURTI, Donat
Visaret e kombit. Vëllimi II. Kângë kreshnikësh dhe legenda. Mbledhë e redaktuem nga At Bernardin Palaj dhe At Donat Kurti. (Nikaj, Tirana 1937; reprint Rilindja, Prishtina 1996) 286 pp.
PANAJOTI, Jorgo
L'épopée héroïque légendaire et notre prose populaire. in: *Culture populaire albanaise,* Tirana, 1985, 5, p. 129–135.
————— Epika heroike legjendare dhe proza jonë popullore. in: *Çështje të folklorit shqiptar 2, Simpoziumi Epika heroike shqiptare 20–22 tetor 1983.* ed.: A. Uçi & Q. Haxhihasani et al. (Akademia e Shkencave, Tirana 1986), p. 214–235.
PANAJOTI, Jorgo & HYSO, Riza
Folklori shqiptar. Për shkollat e mesme. (Libri shkollor, Tirana 1993) 247 pp.
PIPA, Arshi
Albanian folk verse, structure and genre. Albanische Forschungen 17. Trilogia Albanica 1. (Dr. Dr. Rudolf Trofenik, Munich 1978) 191 pp.
————— Rapsodi albanesi in serbocroato. Il ciclo epico di frontiera. in: A. Guzzetta (ed.), *Etnia albanese e minoranze linguistiche in Italia. Atti del IX congresso internazionale di studi albanesi* (Palermo 1983), p. 371–408.
————— Serbocroatian and Albanian frontier epic cycles. in: *Studies on Kosova,* ed.: Arshi Pipa & Sami Repishti. East European Monographs 155 (Columbia University Press, New York 1984), p. 85–102.
PIPA, Arshi & REPISHTI, Sami (ed.)
Studies on Kosova. East European Monographs 155. (Boulder, Distributed by Columbia UP, New York 1984) 279 pp.

PRENNUSHI, Vinçenc

Visari komtaar 1. Kângë popullore. Blêe i parë. Kângë popullore gegnishte. Mbledhë e rreshtue prejë P. Vinçenc Prênnushit O.F.M. Zur Kunde der Balkanhalbinsel II. Quellen und Forschungen. Herausgegeben von Dr. Carl Patsch. Heft 1. (Daniel A. Kajon, Sarajevo 1911) 172 pp.

PRIFTI, Naim R.

Segment humori në eposin e kreshnikëve. in: *Çështje të folklorit shqiptar 2, Simpoziumi Epika heroike shqiptare 20–22 tetor 1983.* ed.: A. Uçi & Q. Haxhihasani et al. (Akademia e Shkencave, Tirana 1986), p. 350–352.

PULAHA, Selami

Fshatarësia e lirë e Shqipërisë së veriut gjatë shek. XV–XVIII dhe cikli i kreshnikëve. in: *Çështje të folklorit shqiptar 3, Simpoziumi Epika heroike shqiptare 20–22 tetor 1983.* ed.: A. Uçi & Q. Haxhihasani et al. (Akademia e Shkencave, Tirana 1987), p. 174–189.

SAKO, Zihni (ed.)

Chansonnier des preux albanais. Introduction de Zihni Sako. Collection UNESCO d'Oeuvres Représentatives. Série Européenne. (Maisonneuve & Larose, Paris 1967) 143 pp.

SAKO, Zihni, HAXHIHASANI, Qemal, LUKA, Kolë (ed.)

Trésor du chansonnier populaire albanais. (Académie des Sciences, Tirana 1975) 332 pp.

SAKO, Zihni et al. (ed.)

Mbledhës të hershëm të folklorit shqiptar (1635–1912). (Instituti i Folklorit, Tirana 1961) 563 pp.

SAMOJLOV, D. (ed.)

Starinnye albanskie skazanija. Perevod s albanskogo. (Khudožestvennaja Literatura, Moscow 1971) 223 pp.

SCHMAUS, Alois

Nekoliko podataka o epskom pevanju u pesmama kod Arbanasa (Arnauta) u Staroj Srbiji. in: *Prilozi proučavanja narodne poezije,* Belgrade, 1 (1934) p. 107–112.

———— Volksepik in der Umgebung von Kosovska Mitrovica. in: *Zeitschrift für slavische Philologie* 11 (1934), p. 432–439; und in: *Gesammelte Slavistische und Balkanologische Abhandlungen,* 1 (Munich 1971), p. 273–279.

———— O kosovskoj tradiciji kod Arnauta. in: *Prilozi proučavanja narodne poezije,* Belgrade, 3 (1936).

———— Die albanische Volksepik. in: *Shêjzat / Le Pleiadi,* Rome, 1963, p. 173–190; and in: *Gesammelte Slavistische und Balkanologische Abhandlungen,* 2 (Munich 1973), p. 84–102.

———— Syzhet ballkanike në epikën popullore arbëreshe. in: *Gjurmime Albanologjike,* Prishtina, 1 (1968), p. 9–20.

———— Poezija epike shqiptare. in: *Shêjzat / Le Pleiadi,* Rome, 14.4–6 (1970), p. 115–130.

—— Die Arbëresh-Ballade von der 'wiedergefundenen Schwester' und ihre balkanischen Zusammenhänge. in: *Gesammelte Slavistische und Balkanologische Abhandlungen,* 2 (Munich 1973) p. 443–452.

—— Ein italo-albanisches Lied aus dem Skanderbeg-Zyklus. in: *Gesammelte Slavistische und Balkanologische Abhandlungen,* 2 (Munich 1973) p. 427–442.

—— Relikte der Skanderbeg-Epik in der Volksdichtung der Italoalbaner. in: *Gesammelte Slavistische und Balkanologische Abhandlungen,* 2 (Munich 1973) p. 72–83.

SHALA, Demush

Këngë popullore legjendare. (Enti i teksteve, Prishtina 1972) 448 pp.

—— Ca të dhëna bibliografike dhe gjeneza e këngës së Halil Gashit. in: *Gjurmime albanologjike, seria folklor dhe etnologji,* Prishtina, 5 (1975), p. 169–175.

—— Tematika e këngëve kreshnike shqiptare. in: *Gjurmime albanologjike, seria folklor dhe etnologji,* Prishtina, 9 (1979), p. 21–43.

—— Trimëria e femrës me veshje burri në këngët tona kreshnike. in: *Gjurmime albanologjike, seria folklor dhe etnologji,* Prishtina, 11 (1981), p. 159–170.

—— *Mbi epikën tonë popullore historike.* (Rilindja, Prishtina 1982) 293 pp.

—— Arnaut Osmani në eposin heroik shqiptar dhe në atë mysliman bosano-hercegovinas. in: *Gjurmime albanologjike, seria folklor dhe etnologji,* Prishtina, 13 (1983), p. 141–157.

—— Fëmija luftëtar në këngët tona kreshnike. in: *Gjurmime albanologjike, seria folklor dhe etnologji,* Prishtina, 14 (1984), p. 109–128.

—— Besa në këngët kreshnike shqiptare. in: *Gjurmime albanologjike, seria folklor dhe etnologji,* Prishtina, 15 (1985), p. 63–82.

—— *Rreth këngëve kreshnike shqiptare.* (Rilindja, Prishtina 1985) 334 pp.

—— *Letërsia popullore.* (Enti i teksteve, Prishtina 1986, 1988) 351 pp.

—— *Këngë popullore historike.* Botimi i dytë i plotësuar. (Enti i teksteve, Prishtina 1991) 457 pp.

SHKURTAJ, Gjovalin

Epika heroike shqiptare si përmendore madhështore e kulturës së gjuhës. in: *Perla, revistë shkencore-kulturore tremujore,* Tirana, 1998, 1–2, p. 22–34.

SILIQI, Drita

Studiuesit kosovarë mbi ciklin e kreshnikëve. in: *Çështje të folklorit shqiptar 2, Simpoziumi Epika heroike shqiptare 20–22 tetor 1983.* ed.: A. Uçi & Q. Haxhihasani et al. (Akademia e Shkencave, Tirana 1986), p. 305–318.

SINANI, Shaban

Rreth kohës dhe vendit të formimit ë eposit të kreshnikëve. in: *Kultura popullore,* Tirana, 1993, 1–2, p.11–24.

—— Zëra të historisë në eposin e kreshnikëve. in: *Perla, revistë shkencore-kulturore tremujore,* Tirana, 1 (1996), p. 41–52.

—— *Mitologji në eposin e kreshnikëve. Studim monografik.* ISBN 99927-695-0-5. (Star, Durrës 2000) 250 pp.

SIRDANI, Marin
   Skanderbegu mbas gojdhânash. (Shtypshkroja Franciskane, Shkodra 1929) 254 pp.

SKENDI, Stavro
   The South Slavic decasyllable in Albanian oral epic poetry. in: *Word, Journal of the linguistic circle of New York,* 9.4 (1953), p. 339–348. reprint in: Stavro Skendi: *Balkan cultural studies.* East European Monographs, 72 (Columbia University Press, New York 1980), p. 59–71.
—— *Albanian and South Slavic oral epic poetry.* Memoirs of the American Folklore Society, 44 (1954). = PhD thesis, Columbia University 1951. (American Folklore Society, Philadelphia 1954, reprint Kraus, New York 1969) 221 pp.
—— *Balkan Cultural Studies.* East European Monographs, 72. (Columbia University Press, New York 1980) 278 pp.

SUPPAN, Wolfgang Emil
   Epika heroike shqiptare. Ein Symposion in Tirana. in: *Südosteuropa-Mitteilungen,* Munich, 1983, 4, p. 72–73.

TAIPI, Kasem
   Zana popollore. (Shkodra 1933).
—— *Këngë popullore shkodrane.* Mbledhës të folklorit, 11. ISBN 99927-600-1-X. (Akademia e Shkencave, Tirana 1998) 325 pp.

TIRTA, Mark
   Des stratifications mythologiques dans l'épopée légendaire. in: *Culture populaire albanaise,* Tirana, 1985, 5, p. 91–102.
—— La mythologie dans l'épopée légendaire. in: *L'Ethnographie* 106, 85, 2 (1989), p. 33–42.

TRAERUP, Birthe
   Rhythm and meter in Albanian historical folksongs from Kosovo (Drenica) compared with the epic songs of other Balkan peoples. in: *Makedonski folklor* 4. 7–8 (1971), p. 247–260.
—— Albanian singers in Kosovo. Notes on the song repertoire of a Mohammedan country wedding in Yugoslavia. in: *Studia Instrumentorum Musicae Popularis.* Edited by G. Hillestrom (Nordiska Musikoforlaget, Stockholm 1974) p. 244–251, 300.

TUDA, Rahmi
   Vlerat estetike të poezisë sonë legjendare. (Flaka e vëllazërimit, Skopje 1994) 175 pp.

UÇI, Alfred
   Traits généraux de la conception artistique de la poésie épico-légendaire du peuple albanais. in: *Actes du IIe Congrès International des Etudes du Sud-Est Européen, Athènes 7–13 mai 1970,* 2 vol. (Athens 1978), p. 693–705.
—— *Mitologjia, folklori, letërsia.* (Naim Frashëri, Tirana 1982) 404 pp.

———— L'épopée héroïque et sa place dans le folklore albanais. in: *Culture populaire albanaise,* Tirana, 1985, 5, p. 3–16.

———— Epika heroike dhe roli i saj në folklorin shqiptar. in: in: *Çështje të folklorit shqiptar 2, Simpoziumi Epika heroike shqiptare 20–22 tetor 1983.* ed.: A. Uçi & Q. Haxhihasani et al. (Akademia e Shkencave, Tirana 1986), p. 5–45.

UÇI, Alfred, HAXHIHASANI, Qemal, PANAJOTI, Jorgo, KRUTA, Beniamin, GJERGJI, Andromaqi, SHKURTI, Spiro, DOJAKA, Abaz. (ed.)
> *Çështje të folklorit shqiptar 2. Simpoziumi: Epika heroike shqiptare 20–22 tetor 1983.* (Akademia e Shkencave, Tirana 1983) 471 pp.

———— *Çështje të folklorit shqiptar 3. Simpoziumi: Epika heroike shqiptare 20–22 tetor 1983.* (Akademia e Shkencave, Tirana 1987) 355 pp.

UHLISCH, Gerda
> *Die Schöne der Erde. Albanische Märchen und Sagen.* (Reclam, Leipzig 1987, reprint Röderberg, Cologne 1988) 308 pp.

VASILI, Kosma
> Repertori i ciklit të kreshnikëve në Kosovë.in: *Kultura popullore,* Tirana, 1984, 2, p. 105–108; and in: *Çështje të folklorit shqiptar 2, Simpoziumi Epika heroike shqiptare 20–22 tetor 1983.* ed.: A. Uçi & Q. Haxhihasani et al. (Akademia e Shkencave, Tirana 1986), p. 319–323.

XHAFERI, Hamit
> *Epika popullore shqiptare e trevës së Kërçovës.* (Arbëria design, Tetovo 1996) 229 pp.

XHAGOLLI, Agron
> Vendi që zenë këngët e kreshnikëve në realitetin folklorik bashkëkohor. in: *Kultura popullore,* Tirana, 1984, 2, p. 97–104; and in: *Çështje të folklorit shqiptar 2, Simpoziumi Epika heroike shqiptare 20–22 tetor 1983.* ed.: A. Uçi & Q. Haxhihasani et al. (Akademia e Shkencave, Tirana 1986), p. 281–289.

XHIKU, Ali, KRUTA, Beniamin, SHAPLLO, Dalan, PANAJOTI, Jorgo, HAXHIHASANI, Qemal, SHITUNI, Spiro (ed).
> *Çështje të folklorit shqiptar 5.* (Akademia e Shkencave, Tirana 1997) 313 pp.

ZEQIRI, Mumin
> *Nga traditat e popullit. Epika historike shqiptare e regjionit të Kumanovës.* ISBN 9989-815-12-7. (Interdiskont, Skopje 1998) 211 pp.

ZEQO, Moikom
> Motivi i detit në ciklin e kreshnikëve. in: *Çështje të folklorit shqiptar 2, Simpoziumi Epika heroike shqiptare 20–22 tetor 1983.* ed.: A. Uçi & Q. Haxhihasani et al. (Akademia e Shkencave, Tirana 1986), p. 324–330.

ZHEJI, Gjergj
> Tipare të vargut në këngët e kreshnikeve. in: *Studime filologjike,* Tirana, 1985, 4, p. 59–81.

———— Rreth tipareve të vargut të këngëve të kreshnikëve dhe të instrumentit të tij. in: *Çështje të folklorit shqiptar 2, Simpoziumi Epika heroike shqiptare 20–22 tetor 1983.* ed.: A. Uçi & Q. Haxhihasani et al. (Akademia e Shkencave, Tirana 1986), p. 375–384.

―――― *Vargu i këngëve të kreshnikëve. Studim.* (Naim Frashëri, Tirana 1987) 140 pp.
―――― *Bazat e vargëzimit shqiptar. Studim.* (Naim Frashëri, Tirana 1988) 248 pp.
―――― *Hyrje në folklor. Vëllimi I.* (Phoenix, Tirana 1994) 97 pp.
―――― *Folklori shqiptar.* (Libri universitar, Tirana 1998) 244 pp.

Southern Slavic and Balkan heroic and epic verse

ASBÓTH, Johann von
Das Lied von Gusinje. Ein bosnisch-muhammedanisches Heldengedicht. in: *Ethnologische Mitteilungen aus Ungarn* 1 (1887), col. 149–152.

AUTY, Robert
Serbo-Croat. in: *Traditions of heroic and epic poetry.* Vol. 1. ed.: Arthur T. Hatto (The Modern Humanities Research Association, London 1980), p. 196–210.

AVRIL, Adolphe d'
La bataille de Kossovo, rhapsodie serbe tirée des chants populaires (et traduit en français). (Paris 1868).

BALIĆ, Smail
Die muslimische Volkspoesie in Bosnien. in: *Österreichische Osthefte,* 7.5 (1965), p. 380–389.

BANAŠEVIĆ, Nikola
Le cycle de Kosovo et les chansons de gestes. in: *Revue des études slaves* 6 (1926), p. 224–244.

―――― Les chansons de geste et la poésie épique yugoslave. in: *Le Moyen Age,* 56 (1960), p. 121–141.

BARAC, Antun
Folk poetry. in: *History of Yugoslav Literature* (Belgrade 1955), p. 69–79.

BARTÓK, Béla
Yugoslav folk music. Serbo-Croatian folk songs and instrumental pieces from the Milman Parry Collection. (State University of New York Press, Albany 1978)

BARTÓK, Béla & LORD, Albert B.
Serbo-Croatian folk songs. Texts and transcriptions of 75 folk songs from the Milman Parry Collection and a morphology of Serbo-Croatian folk melodies. Columbia University Studies in Musicology, 7. (Columbia University Press, New York 1951) xvii + 431 pp.

BATINIC, Pavle
The meter of the Serbo-Croatian oral epic. Decasyllable. PhD thesis. Columbia University 1975. 121 pp.

―――― *The Battle of Kosovo.* Translated from the Serbian by John Matthias and Vladeta Vučković. Preface by Charles Simic. (Swallow, Athens OH 1987) 103 pp.

BEISSINGER, M. H.
    The art of the lăutar. The epic tradition in Romania. Harvard Dissertations
    in oral tradition. (New York 1991).
BOWRING, John
    The national poetry of Servia. in: *Westminster review* 6 (1826), p. 23–39.
BRAUN, Maximilian
    Das serbokroatische Volksepik. in: *Euphorion* 34 (1933), p. 340–356.
    reprint: *Europäische Heldendichtung.* ed. Klaus von See
    (Wissenschaftliche Buchgesellschaft, Darmstadt 1978), p. 355–376.
———— Zur Frage des Heldenliedes bei den Serbokroaten. in: *Beiträge zur
    Geschichte der deutschen Sprache und Literatur,* 59 (1935), p. 261–288.
———— *Kosovo. Die Schlacht auf dem Amselfelde in geschichtlicher und epischer
    Überlieferung.*(Leipzig 1937)
———— Zum Themenbestand des serbokroatischen Heldenliedes. in: *Beiträge zur
    Geschichte der deutschen Sprache und Literatur* 64 (1940), p. 83–123.
———— Beobachtungen zum heutigen Stand der epischen Volksdichtung in
    Jugoslawien. in: *Die Nachbarn, Jahrbuch für vergleichende Volkskunde* 2
    (1954), p. 36–61.
———— *Das serbokroatische Heldenlied.* Opera Slavica. Band 1. (Vandenhoeck &
    Ruprecht, Göttingen 1961) 286 pp.
———— The problems of 'moral concepts' in Serbian traditional epic poetry. in:
    Journal of the folklore institute, 1 (1964), p. 82–91.
———— Heldische Lebensform. Zur Frage des Heldenliedes bei den Serbokroaten.
    in: *Europäische Heldendichtung,* ed.: Klaus von See (Wissenschaftliche
    Buchgesellschaft, Darmstadt 1978), p. 377–384.
BRAUN, Maximilian & FRINGS, Theodor
    Heldenlied. Nachschrift zu M. Brauns Aufsatz. in: *Beiträge zur Geschichte
    der deutschen Sprache und Literatur,* 59 (1935), p. 289–313.
BRKIĆ, Jovan
    Moral concepts in traditional Serbian epic poetry. PhD thesis. Columbia
    University. (Mouton, The Hague 1961) 177 pp.
BURKHART, Dagmar
    *Untersuchungen zur Stratigraphie und Chronologie der südslavischen
    Volksepik.* Slavistische Beiträge 33. (Sagner, Munich 1968) 549 pp.
———— Zur ideologischen und ästhetischen Verarbeitung internationaler Kontakte
    in serbokroatischen und mazedonischen epischen Volksliedern. in: *Ballad
    research. The stranger in ballad narrative and other topics. Proceedings
    of the 15th International Conference of the Kommission für Volksdichtung
    of the Société Internationale d'Ethnologie et de Folklore.* ed.: Hugh
    Shields (Folk Music Society of Ireland / Cumann Cheol Tíre Éireann,
    Dublin 1985), p. 131–143.
———— Serbische Heldenlieder. in: *Harenbergs Lexikon der Weltliteratur,
    Autoren, Werke, Begriffe.* Vol. 5 (Harenberg, Dortmund 1989), p. 2640–
    2641.

BURRELL, Arthur
Book of heroic verse. (Arno Press, New York 1920).
BUTLER, Thomas
Monumenta serbocroatica. A bilingual anthology of Serbian and Croatian texts from the 12th to the 19th century. Joint Committee on Eastern Europe, 6. (Michigan Slavic Publications, Ann Arbor 1980) xxii + 482 pp.
BUTUROVIĆ, Djenana
Oral epic poetry of the peoples of Yugoslavia. in: *Folk arts of Yugoslavia. Papers presented at a symposium, Pittsburgh, Pennsylvania, March 1976,* ed.: Walter W. Kolar (Duquesne University Tamburitzans Institute of Folk Arts, Pittsburgh 1976), p. 135–166.
———— *Studija o Hörmannovoj zbirci muslimanskih narodnih pjesama.* (Svjetlost, Sarajevo 1976) 399 pp.
———— Les chants épiques des Musulmans dans le contexte historique. in: *Balcanica, Annuaire de l'Institut des Etudes Balkaniques* 11 (1980), p. 63–80.
———— The folk epic tradition of the Moslems of Bosnia and Herzegovina from the beginning of the 16th century until the publication of Hörmann's collection (1888). in: *Wissenschaftliche Mitteilungen des bosnisch-herzegowinischen Landesmuseums* 3:B (1980), p. 5–110.
———— Les chroniqueurs turcs et Gürz Ilyas-Djerzelez, héros de la chanson épique balkanique. in: *Balcanica, Annuaire de l'Institut des études balkaniques,* 16–17 (1985–1986), p. 267–275.
BYNUM, David E.
A taxonomy of oral narrative song. The isolation and description of invariables in Serbo-Croatian tradition. PhD thesis, Harvard University, Cambridge MA 1964. 247 pp.
———— Themes of the young hero in Serbocroatian oral epic tradition. in: *Publications of the modern language association* 83 (1968), p. 1296–1303.
———— The collection and analysis of oral epic tradition in South Slavic. An instance. in: *Oral tradition* 1.2 (1986), p. 302–343.
BYNUM, David E. (ed.)
Bihaćka krajina. Epics from Bihać, Cazin and Kulen Vakuf. Serbo-Croatian Heroic Songs, 14. Publication of the Milman Parry Collection, Texts and Translations Series, 12. (Harvard University Press, Cambridge MA / Serbian Academy of Sciences, Belgrade 1979) 529 pp.
———— *Ženidba Vlahinjić Alije. Osmanbeg Delibegović i Pavičević Luka, kazivao i pjevao Avdo Medjedović. Serbo-Croatian heroic songs, 6.* Publication of the Milman Parry Collection, Texts and Translations Series, 6. (Harvard University Press, Cambridge MA / Serbian Academy of Sciences, Belgrade 1980) 334 pp.
———— *Serbo-Croatian heroic poems. Bihaćka krajina. Epics from Bihać, Cazin and Kulen Vakuf.* Translation with commentary by David E. Bynum, with

additional translations by Mary P. Coote and John F. Loud. Milman Parry Studies in Oral Tradition. (Garland, New York 1993).

BYNUM, David E. & LORD, Albert B. (ed.)
Ženidba Smailagina sina, kazivao je Avdo Medjedović, s popratnim razgovorima s Medjedovićem i drugim. Serbo-Croatian Heroic Songs, 4. Publication of the Milman Parry Collection, Texts and Translations Series, 2. (Center for the Study of Oral Literature, Cambridge MA 1974).

CAKAJ, Ferhat
E vërteta mbi 'eposin serb.' Refleksion eseistik. ISBN 99927-1-066-7. (Toena, Tirana 1998) 119 pp.

CAMAJ, Martin
Südost-Europa, Jugoslawien, Kosovo. Montenegrinischer Volksgesang mit Gusla. (Institut für den Wissenschaftlichen Forum, Göttingen 1982) 10 pp.

CHADWICK, Hector M & CHADWICK, Nora K.
Yugoslav oral poetry. in: *The growth of literature,* vol. 2.2 (University Press, Cambridge 1936), p. 299–456.

COOTE, Mary P.
The singer's use of theme in composing oral narrative song in the Serbo-Croatian tradition. PhD thesis. (Harvard University, Cambridge MA 1969) 222 pp.

––––––– Serbocroatian heroic songs. in: *Heroic epics and saga. An introduction to the world's great folk epics.* ed.: Felix J. Oinas (Indiana University Press, Bloomington 1978), p. 257–285.

––––––– The singer's theme in Serbocroatian heroic song. in: *California Slavic studies* 11 (1980), p. 201–235.

DANEK, Georg
Mythologische Exempla bei Homer und im südslawischen Heldenlied. in: *Acta antiqua et archaeologica. Epik durch die Jahrhunderte. Internationale Konferenz Szeged 1997,* ed.: I. Tar., 27 (1998), p. 82–91.

––––––– *Bosnische Heldenepen.* (Wieser, Klagenfurt 2001) 270 pp.

DELBOUILLE, Maurice
Chansons de geste et chants héroïques yougoslaves. Atti del secondo congresso internazionale della Société Rencesvals. in: *Cultura neolatina* 21 (1961), p. 97–104.

––––––– Le chant héroïque serbo-croate et la genèse de la chanson de geste. in: *Boletin de la Real Academia de Buenas Letras de Barcelona* 31 (1965–1966), p. 83–98.

DIRLEMEIER, Franz
Das serbokroatische Heldenlied und Homer. Vorgelegt am 29. Mai 1971. Sitzungsberichte der Heidelberger Akademie der Wissenschaften, Phil.-hist. Klasse 1971, 1. (Carl Winter, Heidelberg 1971) 39 pp.

DOZON, Auguste

    Poésies populaires serbes. Traduit sur les originaux avec une introduction et des notes. (Dentu, Paris 1859) vi + 285 pp.

—— *L'épopée serbe. Chants populaires héroïques. Serbie, Bosnie et Herzégovine, Croatie, Dalmatie, Monténégro.* Traduits sur les originaux avec une introduction et des notes. (Leroux, Paris 1888) 80 + 335 pp.

DURIĆ, Rašid

    Der bosnische Held Djerzelez in der Historiographie, in epischen Liedern und in der literarischen Bearbeitung von Ivo Andrič. in: *Zeitschrift für Balkanologie,* Jena, 34.1 (1998), p. 1–14.

ERDELY, Stephen

    A study of the music of four Serbo-Croatian heroic songs from the Bihać area of Yugoslavia. Milman Parry studies in oral tradition. Ed. Stephen A. Mitchell & Gregory Nagy. (Garland, New York 1992)

—— *Music of Southslavic epics from the Bihać region of Bosnia.* Milman Parry Studies in oral tradition. (New York 1995).

FAIRCLOUGH, H. R. & VULICH, V.

    Homeric question and the popular poetry of Serbia. in: *Philosophical quarterly* 4 (1925), p. 71–74.

FISHER, Laura G.

    An analysis of the Marko Kraljević songs from the region of Stolac in the Milman Parry Collection. PhD thesis. Harvard University 1976.

—— *Marko songs from Hercegovina a century after Karadžić.* Harvard dissertations in folklore and oral tradition.(Garland, New York 1990) x + 286 pp.

FOLEY, John M.

    The traditional oral audience. in: *Balkan studies* 18 (1977), p. 145–153.

—— The oral singer in context. Halil Bajgorić, Guslar. in: *Canadian-American Slavic studies* 12 (1978), p. 230–246.

—— Levels of oral traditional structure in Serbo-Croatian epic. in: *Southeast Europe* 10.2 (1983), p. 189–221.

—— Formula in Yugoslav and comparative folk epic. Structure and function. in: *The heroic process. Form, function and fantasy in folk epics. Proceedings of the international folk epic conference, University College, Dublin, 2–6 September 1985.* ed.: Bo Almqvist, Séamas Ó Catháin & Pádraig Ó Héalaí (Glendale, Dublin 1987), p. 485–503.

—— Word power, performance and tradition. in: *Journal of American folklore* 105 (1992), p. 275–301.

FOLEY, John M. & KEREWSKY-HALPERN, Barbara

    Epic and charm in Old English and Serbo-Croatian oral poetry. in: *Comparative criticism, yearbook of the British comparative literature association,* 2 (1980), p. 71–92.

FOTITCH, Tatiana

The chanson de geste in the light of recent investigations of Balkan epic poetry. in: *Linguistic and literary studies in honor of Helmut A. Hatzfeld.* ed. Alessandro Crisafulli (Catholic University of America Press, Washington 1964), p. 149–162.

FRNDIC, Nasko (ed.)

Muslimanske junačke pjesme. (Stvarnost, Zagreb 1969) 651 pp.

GASTER, M.

Roumanian ballads and Slavonic epic poetry. in: *The Slavonic review* 12 (1933), p. 167–180.

GESEMANN, Gerhard

Studien zur südslawischen Volksepik. Veröffentlichungen der slavist. Arbeitsgemeinschaft an der deutschen Universität in Prag, 1. Reihe: Untersuchungen, Heft 3. (Gebrüder Stiepel, Reichenberg 1926) 109 pp. reprint in: Gerhard Gesemann: *Gesammelte Abhandlungen,* vol. 1. ed.: Wolfgang Gesemann & Helmut Schaller (Hieronymus, Neuried 1981), p. 231–339.

——— Vom Wesen des Volksliedes, aufgezeigt an epischen und lyrischen Volksliedern der Slawen. in: *Bericht über die Verhandlungen der 22. Tagung des Allgemeinen Deutschen Neuphilologen-Verbandes zu Breslau,* 1930. Ed. Johs Adams & Hedwig Boenisch et al. (Westermann, Braunschweig 1931), p. 16–17.

——— Das epische Volkslied als jugoslavische Volksbibel. in: *Slavischer Rundschau* 3 (1931), p. 295–297. reprint in: Gerhard Gesemann: *Gesammelte Abhandlungen,* vol. 1. ed.: Wolfgang Gesemann & Helmut Schaller (Hieronymus, Neuried 1981), p. 395–399.

——— Neue Forschungen zur südslawischen Volksepik. in: *Forschungen und Fortschritte* 8 (1932), p. 292–294.

——— Zur Erforschung der bulgarischen Volksepik. in: *Sbornik v čest na Prof L. Miletič za 70-godišnata ot roždenieto mu, 1863–1933* (Izd. Makedonskija Naučen Institut, Sofia 1933), p. 490–494.

——— Auf einen toten Sänger. in: *Slavischer Rundschau* 6 (1934), p. 149–173. reprint in: Gerhard Gesemann: *Gesammelte Abhandlungen,* vol. 1. ed.: Wolfgang Gesemann & Helmut Schaller (Hieronymus, Neuried 1981), p. 601–627.

GOLDMAN, Kenneth A.

Formulaic analysis of Serbo-Croatian oral epic songs. Songs of Avdo Avdić. PhD thesis. Harvard University 1979. Harvard dissertations in folklore and oral tradition. (Garland, New York 1990) xxvi + 322 pp.

GOLENIŠČEV-KUTUZOV, I. N. (ed.)

Epos serbskogo naroda. (Akad. Nauk SSR 1963) 354 pp.

GRAF, Walter

Murko's Phonogramme bosnischer Epenlieder aus dem Jahre 1912. in: *Beiträge zur Musikkultur des Balkans. Walter Wünsch zum 65. Geburtstag.* ed. Rudolf Flotzinger (Akademische Druck- und Verlagsanstalt, Graz 1975), p. 41–76.

HOLTON, Milne & MIHAILOVICH, Vasa D.

Serbian poetry from the beginnings to the present. Yale Russian and East European Publications, 11. (Slavica, Columbus OH 1989) xxxi + 435 pp.

HÖRMANN, Kosta

Narodne pjesme Muhamedovaca u Bosni i Hercegovini. Sabrao Kosta Hörmann. (Zemaljska, Sarajevo 1888–1889).

―――― *Narodne pjesme muslimana u Bosni i Hercegovini.* Sabrao Kosta Hörmann 1888–1889. Priredila Djenana Buturovič 1–2. (Svjetlost, Sarajevo 1976) 643, 665 & 399 pp.

HRASTE, Mate

Über die Heimat der Langzeilenepik auf Grund der sprachlichen Analyse. in: *Festschrift für Erwin Koschmieder.* ed.: Südost-Institut (Oldenbourg, Munich 1958), p. 57–67.

IBROVAC, Miodrag

Les affinités de la poésie populaire serbe et néo-grecque. in: *Godišnjak,* Balkanološki Institut, Sarajevo, 1 (1956), p. 389–455.

―――― L'épopée populaire serbocroate, son ancienneté, son rayonnement. in: *Atti del convegno internazionale sul tema: La poesia epica e la sua formazione,* Roma 1969 (Accademia Nazionale dei Lincei, Rome 1970), p. 393–418.

JAGIĆ, Vatroslav

Die südslavische Volksepik vor Jahrhunderten. in: *Archiv für slavische Philologie* 4 (1880), p. 192–242.

―――― Aus dem Leben der serbischen Volksepik. in: *Archiv für slavische Philologie* 13 (1891), p. 631–636.

JAŠAR-NASTEVA, O., KONESKI, B. & NASTEV, B.

Interférence au niveau de la langue de la poésie populaire des peuples balkaniques. in: *Balcanica, Annuaire de l'Institut de Etudes Balkaniques* 1 (1970), p. 13–22.

KARADZIĆ, Vuk St.

Srpske narodne pjesme. (Vienna 1841, reprint Belgrade 1932–1936).

―――― *Serbische Volkslieder. Teile einer historischen Sammlung.* Metrisch übersetzt von Talvj. Ausgewählt und mit einem Nachwort versehen von Friedhilde Krause. (Reclam, Leipzig 1980) 263 pp.

KAY, Matthew W.

The index of the Milman Parry Collection, 1933–1935, Heroic songs, conversations and stories. Milman Parry Studies in Oral Tradition. ISBN 0815312407. (Garland Publ. New York 1995) xxiii + 293 pp.

KEMURA, Scheich Seiffudin Ef. & COROVIC, Vladimir
Serbokroatische Dichtungen bosnischer Moslims aus dem XVII. XVIII. und XIX. Jahrhundert. Zur Kunde der Balkanhalbinsel, II. Quellen und Forschungen, 2. (Sarajevo 1912) xxviii + 75 pp.
KOLJEVIĆ, Svetozar
Naš junački ep. (Belgrade 1974).
────── *The epic in the making.* (Clarendon, Oxford 1980) 376 pp.
KOTUR, Krstivoj
The Serbian folk epic. Its theology and anthropology. (Philosophical Library, New York 1977), x + 220 pp.
KRAVTSOV, Nikolai I.
Serbskij epos. (Moscow & Leningrad 1933).
────── *Serbohorvatskij epos.* (Nauka, Moscow 1985) 360 pp.
KRETZENBACHER, Leopold
Heldenlied und Klageweiber. Bilder von einer volkskundlichen Wanderfahrt durch Montenegro. in: *Österreichische Hochschulzeitung* 9.5 (1957), p. 4.
LAUER, Reinhard
Volksepik und Kunstepik. Syntheseversuche in der serbischen Literatur zwischen 1790 und 1830. in: *Jugoslawien, Integrationsprobleme in Geschichte und Gegenwart.* Beiträge des Südosteuropa-Arbeitskreises der Deutschen Forschungsgemeinschaft zum V. Internationalen Südosteuropa-Kongreß der Association internationale d'études du sud-est européen, Belgrade 1984. ed.: Klaus-Detlev Grothusen (Vandenhoeck & Ruprecht, Göttingen 1984), p. 196–219.
LESKIEN, August
Über Dialektmischung in der serbokroatischen Volkspoesie. in: *Berichte über die Verhandlungen der königlich-sächsichen Gesellschaft der Wissenschaften zu Leipzig,* Philosophisch-historische Klasse, Leipzig, 62.5 (1910), p. 127–160.
LOCKE, G. N.
The Serbian epic ballads. An anthology. ISBN 865-19-02156-7. (Nolit, Belgrade 1997) 436 pp.
LORD, Albert Bates
Homer and Huso I. The singer's rests in Greek and Southslavic heroic song. in: *Transactions and proceedings of the American philological association* 67 (1936), p. 106–113.
────── Homer and Huso II. Narrative inconsistencies in Homer and oral poetry. in: *Transactions and proceedings of the American philological association* 69 (1938), p. 439–445.
────── Homer and Huso III. Enjambement in Greek and South-slavic heroic song. in: *Transactions and proceedings of the American philological association* 79 (1948), p. 113–124.
────── Homer, Parry, and Huso. in: *American journal of archeology* 52.1 (1948), p. 34–44. reprint in: *The making of Homeric verse. The collected papers of*

Milman Parry. ed.: Adam Parry (Clarendon Press, Oxford 1971), p. 465–478.

———— Composition in theme in Homer and Southslavic epos. in: *Transaction and proceedings of the American philological association* 82 (1951), p. 71–80.

———— Yugoslav epic folk poetry. in: *Journal of the International Folk Music Council* 3 (1951), p. 57–61.

———— Notes on 'Digenis Akritis' and Serbocroatian epics. in: *Harvard Slavic studies*, Cambridge MA, 2 (1954), p. 375–383.

———— Avdo Mededović, guslar. in: *Journal of American folklore* 69 (1956), p. 320–330; and in: *Slavic folklore, a symposium*. ed. Albert B. Lord (American Folklore Society, Philadelphia 1956), p. 122–132.

———— The role of sound-patterns in Serbocroatian epic. in: *For Roman Jakobson. Essays on the occasion of his sixtieth birthday* (Mouton, The Hague 1956), p. 301–305.

———— The epic singers. in: *Atlantic* 210 (1962), p. 126–127.

———— Homeric echoes in Bihać. in: *Zbornik za narodni život i običaje južnih slavena* 40 (1962), p. 313–320.

———— Some common themes in the Balkan Slavic epic. in: *Actes du Premier Congrès International des Etudes Balkaniques et Sud-Est Européennes*, Sofia, 26 août - 1 septembre 1966 (Académie Bulgare des Sciences, Sofia 1969), 7, p. 653–662.

———— Tradition and the oral poet. Homer, Huso and Avdo Medjedović. *in: Atti del convegno internazionale sul tema: La poesia epica e la sua formazione*, Roma 1969 (Accademia Nazionale dei Lincei, Rome 1970), p. 13–38.

———— An example of Homeric qualities of repetition in Medjedović's 'Smailagić Meho.' in: *Serta slavica in memoriam Aloisii Schmaus* (Trofenik, Munich 1971), p. 458–464.

———— Some common themes in Balkan Slavic epic. in: *Actes du premier congrès international des études balkaniques et sud-est européennes*, vol. 7 (Académie bulgare des Sciences, Sofia 1971), p. 653–662.

———— The effect of the Turkish conquest on Balkan epic tradition. in: *Aspects of the Balkans. Continuity and change. Contributions to the International Balkan Conference held at UCLA, October 23–28, 1969*. ed.: Henrik Birnbaum & Speros Vryonis jr. (Mouton, The Hague & Paris 1972), p. 298–318.

———— History and tradition in Balkan oral epic and ballad. in: *Western folklore* 31 (1972), p. 53–60.

———— Studies in the Bulgarian epic tradition. Thematic parallels. in: *Bulgaria, past and present. Studies in history, literature, economics, music, sociology, folklore and linguistics*, 1973. ed.: Thomas Butler (American Association for the Advancement of Slavic Studies, Columbus OH 1976), p. 349–358.

———— The ancient Greek heritage in modern Balkan epic. in: *Les cultures slaves et les Balkans,* vol. 2. (Bălgarskata Akademia na Naukite, Sofia 1978), p. 337–355.

———— Tradition and innovation in Balkan epic. From Heracles and Theseus to Digenis Akritas and Marko. in: *Revue des études sud-est européennes,* Bucharest, 18 (1980), p. 195–212.

———— Comparative Slavic epic. in: *Harvard Ukrainian studies,* Cambridge MA, 5.4 (1981), p. 415–429.

———— Central Asiatic and Balkan epic. in: *Fragen der mongolischen Heldendichtung.* ed.: Walther Heissig et al. Vorträge des 5. Epensymposiums des Sonderforschungsbereichs 12, part 4, Bonn 1985 (Harrassowitz, Wiesbaden 1987), p. 288–320.

———— The Kalevala, the South Slavic epics and Homer. in: *The heroic process. Form, function and fantasy in folk epics. Proceedings of the international folk epic conference, University College, Dublin, 2–6 September 1985.* ed.: Bo Almqvist, Séamas Ó Catháin & Pádraig Ó Héalaí (Glendale, Dublin 1987), p. 293–324.

LORD, Albert B. & BYNUM, David E. (ed.)
The wedding of Smailagić Meho (Ženidba Smailagina sina) dictated by Avdo Medjedović. Serbo-Croatian Heroic Songs, 3. Publication of the Milman Parry Collection, Texts and Translations Series, 1. (Harvard University Press, Cambridge Ma 1974).

LOW, David Halyburton
The ballads of Marko Kraljević. Transl. D. H. Low. (Cambridge University Press, Cambridge 1913, 1922, reprint Greenwood, New York 1968) 196 pp.

LYTTON, Edward R.
Srbski pesme or national songs of Serbia. By Owen Meredith, First Earl of Lyrron, with a preface by G. H. Powell. (Chatto & Windus, London 1917) 159 pp.

MANNING, Clarence A & FULLER, Muriel
Marko the king's son. Hero of the Serbs. Illustrated by Alexander Key. (McBride, New York 1932) xiv + 294 pp.

MARETIĆ, T.
Naša narodna epika. (Akademija Znanosti i Umjetnosti, Zagreb 1909, reprint 1966) viii + 263 pp.

MATEJIĆ, Mateja & MILIVOJEVIĆ, Dragan
An anthology of medieval Serbian literature in English. (Slavica, Columbus OH 1978) 205 pp.

MATEŠIĆ, Josip

> *Die Erlanger serbokroatische Liederhandschrift. Sprachliche Untersuchung.* (Sagner, Munich 1959) ii + 227 pp.

MATIĆ, S.

> *Naš narodni ep i naš stih.* (Novi Sad 1964).

MATICKI, Miodrag

> *Srpskohrvatska graničarska epika.* (Institut za Književnost i Umetnost, Belgrade 1974) 310 pp.

MATL, Josef

> Die Entwicklungsbedingungen der epischen Volksdichtung bei den Slaven. in: *Jahrbücher für Kultur und Geschichte der Slaven* 5 (1929), p. 57–76.

MAŽURANIĆ, I.

> *The death of Smail Aga.* Rendered into English by J.W.Wiles. (George Allen & Unwin, London 1925) 63 pp.

MEDEDOVIC, Avdo

> *The wedding of Smailagic Meho.* ed.: Lord, Albert & Bynum, David E. (Harvard Univ. Press, Cambridge MA 1975)

MEDENICA, R.

> *Naša narodna epika i njeni tvorci.* (Cetinje 1975).

MIĆOVIĆ, Dragutin

> *Krajišnicka epika.* Urednik Radovan Samardzić. (Balkanoloski Institut SANU, Belgrade 1980) 182 pp.

MIKLOSICH, Franz

> Beiträge zur Kenntnis der slavischen Volkspoesie, 1. Die Volksepik der Kroaten. in: *Denkschriften der kaiserlichen Akademie der Wissenschaften in Wien,* Phil.-hist. Klasse,Vienna, 19 (1870), p. 55–114.

———— Die serbische Epik. in: *Österreichische Revue* 2 (1883), p. 1–23.

MILETICH, John S.

> The South Slavic Bugarštica and the Spanish romance. A new approach to typology. in: *International journal of Slavic linguistics and poetics* 21 (1975), p. 51–69.

———— South Slavic and Hispanic versified narrative. A progress report on one approach. in: *El Romancero hoy. Historia, comparatismo, bibliografía crítica.* ed. Samuel G. Armistead, Antonio Sánchez Romeraldo & Diego Catalán (Gráficas Cóndor, Madrid 1979), p. 131–135.

———— Hispanic and South Slavic traditional narrative poetry and related forms. A survey of comparative studies (1824–1977). in: *Oral traditional literature. A Festschrift for Albert B. Lord.* ed.: John M. Foley (Slavica, Columbus OH 1981), p. 375–389.

———— Reception and aesthetic function in the Poema de mio Cid and South Slavic oral and literary epic. in: *Bulletin of Hispanic studies* 58 (1981), p. 189–196.

MILETICH, John S. (ed.)
> *The Bugarštica. A bilingual anthology of the earliest extant South Slavic folk narrative song.* Edition, verse translation, introduction and bibliography John S. Miletich. Foreword Albert B. Lord. Afterword Samuel G. Armistead. Illinois Medieval Monographs, 3. (University of Illinois Press, Urbana & Chicago 1990) xxxix + 339 pp.

MINDEROVIĆ, C.
> Yugoslav folk poetry. in: *Indo-Asian culture* 6 (1957), p. 63–78.

MORISON, Walter A.
> *The revolt of the Serbs against the Turks (1804–1813).* Translations from the Serbian national ballads of the period, with an introduction. (Cambridge University Press, Cambridge 1942) xl + 181 pp.

MURKO, Matthias
> Die Volksepik der bosnischen Mohammedaner. in: *Zeitschrift des Vereins für Volkskunde* 19 (1909), p. 13–30. reprint in: *Europäische Heldendichtung.* ed.: Klaus von See (Wissenschaftliche Buchgesellschaft, Darmstadt 1978), p. 385–399.

———— Bericht über eine Bereisung von Nordwestbosnien und der angrenzenden Gebiete von Kroatien und Dalmatien behufs Erforschung der Volksepik der bosnischen Mohammedaner. in: *Sitzungsberichte der kaiserlichen Akademie der Wissenschaften zu Wien.* Phil-hist. Klasse. 173. 3 (Alfred Hölder, Vienna 1913) 52 pp.

———— Bericht über phonographische Aufnahmen epischer meist mohammedanischer Volks-Lieder im nordwestlichen Bosnien im Sommer 1912. in: *Anzeiger der phil.-hist. Klasser der kaiserlichen Akademie der Wissenschaften in Wien,* Vienna, 8 (1913), p. 58–72.

———— Bericht über phonographische Aufnahmen epischer Volks-Lieder im mittleren Bosnien und in der Herzegovina im Sommer 1913. in: *Sitzungsberichte der kaiserlichen Akademie der Wissenschaften in Wien.* Phil-hist. Klasse. 179. 1 (Alfred Hölder, Vienna 1915) 23 pp.

———— Neues über südslawische Volksepik. in: *Neue Jahrbücher für das Klassische Altertum, Geschichte und Deutsche Literatur* 22 (1919), p. 273–296. reprint in: *Homer, Tradition und Neuerung.* ed.: Joachim Latacz (Wissenschaftliche Buchgesellschaft, Darmstadt 1979), p. 118–152.

———— L'état actuel de la poésie populaire épique yougoslave. in: *Le monde slave* 5 (1928), p. 321–351.

———— *La poésie populaire épique en Yougoslavie au début du XXᵉ siècle.* Travaux publiés par l'Institut d'études slaves, X. (Librairie Ancienne Honoré Champion, Paris 1929), 75 pp.

———— Auf den Spuren der Volksepik durch Jugoslavien. in: *Slavischer Rundschau* 3 (1931), p. 173–183.

> Moderne jugoslavische Guslaren. in: *Dichtung und Welt, Beilage zur Prager Presse,* 11. 52 (1931), p. 23–24.

———— L'épopée yougoslave. André Vaillant. Les chants épiques des Slaves du Sud, Paris 1932. in: *Byzantion* 8 (1933), p. 338–347.

————— Nouvelles observations sur l'état actuel de la poésie épique en Yougoslavie. in: *Revue des études slaves* 13 (1933), p. 16–50.

————— *Tragom srpskohrvatske narodne epike. Putovanja u godinama 1930–32.* 1–2. Djela Jugoslavenske Akademije Znanosti i Umjetnosti. Knj. 41–42. (Jugoslavenska Akademija Znanosti i Umjetnosti, Zagreb 1951)

————— The singers and their epic songs. in: *Oral tradition* 5.1 (1990), p. 107–130.

NOGO, Rajko Petrov (ed.)

Srpske junačke pjesme. (Beogradski izdavačko-grafički zavod, Belgrade 1987) 399 pp.

NOVAKOVIĆ, Stojan

Ein Beitrag zur Literatur der serbischen Volkspoesie. in: *Archiv für slavische Philologie* 3 (1879), p. 640–653.

NOYES, George R. & BACON, Leonard

Heroic ballads of Servia. Translated into English verse. (Sherman, French & Co., Boston 1913) 275 pp.

PARRY, Milman

Whole formulaic verses in Greek and Southslavic heroic songs. in: *Transactions and proceedings of the American philological association* 64 (1933), p. 179–197. reprint in: *The making of Homeric verse. The collected papers of Milman Parry.* ed.: Adam Parry (Clarendon Press, Oxford 1971, Arno, New York 1980), p. 379–390.

————— Komplette Formelverse in griechischem und südslawischem Heldengesang. in: *Homer, Tradition und Neuerung.* ed.: Joachim Latacz (Wissenschaftliche Buchgesellschaft, Darmstadt 1979) p. 267–288.

————— *Cor Huso, a study of the Southslavic song.* With commentary by Albert B. Lord, and additional notes by Mary Louise Lord and David E. Bynum. Milman Parry studies in oral tradition. ed.: Stephen A. Mitchell & Gregory Nagy. (Garland, New York 1992).

PARRY, Milman & LORD, Albert Bates (ed.)

Serbocroatian heroic songs. Collected by Milman Parry. Edited and translated by Albert Bates Lord. Srpsko-hrvatske junačke pjesme. Sakupio Milman Parry. Uredio i preveo na engleski Albert Bates Lord. Volume One: Novi Pazar, English translations. Knjiga Prva: Novi Pazar, engleski prevod. Volume Two: Novi Pazar, Serbocroatian texts with introduction and notes by the editor and with a preface by A. Belić. Knjiga Druga: Novi Pazar, srpskohrvatski tekstovi sa uvodom i primedbama urednika i predgovorom A. Belića. (Harvard University Press, Cambridge MA / Srpska Akademija Nauka, Belgrade 1954, 1953) 479 + 448 pp.

PENNINGTON, Anne & LEVI, Peter (trans.)

Marko the Prince. Serbo-Croat historical songs. With introduction and notes by Svetozar Koljević. UNESCO Collection of Representative Works. (Duckworth, London / St. Martin's Press, New York 1984) 173 pp.

POP, Mihai

    Beziehungen zwischen der rumänischen und der südslawischen Epik. in: *Das romanische Element am Balkan. III. Grazer Balkanologen-Tagung.* Beiträge zur Kenntnis Südosteuropas und des Nahen Orients, 7 (Trofenik, Munich 1968), p. 53–66.

POPOVIĆ, Tatyana

    Prince Marko. the hero of the South Slavic epics. (Syracuse University Press, New York 1988) 221 pp.

RATKOVICH, Milo M.

    The educational significance of the heroic ballads of Serbia. M.A. thesis. Education. University of Acron, 1945, 89 pp.

REITER, Norbert

    Zur Erlanger serbokroatischen Liederhandschrift. in: *Zeitschrift für slavische Philologie* 25 (1956), p. 368–381.

———— Einiges über den Schreiber der Erlanger Handschrift. in: *Südost-Forschungen,* Munich, 24 (1965), p. 221–234.

ROBERT, Cyprien

    La poésie slave au dix-neuvième siècle. Son caractère et ses sources. in: *Revue de deux mondes,* Paris, 6 (1854), p. 140–169.

ROOTHAM, Helen

    Kossovo. Heroic songs of the Serbs. Translated from the original by Helen Rootham. (Blackwell, Oxford 1920, reprint Core Collection Books, New York 1979) 100 pp.

ROTH, Klaus & WOLF, Gabriele (ed.)

    South Slavic Folk Culture. A Bibliography of literature in English, German and French on Bosnian-Hercegovinian, Bulgarian, Macedonian, Montenegrin and Serbian folk culture. Bibliographie zur Literatur in englisher, deutscher und französischer Sprache zur bosnisch-herzegowinischen, bulgarischen, mazedonischen und serbischen Volkskultur. ISBN 0-89357-244-6 (Slavica, Columbus OH 1994) 554 pp.

SCHMAUS, Alois

    Volksepik in der Umgebung von Kosovska-Mitrovica (Ibarski Kolašin, Kosovo, Drenica). in: *Zeitschrift für slavische Philologie* 11 (1934), p. 432–439. reprint in: Alois Schmaus, *Gesammelte slavistische und balkanologische Abhandlungen* 1 (Trofenik, Munich 1971), p. 73–79.

———— Kosovo u narodnoj pesmi muslimana. in: *Prilozi proučavanja narodne poezije,* Belgrade, 5 (1938).

———— Beiträge zur südslavischen Epenforschung. in: *Serta monacensia. Franz Babinger zum 15. Januar 1951 als Festgruß dargebracht.* Ed.: Hans J. Kissling & Alois Schmaus (Leiden 1952), p. 150–170. reprint in: Alois Schmaus, *Gesammelte slavistische und balkanologische Abhandlungen* 1 (Trofenik, Munich 1971), p. 144–161.

———— Episierungsprozesse im Bereich der slavischen Volksdichtung. in: *Münchner Beiträge zur Slavenkunde, Festgabe für Paul Diels* (Munich 1953), 2, p. 294–

320. reprint in: Alois Schmaus, *Gesammelte slavistische und balkanologische Abhandlungen* 1 (Trofenik, Munich 1971), p. 194–219.

———— Studije o krajinskoj epici. in: *Rad Jugoslav. Akad.* 297. (Jugoslavenska Akademija, Zagreb 1953), p. 89–297.

———— Ein epenkundliches Experiment. in: *Die Welt der Slawen* 1 (1956), p. 322–344. reprint in: Alois Schmaus, *Gesammelte slavistische und balkanologische Abhandlungen* 1 (Trofenik, Munich 1971), p. 300–309.

———— Serbokroatische Lang- und Kurzzeilenepik. Epitheta als chronologisches Kriterium. in: *Münchner Studien zur Sprachwissenschaft* 15 (1959), p. 65–84. reprint in: Alois Schmaus, *Gesammelte slavistische und balkanologische Abhandlungen* 1 (Trofenik, Munich 1971), p. 437–449.

———— Formel und metrisch-syntaktisches Modell. Zur Liedsprache der Bugarištica. in: *Die Welt der Slawen* 5 (1960), p. 395–408. reprint in: Alois Schmaus, *Gesammelte slavistische und balkanologische Abhandlungen* 1 (Trofenik, Munich 1971), p. 15–26.

———— Stilanalyse und Chronologie (Bugarštica und Zehnsilbeepik). in: *Rad kongresa folklorista Jugoslavije*, VI, Bled, 1959 (Ljubljana 1960), p. 111–116. reprint in: Alois Schmaus, *Gesammelte slavistische und balkanologische Abhandlungen* 2 (Trofenik, Munich 1973), p. 9–14.

———— Die balkanische Volksepik. Typologie und Kontinuitätsproblem. in: *Zeitschrift für Balkanologie* 1 (1962), p. 133–152. reprint in: Alois Schmaus, *Gesammelte slavistische und balkanologische Abhandlungen* 2 (Trofenik, Munich 1973), p. 27–43.

———— Probleme und Aufgaben der balkanischen Epenforschung. in: *Volksmusik Südosteuropas. Beiträge zur Volkskunde und Musikwissenschaft anläßlich der I. Balkanologentagung in Graz* 1964 (Trofenik, Munich 1966), p. 14–28. reprint in: Alois Schmaus, *Gesammelte slavistische und balkanologische Abhandlungen* 1 (Trofenik, Munich 1971), p. 162–177.

SCHUBERT, Gabriella
Der epische Held und seine Waffen. in: *Zeitschrift für Balkanologie* 15 (1979), p. 161–189.

———— Die Guslaren in der Kulturtradition der Völker Jugoslawiens. in: *Epische Gesänge, Broschüre des Internationalen Instituts für vergleichende Musikstudien*, Berlin, 1982, 5 pp.

SETON-WATSON, Robert William
The building of Skadar. Translated from the Serbo-Croat by R. W. Seton-Watson. in: *Slavonic and East European Review*, London, 11 (1932), p. 176–182.

SKENDI, Stavro
The songs of the Klephts and Hayduks. History or oral literature? in: *Serta slavica. In memoriam Aloisii Schmaus*, ed.: Wolfgang Gesemann et al. (Trofenik, Munich 1971), p. 666–673. reprint in: Stavro Skendi. *Balkan cultural studies*. East European Monographs 72 (Columbia University Press, New York 1980), p. 121–129.

———— Serbocroatian heroic songs and their respective milieus. in: *Anzeiger für Slavische Philologie* 9 (1977), p. 261–279. reprint in: Stavro Skendi. *Balkan cultural studies.* East European Monographs 72 (Columbia University Press, New York 1980), p. 130–148.

SOERENSEN, Asmus
Beitrag zur Geschichte der Entwicklung der serbischen Heldendichtung. in: *Archiv für slavische Philologie* 14 (1892), p. 556–587; 15 (1893), p. 1–36, 204–245; 16 (1894), p. 66–118; 17 (1895), p. 198–254; 19 (1897), p. 89–113; 20 (1898) p. 78–114.

SPRAYCAR, Rudy S.
A reconsideration of the oral-formulaic theory with special reference to Serbo-Croatian oral and written traditions and to medieval heroic poetry. PhD thesis. Cornell University 1977. 155 pp.

STANKIEWICZ, Edward
The rhyming formula in Serbo-Croatian heroic poetry. in: *Slavonic poetics. Essays in honor of Kiril Taranovsky.* Ed.: Roman Jakobson, C. H. van Schooneveld & Dean S. Worth. (Mouton, The Hague 1973) p. 417–431.

———— Coexisting genres in Serbo-Croatian epic songs: Junačke pesme. in: *Canadian-American Slavic studies,* 1988, 22. 1–4, p. 163–172.

STEFANOVIĆ, Svetislav
The origins of our national epics. in: *Anglo-Yugoslav review,* 1 (1936), p. 66–71.

STEINMEYER, Elias von
Die jüngeren Handschriften der Erlanger Universitätsbibliothek. Anlässlich der Einweihung des neuen Bibliotheksgebäudes verzeichnet. (Junge & Sohn, Erlangen 1913) 241 pp.

STOLZ, Benjamin A.
On two Serbo-Croatian oral epic verses. The Bugarštica and the Deseterac. in: *Poetic theory, poetic practice.* Papers of the Midwest Modern Language Association. 1 (1969), p. 153–164.

———— The Bugarstica as South Slavic oral traditional poetry. in: *Folia slavica* 6.3 (1984), p. 389–412.

SUBOTIĆ, Dragutin
Yugoslav popular ballads. Their origin and development. (Cambridge University Press, Cambridge 1932) 288 pp.

VAILLANT, André
Les chants épiques des slaves du sud. (Boivin, Paris 1932) 46 pp.

———— Les chants épiques des slaves du sud. in: *Revue des cours et conférences* 33.1 (1932), p. 309–326, 431–447, 635–647.

VASILEV, Christo
Strukturelemente im slavischen Heldenlied. in: *Slavisches Spektrum. Festschrift für Maximilian Braun zum 80. Geburtstag.* Opera Slavica 4. ed. Reinhard Lauer & Brigitte Schultze (Harrassowitz, Wiesbaden 1983), p. 504–515.

VESTERHOLT, Ole
Tradition and individuality. A study in Slavonic oral epic poetry. Transl. John Kendal. Københavns Universitet, Slaviske Institut, Studier, 2. (Rosenkilde & Bagger, Copenhagen 1973) 92 pp.

VIGORITA, John F.
The antiquity of Serbo-Croatian verse. in: *Južno-slovenski filolog* 32 (1976), p. 205–211.

VOIGT, Vilmos
Formation of metric systems on the Balkans. in: *Tractata Altaica. Denis Sinor sexagenario optime de rebus altaicis merito dedicata.* ed. Walther Heissig et al. (Harrassowitz, Wiesbaden 1976), p. 733–742.

VUKANOVIĆ, Tatomir P.
Srpske narodne epske pesme. (Narodni Muzej u Vranju, Vranje 1972) 365 pp.

WITT, Johannes
Gusla and tamburica. Eine Sammlung von südslavischen Helden- und Liebesliedern. (Styria, Graz 1888) 162 pp.

WÜNSCH, Walter
Heldensänger in Südosteuropa. in: *Musik und Volk* 4 (1936–1937), p. 275–280.
———— *Heldensänger in Südosteuropa.* Arbeiten aus dem Institut für Lautforschung an der Universität Berlin, 4. (Otto Harrassowitz, Berlin & Leipzig 1937) 40 pp.
———— Die slawische Volksepik in Südosteuropa. in: *Forschungen und Fortschritte* 14 (1938), p. 32–53.
———— Südosteuropäische Volksepik. in: *Akademie zur wissenschaftlichen Erforschungen und zur Pflege des Deutschtums,* Deutsche Akademie, Mitteilungen, 14 (1938), p. 334–343.
———— Heldensänger in Südosteuropa. in: *Anthropos* 33 (1939), p. 957–960.
———— Die slawische Volksepik in Südosteuropa. in: *Deutschland und Südosteuropa. Die natürlichen, völkischen, kulturellen und wirtschaftlichen Beziehungen des Deutschtums mit den Völkern im Südosten.* Eine Gemeinschaftsarbeit der Gaudozentenführung im Gau Steiermark und des Südostdeutschen Instituts Graz (Steirische Verlagsanstalt, Graz 1942), p. 100–102.
———— Rhythmus und Metrik im Zehnsilber des serbokroatischen Volksepos. in: *Südost-Forschungen,* Munich, 16 (1957), p. 137–149.

YARMOLINSKY, A.
The Serbian epic. in: *Bookman* 42 (1915), p. 335–338.
———— The Serb hero songs. in: *Post lore* 27 (1916), p. 440–444.

ZIMMERMAN, Zora Devrnja
Serbian folk poetry. Ancient legends, romantic songs. (Kosovo, Columbus OH 1986) 343 pp.

ZOLOVIĆ, Radovan
Crnogorske epske pjesme raznih vremena. Antologija. (Grafički Zavod, Titograd 1970) 479 pp.

Heroic and epic verse in general

BOWRA, Cecil M.
　　Heroic poetry. (MacMillan, London 1952, reprint St. Martin's, London 1966) 590 pp.
—— *Heldendichtung. Eine vergleichende Phänomenologie der heroischen Poesie aller Völker und Zeiten.* (Metzler, Stuttgart 1964) 656 pp.
BYNUM, David E.
　　The daemon in the wood. A study of oral narrative patterns. With a foreword by Albert B. Lord. Milman Parry Collection of Oral Literature. ISBN 0-674-18031-3. (Harvard University, Cambridge MA 1978) xviii + 454 pp.
CHADWICK, Hector Munro
　　The heroic age. (Cambridge University Press, Cambridge 1912, reprint 1967) 474 pp.
CHADWICK, Hector Munro & CHADWICK, Nora Kershaw
　　The growth of literature. (Cambridge University Press, Cambridge 1932, 1936, 1940)
FOLEY, John Miles
　　The ritual nature of traditional oral poetry. Metrics, music and matter in Anglo-Saxon, Homeric Greek and Serbo-Croatian poetries. PhD thesis. University of Massachusetts, 1974. xiv + 435 pp.
—— Oral texts, traditional texts. Poetics and critical methods. in: *Canadian-American Slavic studies. Oral tradition, a special issue.* ed.: John M. Foley, 15 (1981), p. 122–145.
—— *Oral formulaic theory and research. An introduction and annotated bibliography.* Garland Folklore Bibliographies, 6. (Garland, New York & London 1985) xiv + 718 pp.
—— *The theory of oral composition. History and methodology.* (Indiana University Press, Bloomington 1988) xv + 170 pp.
—— *Immanent art. From structure to meaning in traditional oral epic.* (Indiana University Press, Bloomington & Indianopolis 1991) xvi + 278 pp.
FOLEY, John Miles (ed.)
　　Oral traditional literature. A Festschrift for Albert Bates Lord. ISBN 0-89357-073-7. (Slavica, Columbus 1981) 461 pp.
—— *Oral tradition in literature. Interpretation in context.* (University of Missouri Press, Columbia 1986) 190 pp.
—— *Comparative research on oral traditions. A memorial for Milman Parry.* (Slavica, Columbus 1987) 597 pp.
—— *Oral-formulaic theory. A folklore casebook.* (Garland, New York 1990) xvii + 405 pp.
—— *Teaching oral traditions.* (New York 1998)

HAYMES, Edward R.
A bibliography of studies relating to Parry's and Lord's oral theory.
Publications of the Milman Parry Collection. Documentation and planning
series. no. 1. (Harvard University, Cambridge Mass. 1973) 45 pp.
———— *Das mündliche Epos. Eine Einführung in die 'oral poetry' Forschung.*
Sammlung Metzler, 151. (J. B. Metzler, Stuttgart 1977) 49 pp.
HOERBURGER, Felix
Correspondence between eastern and western folk epics. in: *Journal of the
international folk music council* 4 (1952), p. 23–26.
———— Westöstliche Entsprechungen im Volksepos. in: *Die Musikforschung* 5
(1952), p. 354–361.
KIRK, Geoffrey S.
Homer and the oral tradition. (Cambridge University Press, Cambridge &
New York 1976) viii + 222 pp.
LAZAROU, Achille
La singularité des Aroumains dans leur poésie populaire. in: *Balkan
studies* 28 (1987), p. 373–389.
LETOUBLON, Francoise (ed.)
*Hommage à Milman Parry. Le style formulaire de l'épopée homérique et
la théorie de l'oralité poétique.* ISBN 9050632270. (J.G. Gieben,
Amsterdam 1997) vii + 419 pp.
LORD, Albert Bates
*The singer of tales. A study in the processes of composition of Yugoslav,
Greek and Germanic oral narrative poetry.* PhD thesis. Harvard
University 1949.
———— *The singer of tales.* Harvard studies in comparative literature, 24. ISBN
0-689-70129-2. (Harvard University Press, Cambridge MA 1960, reprint
1981, 2000) 309 pp.
———— *Der Sänger erzählt. Wie ein Epos entsteht.* (Carl Hanser, Munich 1965)
429 pp.
———— Oral poetry. in: *Princeton encyclopedia of poetry and poetics.* Enlarged
edition. Ed. Alex Preminger. (Princeton University Press, Princeton 1974),
p. 591–593.
———— Perspectives on recent works on oral literature. in: *Forum for modern
language studies* 10.3 (1974), p. 187–210; reprint in: *Oral literature.
Seven essays.* ed. Joseph J. Duggan (Scottish Academic Press and Barnes
& Noble, Edinburgh & New York 1975), p. 1–24.
———— The art of collecting oral traditional literature. in: *The Harvard Advocate,*
117.3A (1983), p. 5–7.
———— *Epic singers and oral tradition.* (Cornell University Press, Ithaca NY
1991)
———— *The singer resumes the tale. Myth and poetics.* Edited by Mary Louise
Lord. (Cornell UP, New Haven & London 1995)

OINAS, Felix J.
> Folk epic. in: *Folklore and folklife. An introduction.* ed.: Richard M.
> Dorson (University of Chicago Press, Chicago 1972), p. 99–115.

PARRY, Milman
> *The making of Homeric verse. The collected papers of Milman Parry.*
> Edited by Adam Parry. (Clarendon, Oxford 1971) 483 pp.

STOLZ, Benjamin A. & SHANNON, Richard S. (ed.)
> *Oral literature and the formula.* (Center for Coordination of Ancient and
> Modern Studies, University of Michigan, Ann Arbor 1976) xvii + 290 pp.

VRIES, Jan P. M. L. de
> *Heldenlied und Heldensage.* (Francke, Bern & Munich 1961) 375 pp.
> —————— *Heroic songs and heroic legends.* (Oxford University Press, Oxford 1963)
> 273 pp.

ŽIRMUNSKIJ, Viktor

> *Vergleichende Epenforschung 1.* Deutsche Akademie der Wissenschaften
> zu Berlin. Veröffentlichungen des Instituts für deutsche Volkskunde, 24.
> (Akademie-Verlag, Berlin 1961) 119 pp.